V&R

Hans-Jürgen Seel

Beratung: Reflexivität als Profession

Vandenhoeck & Ruprecht

Mit einer Abbildung und einer Tabelle

Bibliografische Information der Deutschen Nationalbibliothek

Die Deutsche Nationalbibliothek verzeichnet diese Publikation in der Deutschen Nationalbibliografie; detaillierte bibliografische Daten sind im Internet über http://dnb.d-nb.de abrufbar.

ISBN 978-3-525-40368-6

Weitere Ausgaben und Online-Angebote sind erhältlich unter: www.v-r.de

Umschlagabbildung: percom/shutterstock.com

Satz: SchwabScantechnik, Göttingen
Umschlag: SchwabScantechnik, Göttingen
Druck und Bindung: ⊕ Hubert & Co., Göttingen

Gedruckt auf alterungsbeständigem Papier.

Inhalt

Teil 4: Beratung, Wissenschaft und das Management von reflexivem Wissen

Vorwort

Dieser Text ist das Ergebnis eines zwischen verschiedenen Arbeitsfeldern mäandernden Beraterlebens; das ging von der Grundlagenforschung über praktische Partnerschafts- und Erziehungsberatung, Initiativenberatung in der Gemeinwesenarbeit, Management- und Organisationsberatung, die Aus- und Weiterbildung von Berater_innen bis zur aktuellen Verbandsarbeit.

Bei all diesen Aktivitäten stellte sich die Frage, was das Gemeinsame an der Tätigkeit ist, die unter dem Etikett »professionelle Beratung« firmiert, denn Erfahrungen aus einem Bereich haben sich immer erfolgreich übertragen lassen auf einen anderen. Natürlich ist das Gemeinsame die Beratung, aber was ist Beratung? Und zwar die Art von Beratung, die in solchen verschiedenen Tätigkeitsfeldern gefragt ist? Oder die Beratung, die nach verschiedenen Verfahren vorgeht, die von verschiedenen Verbänden propagiert, gelehrt und vertreten werden?

Trotz solcher Unterschiede schlossen sich verschiedene Verbände, auch solche, die unterschiedliche Beratungsverfahren vertreten, zu einem Dachverband, der Deutschen Gesellschaft für Beratung (DGfB) zusammen, um gemeinsam eine Professionalisierung von Beratung zu betreiben. Dafür aber mussten sie ihre Gemeinsamkeit irgendwie formulieren, denn wie sonst sollte dieser Dachverband eine Orientierung für seine Aktivitäten erhalten? Konnten dafür vielleicht die persönlichen Erfahrungen in den verschiedenen Beratungskontexten fruchtbar gemacht werden? Jedenfalls wollten die beteiligten Verbände gemeinsam zu gesellschaftlichen und sozialen Entwicklungen Stellung nehmen, um so auch den öffentlichen Diskursen und der Politik Erfahrungen aus den zahlreichen praktischen Beratungen über die Problemlagen der beratenen Menschen und Lösungsmöglichkeiten zugänglich zu machen.

Auf diesem Hintergrund konnte dann Reflexivität als Gemeinsamkeit herausgearbeitet werden, die auch auf ganz anderer Ebene als ein Charakteristikum der postmodernen Gesellschaft ausgemacht worden war, nämlich als »reflexive Modernisierung« nach Beck, Giddens und Lash (1996). So konnte die Idee von reflexiver Beratung als Profession im Zentrum einer Kultur der Reflexivität der spätmodernen Gesellschaft entwickelt werden. Bei den Mitgliedsverbänden der DGfB fand dieses Selbstverständnis zunächst Anklang und regte zu einer vertiefenden Diskussion an.

Allerdings musste eine konsequente Realisierung dieses Selbstverständnisses über die zahlreich stattfindenden (dyadischen oder komplexeren sozialen) Beratungssituationen, die zunächst ausschließlich im Blickfeld lagen, weit hinausgehen. Es entwickelte sich eine Eigendynamik, die es immer dringlicher erscheinen ließ, auch einen gemeinsamen Bezugspunkt der verschiedenen von den Mitgliedsverbänden vertretenen Beratungsverfahren und Beratungsfelder zu finden, damit sie gemeinsam im Sinne einer Profession reflexiver Beratung agieren können. Eine Plattform muss her, die es erlaubt, sich aufeinander zu beziehen und sich auszutauschen und so zu einer Gemeinschaft zu werden, ohne aber die jeweilige Eigenständigkeit aufzugeben. Die Vermutung lag nahe, dass so etwas existieren muss, denn warum sonst haben sie sich zusammengeschlossen, wenn sie nicht implizit so eine Gemeinsamkeit ahnten? Sicherlich spielten auch konkrete Interessen eine Rolle, etwa die Besorgnis einer staatlichen, also gesetzgeberischen Regelung, die ihnen übergestülpt werden könnte (Schreckgespenst: Psychotherapeutengesetz). Aber dann wurde bald klar, dass das Interesse darüber hinaus geht und in Richtung einer gemeinsamen Wissensbasis ihrer Profession zielt.

Zwar haben diese von vielen Verbänden vertretenen Verfahren ihre Wurzeln in psychotherapeutischen Verfahren, aber es erwies sich alsbald als zu eng, reflexive Beratung als die kleine Schwester der Psychotherapie zu verstehen, als Schmalspurpsychotherapie sozusagen (Großmaß, 2004). So entstand ein Bedarf, einen anderen gemeinsamen beratungsspezifischen Bezugspunkt zu entwickeln und ihm einen Namen zu geben. Damit stand eine typisch reflexiv-beraterische Aufgabe im Raum, nämlich die Unterstützung bei der Selbstklärung. Wie kann nach der Verständigung über die Weiterentwicklung des Beratungsbegriffs des Verbands als reflexive Beratung in der reflexiven Gesellschaft die *Gemeinschaft der Beratung* angesichts der theoretisch und praktisch doch sehr verschiedenen Beratungsverfahren mit unterschiedlichen Begrifflichkeiten, Vorannahmen und Werten konkret entwickelt werden?

Keinesfalls sollte die Vielfalt der Beratungsverfahren und -formen zugunsten einer Einheitsberatung aufgegeben werden, denn diese Vielfalt stellt im Sinne des Gedankens der kulturellen Diversität eine große Ressource oder – um mit Bourdieu zu sprechen – ein enormes symbolisches Kapital dar.

Es galt also, eine begriffliche und institutionelle Plattform zu etablieren, die eine Gemeinschaft in der Vielfalt zu realisieren erlaubt und darüber hinaus auch Erkenntnisse aus den einschlägigen Humanwissenschaften als Ressource zur Realisierung von Reflexivität nutzt. Denn auch die Humanwissenschaften müssen letztlich auf die Reflexion des Menschen über sich selbst abstellen, um von daher ihre Legitimität zu beziehen.

Mit der Forderung nach einer Ankoppelung einer solchen Plattform an die humanwissenschaftlichen Diskurse ist natürlich ein ungeheures Bearbeitungsfeld eröffnet. Einmal angestoßen, eröffnete sich ein überbordendes Potenzial an Querverbindungen aus den Humanwissenschaften, so dass es immer schwieriger wurde, die jeweils besten und aktuellsten zu finden und mit der Hinzufügung weiterer Querverbindungen aufzuhören. Ein Überblick über dermaßen viele spezialisierte Diskurse erwies sich als nicht realisierbar. Eine interessante Erfahrung dabei war darüber hinaus, wie viele Anregungen nicht nur aus den aktuellen Diskursen, sondern auch aus älteren Veröffentlichungen herangezogen werden können.

So entstand dann der hier vorgelegte Entwurf einer Brückenterminologie, die als gemeinsamer Bezugspunkt mit Orientierungsfunktion dienen kann. Das wiederum lässt sich dann nicht auf eine Beratungsprofession beschränken, sondern nützt möglicherweise vielen Formen von Reflexivität im Sinne einer vertieften Auseinandersetzung von Menschen mit sich selbst. Spezifischer beratungsbezogen wird es dann bei den Überlegungen zum institutionellen und organisatorischen Umgang mit Beratungswissen, das für die Verwirklichung von Reflexivität von zentraler Bedeutung ist. Die Hoffnung ist, dass damit Eckpunkte für einen Diskurs über eine Beratungsprofession bereitgestellt werden können, die es ihr erlauben, ihre professionellen praktischen Aufgaben in einer Kultur der Reflexivität wahrzunehmen und damit letztlich auch das Projekt der Aufklärung ein Stück weiterzutreiben. Der Text ist sicherlich unvollständig und an vielen Stellen verbesserungsbedürftig, vor allem ergänzungsbedürftig, aber er war machbar, und sollte er als Einstieg in die Entwicklung einer gemeinsamen Wissensbasis der Profession taugen, dann wäre sein Ziel erreicht.

Bei der Arbeit kam bald die Frage der Darstellungsweise auf: Wie viele Querverbindungen sollen in welcher Tiefe und in welcher Form diskutiert werden? Grundsätzlich erscheint es unmöglich, sämtliche Querverbindungen vertieft zu diskutieren, also sollte man es auch nicht versuchen, sondern dies weiteren spezialisierten Diskursen überlassen, wenn sie denn stattfinden, und sich im Schwerpunkt darauf beschränken, argumentative Linien und Zusammenhänge zu skizzieren und anhand von Beispielen zu erläutern.[1] Damit müssen solche

---

1   Ich habe deshalb all jene Autor_innen um Verzeihung zu bitten, die nicht genannt wurden, obwohl sie zu einzelnen Thematiken substanzielle Beiträge verfasst haben, aber ein Vollständigkeitsanspruch hätte mich und auch den Verlag gnadenlos überfordert.

beispielhaften Verweise als hoffentlich plausible Platzhalter für viele andere stehen bleiben, sozusagen zum Selbst-Nachschauen und Selbst-Einbringen. In diesem Sinne soll er zu verstärkten Anstrengungen um eine Reflexionskultur mit Unterstützung durch die ohnehin schon verbreitete professionelle Beratung provozieren.

Der Text sollte lesbar bleiben, und zwar nicht nur für Wissenschaftler_innen, sondern auch für Beratungspraktiker_innen. Allerdings kann ihnen eine gewisse »Anstrengung des Begriffs« (Hegel, 1807/2014, in der Vorrede zur Phänomenologie des Geistes, S. 33) nicht erspart bleiben, wenn sie sich in einer Kultur der Reflexivität verorten wollen, auch wenn diese Anstrengung des Begriffs nicht so weit gehen muss wie bei Hegel. Die Erfahrungen mit Studierenden aus der Beratungspraxis in weiterbildenden Master-Studiengängen und mit Teilnehmenden an anderen Weiterbildungen zeigen aber auch, dass sie bereit sind, sich an diesem reflexiven Projekt zu beteiligen.

Zu danken habe ich den Kolleg_innen, mit denen ich mich im Vorstand der DGfB um die Professionalisierung von Beratung zu kümmern habe, sowie anderen aus der Vereinigung der Hochschullehrerinnen und Hochschullehrer zur Förderung von Beratung (einem Mitgliedsverband) für die konstruktive Zusammenarbeit, besonders Frau Cathrin Germing für die kritische und hilfreiche Durchsicht des Textes und dem Verlag für die Mut machende praktische Unterstützung. Vor allem gilt mein Dank meiner Frau für die Geduld, mit der sie es aushielt, dass sie schon wieder mit einem bücherschreibenden Familienmitglied geschlagen ist, das von seinem Projekt vereinnahmt wurde.

Gewidmet ist der Text allen, die sich um kritische Reflexivität bemühen.

Teil 1
Beratung als Profession

1 Beratung im Zentrum einer Kultur der Reflexivität

Ein Fachbuch über Beratung zu schreiben bedarf angesichts der Flut an Veröffentlichungen zu diesem Themenbereich sicherlich einer besonderen Begründung. Eine solche muss dann gleichzeitig die Grundlage für den inhaltlichen Aufbau abgeben. Der Entstehungszusammenhang ist der Hintergrund für die Aufgabenstellung, aus der sich dann wieder Teilaufgaben und entsprechende Lösungsansätze entwickeln lassen.

1.1 Hintergrund des Buches

Zwei miteinander zusammenhängende Entwicklungen sind der Hintergrund für diese Einführung: Ein Dachverband (der DGfB e. V.) macht sich schulen- und verbändeübergreifend die Professionalisierung von Beratung zur Aufgabe, um die steigende Nachfrage nach Beratungen und nach Aus-und Weiterbildungen für Beratung einschließlich einschlägiger Master-Studiengänge in gesellschaftlich verantwortungsvolle, qualitätsbewusste Bahnen zu lenken. Er versteht dies als eine Reaktion auf die mittlerweile große gesellschaftliche Bedeutung von Beratung, die er im Zentrum einer konkret praktizierten Kultur der Reflexivität verortet. Trotz der im Detail sehr verschiedenen Konzepte und theoretischen Grundlagen sehen die Mitgliedsverbände ihre gemeinsame Aufgabe darin, diese Kultur der Reflexivität auf der Ebene des praktischen professionellen Beratungshandelns zu entwickeln.

Hintergrund dieses Bandes ist also die *Notwendigkeit einer systematischen Anstrengung zur Professionalisierung von Beratung im gesellschaftlichen Kontext.* Deren aktuelle Situation zeichnet sich insbesondere in Deutschland einerseits durch eine extreme Anzahl bereits praktizierter und realisierter Beratungen aus, die einen gewaltigen und immer noch weiter steigenden Bedarf zu befriedigen haben, und andererseits durch einen Wildwuchs von Konzepten, Verfahren, Theorien, Theorie-Versatzstücken und Erfahrungsberichten, Unklarheit von

Ausbildungs- und Qualitätsstandards, unklare oder unverbindliche ethische Richtlinien, fachdisziplinäre Rangeleien und insgesamt einen sehr unübersichtlichen Markt an Angeboten und Ausbildungen (vgl. Seel, 2009, 2012), der immer noch größer wird; dahinter steckt also offensichtlich ein Bedarf.

Eine Professionalisierung von Beratung muss also keinesfalls in einem Bereich aktiv werden, den es noch gar nicht gibt, sondern muss sich mit Vorhandenem auseinandersetzen und die Probleme der bereits bestehenden Beratungslandschaft zukunftsfähig bearbeiten. Dafür braucht es einen Entwurf, eine Orientierung, in welche Richtung gegangen werden sollte oder könnte. Dabei stehen vor allem zwei Aufgaben im Vordergrund, die eng miteinander verknüpft zu bearbeiten sind. Es gilt,

- Ideen und Konzepte für die Einordnung einer Profession Beratung in die reflexive Gesellschaft zu entwickeln, um darauf aufbauend
- eine für diese Profession *gemeinsame Wissensbasis* zu schaffen, einen Bezugsrahmen oder zumindest eine begriffliche und institutionelle Plattform, die einen zielführenden Austausch zwischen den in verschiedenen Begrifflichkeiten formulierten Konzepten, Verfahren und Erfahrungen ermöglicht und darüber hinaus Reflexivität auf verschiedenen gesellschaftlichen Ebenen zu realisieren erlaubt.

Damit versteht sich dieser Band als eine Orientierungshilfe, die Verbindungen und mögliche Zusammenhänge aufzeigt, die in die Zukunft einer solchen Profession weisen können. Insofern handelt es sich um de Ausformulierung einer Vision, wie man in Corporate-Identity-Prozessen sagen würde. Dementsprechend wird mit der folgenden Übersicht begonnen, die dann in einer ersten Entwicklungsstufe noch in diesem Band weitergeführt wird und die Anregungen zur weiteren, stärker spezialisierten Auseinandersetzungen in fachlichen Diskursen geben soll. Gewissermaßen danebenlegen kann man Übersichtsarbeiten wie die sehr verdienstvollen von der Gruppe Nestmann, speziell »Das Handbuch der Beratung« in drei Bänden (2004, 2013), Sickendiek, Engel und Nestmann (2002), andere Arbeiten von Nestmann, Engel und Sickendiek sowie McLeod (2004) und auf einer anderen Ebene die »Zweite Frankfurter Erklärung zur Beratung« der Deutschen Gesellschaft für Verhaltenstherapie (DGVT) (2012), die eine über die spezifisch verhaltenstheoretische Konzeption der DGVT hinausgehende allgemeine Verortung von Beratung und ihrer Aufgaben im gesellschaftlichen Zusammenhang vornimmt; auf andere Literatur wird im jeweiligen Zusammenhang verwiesen. Zielgruppe der folgenden Ausführungen sind also die an der Aus- und Weiterbildung von Berater_innen Beteiligten, Dozent_innen, Wissenschaftler_innen, Verbandsfunktionäre, Studierende und Weiterbildungsteilnehmende sowie alle diejenigen, die sich aus welchen Gründen auch immer mit der Professionalisierung von Beratung und der Institutionalisierung von Reflexivität befassen.

Weil Beratung auch und zunächst ein *Alltagsphänomen* ist, kann sie kaum wissenschaftlich begründet thematisiert werden ohne Bezug zu allgemeineren humanwissenschaftlichen, im Schwerpunkt sozialwissenschaftlichen oder -philosophischen Theorien und Diskursen. In der Folge müssen sich auch die eine oder andere interessante Anregung für andere Fragestellungen und Diskurse, bevorzugt um solche Themenkreise wie Kommunikation, Reflexivität und Reflexion, Subjektgenese und andere finden lassen.

Deshalb ist diese Arbeit insgesamt mit der Hoffnung auf weiterführende Diskurse verknüpft. So erklärt sich auch der Buchtitel: Es geht um die Entwicklung von Beratung als gesellschaftlich institutionalisierte Praxis von Reflexion, es geht um eine *Einführung in* einige Ideen dazu und es geht um *die Einführung dieser Ideen* in die Diskurse und in die Institutionalisierung und Professionalisierung von Beratung.

1.2 Aufgabenstellung im Zusammenhang einer Professionalisierung von Beratung

In den Diskursen zur Professionalisierung finden sich an zentraler Stelle immer wieder zwei Punkte, die geklärt sein müssen, wenn von einer Profession die Rede sein soll (vgl. Tiefel, 2004, S. 31 ff.): Zum einen ein *gemeinsames Selbstverständnis* und die Klärung der Rolle Position, die diese Profession in der Gesellschaft auch in ihren Beziehungen zu anderen Institutionen einnimmt oder einnehmen soll, einschließlich bestimmter ethischer Positionen (Beispiel: der hippokratische Eid der Medizin), und zum anderen benötigt eine Profession eine gemeinsame *Wissensbasis.* Ganz unabhängig von verschiedenen soziologischen Theorien der Profession sind sie sich alle darin einig, dass zu einer Profession ein gemeinsam geteilter *Wissensbestand* gehört, dessen Genese, Aufarbeitung und Verteilung institutionalisiert und auch irgendwie organisiert ist (auch hier kann die Medizin als bestes Beispiel herangezogen werden).

Diese beiden Eckpfeiler zu schaffen ist also eine vorrangige Aufgabe einer Professionalisierung von Beratung. Die hierbei anzugehenden Probleme werden beispielsweise in der Konzeption und Durchführung eines Studiums besonders deutlich, das einen Anspruch auf die Vermittlung passender wissenschaftlicher Hintergründe praktisch beratungstauglich umsetzen will (und muss): Für die Planer_innen und Dozent_innen folgt aus dem vorfindlichen Wildwuchs der verschiedenen Theorien, Konzepte und Verfahren die Notwendigkeit einer

mehr oder weniger zufälligen oder an persönlichen Vorlieben orientierten
Auswahl von Lehrinhalten – und für die Studierenden die Konfrontation mit
mehr oder weniger unverbunden nebeneinander stehenden Konzepten, Verfahren und fachdisziplinären Theorien oder Theorie-Versatzstücken. Dies kann
erfahrungsgemäß zu einer bemerkenswerten Verunsicherung angehender
Berater_innen führen, der einerseits durch Konzentration auf ein Verfahren
mit den dazugehörenden praktischen Methoden, andererseits durch Angebote
von pragmatischen Orientierungshilfen für die je eigene persönliche Profil-
bildung irgendwie begegnet werden muss.

Nicht zuletzt behindert diese Vielfalt der Verfahren mit unterschiedlichen
Begrifflichkeiten, mit verschiedenen Menschenbildern, Theorien und Theorie-
Versatzstücken sowie in den verfahrensspezifischen Terminologien verfassten
Erfahrungsberichten einen Erfahrungsaustausch und die gemeinsame Arbeit
an der Selbstklärung und Positionierung der Profession.

Warum aber gibt es überhaupt so verschiedene Beratungsverfahren? Wir gehen
davon aus, dass sie Ausfluss der *Pluralität unserer Kultur* sind, indem sie unterschiedliche Weisen oder Akzentuierungen der Auseinandersetzung mit sich und
der Welt abbilden. Sie könnten auch als verschiedene *Stile* betrachtet werden, wie
sie für die Postmoderne typisch sind, nun aber nicht auf der Ebene der Architektur,
sondern auf der Ebene reflexiver Auseinandersetzung mit sich selbst. So gesehen
verweisen sie nicht nur auf ein Problem, sondern auch auf einen kulturellen
Reichtum (auch »Ressourcen« oder »symbolisches Kapital« in verschiedenen
Diskursen genannt). Deshalb sollten sie keinesfalls zugunsten einer Einheitlich-
keit oder Vereinheitlichung aufgegeben werden – letzten Endes aus ähnlichen
Gründen, wie eine kulturelle Vielfalt allgemein als Reichtum zu betrachten, zu
erhalten und zu entwickeln ist. Der Reichtum und der Wert dieser Vielfalt kann
allerdings nur von einem gemeinsamen Bezugspunkt aus genutzt werden.

Daraus ergeben sich drei Aufgabenstellungen:

a) Zum einen sollte eine *konsensfähige Formulierung der gesellschaftlichen
   Aufgabenstellung* einer Profession »Beratung« vorgeschlagen werden, die
   ihre Rolle im gesellschaftlichen Kontext beschreibt; so etwas wird in den
   englischen Sprachspielen der Organisations- und Managementberatung
   als »mission« bezeichnet. Die Formulierung einer solchen »Mission« muss
   zumindest einen allgemeinen Begriff und eine ethische Ausrichtung einschließen, die sich aus dieser gesellschaftlichen Aufgabenstellung und
   Positionierung begründen lassen muss.

b) Des Weiteren muss ein *begrifflicher Bezugspunkt* entworfen werden, der es
   erlaubt, nicht nur die verschiedenen Theorien, theoretischen Versatzstücke,
   Beratungskonzepte und -verfahren, sondern auch die vielfältigen praktischen

Erfahrungen aufeinander zu beziehen, der also zwischen ihnen Brücken baut. Darüber hinaus sollte ein solcher begrifflicher Bezugspunkt auch in die wissenschaftlichen Traditionen unserer Kultur einzuordnen sein (vgl. Seel, 2009), damit ein Anschluss an wissenschaftliche Diskurse und damit eine Nutzung ihrer Potenziale möglich wird. Dieser begriffliche Bezugspunkt muss nicht zuletzt auch *praxistauglich* sein, damit er die immensen praktischen Erfahrungen aufgreifen kann. Gemäß dieser Aufgabenstellung nennen wir diesen Bezugspunkt im Folgenden eine »Brückenterminologie«. Dabei gehen wir davon aus, dass es tatsächlich faktisch ein gemeinsames Vorverständnis der verschiedenen Protagonisten über Beratung auch über die verschiedenen Verfahren und Theorien hinweg gibt, eine implizite gemeinsame Theorie also. Anlass zu dieser Hoffnung ist die Beobachtung, dass sich die Protagonisten verstehen. Daraus ergibt sich eine typisch beraterische Aufgabe, nämlich ein Muster zu identifizieren, wie es im systemischen Verfahren heißt, und dieses Muster in Worte zu fassen. Nun allerdings nicht nur in direktem Kontakt wie in praktischen Beratungen, sondern auch vermittelt über mediale Kommunikation. Hier wie dort kommt es demzufolge letztlich darauf an, ob die anderen Beteiligten diesen Vorschlag zur Formulierung eines Musters akzeptieren.

c) Und schließlich sollte auf dem Hintergrund der gesellschaftlichen Einordnung von Beratung aufgezeigt werden, wie in Beratungen *Reflexivität und Reflexion* unter Einbezug vielfältiger praktischer Erfahrungen mit den verschiedenen Verfahren grundsätzlich realisiert werden kann, wie also den Klient_innen von Beratung (auch wenn diese selbst Berater_innen sind wie in der Supervision) bei ihren reflexiven Anstrengungen geholfen werden kann/muss; auch hierbei sollte sich die Brückenfunktion der vorgeschlagenen Termini bewähren, und zwar ebenfalls auf der Ebene praktischer Vorgehensweisen, aber ohne diese in verschiedenen Beratungsverfahren sich realisierende kulturelle Vielfalt aufzugeben.

Die genannten Teilaufgaben könnten grundsätzlich unabhängig voneinander bewältigt werden, aber nur im Zusammenhang können sie der Professionalisierung von Beratung systematisch Wege bereiten.

In der anschließenden *Übersicht* werden die Vorschläge zur Einordnung von Beratung in die Gesellschaft skizziert und die im Hauptteil des Buchs etwas weiter ausgeführten Vorschläge für eine Brückenterminologie vereinfachend zusammengefasst. Nach der Schaffung einer solchen begrifflichen Grundlage werden dann konkretere Vorschläge für die Institutionalisierung des reflexiven Umgangs mit Beratungswissen entwickelt.

Diese Vision kann im Rahmen einer Monografie, die zudem auch für wissenschaftliche interessierte Praktiker_innen noch möglichst lesbar sein sollte, natürlich nicht erschöpfend und wissenschaftlichen Ansprüchen genügend diskutiert werden. Der Schwerpunkt muss vielmehr auf einer recht breiten Skizzierung von Zusammenhängen liegen, um weiterführende und vertiefende Diskussionen im Detail anzuregen, die dann außerhalb des Rahmens dieses Buchs stattfinden sollten.

2 Vorschlag zur Formulierung des Auftrags einer Beratungsprofession

2.1 Gesellschaftlicher Zusammenhang: »Reflexive Modernisierung«

In der gewaltigen Nachfrage nach Beratung spiegeln sich Anforderungen an das Handeln und Leben der Subjekte in den hochkomplexen und diversifizierten abendländischen (»westlichen«) Gesellschaften/Kulturen wider, die dahingehend charakterisiert werden können, dass sehr viele, unter Umständen auch sehr schnell sich verändernde Kenntnisse und Anforderungen zunehmend unser Leben bestimmen. Und die müssen von uns, also im sozialwissenschaftlichen Fachjargon von den »Subjekten der reflexiven Moderne«, irgendwie zu einem *gelingenden Leben und Arbeiten* zusammengeführt werden. Dazu müssen wir uns immer wieder mit uns selbst und unseren Beziehungen zu anderen auseinandersetzen. So erfordert das familiäre Leben beispielsweise zumindest rudimentäre betriebswirtschaftliche Kenntnisse (einschließlich über Steuern, Geldanlage und ähnliches) psychologische Kenntnisse der Beziehungsgestaltung, pädagogische Kenntnisse der Kindererziehung, technische Kenntnisse der Kommunikationstechnologien und den richtigen Umgang damit, solche des Energiemanagements der Wohnung, ökotrophologische Kenntnisse über die »richtige« Ernährung und den qualitätsbewussten Einkauf, über unsere Gesundheit und deren Erhaltung bis zu geeigneten Entspannungstechniken, Kenntnisse zur optimalen Planung der beruflichen und der Bildungsbiografie, ökologisches Wissen und, und, und … (vgl. dazu Schützeichel u. Brüsemeister, 2004)

Dabei ist neben dieser Menge an zu verarbeitenden Informationen auch der Zugang zum jeweiligen praktischen Wissen und der beschleunigte *Wandel von dessen Gültigkeit* ein Problem. Dieser Wandel ist nicht nur bedingt durch die Zunahme an Wissen, sondern auch bedingt durch die Veränderungen des gesellschaftlichen Umfelds. Diese Veränderungen des gesellschaftlichen Umfelds zu gestalten kommt nun wiederum als eine Anforderung an die *Selbstgestaltung der Subjekte* daher: Was gestern noch »richtig« war, ist heute bereits Makulatur –

und vor allem erweist es sich als schwierig, dass die Subjekte, insbesondere die Einzelnen, diese Informationen in den Alltag einbauen müssen, *praktische Konsequenzen* ziehen müssen und dafür verantwortlich gemacht werden, dass sie die »richtigen« Entscheidungen angesichts der verfügbaren Möglichkeiten/ Optionen treffen, dass sie also »erfolgreich« in verschiedenen Lebensbereichen agieren und sich »richtig« positionieren, obwohl sie die Rahmenbedingungen dafür gar nicht kontrollieren können. Dazu verfügen sie andererseits aber auch über so viel *Spielräume zur individuellen Lebensgestaltung* wie kaum zuvor in der Geschichte, und diese Chancen wollen sie natürlich wahrnehmen, was in der Konsequenz bedeutet, dass sie recht hohe Ansprüche an sich selbst stellen (müssen).

Dabei setzt sich das Regulierungsprinzip der »Märkte« in immer mehr Bereichen unseres Lebens durch, einerseits dadurch, dass immer mehr Bereiche einer Ökonomisierung unterworfen werden, aber andererseits auch in Bereichen, die (noch?) nicht ökonomischen Regelungen unterworfen sind, aber bereits derselben (Markt-)Logik unterliegen. Das bedeutet: Die Subjekte müssen sich selbst in einer zunehmenden Konkurrenz »verkaufen«, nicht nur auf dem Arbeitsmarkt, sondern auch auf dem Markt der Sexualpartner, in den Rangreihen der verschiedensten Subkulturen und Cliquen usw. Und dafür muss man über die entsprechenden Ressourcen verfügen. Bourdieu hat diese unter seinem Begriff des »Symbolischen Kapitals« auf den Punkt gebracht (1982). In den Diskursen über Beratung geht es um den Begriff der *Ressourcen* (vgl. beispielsweise die Beiträge in Knecht u. Schubert, 2012). Bourdieu hat auch darauf hingewiesen, dass sich in dieser Hinsicht die Menschen der reflexiven Moderne deutlich voneinander unterscheiden, das »symbolische Kapital« ist also *nicht gleichmäßig verteilt* ist; es gibt Menschen, die über viel davon verfügen und solche, die über vergleichsweise wenig symbolisches Kapital verfügen, genauso wie es Unterschiede gibt zwischen den Menschen, die über viel ökonomisches Kapital verfügen und denen, die darüber nicht verfügen, und beides hat sehr unterschiedliche *Chancen zur Gestaltung eines gelingenden Lebens und Arbeitens* in der Gesellschaft zur Folge – man denke nur an die der Politik anscheinend nicht gelingende Verringerung der Einschränkungen beim Zugang zu Bildungschancen, wie sie in der »PISA-Studie« und Bertelsmann-Studien immer wieder vorgehalten werden.

Aber auch wer über das notwendige symbolische Kapital verfügt, muss seine Lebens-Entscheidungen unter *Unsicherheit* treffen, weil auch für diese Menschen nicht vorhersehbar ist, wie sich ihre Entscheidungsgrundlagen verändern werden (wer hätte vor kurzem noch einen solchen Wandel der Geschlechterrollen für möglich gehalten, wer hätte mit Staatsanleihen als unsicherer Geldanlage gerechnet und wer mit einem boomenden Arbeitsmarkt für soziale Berufe?).

Einerseits haben wir also eine zunehmende *Eigenverantwortung* nicht nur für das eigene Scheitern, sondern auch für das der ganzen Menschheit (wie oft werden wir aufgefordert, unser individuelles (Konsum-)Verhalten zu verändern, um diverse Arten zu retten, um die Vermüllung des Planeten zu verhindern, um Armut und Ausbeutung in der eigenen Gesellschaft und in der Dritten Welt zu bekämpfen und vieles mehr); regelmäßig werden wir – meistens mit empörtem moralischem Impetus – aufgefordert, mehr Anstrengungen für die schulische Bildung unserer Kinder, für die richtige Ernährung, für den Kauf der richtigen Kleidung, den Kauf technischer Geräte, die eigene Gesunderhaltung usw. zu unternehmen, auch die Bereitschaft, für »gute« Lebensmittel, Urlaubsplanung und Anschaffungen mehr zu tun, mehr eigene Ressourcen einzusetzen, sei es in Form von eigenen Leistungen als Arbeitsleistung oder auch finanzieller Art, ohne jede Rücksicht darauf, ob wir dies auch können. Je nachdem, was gerade aktuell ist, lassen sich praktisch immer passende Beispiele nennen.

Voß und Rieder (2005) konnten darüber hinaus zeigen, wie wir als Kunden faktisch zum Mitarbeiter des jeweiligen Unternehmens werden, deren Waren oder Dienstleistungen wir gerade kaufen, und wie wir dabei vielfältigste Kenntnisse einbringen müssen, die das Unternehmen nutzen kann – Verbraucherberatung wird notwendig.

Kleemann, Eismann und Beyreuther (2012) zeigen auf, wie die Konsumenten herangezogen werden, um kostenlos Werbung und Verbesserungsvorschläge für ein Produkt zu machen, indem für sie eine spezielle »community« eingerichtet wird. Die Stadt Zürich nutzt die Mitarbeit ihrer Bürger dazu, kostenlos sowohl Hinweise auf Problemstellen als auch Lösungsmöglichkeiten dafür zu erhalten – alles wird ermöglicht durch die Funktionalitäten von Web 2.0. In der Folge werden damit aber immer mehr Anforderungen an die Konsumenten und Bürger gestellt; es wird immer anspruchsvoller, als Konsument und als Bürger zu bestehen.

Die Schule verlagert immer mehr Bildungs- und Erziehungsaufgaben (zurück) auf die Familie, macht sie zu einer Art selbstorganisierten Verlängerung der Bildungsorganisation, indem sie den Kindern ausgetüftelte Listen mit Lernaufgaben auch für die Ferien mitgibt, die natürlich von den Eltern irgendwie umgesetzt werden müssen. Dabei vermischt sie das sinnvolle Prinzip der pädagogischen Individualisierung als Anpassung des Lernprozesses an die individuelle Leistung der Schüler_innen mit dem Prinzip der Individualisierung als *Verlagerung gesellschaftlicher Aufgaben und Risiken auf die Einzelnen* nach Beck (1986) – Erziehungsberatung muss in der Folge dafür angeboten werden. Und gleichzeitig verschärft die Schule damit auch die allenthalben feststellenden ungleichen Chancen für die Kinder, denn sie macht den Bildungserfolg von der Herkunftsfamilie abhängig, indem sie immer mehr Aufgaben in die Familien verlagert. Die Liste solcher Beispiele lässt sich nahezu beliebig verlängern.

Es findet also eine Verlagerung praktischer und ethischer Verantwortlichkeit auf die Individuen statt, dies wurde ausgeführt in der These von der Individualisierung in der »Risikogesellschaft« (Beck, 1986), während auf der anderen Seite der Institutionen eine »organisierte Unverantwortlichkeit« (Beck, 1988) zu beobachten ist, sowie eine Privatisierung der Gewinne für wenige und eine Sozialisierung der Verluste risikoreichen ökonomischen Handelns der letztlich doch Zuständigen oder Verursacher (Stichwort »Bankenkrise«). Deren eigenes Scheitern auf der Ebene der realen Lebensgestaltung wird trotz eklatant falschen und ethisch bedenklichen, aber strafrechtlich schlecht verfolgbaren Verhaltens ab einem gewissen Status geradezu verhindert (welcher Vorstandsvorsitzende, der mit seinem Unternehmen gescheitert ist, muss sich schon Sorgen um die Finanzierung der Ausbildung seiner Kinder machen?).

Vielfältigste Anforderungen sind also ein, vielleicht sogar der wichtigste, Hintergrund für den wachsenden Bedarf an Beratung in der modernen Gesellschaft.[1] Denn all dies muss unter Wahrung ethischer Standards gemeinsam mit anderen und in Beziehung zu ihnen innerhalb der gesellschaftlichen Strukturen zu einem gelingenden Leben und Arbeiten integriert werden. Ein solches gelingendes Leben realisiert sich letztlich als »Lebenskunst« (Schmid, 1998) oder »Lebenskunstwerk (LKW)« oder »Lebenskunst als Real Life« (Bianchi, 1998; 1999) oder als »Lebenslauf und Lebenskunst« (Kotre, 2001), womit auf die Gestaltung der eigenen Biografie als Aufgabe verwiesen wird, was speziell für das Bestehen auf dem Arbeitsmarkt wichtig ist, der Lebenslauf wird zur »Kompetenzbiographie« (Erpenbeck u. Heyse, 2007).

In einem allgemeinen Sinne stellen sich damit höchst anspruchsvolle Aufgaben für Berater_innen, die in verschiedenen Feldern praktisch arbeiten. Dabei ist es immer wieder frappierend, *wie sich die Muster ähneln,* nach denen nicht nur die einzelnen Individuen, sondern auch andere Akteure, Organisationen insbesondere in der Wirtschaft, aber auch in den Non-profit-Bereichen und in der staatlichen Administration sich gezwungen sehen, sich mit sich selbst auseinanderzusetzen, sich die Frage zu stellen, ob sie noch »richtig aufgestellt« sind und dazu professionelle Beratung hinzuziehen. Dabei werden vielfach reflexive Projekte durchgeführt (Stichworte: Corporate Identity, Formulierung einer »Vision« und einer »Mission«) und es werden auch Organisationselemente

---

1   So sehen Engel, Nestmann und Sickendiek (2004, S. 34) als Hauptaufgabe von Beratung die »Be- und Verarbeitung von Modernisierungsprozessen« an.

installiert (Stichworte: Controlling, Total Quality Management, Continous improvement …), was man zusammenfassen könnte als *reflexives Optimierungsmanagement.* Und das wiederum gilt auch für Familien und für jeden Einzelnen.

In der Konsequenz können Berater_innen durchaus zwei (oder sogar mehreren) Professionen angehören, beispielsweise zusätzlich zur Beratungsprofession auch als Sozialpädagog_in, Psycholog_in, Ingenieur_in, Jurist_in, Betriebswirt_in, Ökotropholog_in, Mediziner_in etc. tätig sein, weshalb es naheliegend ist, dass eine Beratungsqualifizierung an eine fachliche Qualifizierung anschließt, beispielsweise in Form eines (weiterbildenden) Masterstudiengangs oder einer entsprechenden Weiterbildung bei einem Verband, idealerweise für Teilnehmer, die auch schon über einige praktische (Beratungs-)Erfahrung in ihrem jeweiligen fachlichen Kontext verfügen. Dann kann man sich in der Ausbildung auf die Beratungskompetenz konzentrieren, weil eine »Feldkompetenz« als bereits vorhanden unterstellt werden kann.

Was die Beratungsaufgabe also so *anspruchsvoll* macht, ist in der Regel nicht die Weitergabe von fachlichem Wissen, sondern dass dieses Wissen von den Subjekten in ihre Konzepte eines gelingenden Lebens und Arbeitens »eingebaut« werden muss, abhängig davon, wie sie sich »aufstellen« wollen. Es reicht nicht aus, dieses Wissen bloß im Kopf zu haben, sondern es muss in Handlungen bis in den Alltag hinein umgesetzt werden, und zwar im Interesse einer *gelingenden Lebensgestaltung zusammen mit den anderen,* mit denen wir zusammenleben und -arbeiten im Kontext der gesellschaftlichen und kulturellen Rahmenbedingungen. Dabei müssen wir immer wieder eingefahrene Traditionen und Routinen überwinden und uns immer wieder neu positionieren, uns selbst »neu erfinden«. Das schließt auch *ein Management unserer Motivationen und Emotionen* ein. Es geht also nicht nur um Wissen, das uns irgendwie äußerlich bleibt, sondern im Wesentlichen um Wissen von und über uns selbst und unsere Beziehungen zu anderen. Wie schwer es mitunter sein kann, die eigenen Ressourcen zu erkennen und sie dadurch für sich verfügbar zu machen, haben beispielsweise Berufsberater_innen thematisiert (etwa Weißbach u. Weißbach, 2014) und welche Aufgabe es für Berater_innen darstellt, den Klient_innen zu helfen, die eigenen Ressourcen zu erkennen, in diesem Fall die eigenen beruflich verwertbaren Kompetenzen, damit sie sie auch nutzen können. Dies lässt sich übertragen auf sämtliche genannte Bereiche.

An anderem Ort (Seel, 2009) wurde daraus bereits die folgende Konsequenz für die zugrunde zu legende soziologische Theorie oder These gezogen: Die aktuelle Gesellschaft kann nämlich unterschiedlich charakterisiert werden; so ist von einer Erlebnisgesellschaft die Rede (Schulze, 1992) genauso wie von einer Wissensgesellschaft (vgl. Heinrich-Böll-Stiftung: http://www.wissensgesellschaft.

org), einer Risikogesellschaft (Beck, 1986), einer Informationsgesellschaft (Gates, 1995) und auch einer Multioptionsgesellschaft (Gross, 1994) sowie nicht zuletzt von einer »beratenen Gesellschaft« (Schützeichel u. Brüsemeister, 2004), die der hier skizzierten Einordnung recht nahe kommt usw.

Hier wird – wie auch vom Dachverband (http://www.dachverband-beratung. de/) – vorgeschlagen, die professionelle Beratung in die Analyse einer »reflexiven Modernisierung« nach Beck, Giddens und Lash (1996) einzuordnen, weil sich so die Nachfrage nach Beratung und ihre Rolle am besten beschreiben lässt. Mit der Charakterisierung als reflexive Moderne ist eine Gesellschaft gemeint, die sich durch die verbreitete Institutionalisierung von Selbstthematisierung auszeichnet. Klassisches Beispiel der Soziologen ist die Soziologie selbst, also eine Institution der Gesellschaft (nämlich eine Wissenschaft »Soziologie«), deren Aufgabe es ist, eben diese Gesellschaft zu thematisieren und zu reflektieren.[2] Ursprünglich meinte Beck damit eine sozialstrukturelle Kategorie, also nicht die Reflexion als Form des kritischen, distanzierten Nachdenkens oder bestimmter Diskurse, sondern eher so etwas wie gesellschaftliche Regelkreise. Weil das hier anstehende Thema die Beratungsprofession ist, also die Entwicklung eines Strukturelements der Gesellschaft, eines neuen Regelkreises, deren Aufgabe die Reflexion ist, können wir diese Unterschiede jedoch vernachlässigen.

So lässt sich daraus die Aufgabe professioneller Beratung im gesellschaftlichen Kontext ableiten: Sie lautet »*Realisierung* von Reflexivität«. Das bedeutet: Der/die Einzelne »wird zum ›Planungsbüro für das eigene Leben‹ Beck (1986) oder zum „Arbeitskraftunternehmer« nach Voß und Pongratz (1998), und wir können ergänzen, zum Psychologen seiner selbst und seiner Beziehungen zu anderen, zum Manager seiner »verbetrieblichten alltäglichen Lebensführung« (Voß u. Pongratz, 1998), zum Pädagogen seiner Kinder, zum Anlageexperten seines Vermögens (soweit vorhanden) und zum Kommunikationstechniker und -manager, gleichzeitig verbunden mit der moralischen Verantwortung für die Umwelt und für die Bekämpfung der Ausbeutung der Dritten Welt durch ethisches Konsumieren (Fair Trade). Zusammengefasst: Ständiges »arbeiten an sich« ist »angesagt«, das bedeutet, die Subjekte der reflexiven Moderne

---

2   Dies beinhaltet eine leichte Akzentverschiebung bei der Beschreibung der aktuellen abendländischen Gesellschaften: Die ursprüngliche Kennzeichnung als »postmodern« machte sich bekanntlich an einer Auseinandersetzung mit architektonischen Stilen fest; dabei fiel auf, dass sich die aktuellen Stile durch eine scheinbar beliebige Kombination einer Vielfalt von Stilelementen auch aus der Vergangenheit auszeichnet, was zum Charakteristikum des »anything goes« verdichtet wurde. Möglicherweise ließe sich das Spielen mit verschiedenen Stilelementen aber auch als Beginn einer reflexiven Auseinandersetzung mit den Möglichkeiten verschiedener Stile betrachten.

unterliegen einem durchaus auch selbst verinnerlichten ständig zunehmenden Druck zur »Verinnerlichung eines Selbstoptimierungsmanagers in vielen (allen?) Lebensbereichen« (Seel, 2013a), der auch als steigender Anspruch an sich selbst daherkommt. Das ist nun keine neue Erfindung der Moderne, sondern es gibt solche Ansprüche an sich selbst schon länger, beispielsweise bei den Freimaurern, es findet sich auch in der Literatur (»Nur wer immer strebend sich bemüht, den können wir erlösen« in Goethes Faust). Aber hier wie dort blieb es einer Elite überlassen und der Anspruch war nicht so umfassend und mit einem »Muss« für alle verbunden, dafür sämtliche Ressourcen einzusetzen. Dass man dies alles kaum allein bewältigen kann, ist zu erwarten, professionelle Unterstützung ist somit notwendig, und dafür wird Beratung nachgefragt und bereitgestellt.

Die Realisierung von Reflexivität ist natürlich nicht allein Aufgabe von Beratung. Schon seit einiger Zeit gibt es bereits verbreitete Praktiken von Reflexivität überall dort, wo irgendwelche Verhaltensweisen, Konzepte, Einstellungen mehr oder weniger kritisch überprüft werden, mal vom betroffenen Subjekt selbst (Reflexivität im engeren Sinne) und mal von anderen Subjekten, was dann aber auch natürlich wieder das betroffene Subjekt zur Reflexion über sich selbst anregt (anregen kann); das reicht von einer nahezu ausufernden Literatur (inzwischen gibt es schon das eigene Etikett »Beratungsliteratur« in den Regalen der Buchhandlungen) über Veröffentlichungen in der Presse – auch der Tagespresse – über Rundfunk- und Fernsehsendungen bis zu einer Flut von Fachexpertisen beispielsweise in der Politik. Und die Selbstthematisierung ist auch nicht so neu, denn es gibt schon lange Institutionen, die eine ständige Selbstprüfung realisieren, beispielsweise die Kirchen, aber sie tun dies unter Berufung auf eine übergeordnete Autorität, der sich die Einzelnen unterordnen müssen und deren Anforderungen (»Dogmen«) über lange Zeit Bestand haben und den Menschen nur verkündet werden müssen. Sie müssen also nicht selbst entwickelt werden.

Eine Profession »Beratung« muss sich dann auch einer *besonderen gesellschaftlichen Verantwortung* stellen, die sich aus ihrem reflexiven Charakter ergibt – das ist mit der »Mission« der Beratung gemeint. Dazu muss die Institutionalisierung eines *Erfahrungsaustauschs* auch zwischen Berater_innen gehören, die nach verschiedenen Verfahren arbeiten, und darüber hinaus die Identifizierung allgemeinerer gesellschaftlicher und praktischer Problemlagen, nicht nur, um sie professionell bearbeiten zu können, sondern auch, um daran mitzuwirken, dass sie überhaupt nicht erst zustande kommen, dass sie also auch auf einer anderen Ebene als der individuellen Beratung individueller Subjekte bearbeitet werden. Nur so lässt sich Reflexivität in der Gesellschaft sinnvoll realisieren. Dies widerspricht dem anderen Problemaspekt der modernen Gesellschaft, der Verlagerung gesellschaftlicher Probleme und der damit verbundenen Risiken in die Individuen, wozu Beratung grundsätzlich auch beitragen kann und oft genug auch politisch gewollt beitragen soll. Jüngstes Beispiel ist die Etablierung von Energieberatung, damit die Subjekte der Gesellschaft mit den enorm steigenden Energiepreisen irgendwie fertig werden sollen. Das markiert einen ganz typischen, beliebten Problemlösemechanismus: Nachdem es nicht gelingt, die Energiewende sozialverträglich politisch zu gestalten, wird das Problem zur Aufgabe der Individuen gemacht, wozu man dann Beratung als Unterstützung bereitstellt. Dieses Handlungsmuster lässt sich in vielfältigen Kontexten beobachten, es äußert sich unter anderem auch darin, dass es eine Inflation des Wortes »Beratung« in den Texten der Gesetze und Verordnungen gibt – um das nachzuvollziehen, genügt es, eine Suche nach dem Stichwort Beratung in den online verfügbaren Gesetzes- und Verordnungstexten zu starten. (Eine Volltextsuche in der juris-Datenbank im Januar 2013 ergab 925 Treffer.) Darüber könnten sich nun die Verfechter einer Beratungs-Profession freuen, denn mit einem so auch politisch unterstützten Nachfrageboom wird diese Profession immer wichtiger.

Aber eine *Ausbreitung von Problemlagen* und Schwierigkeiten der Lebens- und Arbeitsgestaltung ad infinitum als Grundlage für die Nachfrage nach Beratung kann sicherlich letztlich *nicht im Interesse einer Beratungsprofession* mit ethischem Anspruch liegen, auch wenn dies ihre gesellschaftliche Bedeutung und in der Folge die wirtschaftliche Existenz unzähliger Berater_innen sichern würde. (Die Vision eines Zahlenverhältnisses von beispielsweise eine(r) Berater_in auf zehn Klient_innen oder gar noch weniger kann wohl nicht so recht überzeugen, auch ganz abgesehen von den volkswirtschaftlichen Problemen.)

In diesem Zusammenhang ist die *Abgrenzung der Beratung von der Psycho-therapie* zu diskutieren. Es würde zu kurz greifen, wenn wir die Beratung als Prävention verstehen würden und die Therapie dann als Heilung oder die Beratung als ein »light«-Form von Psychotherapie; grundsätzlich sollte der Krankheitsbegriff wie auch Begriffe von Defiziten vom Beratungsbegriff fern-gehalten werden, er sollte der Psychotherapie überlassen bleiben, die aber als eine spezielle Form von Beratung verstanden werden sollte, nämlich eine solche, die in das Gesundheitssystem eingebettet ist, die sich außerdem durch ein weitgehend standardisiertes »Setting« auszeichnet und die konzentriert ist auf individuelle, psychologische Problemlagen und Bearbeitungsweisen. Beratung sollte als allgemeinere professionelle Unterstützung bei der reflexiven Bewältigung praktischer Probleme speziell der Menschen der reflexiven Moderne institutionalisiert werden (mehr dazu Teil 4, Kapitel 2). Dann wären Super-vision und Coaching ebenfalls als Spezialformen von Beratung zu denken, wozu sich die DGfB inzwischen durchgerungen hat. Erforderlich ist eine grundsätzlliche Ergebnisoffenheit von Beratung, die sowohl der Selbstbestimmung ihrer Klient_innen als auch deren Wohl verpflichtet sein sollte: Beratung darf keinesfalls als getarnter Verkauf oder als »sanfte« Durchsetzung von anderswo bereits getroffenen Entscheidungen herkommen. Jeder Versuch in diese Richtung würde die offene und vertrauensvolle Kommunikation zerstören, was die wichtigste Voraussetzung für gelingende Beratung darstellt.

Unterstellt, diese stichwortartige Einschätzung unserer Gesellschaft stößt im Wesentlichen auf Akzeptanz, ergeben sich für die Professionalisierung von Beratung einige kritische Punkte:

– Zunächst ist eine ganz basale Auseinandersetzung zur Frage notwendig, *wem Beratung zugutekommt.* Wenn sie einfach auf dem Markt als Dienstleistung angeboten wird, verstärkt sie tendenziell die ohnehin schon nicht mehr tragbare gesellschaftliche Ungleichheit: Wer über das notwendige Kapital verfügt, kann es durch Beratung in »symbolisches Kapital« im Sinne von Pierre Bourdieu (1970) umsetzen, was ihm dann wieder zu mehr ökonomischem Kapital verhilft usw.

– Die Vielfalt der themen- und fachspezifischen Beratungsverfahren verstärkt die Belastung der Klient_innen, und zwar dadurch, dass für sie neben all den anderen Selbstoptimierungsmanagement-Aufgaben nun noch die der Auswahl und Beschaffung der »richtigen« Beratung hinzukommt und daneben die Integration der verschiedenen Beratungen, denn die Klient_innen müssen die verschiedenen Ansprüche an sie selbst zu ihrem eigenen Leben zusammenfügen;[3] diese Art der Hilfe müsste eine sich als integrierend verstehende psychosoziale Beratung anbieten (vgl. beispielsweise Mohe, 2007), aber wo finden wir sie wirklich? Sie würde etwa voraussetzen, dass sich der Partnerschaftsberater auch in den Bereichen des Management-Coachings, der Bildungsberatung im Sinne der Kompetenzbiografie und der Unternehmensberatung etc. bewegen kann. Stattdessen finden wir aber auch hier die skizzierten parzellierten Angebote.

– Eine institutionalisierte professionelle Beratung trägt unvermeidlich zur *gesellschaftlichen Subjektkonstruktion* bei. Das gilt sowohl für die Individuen als auch für Aggregate von Individuen bis hin zu korporierten Subjekten (vgl. Seel, 2013a und Teil 4, Kapitel 1). Damit erhält Beratung eine sehr hohe gesellschaftliche Verantwortung. Auch wenn man davon ausgeht,

---

3　So kann es passieren, dass sich ein Ehepaar in einer Partnerschafts-und Familienberatung befindet, während der Ehemann (oder die Ehefrau) außerdem im beruflichen Kontext Supervision oder Coaching erhält. Dann bräuchte das Paar eigentlich noch eine Beratung die diese Beratungen zusammenbringt.

dass Beratung ihrer Klientel nichts vorschreiben will (weil sie grundsätzlich »ergebnisoffen« sein soll), so wird doch eine bestimmte Art und Weise des Umgangs mit sich selbst in Beratungen unvermeidlich eingeübt. Wenn wir weiter davon ausgehen, dass Beratung darauf abzielt, die Klientel in die Lage zu versetzen, selbst mit ihrer Situation fertig zu werden, trägt sie zur Verinnerlichung des Selbstoptimierungsmanagements bei, bestes Beispiel dafür ist der erwähnte »Arbeitskraftunternehmer« nach Voß und Pongratz (1998). In der Konsequenz fordert Voß (2007) einen Zugang zur Beratung für jeden. Wie sich dies auf die Arbeit von Berater_innen, speziell Supervisor_innen in Richtung auf einen »utilitaristisch-reflexiven Zugang« auswirkt, wird von Fritsch (2011) skizziert.

- Die Verinnerlichung von Ansprüchen der *Selbstoptimierung* und in der Konsequenz die ständige Infragestellung des eigenen Lebensentwurfs und des eigenen Selbst kann zu einer *Bereicherung* der Möglichkeiten der Lebensgestaltung führen, sie kann aber auch zu spezifischen typischen *Belastungsstörungen* führen. Das hängt weitgehend davon ab, ob die Selbstoptimierung als gelassener, entspannter Umgang mit Chancen und Möglichkeiten oder als ein hart gefordertes »Muss«, als Rückkoppelungsschleife oder als moralisches Erfordernis einer Pflichtethik und/oder zur Wahrung der eigenen Chancen auf verschiedenen Märkten installiert wird. Damit würden sich die Subjekte den Systemen zweckrationalen Handelns unterwerfen und letztlich deren Machtstrukturen verinnerlichen. Das hinge natürlich nicht nur von der Beratung, sondern auch von den gesellschaftlichen Rahmenbedingungen für Beratung und der Position der Klientensubjekte in der Gesellschaft ab – es gäbe sicherlich Individuen, die sich eine andere Lebensgestaltung »leisten« können und solche, die es nicht können.

- Im Fall der *Verinnerlichung eines Selbstoptimierungsmanagers in der Rationalität der Systeme zweckrationalen Handelns* (beispielsweise in Märkten) erhöht sich sicherlich drastisch das Risiko psychischer oder psychosomatischer Erkrankungen; dafür ist typisch die Symptomatik des Burnouts, der Depression und ähnlicher Erkrankungen, was gemäß der Logik der reflexiven Individualisierung selbst wiederum zum individuellen Problem des Selbstmanagements gemacht wird, was wiederum Beratung erfordert, und zwar nicht nur zur Bewältigung, sondern auch zur Prävention. Verkürzt: Strategien der Bearbeitung von Belastungen können auf neue Belastungen hinauslaufen. (Sicherlich könnte man in vielen Fällen auch von Unternehmensburnout durch den Zwang zur ständigen Selbstthematisierung sprechen). Beratung als Reflexivitätsinstitution ist bereits auf dem besten Wege, zu einer Individualisierungsagentur der Selbstoptimierung zu werden.

Sie trägt somit in der Terminologie von Michel Foucault zur Verinnerlichung von Machtstrukturen bei.

Neben der sich aus gesellschaftlichen Zusammenhängen ergebenden *ethischen Verpflichtung* gehören zur Profession Beratung auch die ethischen Verpflichtungen auf der Ebene der eher persönlichen Beziehungen, die sich vorwiegend auf den Umgang von Berater_innen mit ihren Klient_innen und auf Dritte beziehen, auch solchen, die nicht am Beratungsgeschehen teilhaben. Im Grundlagenwerk von McLeod (2004) wird auch dazu eine Diskussion geführt. In diesem Bereich obliegt es einer Standesvertretung, entsprechende Standards zu formulieren und sich mit der einschlägigen Gesetzeslage auseinanderzusetzen. Eine solche Standesvertretung muss nicht nur von der Gemeinschaft der Berater_innen, sondern ebenso von staatlichen und rechtlichen Instanzen als legitime Vertretung der Profession anerkannt werden. In Deutschland bewegt sich derzeit die DGfB in diese Richtung.

2.2 Beratungsbegriff

Nachdem so die gesellschaftlichen Hintergründe für den steigenden Beratungsbedarf skizziert werden konnten, können wir eine präzisere Verständigung darüber versuchen, was wir auf diesem Hintergrund unter Beratung verstehen wollen. Eine solche Verständigung (oder auch Definition) ist keinesfalls trivial, denn speziell in der deutschen Sprache haben wir *sehr verschiedene Bedeutungen von Beratung* zu berücksichtigen (Seel, 1998), die dementsprechend auf verschiedene Weise in andere Sprachen, beispielsweise ins Englische übersetzt werden müssen und die durchaus für die Frage der Professionalisierung relevant sind. Dafür ist besonders der Unterschied zwischen *transitiver* und *reflexiver Beratung* (Seel, 1998) von Bedeutung: Wenn wir jemanden beraten im Sinne von ihm/ihr einen Rat geben (engl. »advice« oder »consulting«), meinen wir die Weitergabe von Fachwissen von jemandem, der darüber verfügt an jemanden, der darüber noch nicht verfügt, wir könnten auch von Information oder Austausch in Sachfragen oder von Empfehlungen sprechen. Das ist mit »transitiver Beratung« gemeint, wir finden sie häufig in verschiedenen Wortkombinationen mit Beratung, in denen am Anfang ein Fachgebiet benannt ist wie Steuerberatung, IT-Beratung und ähnliche.

Diese Bereiche sind bisher für die Frage einer eigenständigen Professionalisierung von Beratung relativ marginal, solange es hier vor allem um die *Weitergabe fachlicher Expertise* geht. Solche Beratung bezieht ihre Professionalität aus ihrer Fachlichkeit. Gegenstand einer eigenständigen Professionalisierung von Beratung können deshalb eigentlich nur die *reflexiven* Formen werden; sie thematisieren die Selbstklärung von Klientensubjekten in verschiedenen gesellschaftlichen bzw. sozialen Zusammenhängen und in ihren Beziehungen zu anderen Subjekten (*sich miteinander beraten* und *Selbstklärung – mit sich zu Rate gehen*). Weil Beratung die Probleme/Aufgaben nicht *für* die Klient_ innen bearbeiten soll, sondern *mit* ihnen, kann diese Form von Beratung als *Management eines reflexiven Projekts* mit dem Klientensubjekt betrachtet werden, sei dies nun eine Person, eine Familie oder eine Organisation (vgl. Seel, 1998; 2013b). Auch dafür bietet die englische Sprache wieder andere Vokabeln an; beispielsweise »discuss« oder (nach Pons Kompaktwörterbuch Deutsch-Englisch/ Englisch-Deutsch, 1995, S. 127) »deliberate«, das dort unter anderem auch als Übersetzung für »sich beraten«, also für Reflexion angeboten wird, das aber auch so etwas wie gründlich überlegen, bewusst entscheiden bedeutet, jedenfalls einen Bedeutungshof hat, der unserem reflexiven Beratungsbegriff ebenfalls zugeordnet werden kann.

In der Praxis kommen allerdings transitive und reflexive Beratung meistens miteinander vermischt vor, weil vor jeder fachlichen Beratung eine Selbstklärung darüber notwendig ist, was das beratene Subjekt will oder braucht, und das kann wiederum davon abhängig sein, dass es weiß, welche Möglichkeiten auf welche Weise für es verfügbar sind, was wiederum eine fachliche Beratung einschließen kann. So hat sich in verschiedenen Kontexten gezeigt, dass eine Beratung im Sinne einer bloßen Weitergabe von Informationen nicht genügen kann, sondern es muss den beratenen Subjekten auch Unterstützung dabei angeboten werden, wie die mit der Information letztlich implizierte Verhaltensänderung in die alltagspraktische Lebensgestaltung gewissermaßen »eingebaut« werden kann, was wieder reflexive Beratung erfordert. Irgendwo oder irgendwann hat jedes konkrete Verhalten unvermeidlich mit der Selbst- und Fremddefinition des handelnden Subjekts, seinem Rollenverständnis und seiner Einbettung in soziale Zusammenhänge zu tun. Eine ausschließlich rein transitive Beratung würde die Etablierung einer eigenen Beratungsprofession nicht wirklich erfordern, denn sie wäre bloße Informationsweitergabe.

Die Unterscheidung zwischen transitiver und reflexiver Beratung bildet sich in der Unterscheidung zwischen Fach- und Feldkompetenz ab, die in den Beratungsdiskursen weit verbreitet ist: Im Zentrum der transitiven Beratung steht die Fachkompetenz und die Beratungs- oder Prozesskompetenz steht im Zentrum der reflexiven Beratung.

Innerhalb der reflexiven Beratung wird von der DGfB ein weiterer, ihr sehr wichtiger Unterschied diskutiert:

- Reflexive Beratung a meint die *Thematisierung des beratenen Subjekts* und seiner Beziehung zu anderen nach den in der Gesellschaft üblichen und von den Subjekten eingeforderten Kriterien der Selbstreflexion.
- Im Unterschied dazu beinhaltet die reflexive Beratung b darüber hinaus die Thematisierung und *Reflexion auch der Prozesse der Selbstoptimierung* im Sinne der reflexiven Beratung a. Es handelt sich also um eine *Reflexion vorgegebener Reflexionsprozesse* oder -standards.

Diese Unterscheidung erhält besonderes Gewicht in einer Gesellschaft, die selbst als eine reflexive verstanden werden muss oder will. Denn gerade die vielfach eingeforderten Selbstanpassungsprozesse an irgendwelche Vorgaben stellen ein Problem dar, das in Beratungen thematisiert werden sollte. Beispiele dafür sind auf der individuellen Ebene die Selbstoptimierung für den Arbeitsmarkt als Arbeitskraftunternehmer und auf der Organisationsebene die ausschließliche Selbstoptimierung der Organisation im Sinne des Shareholder Value. Immer sollte die Frage mitbehandelt werden, ob die Klientensubjekte dies auch »wirklich wollen«, ob sie das Spiel der Selbstoptimierung nach vorgegebenen Regeln und Kriterien auch spielen wollen und können.

Unabhängig von diesen Bestimmungen des Beratungsbegriffs auf der Ebene der Beratungsthemen gehört zum Beratungsbegriff auch die Klärung der Frage, auf welche Weise die Beratung ihre Klient_innen unterstützen kann und soll. Es besteht wohl ein breiter Konsens, demzufolge Berater_innen als Expert_innen für den reflexiven Prozess tätig werden, nicht aber für sämtliche Inhalte, so dass die Zuständigkeit für sie selbst bei den Kient_innen verbleibt. Beratungen sollen also weitestgehend *ergebnisoffen* sein. Aber auch bei der Unterstützung von ergebnisoffenen Reflexionsprozessen sind verschiedene Formen denkbar. Ein *Management reflexiver Prozesse* kann durchaus unterschiedlich gestaltet werden, und zwar besonders im Hinblick auf das Ausmaß, mit dem Berater_innen ihre Klient_innen durch den Prozess führen. So könnte man beispielsweise von einer Anleitung zur Reflexion sprechen, die entweder einfach weitergegeben oder die zusammen mit den Klient_innen umgesetzt wird. Der im englischen Sprachgebrauch in diesem Zusammenhang verwendete Begriff der »guidance« weist darauf hin (Nestmann, 2011). Auch hier können wir davon ausgehen, dass in gelingenden Beratungsprozessen nicht durchgängig immer dasselbe Maß eines »an die Hand Nehmens« der Klient_innen realisiert wird, etwa in Abhängigkeit von den entsprechenden Fähigkeiten der Klient_innen (ihrem »symbolischen Kapital«). Ausschlaggebend ist dabei aber immer, dass solches Tun nicht nur im Auftrag der Klient_innen erfolgt, sondern auch in ihrem wohlverstandenen Interesse, und dass es zeitlich begrenzt bleibt.

2.3 Realisierung von Reflexivität und die Mission von Beratung

Die Reflexivität, die der reflexiven Moderne den Namen gibt, realisiert sich bereits in verschiedenen Erscheinungsformen, in verschiedenen Lebensbereichen und mit unterschiedlichen Akzenten, die erst in der Zusammenschau das Adjektiv »reflexiv« zur Charakterisierung der Gesellschaft der Gegenwart (und wohl auch der Zukunft) rechtfertigen. Derzeit finden wir bereits:

- *Feedback* in den verschiedensten Zusammenhängen;
- *Evaluation,* ebenfalls in den verschiedensten Zusammenhängen;
- *Coaching;*
- *Supervision;*
- *Psychotherapie;*
- in den Arbeitsorganisationen
  - die *Anleitung,*
  - die *Personalbeurteilung* und
  - die *Personalentwicklung;*
- im Finanzbereich die *Rating-Agenturen* usw.

In der französischen Philosophie der Postmoderne schreibt Foucault von der Bedeutung der »Sorge um sich« (1986b). Zu den klassischen reflexiven Praktiken kann man unter anderem beispielsweise die Beichte zählen (»Geh in dich, sieh, was du getan hast, und tue Buße«). Der Unterschied ist in der umfassenden Einbeziehung sämtlicher Lebensbereiche und sämtlicher Errungenschaften der modernen Gesellschaft, insbesondere der mehr oder weniger wissenschaftlich gewonnenen *Optimierungsmöglichkeiten* zu sehen, und er ist vor allem darin zu sehen, dass die Ausrichtung solcher Reflexivität nicht vom Subjekt selbst an eigenen Kriterien vorgenommen werden durfte, sondern von einem übergeordneten Bezugspunkt mit Absolutheitsanspruch aus – nämlich der dogmatisch formulierten religiösen Weltdeutung, die sogar »Ewigkeitsanspruch« erhob. Dass eine solche Orientierung eine hohe Attraktivität haben kann, weil sie Verunsicherungen reduziert, verdeutlichen die vielfältigen religiösen Fundamentalismen wie beispielsweise die katholischen »Lebensschützer«, die das Abtreibungsverbot mit dem Hinweis auf dogmatische Vorgaben absolut und rigoros durchzusetzen versuchen, zu schweigen von muslimischen Fundamentalisten, aber auch rechtsextreme Dogmatiker, die beispielsweise »das Vaterland« und was sie damit verbinden als Dogma setzen. Dahinter steckt in der Regel eine Angst und Verunsicherung angesichts einer unüberschaubaren Vielfalt, die darüber hinaus morgen schon wieder andere Anforderungen stellen könnte und die mit einer ständigen reflexiven Auseinandersetzung über den eigenen Standpunkt bearbeitet werden müsste, der man sich aber nicht gewachsen fühlt.

Dabei wird gleich deutlich, dass solche reflexiven Prozesse durchaus ihre *Risiken* haben können. Dazu gehört das Risiko der Unterordnung unter wirtschaftliche Verwertungs- und Gewinninteressen genauso wie eine Verführung zu totalitären und/oder sektiererischen Ideologien; verschiedene Beratungsrisiken solcher Art hat Keupp (2013) aufgefächert.

Dabei kann insbesondere die *Steuerung der Emotionen* hoch problematisch werden, weshalb auf diesen Aspekt auf den verschiedenen Ebenen der Reflexion besonders geachtet werden muss. Wie die Geschichte zeigt, haben Angebote zur Bewältigung von Ängsten das höchste Verführungspotenzial (vgl. beispielsweise Ciompi u. Endert, 2011, oder Burg, 2009).

Die DGfB als Dachverband der mit Beratung befassten Verbände bemüht sich in der Konsequenz dieser Überlegungen darum, unter der Perspektive auf die Entwicklung von professioneller Beratung eine *Gemeinschaft der verschiedenen Verbände und Verfahren* zu etablieren. Sie fragt damit nach dem gemeinsamen Interesse der beteiligten Verbände in ihrer Verschiedenartigkeit und bemüht sich um die Umsetzung dieser gemeinsamen Themenstellungen in konkrete Strukturen und Aktivitäten. Sie geht davon aus, dass es trotz aller Widrigkeiten in der Verständigung dieses Gemeinsame gibt, denn sonst hätte man sich nicht vor circa zehn Jahren nach reiflichen Überlegungen zusammengefunden. Dabei kann sich »reflexive Beratung in einer reflexiven Gesellschaft« als Beratungsbegriff offenbar als geeignet erweisen, das Gemeinsame zu formulieren und dafür eine große Akzeptanz zu finden.

Daraus leitet sie als Aufgabenstellung des Dachverbands die »*Etablierung einer Beratungsprofession im Zentrum einer Kultur konkret praktizierter Reflexivität*« ab, an der die verschiedenen Akteure/Verbände, jeder von seiner Perspektive aus, mitarbeiten. Die Vielfalt der Ansätze stellt dabei einerseits eine reiche Ressource dar, andererseits stellt sie aber auch hohe Anforderungen an die Moderation.

Damit kommt auf die Verbände früher oder später die Aufgabe zu, selbst darzustellen, wie, auf welche Weise sie jeweils ihren eigenen substanziellen Beitrag zu dieser Kultur der Reflexivität leisten. Diese Aufgabe müssen sie im Zusammenhang der Begründung ihres jeweiligen Ansatzes ohnehin bewältigen. Dabei müssen sie etwas leisten, das aus dem Kontext der sozialwissenschaftlichen Identitätsdiskussion (siehe dazu auch Teil 3, Kapitel 2) bekannt ist: sich selbst darstellen als Beratungsverband, der wie jeder andere Beratungsverband auch zur gemeinsamen Reflexivitätskultur beiträgt, gleichzeitig dabei aber auch einen ganz einmaligen individuellen Weg geht.

3 Begriffliche Plattform: Beratungspraxistaugliche Brückentermini

Eine Profession benötigt nach allgemeiner Ansicht eine *gemeinsame Wissensbasis*, also einen Fundus an anerkanntem Wissen, das für die Ausübung dieser Profession benötigt wird. Eine solche ist für die Gemeinsamkeit innerhalb einer Profession von ausschlaggebender Bedeutung. Diese Wissensbasis stellt sich allerdings für die Beratung sehr zerrissen dar; dennoch verstehen sich die nach verschiedenen Verfahren arbeitenden Berater_innen letztlich gut und gehen davon aus, dass sie einiges gemeinsam haben; darüber hinaus zeigt sich bei genauerem Hinsehen, dass erfolgreiche Berater_innen oft auch Elemente aus anderen theoretischen Zusammenhängen und durchaus nicht nur aus Beratungskontexten in ihre Arbeit integrieren. Dies geschieht in der Regel eher intuitiv. Die Vermutung hierzu ist, dass solche Verständigung auf einem nicht explizierten Vorverständnis vom Beratungsgegenstand beruht. Infolgedessen wäre es hilfreich, *ein bisher nicht expliziertes Vorverständnis vom Beratungsgegenstand irgendwie auf den Begriff zu bringen* und sich dabei an der Idee der Reflexivität zu orientieren. Wenn dies gelänge, könnte einerseits der in der Zweiten Frankfurter Erklärung zur Beratung der DGVT (2012) formulierten Gefahr der Beliebigkeit von Beratungsverständnissen und andererseits der Reduzierung auf ein allzu verengendes Korsett von Beratung begegnet werden.

Nicht zuletzt die wissenschaftlich begründete Ausbildung für die Beratung erfordert darüber hinaus

–   eine Einordnung des zu vermittelnden (Beratungs-)Wissens in einschlägige *wissenschaftliche Diskurse;*
–   die Grundlegung eines *Diskurses zwischen verschiedenen Beratungsverfahren,* die sich jeweils einer eigenen Terminologie bedienen; er sollte es ermöglichen, Erfahrungen auszutauschen bzw. zu vergleichen. Anderenfalls müssen die verschiedenen Konzepte und Verfahren sozusagen berührungslos nebeneinandergestellt werden, was keine gute Basis für eine Profession abgibt.

Ist es also möglich, ein gemeinsames Verständnis irgendwie zu formulieren, eine Begrifflichkeit zu finden, eine *begriffliche Plattform,* auf die sich alle gleichermaßen beziehen können, ohne deshalb ihre spezifischen identitätsstiftenden Terminologien aufgeben zu müssen? Dafür sind erhebliche theoretische Anstrengungen erforderlich. Möglicherweise wird es auf mittlere Sicht innerhalb einer Beratungsprofession zwei berufliche Aufgabenfelder geben, die sich durch verschiedenen Aufgabenschwerpunkte unterscheiden: Die Beratungspraxis und die Beratungsdiskurse. Beide dürfen aber keinesfalls auseinanderdriften, sie brauchen eine integrierende, aber nicht gleichmachende *Beratungswissenschaft,* die aber nicht als eine von vielen spezialisierten fachlichen Diskursen neben die anderen in die bestehende Wissenschaftsinstitution eingebunden sein sollte; denn dies hätte unvermeidlich eine Wissenschaft über Beratung aus distanzierter Sicht mit Objektivitätsanspruch gegenüber den Berater_innen zur Folge, letztlich mit dem Anspruch, besser über ihr Tun Bescheid zu wissen als diese selbst.

Ein entsprechender theoretischer Versuch sollte also so gestaltet werden, dass eine sinnvolle, im Idealfall weiterführende *Verwendung in der Beratungspraxis* möglich wird und dass gleichzeitig Ansatzpunkte für verschiedene wissenschaftliche Diskurse geschaffen werden. Dafür bietet sich ein Begriff auf der Ebene des *Beratungsgegenstands* an, ein wissenschaftlich tragfähiger Begriff also davon, worum es in Beratungen geht, was in Beratungen thematisiert wird und was in Beratungen geschieht. Ein Blick auf die dominierenden Beratungsverfahren zeigt, dass sie in der Regel keinen solchen spezifischen Begriff aufweisen, sieht man einmal vom Begriff des Verhaltens der klassischen Verhaltenstherapie ab, von dem sich die Praxis der Verhaltenstherapie aber mittlerweile weitgehend gelöst hat. Man behilft sich in der Regel mit mehr oder weniger alltagssprachlichen Umschreibungen des Beratungsgegenstands.

Damit ist eine höchst anspruchsvolle Aufgabe formuliert, die dem in den Wissenschaften üblichen Vorgehen insofern zuwiderläuft, als wir uns dabei auf die *Suche nach Gemeinsamkeiten* begeben müssen, während das in den Wissenschaften, besonders den Sozialwissenschaften, probate Vorgehen eher auf die *Suche nach Unterschieden* abstellt. Dies hat allerdings zu einer nahezu unendlichen Diversifizierung der Fragestellungen und zu hochspezialisierten fachlichen Diskursen geführt, in denen wiederum der Untersuchungsgegenstand auf sehr spezifische Weise nach fachinternen Kriterien und Begrifflichkeiten definiert und zergliedert wird, so dass die Ergebnisse für die Beratungspraxis wenig hergeben.[4] Das Ergebnis ist ein Flickenteppich von wissenschaftlichen Ergebnissen, neben dem ein anderer Flickenteppich von Beratungsverfahren mit

---

4 Diese Entwicklung wird durch die verbreitete Förderpraxis in der Grundlagenforschung beispielsweise der Deutschen Forschungsgemeinschaft (DFG) unterstützt, in der die Beurteilung von Forschungsvorhaben nach diesen hochspezialisierten Fachdiskursen vorgenommen wird.

je spezifischer Terminologie und mit einer nahezu unüberschaubaren Vielfalt praktischer Erfahrungsberichte und vor allem methodischer Teilkonzepte liegt. Im Vorgriff auf die noch zu entwickelnde Terminologie kann die anstehende Aufgabe so beschrieben werden: Es geht darum, eine *Brücke zwischen verschiedenen Symbolisierungspraktiken* herzustellen, also zwischen verschiedenen Praktiken oder Stilen der fachspezifischen Generierung von Bedeutung wie auch der Generierung von Bedeutung bei Beratungspraktikern, auch bei den Klient_innen von Beratung und noch einigen mehr – letztlich ist das also eine Beratungsaufgabe. Ein Scheitern ist möglich.

Das macht das Unterfangen eines Brückenschlags *riskant,* zumal eine entsprechende Einordnung von Begriffen in einen jeweils anderen Kontext eine Neu- oder Uminterpretation von theoretischen Ansätzen einschließen kann, was als »Verbiegen« oder ähnlich interpretiert werden kann. Mit entsprechenden kritischen Stellungnahmen ist zu rechnen, aber es ist dazu keine Alternative in Sicht.

Eine andere Schwierigkeit ist darin begründet, dass es eigentlich keine Theorie geben kann, die ausschließlich den Gegenstandsbereich Beratung umfasst, denn der Gegenstand von Beratung muss *jedes reflektierte menschliche Handeln und Erleben* umfassen, über dessen Bedeutung kommuniziert wird. Gerade weil Beratung als Institution der Reflexion in der reflexiven Modernisierung begriffen wird, muss die anzustrebende Brückenterminologie für sämtliche Formen von Reflexionsprozessen grundsätzlich geeignet sein. Und weil sich viele und zum Teil sehr verschiedene Fachdisziplinen mit dem Menschen befassen, ihn also auf welche Weise auch immer reflexiv betrachten, müssen im Grunde *sämtliche Humanwissenschaften* einbezogen werden, sämtliche Wissenschaften also, die Aussagen über den Menschen machen.

Nur durch die Institutionalisierung als Profession und durch die Formulierung ihrer *Mission* kann also professionelle Beratung einigermaßen von anderem, alltäglichem Tun abgegrenzt werden, nicht aber durch ihren Gegenstand. Infolgedessen kann Beratung nur disziplinüberschreitend wissenschaftlich erfasst und begründet werden.[5] Und schließlich muss fachdisziplinär begründetes Handeln (etwa betriebswirtschaftliches Handeln) selbst davon irgendwie einbezogen oder sogar umfasst werden können. Was wir suchen, ist also auf einer *Metaebene* anzusiedeln und entsprechend schwierig, auch riskant.

---

5   Das wird unmittelbar nachvollziehbar, wenn man die drei Bände des »Handbuch der Beratung« (Nestmann, Engel u. Sickendiek, 2004, 2013) oder das Werk von McLeod (2004) durchblättert, das allerdings leider, wie es in Großbritannien üblich ist, keinen Unterschied zwischen Beratung (Counselling) und Psychotherapie macht.

Was dagegen an dieser Stelle nicht angestrebt wird, ist die Entwicklung neuer (»besserer«) Beratungsverfahren. Es gibt davon mehr als genug. Sie müssten »nur« einer kritischen Sichtung unterzogen werden, auf Ähnlichkeiten und Unterschiede geprüft und miteinander in Beziehung gesetzt werden, aber dafür braucht man nun wieder eine begriffliche Plattform.

Der dafür als geeignet vorgeschlagene *Brückenterminus* »*Symbolisieren*« knüpft an vielfältige philosophische, soziologische und sozialpsychologische Theoriekonzepte an. Er bezeichnet eine aktive Tätigkeit des Menschen, weshalb nicht der Symbolbegriff, sondern eben die Verbform des Symbolisierens verwendet wird. Wir gehen davon aus, dass wir mehr oder weniger ständig symbolisieren, mal mit enger Koppelung an unsere Umwelt durch die Wahrnehmung und mal mit allenfalls schwacher Ankoppelung wie zum Beispiel in Träumen, in Fantasien und ähnlichen Aktivitäten. Außerdem unterscheiden wir zwei verschiedene *Modalitäten* des Symbolisierens: die begrifflich-diskursive und die bildlich-ästhetische. Beide Alltagsmodalitäten des Symbolisierens finden ihre institutionelle Ausdifferenzierung und Spezialisierung in der Wissenschaft einerseits und in der Kunst (oder der ästhetischen Kultur) andererseits.

Wir können *äußerlich physisch sichtbar* symbolisieren (beispielsweise reden) oder auch nur *für uns allein* (beispielsweise träumen). Unsere äußerlich wahrnehmbaren Symbolisierungen sind die Grundlage für einen *Austausch mit anderen.* Wir symbolisieren in der Regel nicht allein vor uns hin, sondern entwickeln unsere Symbolisierungen grundsätzlich im Austausch mit anderen, und zwar über unsere hochdifferenzierte *menschliche Kommunikation.* Weil sich der Austausch mit anderen Subjekten einerseits vorfindlicher kultureller Muster bedient, andererseits diese aber auch immer wieder hervorbringt, handelt es sich immer um eine kontinuierliche Kulturleistung. Sie umfasst verschiedene Symbolsysteme oder *Symbolisierungsmedien,* an herausragender Stelle die Sprache, aber nicht nur die Sprache, sondern verschiedene Sprachen (wie Dialekte oder subkulturelle Besonderheiten und Fachsprachen) auch innerhalb desselben Sprachraums. Daneben nutzen wir andere *Symbolsysteme* wie zum Beispiel Bilder, Gesten oder Tonfolgen. Die Kulturleistung des Symbolisierens umfasst eine räumliche und eine zeitliche Dimension. Wir können verschiedene Symbolisierungsmedien unterscheiden. Die Sprache ist sicherlich unser prominentestes Symbolisierungsmedium, sei es als gesprochene Sprache oder als Schrift. Aber es gibt andere, die wir im Interesse der Nutzung von Möglichkeiten für Beratungen nicht außer Acht lassen sollten. Das sind unter anderem Zahlen und Geld, Bilder, Ikonen, Szenarien, Gesten, Rituale, Tänze, Tonfolgen, Musik …

In Beratungen stehen weniger solche unmittelbaren, einzelnen Symbolisierungen zur Diskussion, als vielmehr unsere »Symbolisierungspraktiken«.

Dieser Begriff meint die Art und Weise, wie wir jeweils mehr oder weniger situationsangemessen Symbolisierungen hervorbringen. Wir generieren also in der konkreten Situation Symbolisierungen. In dieser und anderen Situationen lassen sich dann gemeinsame »Muster« erkennen. Was heißt das?

Da identische oder zumindest ähnliche Bedeutungen sich in verschiedenen Situationen oder Kontexten je anders artikulieren oder darstellen müssen, muss in Beratungen (ebenso wie auch in anderen Situationen, wo Menschen verstanden werden wollen) gefragt werden, auf welche Weise die Beteiligten zu diesen (Be-)Deutungen und Bedeutungszuschreibungen kommen; deshalb meint der Begriff Symbolisierungs*praktik* einen *Generator von Symbolisierungen* oder ein Schema, nach dem Bedeutungen kontextspezifisch konstruiert werden. Grundsätzlich ähnlich, aber im Detail auch etwas anders, bilden wir mit der *generativen Grammatik* nach Chomsky unsere Sätze.

Im Unterschied zur generativen Grammatik handelt es sich bei Symbolisierungspraktiken nicht um bloß formale Regeln, sondern um (sub-)kulturspezifisch *faktisch gültige semantische Muster* zur situationsangemessenen Symbolisierung; sie bevorzugen bestimmte Symbolisierungen, schließen andere aus und formen sie. Deshalb weist der Begriff hier eine gewisse Nähe zum Begriff der »Sozialpraktik« auf, wie er in verschiedenen soziologischen Ansätzen verwendet wird (beispielsweise Lash, 1996).

Unser *Emotionen und Motivationen* machen den energetischen Aspekt von Symbolisierungspraktiken aus; das bedeutet, dass wir die unselige Trennung zwischen Emotion/Motivation auf der einen und Kognition auf der anderen Seite aufgeben sollten zugunsten einer Betrachtungsweise, die dabei nicht von verschiedenen Phänomenen ausgeht, sondern von Aspekten desselben Phänomens, nämlich der Symbolisierungspraktiken. Das heißt, dass wir uns bei jeder Betrachtung einer Symbolisierungspraktik fragen müssen, woher sie ihre Energie bezieht, aber auch wie sie gewissermaßen unsere Energien lenkt oder kanalisiert. Dann können wir zum Beispiel nach dem emotionalen Gewinn bestimmter Symbolisierungspraktiken fragen.

Im Zuge der Entwicklung dieser Begrifflichkeit muss gezeigt werden, wie wissenschaftliche und praktische Diskurse auf verschiedenen Ebenen und aus verschiedenen Fachdisziplinen zu einer Verständigung über eine gemeinsame Wissensbasis herangezogen werden können. Dieses vollständig oder auch nur breit zu entfalten, würde allerdings die Kapazität eines Autors bei weitem übersteigen und den geneigten Leser wohl auch erschrecken. Es kann sich also im Folgenden nur um den Versuch handeln, entsprechende Teildiskurse anzuregen in der Hoffnung, dass sie in der Folge nicht wieder so weit in spezielle Fragen auseinanderdriften, dass ihr Zusammenhang verloren geht.

Zunächst jedoch gelingt es, mit einer Ausdifferenzierung des Begriffs der Symbolisierung und der Symbolisierungspraktik an die aktuellen Diskurse um den Symbolbegriff von Ernst Cassirer bis Pierre Bourdieu anzuknüpfen (eine Übersicht zum Werk von Bourdieu findet sich z. B. bei Fuchs-Heinritz u. König, 2005); mit der Unterscheidung zweier *Modalitäten des Symbolisierens,* der diskursiv-begrifflichen Modalität und der bildlich-ästhetischen Modalität, können sowohl die an der Psychoanalyse wie auch die an anderen Verfahren der Psychotherapie angelehnten Beratungsverfahren eingebunden werden; mit der Unterscheidung zwischen der zeitlichen biografischen Dimension und der sozialräumlichen (Beziehungs-) Dimension der Symbolisierungspraktiken können über das theoretische Konzept der *Identität* Bezüge zum symbolischen Interaktionismus hergestellt werden; und mit der Spezifikation der Symbolisierungspraktiken als zwischen den Individuen emergierendes, aber bei ihnen vorfindliches Phänomen gelingt es, systemtheoretisches Denken und Arbeiten ebenso zu verknüpfen wie die Grundgedanken des *sozialen Konstruktionismus* nach Gergen (1996; 2002). Über den Begriff der Symbolisierungspraktik können ebenfalls die Erkenntnisse der derzeit in der Psychologie dominierenden *kognitivistischen* Grundlagenforschung genutzt werden wie auch sämtliche Ergebnisse einer »Psychologie der Veränderung« auf der Grundlage subjektiver Theorien (vgl. beispielsweise Mutzek, Schlee u. Wahl, 2002).

Die Identifizierung mehrerer verschiedener Symbolisierungspraktiken ermöglicht eine *universelle Verwendung* dieser Brückenterminologie von übergreifenden kulturellen Mustern bis hin zu spezifischen Praktiken in der Familie, der Paarbeziehung und Unternehmenskulturen.

Da die Menschen der reflexiven Moderne aber nicht auf professionelle Beratung warten können, bis sie handlungsfähig werden, sondern vor jeder Beratung bereits (wenn auch mitunter mit Problemen) grundsätzlich handlungsfähig sind, kann in Beratungen nichts wesentlich Anderes ablaufen als in den alltäglichen (Kommunikations-)Prozessen, weshalb beratungspraxistaugliche Termini *universell* aufgestellt sein müssen. So sollten sie unter anderem auch keinen grundsätzlichen Unterschied machen bei der Betrachtung des Tuns von Berater_innen und des Tuns von Klient_innen.[6]

---

6 Damit wird ein wesentlicher Unterschied zu einer an naturwissenschaftlichen Idealen orientierten »szientistischen« Sichtweise formuliert, denn dort steht der Natur ein sinnvoll handelndes, das heißt sein Handeln argumentativ begründendes (wissenschaftliches) Subjekt gegenüber, das diese Natur als Kausalgesetzen unterworfen versteht, die praktisch genutzt werden können, indem die Ausgangsbedingungen so geändert werden, dass erwünschte Folgen mit naturgesetzlicher Verlässlichkeit, also zwangsläufig herbeigeführt werden können.

Der Begriff der Symbolisierungspraktik erlaubt nun auch eine Verständigung zwischen den verschiedenen, die Szene dominierenden Beratungsverfahren, die häufig aus psychotherapeutischen Verfahren entwickelt wurden. Wir können sie nun im Nachhinein als Konzepte verstehen, die jeweils einen oder mehrere Aspekte von menschlichen Symbolisierungspraktiken in den Vordergrund gerückt haben, diese dann spezifisch ausformulieren und zur Grundlage nun eigener Metasymbolisierungspraktiken gemacht haben.[7] So kann dazu eine erste holzschnittartige Skizze entwickelt werden, die beileibe keinen Anspruch auf ausreichende Differenzierung erheben kann – was ohnehin nachfolgenden Diskursen überlassen werden muss, für die an dieser Stelle lediglich »Appetit« geweckt werden kann.

Die tiefenpsychologischen Schulen haben Selbstsymbolisierungspraktiken[8] in den Vordergrund gerückt, damit also die *Zeitdimension;* die *Raumdimension* wurde von der Psychoanalyse auf die frühen, die Entwicklung des individuellen Subjekts dominierenden Interaktionen mit anderen, prägenden Subjekten konzentriert. Darüber hinaus wurde mit der Einführung des Unbewussten auf spezifische Weise die bis dahin völlig vernachlässigte, in Begriffen (zunächst) nicht verbalisierbare Modalität, die hier als eine Form der ästhetischen Modalität von Symbolisierungen gefasst wird, in den Mittelpunkt gerückt; dies hat sich auf der methodischen Ebene der Metasymbolisierungspraktik »Psychoanalyse« insbesondere in der Auseinandersetzung mit den Träumen der Klient_innen niedergeschlagen. C. G. Jung hat mit der Betonung der Archetypen den Blick auf die überindividuelle, räumliche, kulturelle Ebene gelenkt, während Alfred Adler mit dem Begriff des Willens zur Macht den energetischen Aspekt der Emotionen weg vom Woher auf das Wohin entwickelt hat. Alle konnten sich dabei mehr oder weniger explizit bei Nietzsche bedienen.

Die gesprächstherapeutischen oder personzentrierten Verfahren haben den sprachlichen Austausch als einer Form des symbolischen Austauschs als Grundlage für die Auseinandersetzung mit den und die Rückwirkung auf die Selbstsymbolisierungspraktiken der Klient_innen herangezogen und gehen dabei von Subjekten aus, die sich selbst im Austausch mit anderen zu einem persön-

---

7   Hiermit wird auf den systematischen Zusammenhang abgestellt, den wir nur im Nachhinein dekonstruieren können, nicht auf den historischen Zusammenhang, also nicht darauf, wie die Verfahren schrittweise von ihren Protagonist_innen entwickelt wurden.

8   »Selbstsymbolisierungspraktiken« meinen einerseits Erfahrungen mit sich selbst, die andererseits bei jeder »Identitätspräsentation« dem Interaktionspartner signalisieren, als was oder wer jemand von diesem wahrgenommen und akzeptiert werden will. Aus der Reaktion dieses Partners und der Auseinandersetzung damit entwickeln wir unser individuelles Selbst – so die Theorie des »symbolischen Interaktionismus« nach Goffman, Mead und Krappmann (1969).

lichen Reifezustand entwickeln, was im Folgenden (Teil 3) als reflexive »Subjekt-konstruktion« bezeichnet wird. Sie rücken also auch die zeitliche, biografische Dimension in den Vordergrund.

Das Psychodrama hat, wie schon der Name ausdrückt, die bildlich-ästhetische Modalität besonders im Blick und hebt dabei sowohl auf die zeitliche als auch auf die räumliche Dimension des Symbolisierens ab unter dem Blickwinkel der Auswirkungen symbolischer Repräsentationen der Umgebung eines Menschen auf seine eigene persönliche Entwicklung.

Für diese bis jetzt diskutierten Verfahren liegt es nahe, sie auf der allgemeinen Ebene kultureller Entwicklungen kritisch gleichzeitig als Ergebnis und Betreiber oder Agenten einer Individualisierungstendenz in den abendländischen Kulturen zu betrachten, weil sie sich auf das Individuum konzentrieren und den gesellschaftlich-kulturellen Zusammenhang der Problemgenese und -bearbeitung weitgehend außen vor lassen – neuer Entwicklungen versuchen aber, diese Tendenz zu überwinden. So gibt es natürlich auch beispielsweise gesellschaftskritische psychoanalytische Bemühungen, die allerdings in der verbreiteten individuellen, beraterischen oder psychotherapeutischen Praxis in der Regel keine systematische Rolle spielen.

Anders erscheinen zunächst die *systemischen* Ansätze: Indem sie auf den Systembegriff abstellen, betonen sie die Zusammenhänge zwischen den Elementen eines Systems, also im Fall von sozialen Systemen die Beziehungen zwischen Individuen (als Teilsysteme) und damit die räumliche Dimension von Symbolisierungspraktiken als überindividuelle Praktiken. Mit der Ausweitung des Systembegriffs auf das Individuum (das Individuum als System) bekommen sie auch dieses in das Blickfeld. Besonders erfolgreich ist am systemischen Ansatz, dass er nicht so sehr das souveräne »Ich tue« (also die bewusste, zielgerichtete Aktivität) des Subjekts unterstellt als vielmehr dem subjektiven Eindruck des Ausgeliefertseins an individuell nicht beliebig steuerbare Prozesse einen theoretischen Wert zuweist.[9] Im Sinne des vorgeschlagenen Begriffs der Symbolisierungspraktik weist er deshalb auch den ästhetischen, den nicht begrifflichen, häufig nicht bewussten Symbolisierungsmodalitäten in der praktischen Beratungsarbeit große Bedeutung zu. Am konsequentesten von sämtlichen Verfahren verwirklicht er den konstruktiven Aspekt, den andere Verfahren eigentlich auch soweit akzeptieren müssten, als anders eine Veränderung sowohl der Persönlichkeit als auch der Beziehungen zwischen Menschen durch sprachliche oder andere symbolische Aktivitäten, wie sie den Kern jeder Beratungs-

---

9   Dabei verzichtet er aber aus gutem Grund keineswegs auf (gemeinsame) Zielformulierungen, weil diese eine unverzichtbare Orientierungsfunktion für Berater_in und Klient_in aufweisen.

tätigkeit und jeder Psychotherapie ausmachen, nicht denkbar wäre. In der Praxis der Beratung wirken sie allerdings auch verbreitet individualisierend, meistens dadurch, dass sie sich auf die sozialen Mikrosysteme wie Familien oder Organisationen beschränken und die gesellschaftlichen Zusammenhänge außer Acht lassen oder als gegebene Rahmenbedingung hinnehmen.

Wenn man genau hinsieht, stellt man insgesamt fest, dass sämtliche Verfahren de facto in ihrem praktischen Tun mit der Zeit andere Elemente in ihr Repertoire aufgenommen haben, denen sie dann bloß nicht auf der theoretischen, begrifflichen Ebene einen so hohen Stellenwert eingeräumt haben wie ihren zentralen Begriffen. Unterschiede ergeben sich vor allem auf der Ebene der anthropologischen Grundannahmen (vgl. Weissman, 2009), dem Menschenbild, das letzten Endes vor allem der Beziehungsgestaltung und der Haltung im Verhältnis zwischen Berater_in und Klient_in verschiedene Färbungen verleiht, ihnen einen spezifischen Stil gibt, der wiederum als Meta-Symbolisierungspraktik verstanden werden kann. Damit müssen sie als Varianten einer institutionellen Agentur der gesellschaftlich-kulturellen Subjektkonstruktion betrachtet werden. Mit anderen Worten finden in Beratungen durch die gemeinsame interaktive Entwicklung und Veränderung von *Selbstsymbolisierungspraktiken* in Nuancen verschiedene Subjektkonstruktionen statt, die nichtsdestotrotz die Tendenz zur Individualisierung gesellschaftlicher Problemlagen gemeinsam haben. Dies ist aber nicht zwangsläufig an die jeweiligen Terminologien gebunden, sondern eher der Art und Weise geschuldet, wie Beratung als (reflexive) gesellschaftliche Institution konkret aufgestellt ist.

Die bisher diskutierten Hauptthemen des gesellschaftlichen Stellenwerts von reflexiver Beratung und der Brückenterminologie kommen wieder auf spezifische Weise zusammen beim Thema der Möglichkeiten von Subjekten und damit der Subjektkonstruktionen. Denn reflexive Beratung muss nicht nur das Verhalten der Beteiligten thematisieren, sondern auch deren Seinsweise, also nicht bloß die Frage »Was kann, soll, muss, will ich tun?«, sondern auch die Frage »Wie will ich sein«? Das gilt sowohl für die Klient_innen, seien es Individuen, Familien, Organisationen oder sonstige Gruppierungen wie auch für die Berater_innen selbst und letztlich auch für die Beratungsprofession.

Eine weiteres Bewährungsfeld der praxistauglichen Brückenterminologie sind deshalb die Konzepte und Theorien der Persönlichkeit, oder eben in der aktuellen Terminologie, die *Subjekttheorien*. Dabei interessieren unter Beratungsgesichtspunkten die Fragestellungen: Wie sind Subjekte möglich, wie sind speziell die Subjekte der reflexiv modernen Gesellschaften konzipiert und wie kann und sollte in Beratungen mit ihnen umgegangen werden? Mit diesen Fragen wird unvermeidlich ein Bogen zur Gesellschaftsanalyse als Grundlage für das *Selbstverständnis und die Mission einer Beratungsprofession* geschlagen. Es geht also darum, ob und inwieweit sich Erkenntnisse und Theorien über die Begrifflichkeiten der Symbolisierungspraktik integrieren und so für Beratungen nutzbar machen lassen. Unter Beratungsgesichtspunkten hat die Frage der Möglichkeiten der Subjekte sowohl auf der Beraterseite als auch auf der Klientenseite eine herausragende Bedeutung:

Unter der Fragestellung »Wie sind wir möglich?« müssen wir dazu die Themen der *biologischen Grundlagen* menschlicher Existenz anschneiden bis hin zu Fragen der Evolution des Menschen zum Kulturwesen, das mit seinen Symbolisierungspraktiken seine Kultur(en) ausbildet, wie er dabei auf seine Körperlichkeit, speziell seine natürlichen Bedürfnisse, seine Emotionen und seine Geschlechtlichkeit abstellen muss, wie seine Kulturen und Gesellschaften ihn als Subjekt durch spezifische Symbolisierungspraktiken in verschiedenen Formaten konstruieren und wie in der speziellen Kommunikationsform einer institutionalisierten Profession »Beratung« damit umgegangen wird. Dabei ist besonders darauf abzustellen, wie professionelle, institutionalisierte, reflexive Beratung sich auf die Subjektkonstruktionen der reflexiven Moderne auswirkt. Die zweite Frage in diesem Zusammenhang lautet: »Was ist den Subjekten möglich?« Damit wird auf das Problem des *symbolischen Kapitals* und der verfügbaren *Ressourcen* der beratungsbeteiligten Subjekte abgestellt, mit Sicherheit das zentrale Thema von Beratungen. Für die Beraterseite stellt sich diese Frage als die nach den Möglichkeiten der Unterstützung von Klientensubjekten bei ihrer Selbstreflexion und auf der Klientenseite ist das Augenmerk eben auf die Möglichkeiten der Gestaltung ihres Lebens und Arbeitens zu richten.

4 Institutionelle Austauschplattform: Möglichkeiten, Formen und Verfahren der (wissenschaftlichen) Reflexion durch, von und über Beratung

Konsequenterweise gehört zur Konzipierung von *Beratung als reflexiver Institution* auch die *Reflexion von Beratung,* was logischerweise auf einer Meta-ebene zur Beratung geschehen muss. Diese Metaebene zur Beratung muss allerdings nach verschiedenen Formen ausdifferenziert werden, die einerseits institutionell verschieden zu konstruieren sind, andererseits aber auch eine Reihe von Querverbindungen und Überschneidungen aufweisen, die bisher nicht systematisch angegangen wurden:

Eine Metaperspektive auf Beratung zur Reflexion von Beratung wird in den folgenden Tätigkeiten eingenommen, wobei differenziert wird zwischen der konkreten praktischen Beratung und der Beratung als reflexiver Institution auf gesellschaftlich-kultureller Ebene:

Ebene der konkreten praktischen Beratungen:
- Berater_innen führen *(Führung)*
- Beratung organisieren; komplexe reflexive (Beratungs-) Projekte managen *(Management)*
- Berater_innen ausbilden *(Aus- bzw. Weiterbildung)*
- Beratung supervidieren *(Supervision)*
- Beratung anleiten *(Anleitung)*
- Beratungsqualität sichern *(Qualitätssicherung)*
- Beratungswissen generieren, vermehren, wissenschaftlich prüfen, organisieren, weitergeben *(Management von Beratungswissen, Beratungswissenschaft)*
- Beratungstheorien reflektieren und integrieren *(Beratungswissenschaft)*
- Beratung als Profession etablieren, organisieren und begleiten *(Professionspolitik)*
- Beratungskenntnisse und -informationen der Öffentlichkeit (mögliche Klient_innen) zur Verfügung stellen (Was kann ich von einer Beratung – welcher – erwarten? Wie erkenne ich gute Beratung? …) *(Öffentlichkeitsarbeit)*

Ebene der Nutzung von Beratung zur Reflexion von Gesellschaft in verschiedenen Diskursen:

- Erhebung epidemiologisch relevanter Beratungserfahrungen
- ihre kritische wissenschaftliche Aufarbeitung
- und ihre Einfütterung in professionelle und politische gesellschaftliche Diskurse (Beratungswissenschaft, gesellschaftliches Wissensmanagement und Nutzung von Beratungswissen)

Diese Auflistung verdeutlicht schon beim flüchtigen Betrachten, dass es Querverbindungen und Überschneidungen geben muss. So muss eine Professionspolitik sicherlich in irgendeiner Form sämtliche Metatätigkeiten beinhalten; Beratungswissenschaft und Wissensmanagement haben Aufgaben im Zusammenhang der Theorieentwicklung, der gesellschaftlichen Reflexion von Beratungserfahrungen, der Qualitätssicherung zu übernehmen. Zur Führung gehört auch das Management komplexer Beratungsprojekte wie zum Beispiel der Einleitung und Realisierung komplexer Reflexionsprozesse von Organisationen einschließlich der Einführung und Umsetzung von Innovationen.

Auch in diesen Metaberatungsfunktionen sollten sich die vorgeschlagenen Brückentermini bewähren. Gemäß ihrem Anspruch machen sie keinen grundsätzlichen Unterschied zwischen Subjekt- und Objektmodell, also auch nicht zwischen dem Tun der Berater_innen, der Beratungsklient_innen, dem Tun der Beratungsanleiter_innen, der Führenden, der Supervisor_innen und dem Tun der Wissenschaftler_innen. Das bedeutet die Betrachtung des jeweiligen Tuns als Realisierung mehr oder weniger institutionalisierter Symbolisierungspraktiken,[10] und zwar unter der Perspektive auf Reflexivität. Im Zusammenwirken von praktischen Beratungen mit ihrer wissenschaftlichen Reflexion können dann auch reflexive Projekte auf kultureller und gesellschaftlicher Ebene initiiert und verwirklicht werden.

Dies rückt die *Rolle des Wissens* bei der systematischen Betrachtung der Professionalisierung von Beratung in den Vordergrund und dabei stellt sich die Frage nach der *Mission der Humanwissenschaften als reflexive Wissenschaften*. Sie müssen sich im Beratungskontext als praktisch nutzbare reflexive Wissenschaften bewähren und sich die Frage stellen, wie sie zur selbst gesteuerten Verbesserung des Lebens der Menschen beitragen können.

---

10 Interessant ist in diesem Zusammenhang die Beobachtung, dass es den wenigsten Menschen schwerfällt, praktisch eine Metaperspektive einzunehmen, auch wenn es ihnen verbreitet nicht bewusst ist, auf welcher Ebene sie sich bewegen.

Da solches Wissen zum großen Teil in Beratungen generiert wird, muss geklärt werden, wie es erfasst und in den Wissenschaftsprozess eingefüttert wird, wie es dort aufgearbeitet wird (auf seine Gültigkeit, Reichweite etc. geprüft und kommunizierbar gemacht wird) und wie es an verschiedene Adressaten weitergegeben wird. Adressaten sind einerseits die Berater_innen und ihre Trägerorganisationen und Verbände und andererseits die Adressaten der gesellschaftlichen und politischen Diskurse, nicht zu vergessen die (potenziellen) Klient_innen, denn deren befriedigende Lebensgestaltung steht im Zentrum sämtlicher Bemühungen.

Mit der fortschreitenden Verbreiterung und Professionalisierung von Beratung muss also ihre *konzeptionelle und institutionelle Beziehung zur Wissenschaft* thematisiert werden.

Die damit verbundenen konkreten Fragestellungen können nicht getrennt für verschiedene Beratungsfelder diskutiert werden, sondern sollten in einem die gesamte Profession umfassenden Ansatz bearbeitet werden. Anders als weitgehend üblich macht es Sinn, nicht von den bestehenden Institutionen auszugehen und dann beispielsweise zu fragen, wie eine Beratungswissenschaft zur Verbesserung von Beratung beitragen könnte, sondern gleich von vornherein an der Rolle und den Funktionen von Wissen in Beratungen anzusetzen und dann zu fragen, wie eine Beratungswissenschaft in diesem Kontext ihren Stellenwert bekommt. Ausgangspunkt entsprechender Überlegungen sollten also die verschiedenen Funktionen von Wissen in Beratungsprozessen sein. Auch dafür ist eine Klärung des gesellschaftlichen Auftrags, der »Mission« der Profession Beratung hilfreich.

Für eine konzeptionelle Klärung der Beziehung zwischen Wissenschaft und Beratung kann der Ansatz des *Wissensmanagements* (klassisch: Nonaka u. Takeuchi, engl. 1995; dt. 1997) Orientierung geben. Demnach sind die Fragen zu beantworten:

a) Um welche *Art von Wissen* geht es?
b) Wie und wo wird dieses Wissen *produziert/generiert*?
c) Auf welche Weise wird es *erfasst, aufgearbeitet und kritisch geprüft* (einschließlich: welchen Kriterien muss es genügen)?
d) Wie wird das so aufgearbeitete Wissen *verteilt* und wie erreicht es seine Adressat_innen (Wer sind die)?

a) *Um welche Art von Wissen geht es? Welches Wissen wird für welchen Zweck in Beratungen benötigt und »angewandt«?*
– *Prozess- oder Verfahrenswissen*: wissenschaftliche Erkenntnisse zur Verwendung bei der Gestaltung des Beratungsprozesses kommen beispiels-

weise aus der Psychologie, der Kommunikationsforschung, Semiotik und anderen. Es geht um die Beziehungsgestaltung in der Beratung, über den zielführenden Umgang mit Konflikten, Emotionen, die Steuerung von Entwicklungsprozessen und vieles mehr. Außerdem: Wissen über die Verwendung wissenschaftlicher Methoden in der Beratung, wie beispielsweise zu diagnostischen Zwecken, Methoden der Datenerhebung und -auswertung und alles sowohl a) für die Beratung von Individuen und Familien, als auch b) für die Beratung von Organisationen.

- *Fachwissen 1:* wissenschaftliche Erkenntnisse über den *Beratungsgegenstand* oder das Beratungsthema, beispielsweise über die Bedeutung von Wissen und Kompetenzen in der spätmodernen Gesellschaft, über die Möglichkeiten des Wissenserwerbs, über Berufe und Berufsaussichten, über die Anforderungen verschiedener Berufe, über die Probleme von Unternehmen beim Generationswechsel, die Auflistung lässt sich nahezu unendlich erweitern.

- *Fachwissen 2:* wissenschaftliche Erkenntnisse über die *Problemlagen* der *Beratungsklientel,* beispielsweise über das Selbst in der reflexiven Moderne, über Familien mit Migrationshintergrund, über Menschen mit Alkoholproblemen, über die Möglichkeiten der Beziehungsgestaltung in Partnerschaft und Familie und mehr, und über die Möglichkeiten, die Problemlagen zu überwinden (solches Wissen zu generieren, ist der allgemeine Auftrag von Beratung).

b) *Wie und wo wird dieses Wissen produziert oder generiert? Die Wissensquellen für Beratungen sind durchaus sehr verschieden.*

- Zum Teil natürlich kommt es aus dem Wissenschaftsbetrieb als Ergebnis von *Forschung,*

- dann aber auch, teilweise in enger Verbindung mit dem Wissenschaftsbetrieb, aus der staatlichen *Administration,* beispielsweise von der Bundesagentur für Arbeit, aber auch aus *anderen administrativen Bereichen,* beispielsweise von den Krankenkassen;

- und weiter, vielfach insbesondere als implizites Wissen, aus unserer *Alltagskompetenz:* Vieles, was in Beratungen geschieht, beruht auf Alltagswissen, denn zu einem gewissen Grade kann jede(r) beraten und sein Leben gestalten auch ohne wissenschaftliches, explizites Wissen darüber;

- schließlich aber, und zwar zu einem nicht unerheblichen Teil, aus *Beratungen.*

Dieser letzte Punkt ist hier natürlich von besonderem Interesse. Schon ein kurzer Blick über die Beratungsliteratur ergibt, dass ein Großteil des Prozess-

oder Verfahrenswissens von praktisch tätigen Berater_innen kommt, die über ihre spezifischen, in der Regel sehr positiven Erfahrungen aus ihren praktischen Tätigkeiten berichten und dies zur Nachahmung anderen empfehlen.

Aber auch vieles aus dem Fachwissen 2 wird in Beratungen generiert. Es hat durchaus seine Berechtigung zu betonen, dass die Berater_innen insbesondere kompetent sind für das Beratungsverfahren und für das Fachwissen 1 und die Klient_innen am besten Bescheid wissen über ihre Situation, über ihre »Lebenswelt«. Allerdings verbleibt solches Wissen meistens im jeweiligen Beratungsprozess und wird nicht aufgearbeitet und weitergegeben (sieht man einmal von der Beratungs-Supervision ab). Dasselbe gilt für Problemlösungswissen: In Beratungen wird immer wieder neues Wissen zur Problemlösung generiert, wobei es durchaus möglich ist, dass hier »das Rad immer wieder neu erfunden« wird, weil das Wissen nicht aufgearbeitet und weitergegeben wird.

c) *Auf welche Weise wird beratungsrelevantes Wissen erfasst, aufgearbeitet und kritisch geprüft (einschließlich der Frage: Welchen Kriterien muss es genügen)?*
Hier können wir auf die Unterscheidung zweier Modi der Wissensproduktion verweisen. Gibbons et al. (1994; 2. Aufl. 2000) und Nowotny, Scott und Gibbons (2001) unterscheiden zwischen klassischer Wissensgenerierung durch den Wissenschaftsbetrieb (Modus 1) und der Wissensgenerierung im Anwendungskontext (Modus 2) wie in Beratungen. Eine kritische Überprüfung des Wissens ließe sich, da es sich in Beratungen um Arbeit an Einzelfällen handelt, mit den verschiedenen Methoden der qualitativen Sozialforschung realisieren.

Sie kommen nahezu sämtlich in Frage – von der dokumentarischen Methode über die Diskursanalyse und die Grounded Theory, die narrativistischen Methoden usw. – und werden auch schon mit Gewinn eingesetzt (vgl. beispielsweise Riemann 2002a/b, 2005). Forschungspraktisch könnte sich das Konzept einer rekonstruktiven Sozialforschung (Bohnsack, 2008) bewähren, weil es verschiedene qualitative Methoden integrieren kann, außerdem die Verankerung der wissenschaftlichen Erkenntnis in der sozialen Praxis vorsieht und schließlich auch die ästhetische Modalität speziell in der Form von Bild-und Videointerpretation berücksichtigt (Bohnsack 2009). Das Problem dabei liegt also nicht auf der Ebene der Methoden, sondern auf der Ebene der systematischen Institutionalisierung, der organisationalen Einbettung und der Finanzierung solcher Forschungen.

d) *Wie wird das so aufgearbeitete Wissen verteilt und wie erreicht es seine Adressaten?*
Anders als in großen Firmen müsste ein entsprechendes Wissensmanagement jedoch *organisationsübergreifend* institutionalisiert und organisiert werden,

also als ein *Netzwerk auf gesellschaftlicher Ebene.* Als geeignete Netzwerkkerne würden sich dafür die *Hochschulen* in enger Verbindung mit *Fachverbänden* anbieten, beide könnten dies auch gleich mit der Ausbildung von Berater_innen verbinden.

Auch dazu wurden bereits Ideen entwickelt: So bietet sich eine Koppelung mit der Supervision an, denn sowohl eine Forschung über Beratungsprozesse als auch die Supervision von Beratungen sind auf einer Metaebene zu den praktischen Beratungen angesiedelt und sind beide mit der kritischen Auseinandersetzung mit den Geschehnissen in Beratungen befasst (vgl. Billmann-Mahecha, 1981, Giesecke u. Rappe-Giesecke, 1997).

In jedem Fall ließen sich auf diese Weise die skizzierten Fragestellungen gut beantworten: Es ließe sich gesichertes epidemiologisches Wissen über die Problemlagen genauso generieren wie Wissen zur Verbesserung der Beratungspraxis; unter anderem sind Typenbildungen denkbar, die man Beratungsverlaufstypen nennen könnte und die aus dem Zusammenwirken von Problemlage, Beratungsmethode und Beraterpersönlichkeit emergieren.

Solches Wissen ließe sich einerseits schnell über Netzwerke verbreiten, die um die Hochschulen aufgebaut werden müssten, über einschlägige Verbände und darüber hinaus natürlich auch über die bekannten Praktiken wissenschaftlicher Veröffentlichungen. Insgesamt ließe sich so eine Reflexionskultur institutionalisieren, die wesentlich zur Verbesserung des Lebens in der Gesellschaft beitragen könnte.

Die Brückenterminologie der Symbolisierungspraktik sollte dann natürlich auch *reflexiv* auf diese Zusammenhänge von Beratung, Wissen und Wissenschaft angewendet werden können, und müsste sich daran bewähren, inwieweit es gelingt, Wissenschaftstheorie/Methodologie, Wissenssoziologie so zusammenzubringen, dass die mit den notwendigen institutionellen Veränderungen verbundenen Ängste und Konflikte zielführend bearbeitet und genutzt werden können. Auch hier muss nicht bei Null begonnen werden, gibt es doch schon länger Ansätze zur Auseinandersetzung zu »Angst und Methode in den Verhaltenswissenschaften« (Devereux, 1984, der sich dabei speziell der Psychoanalyse bedient). Verallgemeinert kann die Fragestellung so formuliert werden: Welche Hoffnungen und Ängste sind mit den Symbolisierungspraktiken der Humanwissenschaften verbunden, wie wirken sie sich auf die individuelle Motivation der Wissenschaftler aus und was hat dies für Konsequenzen für das Verhältnis zwischen den Institutionen der Wissenschaft und der Praxis? Und komplementär dazu: Welche Ängste und Hoffnungen sind mit den Institutionen reflexiver sozialer Praxis verbunden, wie wirken sich diese auf die individuelle Motivation der dort arbeitenden Menschen aus (die ja in aller Regel durch ein Studium in Kontakt mit der Wissenschaft gekommen sind) und welche Konsequenzen hat dies für das Verhältnis zur Institution Wissenschaft? Es dürfte spannend werden, zu erfahren, auf welche Resonanz ein solches Ansinnen stößt. Bereits jetzt ist zu vermuten, das Ängste aufkommen werden, dass »die anderen« der eigenen Profession etwas wegnehmen könnten, wenn sie sich auf einen intensiveren Dialog einließen: So will die Wissenschaft sicherlich nicht die Entscheidung über von ihr zu bearbeitende Themen abgeben, und die Praxis will sicherlich nicht die Kompetenz zur Beurteilung dessen, was praxistauglich ist, mit der Wissenschaft teilen.

Für die Organisationsberatung ist der Umgang mit solchen Problemen bei- spielsweise in Merging-Prozessen (Unternehmenszusammenführungen) eine vertraute, immer wiederkehrende Aufgabe. Dabei kommen solche Fragen auf den Tisch wie: Was gilt für wen als unverzichtbar wichtig, was ist identitäts- stiftend, was wird als Bedrohung empfunden?

Diese Überlegungen zur Wissenschaft verweisen gleich auch auf eine weitere Metaebene der Beratung, die *Supervision*. Klassisch ist Supervision (wie auch Coaching) darauf ausgerichtet, den Supervisand_innen bei der Bewältigung ihrer Arbeitsaufgaben individuell zu helfen, im Falle der Supervision von Beratung also den Berater_innen reflexive Unterstützung bei ihren Beratungs- aufgaben zu leisten. Damit ist Supervision grundsätzlich eine recht individuelle Angelegenheit, die sich nicht zuletzt deswegen auch auf die ästhetische Modali- tät stützt: Empathie, Intuition und ganzheitliche Gesamteindrücke spielen eine dominierende Rolle. Weil andererseits die Nutzung von Supervision zu wissenschaftlichen Zwecken sich vorwiegend in der analytischen, begriff- lich-diskursiven Modalität abspielen muss, kommen die wissenschaftlichen Kompetenzen von Supervisor_innen in den Blick. Die Erfahrung zeigt, dass es relativ selten gleichermaßen ausgeprägte Begabungen in beiden Modalitäten gibt. So wird die Bearbeitung von Aufgaben der systematischen Prüfung von Beratungserfahrungen auf deren *Verallgemeinerbarkeit* und *Übertragbarkeit*, deren Validität und Reliabilität, sowie deren Formulierung in wissenschaftlichen Termini und deren Einbettung in theoretische Zusammenhänge[11] schwierig, sobald sie über die Symbolisierungspraktiken des speziellen *Supervisionssettings* hinausgeht; denn dazu müssen sie in die *anderen Kontexte der wissenschaftlichen Diskurse* übertragen werden.

11　Auch an dieser Stelle sollte sich die Brückenterminologie um den Begriff der Symbolisierungs-
　　praktik bewähren.

Andererseits liegen aber auch noch keine Erfahrungen darüber vor, wie eine entsprechende Ausbildung von Supervisor_innen und deren Einbindung in die Kontexte wissenschaftlicher Erfahrungsauswertung wirksam werden kann.

Alles bisher genannte können wir auch als Bestandteil der *Qualitätssicherung von Beratung* verstehen; die persönliche Unterstützung von Berater_innen, die wissenschaftliche Auswertung und Verfügung von praktischen Beratungs-erfahrungen, Anleitung und Ausbildung von Berater_innen erschließen sich ebenfalls über den Supervisionszusammenhang.

Anders stellt sich die Situation für den Bereich der *Führung von Berater_ innen* und für das Management komplexer Beratungsprozesse dar. Auch wenn durchaus die Gemeinsamkeit mit der Supervision als Metapraktik von konkreten Beratungsprozessen besteht, so sind doch Besonderheiten der Metapraktik »Führung« zu berücksichtigen: Wenn wir Beratung als systematische Anleitung und Begleitung zur Selbstreflexion verstehen, beinhaltet sie oft *Management-aufgaben* (Seel, 2013b). In der Sozialen Arbeit wird dies im Konzept des Case Managements systematisch entwickelt. Noch komplexer stellen sich die Managementaufgaben bei reflexiven Beratungsprozessen von Organisationen dar. Hier erweist es sich oft als zielführend, unter Umständen sogar notwendig, für die Beratung vorübergehend eine *(Projekt-)Organisation* mit definierten Kommunikationswegen, Berichtsstrukturen und Verantwortungsbereichen zu installieren. Deren Grundstrukturen finden sich ebenfalls im Case Management, speziell in der Hilfeplankonferenz wieder.

Mitunter werden auch *Strukturen für dauerhafte Selbstreflexionsprozesse* in-stalliert, beispielsweise in systematischer Weiterentwicklung von »continuous improvement« oder von Total Quality Management. Wie Controlling hier ein-zuordnen ist, muss wohl in jedem Einzelfall geklärt werden, weil es in wesent-lichen Nuancen durchaus verschieden organisiert werden kann. In jedem Fall besteht die Aufgabe der Beratung dann auch darin, *Führungs- und Management-funktionen* wahrzunehmen, und zwar mit dem *Fokus auf Reflexion*.

Die Konsequenzen für eine Institutionalisierung professioneller Beratung sind vielfältig, sie betreffen des Weiteren Fragen nach einer organisatorischen Verknüpfung von Wissenschaft und praktischer Beratung und nach der *Gestaltung der organisatorischen bis hin zu den rechtlichen Rahmenbedingungen* einer Beratung, die dem reflexiven Auftrag gerecht werden kann. Es gehört genauso dazu die Berücksichtigung der Anforderungen für eine Gewinnung wissenschaftlich gesicherten Wissens wie die Gewährleistung der Rahmen-bedingungen für offene, vertrauensvolle Beziehungen zwischen Berater_innen und Klient_innen wie beispielsweise Unabhängigkeit der Beratung, Daten-schutz und vieles mehr.

Die *Instrumente* sind sämtlich vorhanden, sie müssen »nur« institutionell verbunden und eingesetzt werden. Aber mit *Widerständen* und *Ängsten* muss dabei gerechnet werden. Wenn diese überwunden werden können, könnte ein weiterer wesentlicher Schritt auf dem Weg zur Einsetzung des Menschen als Herrscher seiner selbst, so das Motto der Aufklärung nach Immanuel Kant, gegangen werden.

Teil 2
Grundlage und Gegenstand reflexiver Beratungen:
Symbolisierungen und Symbolisierungspraktiken

1 Symbolisieren

Machen wir uns noch einmal den Hintergrund unserer Aufgabenstellung klar: Es geht um ein praktisches Problem, nämlich die Verdoppelung der Unübersichtlichkeit (vgl. Haberrmas, 1985) durch verschiedene Beratungsangebote und durch die unverbunden nebeneinander stehenden Beiträge verschiedener wissenschaftlicher Fachdisziplinen, die sich an verschiedenen, teilweise auch unvereinbar erscheinenden Theorien und Konzepten orientieren[1]. Dabei sollte Beratung den Menschen der Postmoderne eigentlich helfen, mit der Unübersichtlichkeit und Komplexität der Zusammenhänge besser zurechtzukommen, weil dies einer der wesentlichen Gründe ist, warum sie Beratung aufsuchen.

Wenn nun theoretische Möglichkeiten erschlossen werden sollen, um damit der reflexiven Profession Beratung zu einer gemeinsamen Wissensbasis zu verhelfen, so brauchen wir dazu ein *begriffliches Brückenkonzept* oder eine Brückenkonstruktion, die sehr vielfältige und sehr hohe Anforderungen erfüllen muss. Sie sollte vor allem vielfältige Anschlüsse erlauben

– an die die Beratungspraxis bisher weitgehend leitenden psychologischen oder besser: an die psychotherapeutischen *theoretischen Konzepte und Verfahren,* ohne deren Nachteile (vgl. Weissman, 2009) zu übernehmen wie die Koppelung an einen Krankheitsbegriff und die revisionsbedürftigen Subjektkonstruktionen. Solche Subjektkonstruktionen wurden häufig als anthropologische Grundannahmen formuliert, die im (nun schon einige Zeit zurückliegenden) gesellschaftlich-kulturellen Kontext ihrer Entstehung begründet

---

1 Meistens wird die Frage, ob irgendeine (Teil-)Theorie oder ein Verfahren mit anderen vereinbar ist oder nicht, noch nicht einmal gestellt, geschweige denn diskutiert. Eine der wenigen Ausnahmen und deshalb umso verdienstvoller sind die hochinteressanten Arbeiten im Band von von Schlippe und Kriz (Hrsg.) (2004). Die meisten Beiträge haben allerdings nicht die übergreifende Perspektive auf die Generierung gemeinsamer Positionen auf der Ebene gesellschaftlicher Reflexion im Fokus; am weitesten in die Richtung weist der Beitrag von Slunecko (2004) mit seiner Aufarbeitung von Möglichkeiten auf dem Hintergrund relevanter symbolischer Formen.

sind; sie sind in den meisten Fällen nicht grundlegend überarbeitet worden – sieht man von einigen Ausnahmen ab, die sich aber nicht wirklich in
der Breite durchsetzen konnten (beispielsweise Jacques Lacan (1973–1980)
für die Psychoanalyse);

- an die *Theorien der Subjektkonstruktion* der Spät-, Post- oder reflexiven
  Moderne (je nach Autor_in), denn in Beratungen werden sicherlich Subjekte
  (neu-)konstruiert bzw. konstruieren sich Subjekte selbst mit Unterstützung
  durch Berater_innen neu (Weissman, 2009);
- an die Beschreibungen und Analysen *gesellschaftlicher Praxis* in der Postmoderne;
- an neuere *beratungsrelevante Theorien,* beispielsweise die systemischen
  Ansätze, aber auch solche aus dem Bereich der Verhaltenstheorie und der
  als kognitivistisch etikettierten psychologischen und sozialpsychologischen
  Wissenschaft;
- an *geisteswissenschaftliche Traditionen und Begrifflichkeiten,* insbesondere
  solche, die derzeit in der Diskussion sind, weil sie eine Affinität zur gegenwärtigen gesellschaftlichen und kulturellen Situation haben; dazu bieten
  sich beispielsweise Ernst Cassirer, Michel Foucault und Pierre Bourdieu
  oder Anthony Giddens an;
- vor allem an die *Rekonstruktion der beraterischen Praxis;*

und all das mit *kritischer Absicht und einer Perspektive auf die Verbesserung der
beraterischen Praxis.* Schematisch ließe sich das wie in Abbildung 1 darstellen.

Abbildung 1: Einbettung der Brückenterminologie in verschiedene Diskurse

Diese verschiedenen Diskurse können an dieser Stelle nicht aufgearbeitet werden, wenn wir die Kriterien für die Diskurse in der »scientific community« zugrunde legen, dann nämlich müsste für jede dieser Teilaufgaben mindestens eine Arbeit im Umfang von zumindest einer Dissertation erstellt werden. Wir müssen uns daher an dieser Stelle mit einem perspektivischen Eintritt bzw. mit einer Anregung zu solchen Diskursen begnügen[2] und häufig auf lesbare (Kurz-)Darstellungen anderer Autor_innen verweisen, die man gewissermaßen parallel zu diesem Text lesen kann, wenn man sich mit einem Teilthema näher befassen möchte.

Für die aus therapeutischen Ansätzen entwickelten Beratungskonzepte und -verfahren können wir pauschal auf die Darstellungen von Rechtien (2004) und die im von Nestmann, Sickendiek und Engel herausgegebenen zweiten Band des »Handbuch der Beratung« (2004) sowie auf McLeod (2004) verweisen. Insbesondere in den Beiträgen des Handbuchs wird deutlich, dass die Abgrenzungen verschiedener Beratungsansätze voneinander manchmal etwas schwierig sind und dass diese mehr Überschneidungen aufweisen als es zunächst scheint (beispielsweise: Welches Beratungskonzept hat nicht irgendwo und irgendwie mit den Ressourcen der Klient_innen zu tun – auch wenn sie es so nicht nennen?).[3]

Bei der Suche nach einem geeigneten Brückenkonzept stößt man bald auf den Begriff des *Symbols* (vgl. Glöckler, 2008), doch stellt sich dann heraus, dass er sich in mancher Hinsicht als sehr sperrig erweist. Das liegt weniger an seinem Gehalt als vielmehr darin, dass wir uns in unserer wissenschaftlichen Tradition angewöhnt haben, begrifflich verdinglicht zu denken und zu argumentieren, also in »substantivischer« Weise zu diskutieren. Demgemäß würden wir also über den Symbolbegriff oder über das Symbol zu verhandeln haben.

---

2   Gute Beispiele für die Nutzung psychologischen wissenschaftlichen Wissens (in diesem Fall der Gesundheitsforschung) finden sich bei Schubert (2004; 2008), sie verdeutlichen allerdings auch, dass wissenschaftliche Erkenntnisse nicht ohne Weiteres in eine Beratungskonzeption übernommen werden können; Anpassungs- und Übersetzungsarbeit ist dazu erforderlich.

3   In diesem Zusammenhang stellt sich die Frage, warum es überhaupt verschiedene psychotherapeutische bzw. beraterische Konzepte gibt. Es wäre verständlich, wenn es für den abendländischen Kulturkreis eines gäbe, ein anderes vielleicht für den islamischen Kulturkreis – wenn dort überhaupt Beratung in unserem Sinne interessant sein sollte. Sicherlich hat der Umstand der verschiedenen Konzepte auch mit Verselbständigungstendenzen von Symbolisierungspraktiken und mit der Machtfrage im Zusammenhang von Diskursen zu tun, wie Foucault sie versteht. Dennoch wäre es interessant, der Frage einmal nachzugehen. Naheliegend wäre etwa, im Anschluss an die Diskussionen über die anthropologischen Grundannahmen (Weissman, 2009) verschiedene Wertvorstellungen innerhalb einer wesentlich plural orientierten Kultur zu vermuten. Dann wäre der Umstand, dass es verschiedene psychotherapeutische und im Anschluss daran beraterische Verfahren gibt, als kulturelle Vielfalt zu begrüßen. In diesem Fall wäre im Anschluss zu fragen, welche Wertvorstellungen dem im Folgenden entwickelten Konzept zugrunde liegen. Sie wurden im vorhergehenden Teil 1 erläutert.

Das würde uns in der beraterischen Praxis aber in Schwierigkeiten bringen, denn hier geht es darum, was wir *tun* (können, sollen, müssen …) und darum, wie wir im *praktischen Vollzug* unser Denken, Tun und Bewertungen so anpassen/ändern können, dass wir unsere praktischen Probleme überwinden[4]. Wir sollten uns also mit dem *Symbolisieren als einem Tun, einer Aktivität* befassen.[5] Der Unterschied wird deutlich, indem wir nachspüren, was es bedeutet, wenn wir sagen »wir symbolisieren in Beratungen« im Vergleich dazu, was es heißt, wenn wir sagen »wir verwenden Symbole in Beratungen« – es bedeutet einfach etwas anderes.

»Symbolisieren« eignet sich auch deshalb besser für unsere Zwecke als »Symbol«, weil sich viele aktuelle Forschungen und Diskurse darin einig sind, dass Bedeutungen und damit Orientierungen aus dem Verwendungs-Kontext konstruiert werden und nicht dem Symbol als vergegenständlichte Bedeutungsträger gewissermaßen anhaften.

Ein alternativer Begriff dazu wäre Codieren, dieser Begriff hätte aber den Nachteil, dass er immer etwas anderes verlangt, das codiert wird, er entspräche deshalb nicht unserer Überzeugung von der grundsätzlich eigenen Gestaltungsleistung des Menschen. Wir lernen demnach nicht die Verwendung von Symbolen, sondern symbolisieren und bilden unsere Symbole im Vollzug, indem wir sie verwenden.

Zur Bedeutung von Symbolen hat Ernst Cassirer mit seiner »Philosophie der symbolischen Formen« (1923–1925) ein Grundlagenwerk bereitgestellt, deren Bestimmungen wir für Beratungszwecke heranziehen können. Wir übernehmen seinen umfassenden Symbolbegriff, der weit darüber hinausgeht, woran wir vielleicht zunächst denken, wenn wir »Symbol« hören oder lesen. In der Regel stellen wir uns ein Artefakt vor, dessen alleiniger Zweck es ist, einen hochkomplexen, häufig emotional stark aufgeladenen Komplex darzustellen, wie beispielsweise eine Nationalflagge. Cassirers Philosophie der symbolischen Formen unterstützt uns also, wenn wir im Folgenden einen sehr *weiten Begriff des Symbolisierens* entfalten. Ebenso übernehmen wir von Cassirer seine Betonung der *aktiven Tätigkeit* des Menschen und führen dies ebenso weiter wie seinen Gedanken, dass verschiedene Symbolisierungsarten unterschieden werden soll-

---

4   Eine Übersicht zum Symbolbegriff und zur soziologischen Symboltheorie findet sich beispielsweise bei Hülst (1999). In der aktuellen Fachdiskussion wird ebenfalls die symbolische Qualität unserer Probleme herausgestellt (vgl. Schetsche, 2000)

5   »Symbolisieren« wird in verschiedenen, nicht zuletzt den beraterischen Diskursen verwendet, aber kaum in einem systematischen Sinne; meistens wird damit implizit ein Umsetzen von Begriffen in eine symbolisch-bildliche Form, häufig mit emotionaler Besetzung, gemeint und keine eigenständige Aktivität der Bedeutungsgenerierung.

ten. Bei ihm sind das Sprache, Mythos und Religion; wir werden sie aber etwas anders konzipieren, weil seine Dreiteilung die Praxis von Beratung etwas verengt. Auch werden wir einen engen, für unser Beratungsverständnis konstitutiven Bezug zur Praxis übernehmen und noch weiter ausbauen.

Während wir das Symbolisieren als zunächst naturwüchsige Aktivität des menschlichen Organismus unterstellen, sehen wir deren Formen oder Inhalte als Ergebnis der Interaktion des Organismus mit seiner Umwelt an. Dabei kommt der *Kommunikation* mit anderen eine besondere Rolle zu, weil durch sie die menschliche *Kultur* emergiert, die im Laufe der menschlichen Evolution wiederum gewissermaßen zur Umwelt des Menschen geworden ist, an die er sich über die Jahrmillionen angepasst hat, so dass er ohne sie nicht mehr überlebensfähig ist (vgl. Donald, 2001, 2008).

Weiterführend übernehmen wir von Pierre Bourdieu (1970) die von ihm explizierte gesellschaftliche Perspektive auf das Symbolische einschließlich seines gesellschaftskritischen Ansatzes und von Foucault (1986 a; 1986 b) vieles aus seinen Arbeiten zur Subjektbildung in einem weiteren Sinne. So können wir einen Bogen bis zu den klassischen Konzepten der Psychotherapie schlagen, die allenthalben für beraterische Zwecke adaptiert wurden; wir machen sie für Beratung nutzbar und heben sie auf den aktuellen Stand der Entwicklung. Das gilt auch für *verhaltenstheoretische* Konzepte: Seit Banduras Forschungen zum Beobachtungslernen (beispielsweise Bandura, 1977; Bandura u. Walters, 1963), die neben anderen die kognitivistische Wende in der Verhaltenstheorie eingeleitet haben, arbeiten sie ganz zentral mit einem Symbolbegriff als Vermittlung zwischen Reiz und Reaktion (Wahrnehmungen und dem eigenen Tun), durchaus in einem ähnlich weiten Sinne, wie wir es hier tun. Das setzt sich fort in der aktuellen Betonung der kognitiven Aspekte in den verhaltenstheoretisch orientieren Psychotherapiekonzepten und den davon abgeleiteten Beratungsverfahren.

Von Michel Foucault lassen wir uns durch seinen *Diskursbegriff*, den er in vielfältigen Facetten entwickelt hat (beispielsweise 1991), anregen, weil er damit auf die gesellschaftliche Realitätskonstruktion abhebt. Ähnliches gilt für den Begriff des herrschaftsfreien Diskurses nach Habermas (1988). Dabei müssen wir aber die Textlastigkeit und die Sprachlastigkeit dieses Begriffs überwinden[6], nicht im Sinne einer Abwertung der Bedeutung von Sprache (deren Bedeutung können wir gar nicht überschätzen – und schon gar nicht im Beratungszusam-

---

6 Der Diskursbegriff schleppt gewissermaßen noch seine sprachphilosophischen bzw. linguistischen Wurzeln mit sich. Eine knapp gehaltene Übersicht über die verschiedenen Facetten und Entwicklungen findet sich beispielsweise bei Keller (2004), die zudem den Vorteil aufweist, dass sie gleich den Zusammenhang zu entsprechenden Forschungsmethoden herstellt.

menhang), sondern im Sinne einer notwendigen Ergänzung durch *Einbezug nichtsprachlicher Formen des Symbolisierens.* Eine entsprechende Erweiterung wurde zwar von Foucault und Nachfolgern bereits in Angriff genommen, wir brauchen sie aber für Beratungszwecke als komplementäre Konzeption von Grund auf.

Außerdem erweist es sich als notwendig, eine Brücke zur mikroanalytischen Ebene herzustellen. Denn der Diskursbegriff wurde zunächst im Schwerpunkt auf makroanalytische, gesellschaftliche oder kulturelle Konstruktionen von Realität bezogen, was bedeutet, dass die Diskursforschung sich im Schwerpunkt auf Diskurse im öffentlichen Raum beispielsweise über Medien konzentriert. Wir brauchen dagegen eine Konzeption, die auf die dyadische oder triadische Kommunikationssituation des Beratungssettings abstellt, dabei aber gleichzeitig die reflexive, gesellschaftskritische Perspektive ermöglicht – dafür kann der Diskursbegriff wiederum Brücken schlagen.

Wir können innerhalb unserer Konzeption *verschiedene Formen und Ebenen des Beratungsgeschehens* unterscheiden und deren Wechselwirkungen thematisieren, beispielsweise von Sprache allgemein, der diskursiven Sprache der Wissenschaften, aber auch der belletristischen Sprache als ästhetischem Medium (beispielsweise Metaphern, Lyrik, Erzählsprache), wie auch *nicht-sprachliche Formen* von Gesten über Bilder und Musik, Szenarien und Tanz. Im praktischen Beratungszusammenhang denken wir vielleicht zunächst an das *Hereinholen der Alltagssituation in die Beratungssituation als Kommunikation über das Geschehen in der Alltagssituation,* das (symbolische) Bearbeiten dieser symbolisch (re-)präsentierten Alltagssituation, um auf diese Weise die Alltagssituation zu reflektieren, gegebenenfalls ein praktisches Problem zu lösen. Dazu muss freilich vom Klienten die symbolisch in der Beratung bearbeite Alltagssituation auch wieder in diesen Alltag hineingetragen werden. Das ist grundsätzlich nichts weiter Besonderes, sondern ein Vorgang, der auch im nicht-beraterischen Alltag immer wieder von uns praktiziert wird: Wir gehen vorübergehend aus dem unmittelbaren Handlungsvollzug heraus, stellen uns gewissermaßen daneben und reflektieren, was geschieht. In der Beratung wird dies systematisch und professionell betrieben mit einem speziell dafür herangezogenen Beratersubjekt, also in einer speziellen, anderen Konstellation als es sonst passieren würde. Wir sprechen hier vom spezifischen professionellen *Setting* der Beratung. Insgesamt können wir wohl das facettenreiche Symbolisieren als die besondere Fähigkeit des Menschen identifizieren. Von menschlichem Symbolisieren soll deshalb die Rede sein, weil es aktuelle Forschungen gibt, die vermuten lassen, dass es auch im Tierreich Formen des Symbolisierens gibt, beispielsweise bei den Primaten oder bei den Delfinen.

Zur weiteren Vertiefung sollen im Folgenden *Eigenheiten menschlichen Symbolisierens* aufgelistet und kurz erläutert werden, wobei auch der Zusammenhang bzw. der Anschluss an theoretische Konzepte herzustellen versucht wird:

Unser Begriff vom Symbolisieren hat ein *physiologisches Korrelat* in der ständig ablaufenden Aktivität unseres Nervensystems, die wir beispielsweise anhand von Aktivitätsmessungen des Gehirns, auch im Schlaf, nachweisen können. Dem können wir allerdings kaum etwas über die Inhalte entnehmen, und die sind es, die uns in Beratungen interessieren.

Wir gewinnen durch Symbolisierung *Bedeutung* als Grundlage für unsere Orientierung, also dafür, was wir tun, wie wir uns zu einem Sachverhalt, zu einer Person verhalten (das heißt, welche emotionale Beziehung wir dazu aufbauen), wie wir bewerten und wie wir wahrnehmen. Symbolisierungen können sich nur in unserem Inneren abspielen, sie sind dann äußerlich nicht sichtbar, sie können aber auch äußerlich sichtbar werden, dann haben sie meistens eine kommunikative Funktion.[7]

Beginnen wir mit der Symbolisierungsebene, die *nicht unbedingt nach außen sichtbar* wird und die deshalb keine Kommunikationsfunktion als Mitteilung für andere beinhaltet. Hier ist zunächst festzuhalten, dass unser Nervensystem niemals in vollkommene Inaktivität verfällt, solange wir leben[8]. Wir symbolisieren ständig, und zwar manchmal in enger Koppelung an unsere Umwelt in der Wahrnehmung und manchmal mit weniger Koppelung an unsere Umwelt in unseren Träumen und Fantasien. Wir nehmen wahr, filtern und interpretieren unsere Wahrnehmungen, wir träumen im Schlaf oder auch im Wachzustand, wir machen uns ständig Gedanken auch ohne aktuellen äußeren Anlass. Auch wenn wir selbst eher passiv erscheinen, ist unsere Wahrnehmung aktiv, die uns zumindest soweit eine Interpretation und damit eine aktive Symbolisierung – was nicht »bewusst« heißen muss – abverlangt, dass wir entscheiden können, ob irgendetwas geschieht, das für uns von Bedeutung ist und eine Aktivität erfordert wie beispielsweise eine Bedrohung. Auch, wenn wir in aller Stille eine Landschaft oder ein Kunstwerk, ein Musikstück auf uns wirken lassen, ist unser Nervensystem aktiv. Wir benötigen sogar ein intensives Training, um, wie in der Zen-Meditation, gedankliche Leere wenigstens annähernd zu erzeugen und uns auf die rein physiologische Aktivität des Atmens zu konzen-

---

7 Von »meistens« ist deshalb hier die Rede, weil wir auch Symbolisierungen äußerlich sichtbar produzieren, ohne dass eine intendierte Mitteilung an andere damit verbunden sein muss.

8 Aktuell erregen Forschungen um den Amerikaner Raichle (beispielsweise 2010) einiges Aufsehen, die eine anscheinend höchst wichtige Aktivität des Gehirns auch im Ruhezustand nachweisen. Allerdings ist noch nicht klar, was da eigentlich inhaltlich geschieht. Möglicherweise könnte es sich um eine Art Aufräumtätigkeit in den Symbolisierungen handeln.

trieren. Aber auch dann ist unser Zentralnervensystem nicht ohne Aktivität und diese Aktivität verweist auf unser Symbolisieren.

Auf der Inhaltsebene ist festzuhalten: Symbolisierungen können *für sich selbst* stehen oder sie können auf anderes – auch andere Symbole oder Symbolisierungen – *verweisen*. Für sich selbst stehen beispielsweise unmittelbar expressive Äußerungen wie Schmerzäußerungen, Äußerungen der Freude oder der Trauer usw. Für Beratung ist zentral wichtig, dass Symbolisierungen *auf andere Symbolisierungen in anderen Kontexten verweisen* können. Wie bereits dargestellt wurde, wird die Alltagssituation in die Beratungssituation über solche Verweise gewissermaßen hereingeholt, um dort behandelt zu werden. Dann haben diese Zeichenqualität für etwas anderes als sie selbst.[9] Dies erfordert noch einige weiterführende Betrachtungen im folgenden Kapitel.

Um diese Verweisungsfunktion aber zu erfüllen, muss etwas aus unserem Gedächtnis abgerufen werden, womit wir *Zeichen eine Bedeutung verleihen*.

In einer Übersicht können wir zunächst festhalten: Menschliches Symbolisieren ist eine aktive Tätigkeit. Sie kann

- von einem *äußeren Anlass* spezifisch angeregt werden: Es handelt sich dann um die komplexen Vorgänge der menschlichen Wahrnehmung;
- ohne äußeren Anlass *innerlich veranlasst* sein: Wir sprechen dann von Träumen, Fantasieren, Denken und ähnlichem;
- unmittelbar äußerlich *für andere nicht wahrnehmbar* sein, so dass sie von außen nur über Berichte (Selbstauskünfte) von Menschen zugänglich ist; aus der Innenperspektive ist sie uns dagegen sehr wohl wahrnehmbar;
- sich *äußerlich zeigen, sichtbar, hörbar oder fühlbar* werden, und zwar a) unmittelbar durch andere *wahrnehmbar*; b) *indirekt* mit Hilfe besonderer technischer Apparaturen / Artefakte (beispielsweise für wissenschaftliche Zwecke) wahrnehmbar (EEG, EKG, elektrischer Hautwiderstand, Potenzialmessungen von Nervenbahnen und die Methoden der Gehirnforschung).

All dies verweist uns auf die biologische – natürliche – Grundlage unserer Existenz und wird daher noch einmal thematisiert werden müssen (siehe Teil 3, Kapitel 1.1.2 und 1.2.1). Im Folgenden befassen wir uns mit weiteren Besonderheiten des menschlichen Symbolisierens, und zwar mit Blick auf die praktischen Erfordernisse von reflexiven Beratungen.

---

9   Interessant wäre es, der Frage nachzugehen, inwieweit dies auch andere Spezies können, beispielsweise Primaten oder Delfine.

1.1 Symbolisieren im Austausch mit anderen: Kommunikation

Wegen der Betrachtung von Beratung als Kommunikationsform (siehe Teil 1, Kapitel 2.2 zum Beratungsbegriff) muss der Kommunikation natürlich eine besondere Bedeutung zugewiesen werden. Dabei können wir an dieser Stelle nicht die gesamte Thematik der menschlichen Kommunikation ausführen, sondern müssen uns (wieder einmal) auf einige für Beratung wichtige Aspekte konzentrieren.

Kommunikation heißt für uns zunächst einmal *Symbolisieren im Austausch mit anderen.* Kommunikation in diesem Sinne verleiht dem menschlichen Symbolisieren seine existenzielle Bedeutung, sie ist damit *Basis menschlicher Kultur und Gesellschaft,* des menschlichen Zusammenlebens insgesamt, und ist somit unverzichtbar für die menschliche Existenz. Wie wir kommunizieren, wie wir also im Austausch mit anderen symbolisieren, hat natürlich auch für die Beratung existenzielle Konsequenzen. Zunächst macht dieser Austausch mit anderen jede Beratung überhaupt erst möglich und sinnvoll. Nur so können wir die problembelastete Alltagssituation in die Beratungssituation hereinholen, dort verarbeiten und auf diese Weise zur Problembearbeitung beitragen, so dass über die Beratungskommunikation Realität zwischen den Menschen geschaffen wird. Damit ist die Kommunikation eng mit der (sozialen) *Raumdimension des Symbolisierens* verbunden; die (emotionale) Beziehung zu anderen Subjekten spannt den Raum auf, in dem Kommunikation möglich wird und stattfindet (siehe Kapitel 2.2.2). Kommunikation findet aber nicht nur zwischen den gleichzeitig lebenden Menschen in ihrem räumlichen Bezug statt, sondern auch in ihrer *zeitlichen Beziehung* über Generationen hinweg. Dafür sorgt unser *Gedächtnis,* das als individuelles oder kollektives Gedächtnis eine Weitergabe von Symbolisierungen aus unserer Vergangenheit, die von unseren Vorfahren produziert wurden, in die Gegenwart ermöglicht. Und ebenso können seit ihrer Erfindung *schriftliche oder sonstige symbolische, physische Manifestationen* die Zeit, speziell den Generationenwechsel, überdauern. Auf diesem Wege können unsere Vorfahren zum Bestandteil unserer selbst werden, weshalb Ahnenkulte, die das Wirken unserer Vorfahren in der Gegenwart beinhalten, so gesehen ihre Begründung haben.

Weil die neu auf die Welt kommenden Menschen immer schon eine Kultur bereits *vorfinden,* in die sie sich einpassen, die sie sich aneignen müssen, und weil unsere wie jede andere Kultur als System von Symbolisierungspraktiken ein gewisses *Eigenleben gegenüber den Individuen* aufweist, kann es uns vorkommen, als müssten wir uns in die Kultur einpassen, genauso, wie wir uns in unsere natürliche Umgebung einpassen müssen. Aber diese Erfahrung führt uns insofern in die Irre, als wir unsere Kultur als unsere Symbolisierungspraxis ständig neu *reproduzieren*.[10] Nur durch diesen aktiven täglichen massenhaften Prozess kann sie existieren. Allerdings können wir aus Spuren von Kulturen wie beispielsweise Artefakten, innerhalb gewisser Grenzen auf eine andere Kultur schließen – was die Archäologie versucht. Dabei werden solche Artefakte als *materialisierte Symbolisierungen* aufgefasst, besonders interessant natürlich als Schrift, aber auch in anderer Form, als Symbole im engeren Sinne oder als Gebrauchsgegenstände, die uns Hinweise auf den Umgang der früheren Menschen mit ihrer Welt geben.

Das verweist uns darauf, dass wir schon lange in unserer Evolution Verhaltensweisen ausführen, deren Sinn mehr oder weniger ausschließlich eine *Mitteilung an andere* ist. Darüber hinaus interpretieren wir auch andere Verhaltensweisen als kommunikative, wie beispielsweise allein auch schon durch unsere Positionierung im physischen Raum. »Man kann nicht nicht kommunizieren« heißt dementsprechend das erste und wohl bekannteste »Axiom« menschlicher Kommunikation nach Watzlawick, Beavin und Jackson (1969). Im Folgenden wird die Kenntnis dieser »Axiome« vorausgesetzt. Was sind nun die für unsere Zwecke wichtigen Eigenschaften menschlicher Kommunikation?

1.1.1 Klassisches Grundmodell: Senden und empfangen

Das klassische Grundmodell für die menschliche Kommunikation geht davon aus, dass es mindestens zwei Subjekte gibt, von denen eines etwas (eine Botschaft, ein Zeichen in einem Medium) produziert, das von (mindestens) einem anderen Subjekt rezipiert wird.[11] Beide Prozesse – *Produktion und Rezeption* – gilt es zu berücksichtigen, wenn wir uns wie in der Beratung verständigen und uns gegebenenfalls fragen, wo ein Problem auftauchen kann, beispielsweise wenn

---

10 Ähnliche Ansichten, formuliert in anderer Begrifflichkeit, finden sich bei Leiprecht (2004, S. 11).

11 Das Sender-Empfänger-Modell verwenden wir hier lediglich als heuristisches Hilfsmodell auf dem Hintergrund unseres kulturellen Verständnisses von Subjekten als Handelnde. Wie später zu zeigen sein wird, beinhaltet es eine Verkürzung insofern, als Symbolisieren ein Prozess ist, der sich *zwischen* Individuen entwickelt und diese dabei auch konstituiert, ihre Existenz vorab also nicht als immer schon gegeben voraussetzt. Dass wir das Interaktionsgeschehen als Ergebnis vorab schon existierender handelnder Subjekte verstehen, ist auch der Hintergrund für das »Axiom« nach Watzlawick et al. (1969), wonach es eine Interpunktion der Kommunikation, also eine Reiz-Reaktionsabfolge in der menschlichen Kommunikation gibt. Dies muss für das Konzept von Symbolisierungspraktiken (siehe dazu im Folgenden) nicht vorausgesetzt werden, woraus sich interessante theoretische Möglichkeiten, aber auch weiterführende praktische Konsequenzen für die Beratung ergeben können.

in der Verständigung etwas schiefläuft.[12] Wie die Beratungserfahrung vielfältig zeigt, können sehr ergiebige Prozesse der Selbstklärung auch dadurch erzielt werden, dass man einen Klienten auffordert, eine Botschaft in der *ästhetischen oder der diskursiven Modalität* (siehe dazu Kapitel 1.2.1) zu produzieren, die an ihn selbst gerichtet ist, mit der er sich selbst konfrontiert.

Seit der systematischen *Materialisierung von ausschließlich dem symbolischen Austausch mit anderen dienenden Symbolisierungen* und deren gewaltigem Durchbruch mit der Schrift auf Papyri, Tontafeln, Holz, über den Buchdruck bis zum Radio, Fernsehen, Computer/Internet kann dieser Prozess sehr indirekt mit zeitlicher Verzögerung über weite Räume stattfinden. Aber es ist auch zu bedenken, dass nicht alles, was von einem Rezipienten als Kommunikation wahrgenommen wird, vom Produzenten bewusst und in kommunikativer Absicht produziert wurde, dies gilt besonders für nonverbale Kommunikationen und kann zu Problemen führen, die in Beratungen aufgearbeitet werden müssen.

Wir gehen also davon aus, dass ein Sender Symbolisierungen in physisch wahrnehmbare Zeichen (Materialisierungen) umsetzt; das kann auf sehr *verschiedenen Wegen* geschehen, beispielsweise als gesprochene Sprache, als Mimik, Gestik, Körperhaltung, als Bewegung im Raum, als Manipulation der äußeren Physis (Artefakte wie Bilder, Maschinen, Markierungen), als Konsum, als Ausscheidung, … Auf der Empfängerseite finden dann Wahrnehmungsprozesse (Rezeption) statt. Dabei werden die physischen Materialisierungen der Handlungen des Sendersubjekts als Zeichen für etwas interpretiert und werden zum Anlass für eigene Symbolisierungen des Empfängersubjekts genommen, wobei der Prozess gewissermaßen umgekehrt wird: Während der Sender seine Symbolisierungen in physische Zeichen umsetzt, setzt die Empfängerin diese Zeichen wieder in eigene Symbolisierungen um[13]. Wir sprechen dann vom gegenseitigen Verstehen, wenn in diesem Prozess auf beiden Seiten dieselben oder ähnliche Symbolisierungen ablaufen.

In unseren Kommunikationen können wir als Sender auf *andere Sender als Autor_innen verweisen* (als Kommunikation über Kommunikation): »X hat gesagt, dass …« Auf diese Weise ist es uns möglich, zeitlich und räumlich nicht anwesende Subjekte an unseren Symbolisierungen zu beteiligen – eine Fähigkeit, die sonst wohl keine andere bekannte Art aufweisen kann. Außerdem können

---

12 Damit unterscheiden wir, was in der Ästhetik als einer philosophischen Disziplin üblich ist – hier sprechen wir von Produktionsästhetik und Rezeptionsästhetik als Teildisziplinen der Ästhetik.

13 Der Zusammenhang zwischen physischer Manifestation und Symbolisierung kann in Beratungen auch in anderer Weise genutzt werden: beispielsweise, wenn wir uns Mühe geben, ein fröhliches Gesicht zu machen, fällt es uns leichter, tatsächlich auch fröhlich zu werden.

wir durch die Produktion *überdauernder Materialisierungen* (Schrift, Bilder und ähnliches) sowie durch die elektronischen Medien Zeit- und Raumschranken unserer Kommunikation überwinden und kommunikative Inhalte aus der Verknüpfung an konkrete Sender und Empfänger loslösen.

Dieses Grundmodell hat einen weiteren Geltungsbereich als bloß die verbale Kommunikation, es umschließt den ganzen Bereich der Kommunikation, der stattfindet, sobald ein Subjekt ein anderes wahrnimmt. Dann gilt auch das Axiom von Watzlawick et al. (1969) »Man kann nicht nicht kommunizieren«: Jedes physische Detail eines Subjekts hat für ein anderes kommunikative Qualität, das beginnt bei der Bewegung im Raum, geht über Körperhaltung, äußerliche Attribute wie Kleidung und Haartracht, weiter zu Mimik und Gestik bis zu den verbalen Äußerungen. Nach einem weiteren Axiom von Watzlawick et al. können zwei *Aspekte in der Kommunikation* unterschieden werden: Der Sachaspekt meint den inhaltlichen Gehalt einer Botschaft und der Beziehungsaspekt meint die in jeder Kommunikation mitschwingende Definition der Beziehung zwischen Sender und Empfänger. Diese Beziehung kann *symmetrisch* sein, wenn die Partner als gleichberechtigte »auf Augenhöhe« miteinander umgehen, und sie kann komplementär sein, wenn es zwischen den Partnern ein Gefälle gibt, wobei dieses Gefälle durchaus verschiedene Gründe haben kann. Möglich sind Wissensunterschiede, Machtbeziehungen wie zwischen Vorgesetztem und Mitarbeiter, aber auch solche informeller Art.

1.1.2 Produktion

Dieser Seite der Kommunikation wurde vergleichsweise weniger Aufmerksamkeit geschenkt als der Rezeption. Meistens beschränkt man sich auf Themen, die im Zusammenhang von nicht optimal ablaufender Verständigung anfallen, beispielsweise wenn über verschiedene Medien Widersprüchliches kommuniziert wird. Aber das Thema, inwieweit und wie kommunikative Intentionen eines Subjekts umgesetzt werden, welche psychischen Mechanismen oder Faktoren auf welche Weise dabei eine Rolle spielen, wird in der Regel dann thematisiert, wenn eine Reflexion und rationale Planung von Kommunikation ansteht, beispielsweise, wenn sie *problematisch* geworden ist. Das kommt in Beratungen recht häufig vor, etwa im Zusammenhang mit Kommunikationsprozessen in Arbeitsorganisationen oder im Rahmen von Familien oder Partnerschaften. Im Interesse einer Verbesserung von Beratung wäre es lohnend, diesen Zusammenhang systematisch anzugehen. Das bedeutet, zunächst eine Systematik der möglichen Kommunikationswege und -medien zwischen Subjekten im Sinne einer wechselseitigen Beeinflussung von Symbolisierungen zu entwickeln. Das umfasst den Austausch von Zeichen wie beispielsweise Sprache (sowohl in gesprochener, in geschriebener oder in elektronischer Form), geht aber weit darüber hinaus, wie wir mittlerweile wissen, und schließt Bilder, Klänge, Mimik, Gestik, Gerüche etc. ein. Es umfasst *Lernen am Modell* (vgl. beispielsweise Bandura u. Walters, 1963), das Phänomen der *Empathie,* die aktuell aufkommende Diskussion um *Mimesis* ebenso wie *kommunikative Atmosphären* (Böhme, 1995) als Thema der Ästhetik und eventuell noch weitere Bereiche. Zu denken ist speziell an die für die menschliche Kommunikation zentrale »*Identitätspräsentation*« (siehe dazu Teil 3, Kapitel 2).

Es findet also bei unseren Kommunikationen ein hochkomplexer Prozess statt, in den unsere sämtlichen Erfahrungen mit uns selbst und mit anderen eingehen[14], der aber dennoch in höchster Geschwindigkeit abläuft und ohne dass wir uns darauf bewusst konzentrieren müssen. Er ist deshalb nur in der *ästhetischen Modalität* (siehe Kapitel 1.2.1) bewältigbar, wobei eine ganze Reihe sehr verschiedener Zeichen gleichzeitig und ganzheitlich symbolisiert (wahrgenommen und interpretiert) werden. Das schließt Sprache, Aussehen, Körperhaltung, Mimik, Gestik, auch Geruch, Kleidung, Haartracht und anderes ein. Die dabei vorzubereitende Entscheidung im Sinne einer Grundorientierung ist, ob wir uns eher auf diesen Menschen zu bewegen *(Sympathie)* oder von ihm weg bewegen *(Antipathie)* wollen. Die Extremausprägungen darauf aufbauender Beziehungen nennen wir Verliebtheit, Liebe, Freundschaft oder Hass, Ekel (mehr dazu in Kapitel 2.1 und Teil 3, Kapitel 1.1.2)

1.1.3 Rezeption

Die Tätigkeit auf der Empfängerseite der Kommunikation nennen wir üblicherweise Rezeption. Das meint *Wahrnehmung und Interpretation,* also einen aktiven, komplexen Symbolisierungsprozess. In jüngster Zeit wird in diesem Zusammenhang, wohl wegen einiger Ergebnisse der Hirnforschung, ein klassischer Begriff wieder modern, die »Mimesis«. Davor wurde und wird auch noch in den einschlägigen Diskursen bevorzugt von Empathie gesprochen; dieser Begriff meint die Einfühlung in Andere. Nicht zuletzt bei der Wahrnehmung des Identitätsentwurfs eines »Senders« kommt ihr besondere Bedeutung zu (siehe Teil 3, Kapitel 2).

Mimesis ist ein sehr schillernder Begriff mit mehrfachen, zum Teil drastischen Wandlungen im Laufe der Zeit; so wurde er wohl schon bei Plato und

---

14 Dabei spielt die Inkorporierung von Erfahrungen, also ihre Einwirkungen auf unseren Körper eine besondere Rolle.

Aristoteles kontrovers diskutiert. Ohne uns auf eine ausufernde Diskussion seiner historischen Wandlungen und Unterschiede einzulassen, orientieren wir
uns pragmatisch an den folgenden Überlegungen: Wir verstehen unter Mimesis ein *Nachempfinden,* das auf direkte Wahrnehmung zurückgeht – in unserer Terminologie ein Prozess der primär ästhetischen Symbolisierung (siehe
Kapitel 1.2.1) auf der Empfängerseite, welcher idealerweise der Symbolisierung auf der Senderseite entspricht. Dieser Prozess wurde mit der Entdeckung
der sogenannten *Spiegelneuronen* auf der neurowissenschaftlichen Ebene eindrucksvoll unterlegt. In der Lernpsychologie hatte Albert Bandura in zahlreichen Veröffentlichungen zum *Nachahmungslernen* bereits seit den 1960er
Jahre einen ähnlichen Prozess hypostasiert (beispielsweise 1963). Dabei nahm
er auch symbolische Vermittlungsprozesse an, er formulierte also eine These,
die sehr gut zum Begriff des Symbolisierens passt. Die Weiterentwicklungen
dieses Ansatzes ermöglichten dann den verhaltenstheoretischen Verfahren der
Psychotherapie und anschließend der Beratung hochkomplexe, kulturell vermittelte Lernprozesse in ihre Konzepte aufzunehmen – im üblichen Sprachgebrauch als »Kognitivismus« bezeichnet.

Wir können uns also sowohl in den inneren Zustand einer Person einfühlen
(Empathie) als auch Bewegungsabläufe nachvollziehen, wenn wir durch unsere
Wahrnehmung einen *Anlass* zu entsprechenden Symbolisierungen haben. Dieser
Anlass kann die Wahrnehmung einer anderen Person sein, muss dies aber nicht
sein, sondern kann auch die Wahrnehmung von materialisierten Symbolisierungen sein; das ist der Fall, wenn wir ein Buch oder einen Brief lesen oder wenn
wir ein Bild, ein Theaterstück oder einen Film ansehen. In jedem Fall symbolisieren wir in mehr oder weniger enger Korrespondenz zu den Symbolisierungen
eines Senders. So wird beim Lesen eines Buches die Korrespondenz sicherlich
nicht so eng ausfallen wie im Falle einer direkten Beobachtung, eines direkten
Miterlebens, und dieses Miterleben wird auch umso enger an den Symbolisierungen des Senders anknüpfen, je besser wir ihn kennen.

Dieser Themenblock um Lernen am Modell, Empathie, Mimesis lässt sich
also recht gut in die hier vorgeschlagene terminologische Konzeption einbinden. Demnach handelt es sich um Symbolisierungen auf der Empfängerseite,
die durch andere Subjekte ausgelöst werden, und zwar werden diese weniger
durch bewusst gesendete kommunikative Zeichen veranlasst, sondern durch
eine mehr oder weniger achtsame, ganzheitliche Wahrnehmung des Senders
durch den Empfänger. Symbolisierungen, die in der Körperlichkeit des anderen (im Modell: des Senders) manifest werden, werden auf Empfängerseite leiblich wahrgenommen, also wieder in eigene Symbolisierungen umgesetzt. Dafür
gibt es mittlerweile sogar *neurophysiologische Belege* (Donald, 2008), wenn auch

keine Beweise im engeren Sinne. So konnte gezeigt werden, dass bei der Wahrnehmung der Bewegungen von anderen die Neuronen in genau jenen Arealen des Gehirns aktiv sind, die für die Bewegung der entsprechenden eigenen Gliedmaßen zuständig sind. Ausgelöst wird dies von *Spiegelneuronen.* Mittlerweile werden diese allgemein als das physiologische Korrelat der in den Geisteswissenschaften schon länger bekannten Phänomene der Empathie, der Mimesis und des Lernens am Modell angesehen.

Der kanadische Psychologe Merlin Donald hat sich daran gemacht, die Bedeutung dieses Phänomens für die menschliche Evolution zum Kulturwesen zu klären, und kommt zu dem Ergebnis, dass nicht zuletzt hier der wesentliche Unterschied zu Primaten gesehen werden muss. In seinen Büchern (1991, 2001, ins Deutsche übersetzt 2008) legt er dar, dass bereits vor dem Aufkommen der sprachlichen Kommunikation eine Verständigung zwischen den Menschen stattfand, die es ihnen ermöglichte, Erfahrungen an andere weiterzugeben, sich wechselseitig zu verstehen und abzustimmen und so eine *Kultur* zu entwickeln, die nur im Austausch, als *Wir*-Kultur möglich ist. Seiner Ansicht nach ist diese Verständigungebene mit dem Aufkommen der sprachlichen und begrifflichen Kultur überhaupt nicht verschwunden, sie wurde also nicht ersetzt, sondern *ergänzt.*[15] Keysers (2013) führt weiter aus, dass auch das menschliche Sprachverständnis auf empathische Nachvollzugsprozesse angewiesen ist, weshalb es Spracherkennungsprogrammen wohl kaum möglich sein wird, mehrere Sprecher zu identifizieren und sie so auseinanderzuhalten, dass sie mehr oder weniger gleichzeitig verschiedene Aussagen verschiedener Sprecher erkennen können.

Wie überall gibt es hier zum Teil deutliche *individuelle Unterschiede* zu beobachten: Einerseits können wir Kinder beobachten, die anderen intensiv beim Radfahren zuschauen, sich anschließend selbst aufs Rad setzen und einfach losfahren, auch wird von Nietzsche berichtet, dass er vor lauter Mitleid mit einem Kutschpferd in Tränen ausbrach, während es umgekehrt Menschen gibt, die insbesondere angesichts von ihnen selbst anderen Menschen zugeführten Leids völlig kalt bleiben, zu schweigen von Formen des Autismus.[16]

---

15 Eindrücklich ist die von ihm skizzierte Lebensgeschichte von Helen, die im Alter von 18 Monaten durch eine Gehirnhautentzündung blind und taub wurde, dann mit der Zeit aber dennoch sprachliche und kulturelle Fähigkeiten entwickelte, die es ihr ermöglichten, zu studieren und Bücher zu schreiben.

16 Es scheint aber auch möglich zu sein, nachzuempfinden, wie es einer anderen Person geht, ohne aber von den damit verbundenen Emotionen betroffen zu sein. Das soll bei einigen Psychopathien der Fall sein, wenn jemand aufgrund seiner Einfühlung sehr gut andere manipulieren, von deren Leid aber zugunsten einer Befriedigung eigener Bedürfnisse völlig kalt bleiben kann.

Wie wichtig Mimesis ist, können wir an einem weiteren Beispiel verdeutlichen: So können sich *Traumatisierungen über Generationen hinweg* übertragen. Dazu mussten in Israel eigene Hilfeeinrichtungen aufgebaut werden, die Holocaust-Traumata bei den Enkeln von Holocaust-Überlebenden bearbeiten. Dabei zeigt sich, dass auch etwas, worüber nicht gesprochen wird, trotzdem – oder gerade deshalb – Menschen ganz nachdrücklich beeinflussen kann.

Daneben spielt natürlich das klassische Verständnis von Kommunikation eine wichtige Rolle. Dies ist im Wesentlichen dadurch gekennzeichnet, dass der Sender seine Botschaft *codiert*, vor allem in Form von Sprache, deren Zeichen(folge) dann wiederum vom Empfänger (hoffentlich adäquat) decodiert wird. Dass das nicht immer einfach und reibungslos passiert, ist gerade in Beratungen eine weit verbreitete Alltagserfahrung. Hier muss häufig zum Thema gemacht werden, wie Symbolisierungen auf der Empfängerseite, zu denen durch die Sendung von Zeichen ein Anlass gegeben werden sollte, ganz anders ablaufen, als es vom Sender intendiert war.

1.1.4 Technisch vermittelte Kommunikation

Das Kommunikationsgrundmodell fokussiert zunächst auf die direkte Begegnung (mindestens) zweier Menschen. Seine wesentlichen Elemente lassen sich prinzipiell übertragen auf die Kommunikation in Gruppen. Differenziert muss dagegen die indirekte, durch technische Medien vermittelte Kommunikation betrachtet werden: Auch hier gibt es zwar einen Sender und einen Empfänger, aber die Frage der direkten Rückmeldung auf eine Botschaft und die grundsätzlich gleichzeitige Präsenz von Sender und Empfänger in der direkten Kommunikation stellt sich bereits anders dar, genauso wie die Notwendigkeit der physischen Nähe.

Grundsätzlich ist zu unterscheiden zwischen *synchroner und asynchroner* Kommunikation. Synchrone Kommunikation besteht aus einem unmittelbaren, direkt aufeinanderfolgenden Austausch zwischen zwei Partnern; bei der *asynchronen* Kommunikation besteht zwischen dem Senden einer Nachricht und der Antwort darauf eine zeitliche Verzögerung. In diesem Sinne haben bereits die Schrift bzw. ihre Vorformen die erste technisch vermittelte asynchrone Kommunikation ermöglicht. Weil dafür bestimmte technische Gerätschaften unerlässlich sind, beginnt mit der Schrift – oder auch mit anderen Formen der materialisierten Kommunikation wie der Knotenschrift der frühen südamerikanischen Kulturen – auch die technisch vermittelte Kommunikation. Auch solche Kommunikation löst sich bereits von den beteiligten Personen ab; ihre Autorenschaft ergibt sich nicht naturwüchsig durch die direkte Wahrnehmung des Senders, der umgekehrt aber nicht direkt den oder die Empfänger identifizieren und wahrnehmen kann. Damit ist ein weiteres Charakteristikum identifiziert: Solche technisch vermittelte Kommunikation erreicht in gleicher Form eine *potenziell unendliche Zahl von Empfängern*. Was diese daraus machen, wie sie sie wahrnehmen und interpretieren, ist dagegen durchaus nicht gleich.

Die ersten revolutionären, *synchronen* Kommunikationstechniken waren das Telefon und der Funk. Sie ermöglichen einen direkten Austausch in Echtzeit, also ohne wesentlichen Zeitverlust über große Entfernungen, aber (zunächst) um den Preis einer deutlich reduzierten *Bandbreite* der verschiedensten Kommunikationskanäle (man kann sein Gegenüber einschließlich seiner Mimik, Gestik nicht sehen, nicht riechen, nicht seine Umgebung wahrnehmen, muss auf Nuancierungen der Modulation verzichten usw.). Erfahrungen mit den technischen Medien haben dazu geführt, dass wir sehr viel mehr über unsere Kommunikation lernen und deren Möglichkeiten und Grenzen bewusst berücksichtigen müssen. Und dieser Prozess setzt sich fort mit den immer noch wieder neu auftretenden technisch vermittelten Kommunikationsformen.

Für die Beratung ergeben sich dazu neue zu bearbeitende Aufgabenfelder, die jeweils eine eigene Auseinandersetzung lohnen:

– *technisch vermittelte Kommunikation als Beratungsgegenstand* (wie kommen wir mit diesen Kommunikationsformen zurecht?);
– *technische Medien als Beratungsmedium* (beispielsweise in der Online-Beratung, Video- Konferenz etc.);
– *technisch vermittelte Kommunikation zur Unterstützung des Beratungsprozesses* (auf verschiedenen Wegen, beispielsweise durch Visualisierungen, durch Heranziehen von immer mehr Informationen von außerhalb des unmittelbaren Beratungsgeschehens sowie Einbeziehung Dritter usw.).

Die *Chancen und Risiken* von verschiedenen Formen und Techniken der technisch vermittelten Kommunikation im Beratungszusammenhang stellt ein Themen- und Aufgabenfeld dar, das einer ständigen Weiterentwicklung und Auseinandersetzung bedarf und mittlerweile so umfassend ist, dass es zu einer eigenen Forschungsrichtung werden konnte.

1.2 Spezifikationen menschlichen Symbolisierens

Um die Klärung der Frage, auf welche Weise wir symbolisieren, bemühen sich mehrere Wissenschaften, beispielsweise Semiotik (Lehre von den Zeichen), Semantik (Lehre von der Bedeutung von Zeichen), Philosophie, Psychologie,

Soziologie. Dabei konnten bisher schon sehr große Fortschritte erzielt werden, aber auch eine ganze Reihe von Fragen können nach wie vor nicht zufriedenstellend, abschließend beantwortet werden. Glücklicherweise funktionieren unsere Symbolisierungen in der Praxis, auch ohne dass wir sie bis ins Letzte begreifen – auch in der professionellen Beratungspraxis. Im Folgenden thematisieren wir deshalb einige Spezifikationen des menschlichen Symbolisierens, die für die reflexive Beratungspraxis von besonderer Bedeutung sind.

1.2.1 Modalitäten: Präsentativ-ästhetisches und begrifflich-diskursives Symbolisieren

Zunächst hilft es uns weiter, wenn wir im Wesentlichen zwei *Modalitäten* des Symbolisierens unterscheiden, nämlich die nach dem Muster der *Wissenschaft* und die nach dem Muster der *Künste* (Ästhetik). Dabei gehen wir von der folgenden Überlegung aus: Unsere Kultur hat im Wesentlichen *zwei voneinander unterscheidbare Modalitäten des Symbolisierens* identifiziert, die in eigenen gesellschaftlichen Institutionen systematisch realisiert werden: in den Wissenschaften und in den Künsten.

Wir können nun weiter annehmen, dass in den Wissenschaften und den Künsten alltagspraktische Modalitäten des Symbolisierens zu Formen kulturell institutionalisierten Symbolisierens *hochstilisiert* und in gesellschaftlicher Funktionsteilung *ausdifferenziert* werden.[17] Das heißt, wir können davon ausgehen, dass diese beiden kulturellen Institutionen selbst letztlich auf der alltäglichen Praxis der Menschen bei der Auseinandersetzung mit sich und ihrer Welt beruhen und aus ihr entwickelt wurden. Nur dadurch können sie für uns (praktische) Bedeutung gewinnen. Einen solchen Ursprung der Wissenschaft in der Praxis hat der Wissenschaftstheoretiker Lorenzen auf den Punkt gebracht (1980), indem er schreibt, Physik sei deshalb eine Wissenschaft, weil es eine Praxis gibt, als deren Stilisierung die Physik gelten kann und zu deren Verbesserung die Physik beitragen kann. Mit dieser Praxis hat er die technische Praxis des Menschen gemeint. Diesen Gedanken können wir auf die Künste übertragen: Demzufolge hätten wir unsere Orientierung durch ästhetisches Symbolisieren gewissermaßen arbeitsteilig an die spezialisierten Künstler ausgegliedert – was nicht heißt,

---

17   Religionen sind hier insofern nicht eindeutig einzuordnen, als sie einerseits wesentlich ästhetische Qualitäten aufweisen (Orientierung an Gleichnissen, Symbolen und Bildern; vgl. dazu beispielsweise Kermani, 1999), andererseits aber auch Behauptungen von der Art der Wissenschaften beinhalten können (die Welt ist … Jahre alt o. Ä.) und dies auch konsequent mit Verhaltensorientierungen (Ethiken) verbinden, denn letztlich geht es uns um Orientierungen. Im Kern sind insbesondere theistische Religionen bildlich-ästhetisch strukturiert.

dass wir als Nicht- (professioneller) Künstler darauf verzichten, sondern dass wir
dessen Qualität erhöhen, indem wir es an Spezialisten übertragen, damit wir uns
selbst damit wieder auseinandersetzen. Das ist allerdings ohne entsprechende
Eigenleistung nicht möglich. So hat Joseph Beuys seine berühmte Aussage »Jeder
Mensch ist ein Künstler« im Rahmen seines »gesellschaftsökologischen Ansatz«
(1985) nicht als Aussage über die künstlerische Qualität, sondern als Aussage
über das kritische, ästhetische Potenzial jedes Menschen ausgeführt. Das heißt
auch, dass wir (Laien-)Künstler_innen sein müssen, um von den Werken der
professionellen Künstler _innen profitieren zu können und uns damit auch an
der Gestaltung der Gesellschaft zu beteiligen. In gewissem Sinne sieht Beuys
dies genau so, indem er herausstellt, dass jeder Mensch (s)ein Kunstwerk ist.
Solche Überlegungen haben zu einer Diskussion in der ästhetischen Theorie
zum Thema »Lebenskunstwerk (LKW)« geführt (vgl. die von Bianchi herausgegebenen Bände 142 und 143 des Kunstforums international 1998 u. 1999).[18]

Wenn wir diese beiden gesellschaftlichen Institutionen des Symbolisierens auf
die beraterische Praxis (rück-)beziehen, kehren wir also gewissermaßen zurück
zu deren Ursprüngen, nun aber mit dem Hintergrund einer systematischen
Entwicklung durch Stilisierung in Form der Künste und der Wissenschaften.

Weil es unterschiedliche Modalitäten von Symbolisierungen in unserer All-
tagspraxis gibt, muss es sie auch in der *beraterischen Praxis* geben: Auf der einen
Seite haben wir eine analytische, mit genau definierten Begriffen arbeitende
diskursive Modalität, die sich am Wissenschaftsideal orientieren kann und von
daher auf Eindeutigkeit, Widerspruchsfreiheit und rationalen Diskurs abstellt.
Und auf der anderen Seite haben wir eine *ganzheitlich-bildliche Modalitä*t, die
höchst komplex und mehrdeutig ist, auch in sich widersprüchlich sein kann,
und die unmittelbar Emotionen und Motivationen anspricht – also das, was wir
klassischerweise als symbolisch im engeren Sinne verstehen und was in einem
weiteren Sinne dem Bereich der Künste und damit der Ästhetik zugeschlagen

---

18 Die Bedeutung ästhetischer Produktionen für die kulturelle Entwicklung der Menschen wird
    derzeit aus Anlass der Funde von figürlichen Objekten, die 35 Tausend Jahre alt sind, relativ
    hoch eingeschätzt bis hin zu der Hypothese, dass die stärker entwickelte Fähigkeit zum abs-
    trakteren ästhetischen Symbolisieren und die daraus in der Folge entwickelten ersten Formen
    begrifflich-diskursiven Symbolisierens den evolutionären Vorsprung des Homo sapiens vor
    dem körperlich sehr viel robusteren Neandertaler begründet. Das wäre dann verständlich,
    wenn wir annehmen, dass begrifflich-diskursives Symbolisieren die Kommunikation präziser
    und damit in einem technischen Sinne effizienter macht bei der Koordinierung der Aktivi-
    täten verschiedener Individuen bei der Jagd, der Flucht und der Verteidigung, während die
    ästhetisch-begriffliche Symbolisierung für die emotionale Gemeinschaftsbildung und damit
    für die gemeinschaftliche, motivationale Ausrichtung die Grundlagen setzt.

wird.[19] Lash (1996) stellt in seiner Analyse der Möglichkeiten zur Reflexion diese ästhetische Dimension in das Zentrum seiner Überlegungen und weist ihr eine größere Bedeutung als der – wie er es nennt – kognitiven Dimension zu. Diese besondere Qualität kommt der ästhetischen Dimension insbesondere bei der Bildung und Aufrechterhaltung von *Gemeinschaften* zu.

Ästhetische Weltaneignung als spezielle Modalität der Symbolisierung können wir mit Welsch auch als »ästhetisches Denken« bezeichnen (2003, S. 110). Dabei unterscheidet er Anästhetik von der Ästhetik: Mit *Anästhetik* meint er (wie im Wort Anästhesie) eine Art Abstumpfung, eine Überflutung mit ästhetischen, also bildlich wahrnehmbaren Reizen durch die moderne Kommunikationsindustrie im Zusammenhang von Werbung und Ähnlichem. »Ein wahrnehmendes Denken dieser Art, also eines, das von Wahrnehmungen ausgeht und sich auch auf anästhetische Bestände einlässt, kurz: ein aisthetisches Denken, das sowohl Ästhetik wie Anästhetik umfasst – scheint mir gegenwärtig aus nicht etwa, wie manche argwöhnen, modischen Gründen, sondern wegen seiner Begriffskapazität und Wirklichkeitskompetenz an der Zeit zu sein. Es ist – so meine These – heute das eigentlich realistische, will sagen: das der gegenwärtigen Wirklichkeit (der schier nichts mehr gewachsen ist) noch am ehesten, nämlich wenigstens stellenweise gewachsene Denken. Die einst für dubios gehaltenen ästhetischen Perspektiven erweisen sich zunehmend als die wirklichkeitsnäheren und erschließungskräftigeren.[20]«

Welsch argumentiert auf dem Hintergrund einer klassischen Unterscheidung in der Ästhetik, in der wir das skizzierte Grundmodell der Kommunikation wiederfinden: Es wird unterschieden zwischen einer Produktionsästhetik und einer Rezeptionsästhetik. Unter Produktionsästhetik wird speziell im

---

19 Gleich zu Beginn unserer Erörterungen sollten wir betonen, dass diese Modalitäten im praktischen Vollzug niemals in Reinkultur realisiert werden (können), selbst in den gesellschaftlichen Institutionen der Wissenschaften und der Künste nicht. So ist die begriffliche Modalität unter totalem Verzicht auf die ästhetische Modalität kaum zu verwirklichen. Selbst die trockenste wissenschaftliche Abhandlung vermittelt etwas auf der ästhetischen Ebene (eben, dass sie extrem trocken daherkommt, aber das ist dann auch eine ästhetische Qualität). Umgekehrt können sich ästhetische Symbolisierungen praktisch kaum realisieren, wenn nicht eine technisch-handwerkliche Komponente hinzu kommt, die letztlich auf einer begrifflich logischen Grundlage arbeiten muss.

20 »Wieder einmal war es Adorno, der schon früh diese Umstellung bemerkt und ihre Ignorierung den Geisteswissenschaften vorgehalten hat: ›Was […] den gegenwärtigen Geisteswissenschaften als ihre immense Unzulänglichkeit: ihr Mangel an Geist vorzuwerfen ist, das ist stets fast zugleich Mangel an ästhetischem Sinn‹ (Adorno, 1973, S. 344). Auch diese Einsicht stellt ein Erbe Nietzsches dar. Mit Nietzsche hat dieser Avantgardismus eines anderen, eines aisthetischen Denkens begonnen, der heute bei den postmodernen Denkern zur Entfaltung gelangt« (Welsch, 2003, S. 110).

Zusammenhang des begrifflichen Nachdenkens über Kunst die Qualität der Herstellung von ästhetischen Ereignissen oder Objekten verstanden und unter Rezeptionsästhetik deren sinnliche Wahrnehmung.[21]

Auf einer anderen Ebene betont Hüther (2004) die Bedeutung der bildlich-ästhetischen Modalität (die er aber nicht so nennt): Er stellt Verbindungen zur aktuellen Gehirnforschung her und stellt fest, dass »innere Bilder« (= bildlich-ästhetische Symbolisierungen) sämtliche Orientierungen leiten, von der Wahrnehmung über das Denken, Fühlen und Handeln bis zum Zusammenleben, und dass sie dabei das Gehirn formen, speziell in der Form von Visionen; das ist aber eigentlich keine so wesentlich neue Erkenntnis, sie wird sowohl von den Religionen, der politischen Propaganda als auch der Werbung seit langem genutzt.

Es ist durchaus möglich, dass wir uns im Rahmen der einen Modalität über die Institutionen der anderen auseinandersetzen, wir können uns ein Bild von Wissenschaft machen und tun dies sicherlich auch in praktischen Zusammenhängen, beispielsweise dann, wenn es um die Entscheidung für oder gegen eine berufliche Tätigkeit geht, aber auch, wenn wir wissenschaftliche Theorien bewerten – so wurde mehrfach berichtet, dass mathematische Formulierungen in der theoretischen Physik ästhetisch befriedigend oder unbefriedigend sein können. Unter dem Stichwort »Wissenschaftsästhetik« findet sich mehr dazu (beispielsweise bei Fischer, 2006; Krohn, 2006) Wir bewegen uns ebenfalls aus dem Rahmen der einen Modalität in die andere, wenn wir uns umgekehrt in einen wissenschaftlichen Diskurs über ein konkretes Kunstwerk oder über die Ästhetik allgemein begeben. Letzteres gilt natürlich auch für das Thema Beratung.

Wenn wir uns dazu etwas in der Philosophie umschauen, so finden wir unter anderem, dass Susanne Langer (1984) eine systematische, begriffliche Unterscheidung auf dem Hintergrund der Theorie von Ernst Cassirer vorgeschlagen hat, die in Zusammenhängen wie unserem häufig zitiert wird: Sie unterscheidet präsentative von diskursiven Symbolsystemen.[22] Schwierigkeiten bereitet uns dabei jedoch ihre Charakterisierung von diskursiven Symbolsystemen als sequenziell im Unterschied zu den präsentativen Symbolsystemen, die unmittelbar und ganzheitlich präsent sein sollen; demzufolge müssten Musik, Tanz, Theater wesentlich diskursiv sein. Tatsächlich ordnet Langer diese Kunstfor-

---

21 Von der Wahrnehmung erhält die Ästhetik auch ihren Namen (das griechische Wort »aisthesis« bedeutet Wahrnehmung)

22 Schwemmer unterscheidet drei Formen: sprachliche, bildhaft-konkrete (2005, S. 80) und schematisch bildhafte (S. 82). Dies kann für Beratungen insofern hilfreich sein, als wir Bilder, die der ästhetischen Modalität zugerechnet werden sollten, von Schemata und technischen Zeichnungen unterscheiden können, die wir wohl eher der diskursiven Modalität zuordnen sollten.

men aber den präsentativen Symbolsystemen zu. So kommen wir also nicht
zu einem weiterführenden Unterscheidungskriterium. Stattdessen sollten wir
wohl eher solche Symbolisierungen, die über den Raum (und sei es auch nur im
zweidimensionalen) gehen wie Malerei, Skulptur oder Architektur, von solchen
unterscheiden, die über die Zeit gehen (Musik, Belletristik, gelesene Gedichte)
und schließlich von solchen, die in beiden Ausdehnungen arbeiten, wie Tanz
und Theater. Allgemein können wir sagen, dass Symbolisierungen, die sich der
Bewegung in vielfältiger Form bedienen, sich sowohl im Raum als auch in der
Zeit ausdehnen.[23] Wobei zusätzlich interessant ist, dass wir über das *Gehör* im
Schwerpunkt Symbolisierungen über die *Zeit,* also sequenzielle, zu rezipieren
scheinen und entsprechend akustische Symbolisierungen über die Zeit produzieren und über den *Sehsinn* eher solche über den *Raum.*

Mit »bildlich« oder »präsentativ« meinen wir hier nicht nur die Bilder, wie
sie auch Gegenstand der bildenden Künste sind, sondern eine spezielle *ganzheitliche, direkt die emotionale Ebene ansprechende Qualität von Symbolisierungen.* Präsentativ-ästhetische Symbolisierungen haben damit eine sehr viel
größere Nähe zu unseren Emotionen und damit auch zu unseren Beziehungen
sowohl zu Sachen als auch zu anderen Personen. Ob Emotionen grundsätzlich
an die ästhetische Symbolisierungsmodalität gebunden sind, kann noch nicht
definitiv entschieden werden; es gibt aber einige Evidenz dafür, dass dem so ist.
Wegen der engen Verwobenheit beider Modalitäten in unserer Beratungspraxis
könnte diese Frage aber auch ungeklärt bleiben. Wenn wir hier vom präsentativ-ästhetischen Symbolisieren sprechen, so soll darunter also auch die Musik
subsumiert sein. Interessanterweise spielt die musikalische oder tonale Symbolisierung in der sozialwissenschaftlichen Fachdiskussion im Zusammenhang mit
wissenschaftlichen Analysemethoden kaum eine Rolle. Im Unterschied dazu gibt
es fachwissenschaftliche Literatur zur Bildauswertung, die mittlerweile schon
einen solchen Umfang angenommen hat, dass nach dem »linguistic turn« nun
vom »iconic turn« in den Sozialwissenschaften gesprochen wird. In der sozialwissenschaftlichen Auseinandersetzung mit Jugend (wie auch in praktischen,
beispielsweise sozialpädagogischen Konzeptionen) wird allerdings bereits seit
einiger Zeit Musik häufig im Zusammenhang von Jugendstilen (Rave, Heavy
Metal, Punk und andere) thematisiert, aber auch hier weniger als Medium, das
ganz konkrete individuelle Bedeutungen transportiert, sondern eher als allgemeines Identifikationsmedium, das nicht nur musikalische Stile transportiert.

---

23 Auch Cassirer unterscheidet bereits ganz verschiedene Symbole, die er nach unterschiedli-
    chen »Formen« kategorisiert, wie sich schon im Titel seines Hauptwerks (»Philosophie der
    symbolischen Formen«) zeigt. Wir greifen die zeitliche und die räumliche Dimension unse-
    res Symbolisierens in Kapitel 2.2 eigens noch einmal auf.

Hier ergibt sich ein interessantes Aufgabenfeld für weiterführende Forschungen, die auch die Bedeutung und Nutzbarmachung von Musik im Beratungszusammenhang thematisieren könnten. In der klassischen Pädagogik war die Musik dagegen unter dem Stichwort »musische Bildung« geradezu paradigmatisch für den gesamten ästhetischen Bereich. Neuen Auftrieb bekommt die wissenschaftliche Auseinandersetzung mit Musik derzeit in der Psychologie der Intelligenzförderung – angeregt durch neurowissenschaftliche Ergebnisse. (Vielleicht können wir demnächst einen »tonal turn« erwarten?)

Im Vergleich ermöglicht uns die diskursiv-begriffliche Modalität, Sachverhalte zusammenzubringen, die in unserer ästhetischen, sinnlichen Modalität vollkommen verschieden erscheinen müssen. Nehmen wir ein Beispiel: Unser diskursiver Begriff von »Schule« verknüpft vollkommen *verschiedene sinnlich wahrnehmbare Situationen* miteinander; die Situation des Klassenzimmers, die eines Schulausflugs mit der Situation der Bearbeitung von Schulaufgaben zu Hause und mit der Vision von den sich uns durch eine höhere Bildung eröffnenden Möglichkeiten der Lebensgestaltung. Hinzu kommt die wohl völlig anders geartete Perspektive des Lehrers als die des Schülers. Dieses Beispiel macht auch deutlich, dass den diskursiven Begriffen eine gesellschaftliche Realität entsprechen muss, bzw., dass solche Begriffe eine gesellschaftliche Realität etablieren, die ohne sie unmöglich wäre. Sie ermöglichen uns hoch abstrakte, hochdifferenzierte, aber auch höchst effektive Kulturen und Gesellschaftsformen, die aber umgekehrt den Menschen hohe abstrakte Bewältigungsleistungen und Reduktionen bei der gesellschaftlichen Teilhabe abverlangen, was gesellschaftliche Ungleichheit auf dieser Ebene der symbolischen Kompetenzen nach sich zieht, wie wir derzeit erleben können. Die »Anstrengung des Begriffs« (Hegel, 1807/2014, S. 33) ist demnach für die Teilhabe in unserer Gesellschaft unverzichtbar.

Beide Modalitäten spielen in der beraterischen Praxis eine Rolle. Lange Zeit erkannte man zwar die Bedeutung des präsentativ-ästhetischen Symbolisierens für die menschliche Orientierung (so in der Traumdeutung von Freud oder den Archetypen bei Jung), folgte dabei aber dem aufklärerischen Grundsatz, dass die ästhetische Orientierung durch die Klarheit des diskursiven Intellekts zu überwinden sei, weil sie tendenziell die Unmündigkeit des Menschen bedinge. Dabei wurden wir durch die Erfahrung bestätigt, dass im Zuge einer Verarbeitung ästhetischen Symbolisierens durch diskursives Symbolisieren eine gewisse Heilung psychischer Erkrankungen erzielt werden konnte – das unbezweifelbare Verdienst von Freud und der Psychoanalyse; im Zuge des Fortschrittsglaubens der Aufklärung schrieb man dies mehr oder weniger unausgesprochen einer unterstellten höheren Wahrheit des diskursiven Symbolisierens zu. Dies wird aber in letzter Zeit in Frage gestellt[24], was bereits im obigen Zitat von Welsch (2003, S. 110) zum Ausdruck kommt, allerdings mit anderer Akzentuierung.

Außerdem machten wir in der Psychotherapie die Erfahrung, dass man mit ästhetischen Mitteln besser an zutiefst *traumatisierenden* oder verschütteten Erlebnissen arbeiten kann als mit nüchternen Worten. Deshalb werden zunehmend ästhetische Symbolisierungen in der Beratung (wie auch in der Therapie selbst) als Erkenntnisinstrument eingesetzt, indem sie im Beratungssetting gezielt herbeigeführt werden. In der Regel geschieht dies, um sie danach begrifflich aufzuarbeiten, was sich dann in anderen Erlebnissen und Erfahrungen niederschlagen kann und so schließlich auch wieder andere ästhetische Symbolisierungen hervorbringt. So können wir derzeit davon ausgehen, dass es der *Wechsel zwischen den Modalitäten* ist, der uns in der Beratung (und der Therapie) und allgemein bei der Reflexion weiterhilft; dies wird in der Psychoanalyse auf spezifische Weise in einer Richtung praktiziert; in der systemischen und in der gestaltpsychologisch orientierten Beratung wird mit dem Wechsel der Modalitäten gearbeitet und im Psychodrama gibt es dazu einige bemerkenswerte, erfolgreiche Entwicklungen zur stärkeren Einbindung der diskursiv-begrifflichen Modalität ausgehend von der ästhetisch-bildlichen Modalität.

Eine besondere Bedeutung der ästhetischen Modalität im Beratungszusammenhang kommt den *Visionen* zu, was im Bereich der Organisationsberatung bereits weitgehend erkannt und umgesetzt wird. Hier allerdings nahezu ausschließlich als positive Visionen, Angstvisionen/-szenarien werden häufig vermieden. Das scheint zunächst gute Gründe zu haben, gilt doch in aller Regel die positive Vision als besser geeignet, um Menschen zu motivieren. Dennoch kann es durchaus Gründe für die sinnvolle Beschäftigung mit negativen Visionen in der Beratung geben, beispielsweise um deutlich zu machen, was (schlimmstenfalls) passieren kann, wodurch irrationale Ängste abgebaut werden können (»Worst-case«-Szenarien), oder um Menschen von einer Fixierung auf eine negative Vision zu befreien, was dann sinnvoll ist, wenn – häufig unausgesprochen – ohnehin entsprechende Ängste existieren. Solche Verfahren bieten sich besonders dann an, wenn befriedigende Strategien zur Verhinderung oder zu einem positiven Umgang mit der bedrohlichen Situation entwickelt werden sollen; dann kann es sinnvoll sein, sie in Form von *Szenarien* zu konkretisieren und Bewältigungshandlungen zu entwickeln. Das Wissen um effektive Handlungsweisen zur Abwendung von Bedrohungen reduziert bekanntlich Ängste

24 Explizit im Zusammenhang der Auseinandersetzung mit der nationalsozialistischen Barbarei durch Horkheimer und Adorno in der »Dialektik der Aufklärung«, häufiger aber implizit, indem in der Beratungspraxis dem ästhetischen Symbolisieren faktisch ein größerer Stellenwert zugeordnet wird.

ganz wesentlich und macht einen reflexiven Umgang mit Bedrohungen möglich. Dazu aber ist Voraussetzung, dass wir uns mit den Details der Bedrohung
nicht nur begrifflich, sondern ebenfalls bildlich auseinandersetzen.

Im Zusammenhang der Beratung von Einzelnen und Familien ist die theoretisch begründete, wissenschaftliche Vertiefung der Nutzung von Visionen und
darüber hinausgehenden, ästhetischen Symbolisierungen der eigenen Lebens-
entwürfe noch nicht hoher Standard, die Praxis ist da oft weiter, beispielsweise
in den Erkenntnis-, den Diagnose- und Interventionsmethoden zur konkreten
Problemlage.[25] Das sollten wir überwinden, denn gerade Beziehungen in der
Partnerschaft und Familienbeziehungen zeichnen sich wesentlich durch ihre
ästhetische Qualität aus, wie auch nicht zuletzt das Geschehen im Beratungsprozess selbst. Die *ästhetische Qualität des Beratungsprozesses* ist sogar wesentliches Element der *Qualität* von Beratung überhaupt.

In anderen Bereichen werden Visionen dagegen genutzt – oft genug mit
durchaus fragwürdigen Motiven, beispielsweise in der Werbung, aber auch
in der Politik, zur Manipulation und zur Ausübung von Macht. Deutschland
hat da seine ganz besonderen, negativen Erfahrungen im Nationalsozialismus
machen müssen, Goebbels war darin ein Meister, und auch jetzt wieder eignen
sich die rechtsextremen Verführer Bilder, Mythen und andere ästhetische Elemente für ihre Zwecke an. Aber eine Ablehnung oder Vermeidung von Visionen
stellt keine Lösung dar, denn auf diese Weise schafft man ein Vakuum, ebnet
den Weg für obskure Heilsversprechen und Ähnliches. Wir haben also nur die
Möglichkeit, reflektiert mit Visionen um zu gehen, nicht aber, auf Visionen zu
verzichten, denn wir Menschen brauchen sie für unsere Orientierung in der
Welt. Sowohl die positiven als auch negativen Visionen sollten wir nicht der
Rationalität kommerzieller Vermarktungsstrategien überlassen und auch nicht
irgendwelchen religiösen und pseudoreligiösen Machtstrategien – wir können
solche dem Bereich der Anästhetik nach Welsch zuordnen. Sie müssen deshalb
in Beratungen einen hohen Stellenwert zugewiesen bekommen und dabei kritisch reflektiert werden.

Die erfolgreiche Beratungspraxis weist uns darauf hin, dass die Modalitäten unserer Symbolisierung (bildlich-ästhetisch oder diskursiv-begrifflich)
grundsätzlich nicht an bestimmte *Medien* wie Sprache oder Bilder gebunden
sind, sondern daran, wie wir solche Medien nutzen – in künstlerischer oder in

---

25 Dazu gehört unter anderem die »Wunderfrage« aus dem Methodenarsenal der systemischen
   wie auch der personzentrierten Beratung, Familien- und Organisationsaufstellungen, das
   Malen, die Arbeit mit Ton und anderen plastischen Materialien, Szenarien. Und so lässt man
   Familien sich aufstellen, lässt die Mitglieder sich gegenseitig bildlich darstellen, arbeitet mit
   Ton und entwickelt Szenarien etc.

wissenschaftlicher Weise. Das hat zur Konsequenz, dass wir Symbolisierungsmodalitäten von Symbolisierungsmedien unterscheiden sollten. So können wir
beispielsweise Sprache als Medium im Schwerpunkt ästhetisch (beispielsweise
im Roman, in der Poesie, …) oder eher diskursiv- wissenschaftlich benutzen,
wie wir umgekehrt Bilder diskursiv benutzen können, beispielsweise in Form
technischer Zeichnungen oder in Form von Kartierungen verschiedenster Art
wie als Straßenkarten, Seekarten, Wetterkarten. Allerdings kann es natürlich
durchaus sein, dass wir bestimmte Medien bevorzugt für bestimmte Symbolisierungsmodalitäten nutzen – beispielsweise die Sprache für die wissenschaftliche Modalität, wobei hier den mathematischen oder logischen Formeln eine
besondere Rolle zukommt (siehe Kapitel 1.2.5). Oft können wir abstrakte begriffliche Konstruktionen nur verstehen, wenn sie anschaulich vermittelt werden.

   Kulturen unterscheiden sich unter anderem dadurch, inwieweit in ihnen
die eine oder die andere Modalität der Symbolisierungen dominiert. Generell
lässt sich vielleicht sagen, dass in den älteren Kulturen die ästhetische, bildliche Modalität vor allem in Form religiöser Orientierungen dominierte. In der
abendländischen Kultur dagegen setzte sich mit der Aufklärung der Siegeszug der diskursiv-wissenschaftlichen Symbolisierungsmodalität fort, die aber
bereits im antiken Griechenland, besonders in der Philosophie und den begin-
nenden Wissenschaften, und in den frühen arabischen Kulturen, besonders in
der Mathematik, der Astronomie, der Medizin angelegt war und dabei auch auf
Wurzeln in der indischen, der chinesischen und der ägyptischen Kultur zurück-
griff. Heute dominiert die diskursive Modalität insbesondere in den »Systemen
zweckrationalen Handelns« (Habermas, 1988) (Militär, Wirtschaft, Verwaltung,
Recht, Technik …) und wird sich wohl trotz der Krise durch ihre Perversion
in totalitären Systemen (Nationalsozialismus, Stalinismus) noch weiter auf der
Welt verbreiten. Claude Lévi-Strauss weist aber zu Recht darauf hin (1968), dass
die Bedeutung von mythischen Weltbildern auch in der modernen Welt nicht
unterschätzt werden sollte. Gerade deren Unterschätzung hat die nationalso-
zialistische Verführung ermöglicht, die Propaganda konnte sich die Vernachlässigung des Bedürfnisses nach Mythologien zu Nutze machen, indem sie sie
zweckrational konsequent zur Manipulation und zur Machtfestigung einsetzte.
Heute ist dagegen unter Intellektuellen die modische Rede vom »Aufdecken
eines Mythos« verbreitet; so gibt es kaum einen Diskurs, in dem nicht in diesem Sinne ein »Mythos entlarvt« wird. Falsch wäre es allerdings, wenn wir nur
der begrifflich-diskursiven Modalität eine kritische oder aufklärerische Qualität zuweisen. Im Gegenteil: Wie bereits skizziert wurde, kann in der ästhetischen Modalität sogar sehr eindrücklich kritisch aufgeklärt werden, insbesondere, wenn es, auch in Beratungen, darum geht, unreflektiert verinnerlichte

Macht- und Herrschaftsstrukturen aufzudecken, und zwar nicht bloß auf einer theoretischen Ebene, sondern unmittelbar performativ. Prominentes Beispiel dafür ist das Theater der Unterdrückten nach Augusto Boal (1979), das gezielt zur Befreiung eingesetzt werden kann; allerdings hat sich gezeigt, dass die verinnerlichten (Selbst-)Unterdrückungsmechanismen in den westeuropäischen Ländern wie Deutschland häufig so subtil arbeiten, dass eine einfache Übertragung der in Südamerika erfolgreichen Methoden nicht zielführend ist. Das spricht aber nicht gegen die grundsätzlichen Potenziale einer sich der ästhetischen Modalität bedienenden, aufklärerischen, reflexiven Beratung[26]. Ob die ästhetische Modalität eher zur Manipulation und Unterdrückung oder zur Aufklärung und Befreiung eingesetzt wird, hängt vor allem von den damit verbundenen Intentionen und den Kontexten ab, in denen mit ihnen gearbeitet wird.

Interessant ist, dass Menschen – auch ohne Beratung – häufig die Arbeit mit ästhetischen Mitteln zur Selbstreflexion verwenden: Da gibt es die ausgebildete Künstlerin, die Selbstporträts anfertigt, um sich ihrer selbst zu vergewissern, mitunter sogar ohne dass sie selbst beruflich als Künstlerin arbeitet – sie hat sich einen »Brotberuf« gesucht, um sich die ästhetische Arbeit nicht durch die Einbettung in kommerzielle Zusammenhänge zu verderben, und sie strebt auch keinerlei Veröffentlichung ihrer Werke an, weil sie zu »persönlich« seien; da gibt es den Lehrer, der als Musiker an seinen Stimmungslagen arbeitet oder den Bildhauer, der fast ausschließlich mit seinen eigenen Kindern und deren Freunden arbeitet.

Es handelt sich also um ein Thema, dessen Bearbeitung durchaus weitere Anstrengungen wert ist. Insbesondere, weil in der Folge dieser Unterschätzung die ästhetische Modalität eben den Systemen zweckrationalen Handelns total untergeordnet werden konnte wie in den propagandistischen Manipulationen im Nationalsozialismus wie auch aktuell in der Werbeindustrie. So werden in der postindustriellen Gesellschaft ästhetische Symbolisierungen in immer größeren Anteilen industriell vorgefertigt, beispielsweise Barbie-Puppen, Prinzessin Lillifee, Manga-Figuren bis zu den Pop-Ikonen – oder Sportinszenierungen, diverse Fantasy-Figuren in Ballerspielen oder die Helden aus Star Wars. Träume werden industriell vorgefertigt in den »Traumfabriken«, eine sehr zutreffende Bezeichnung. In ihnen hat vielleicht James Bond die Rolle des Prinzen übernommen.[27]

---

26 Eine Übersicht zur auch kritischen Nutzung der ästhetischen Modalität in der Sozialen Arbeit findet sich bei Jäger und Kuckhermann (2004).

27 Eine interessante Frage wäre auch, ob möglicherweise im Hinblick auf die Informationsverarbeitung (Rezeption) die bildlich-ästhetische Modalität energetisch günstiger sein könnte und ob darin auch ein Grund für die Verführbarkeit durch Manipulationen auf der Ebene der ästhetischen Modalität zu finden wäre. Es könnte ja sein, dass im Gehirn ganz im Gegensatz

Eine interessante Entwicklung in den Sozialwissenschaften ist die derzeit zu beobachtende Hinwendung zur »Performanz« (vgl. Mattes u. Musfeld, 2005): Damit meint man, dass die reale Umsetzung von Konstruktionen und Kompetenzen auch sichtbar oder realisiert werden muss, was für die Beratung, speziell im Rahmen von Veränderungsprozessen, interessant ist. Und in diesem Zusammenhang wird häufig faktisch auf die ästhetische/präsentative Modalität abgehoben, ohne sie aber als solche zu nennen, in dem Sinne, dass dieser eine Gewähr für die Umsetzung in konkretes Handeln zugeschrieben wird. Dabei geht man davon aus, dass über die ästhetisch-präsentative Modalität ein direkter Bezug zu Motivationen, Emotionen etc. realisiert werden kann, was sich dann in konkretem Verhalten niederschlägt.

1.2.2 Das Verhältnis diskursiv-begrifflicher zur präsentativ-ästhetischer Symbolisierung, speziell in Beratungen

Das Verhältnis zwischen diskursivem und ästhetischem Symbolisieren wird vielfach (unter anderem Etikett) sowohl in der Fachliteratur als auch in der belletristischen Literatur und in Theaterstücken als problematisch und konflikthaft thematisiert. Goethes Faust beispielsweise, aber auch Brechts Galileo Galilei können als Beispiele dienen für einen sich darin entfaltenden Konflikt, den wir heute auch wieder erleben zwischen fundamentalistischen Religionen und der (technischen) Zweckrationalität der westlichen Welt. Bunte Blüten treibt der Konflikt in verschiedenen pseudoreligiösen Heilslehren wie den Elaboraten der Kreationisten oder der Scientology, die beanspruchen, ihre präsentative Sicht mit pseudowissenschaftlichen Belegen zu beweisen, was bedeutet, dass sie doch auch an die diskursive Symbolisierung glauben und versuchen, sie gemäß ihren präsentativen Glaubensgrundsätzen passend zu machen. Solche Auswüchse sind ein Beispiel für die Gegenbewegung gegen die ständig, mitunter schon zwanghaft Mythen beschwörenden und sie natürlich entlarvenden Intellektuellen, die in der Tradition der Aufklärung zu argumentieren glauben. Die Aufklärung hat der Differenzierung der beiden Modalitäten einen Schub gegeben, der aber in ihrer konkreten Umsetzung häufig auf einen Ersatz der ästhetischen durch die

---

zum Computer eine ästhetische Informationsverarbeitung ressourcenschonender ist als eine begriffliche. Immerhin erleben wir in der Regel eine begriffliche Informationsverarbeitung als anstrengender – Hegel hat deshalb auch von der »Anstrengung des Begriffs« gesprochen. Was entschieden nicht heißt, dass ästhetische (künstlerische) Produktionen niemals anstrengend sind, ganz im Gegenteil: es handelt sich hier um Höchstleistungen, aber sie entstehen erst, wenn sie zur Arbeit, zur gewollten Leistung werden, für die Widerstände überwunden werden müssen.

diskursiv-begriffliche Modalität der Wissenschaft hinauslief, die die »eigentlichen« oder »wirklichen« Zusammenhänge aufdeckt; dies war oft verbunden mit der Hoffnung, dass sich allein dadurch schon viele (oder sämtliche) Probleme lösen ließen. Man kann Spuren davon etwa in der Psychoanalyse ausmachen. Das hat sich mittlerweile glücklicherweise relativiert und sollte in der Beratung systematisch überwunden werden.

Vielfach wird dem Grundsatz gefolgt, diese beiden Modalitäten nebeneinander stehen zu lassen und ihnen sozusagen verschiedene Reiche zuzuordnen wie beispielsweise das Reich des Verstandes (der Wissenschaft) und das Reich des Gefühls (der Ästhetik). Im praktischen Handeln führt das aber zu Konflikten, weil Symbolisierungen in beiden Modalitäten durchaus miteinander nicht vereinbar sein können, denn sie dienen beide der Orientierung der Menschen. Klassisch zu nennen ist hier der Konflikt zwischen Liebe, Zuneigung (ästhetisch) auf der einen und wirtschaftlicher oder Machtrationalität (Zweckrationalität) auf der anderen Seite, beispielsweise bei der Partnerwahl.

Dieses problematische Verhältnis kann sich auch als Konflikt innerhalb der Person abspielen. Lacan (1973–1980) sieht in seiner auf Freud basierenden, ihn aber weiterführenden Theorie hier sogar einen grundsätzlichen, strukturellen Konflikt in jeder Person. Für die Orientierung der Menschen in ihrer Welt stellt das also eine Schwierigkeit dar, die durchaus auch der Grund für das Aufsuchen von Hilfestellungen durch Beratung sein kann.

Auf der anderen Seite ergibt sich aus dem Spannungsfeld der beiden Modalitäten eine ganze Reihe bewährter, sehr hilfreicher *Methoden,* die sämtlich auf den Wechsel zwischen den beiden Modalitäten abstellen und ihn bevorzugt zur Selbstklärung nutzen (sollten). Dazu gehören systemische Aufstellungen (Familienaufstellungen, Organisationsaufstellungen etc.) genauso wie Szenarien bis hin zum Unternehmenstheater, Theater der Unterdrückten, bildnerische Methoden (sowohl Arbeiten in der Fläche, wie Bildproduktionen, als auch dreidimensionales Arbeiten, beispielsweise in Ton, Knete, Holz, Metall, Kunststoff). Es finden sich in Beratungen methodische Anleihen bei sämtlichen Kunstformen,[28] in letzter Zeit häufig in *Kombinationen* oder Verknüpfungen von musikalischen, szenischen, auch tänzerischen und bildnerischen Methoden.

Eine besondere Rolle spielen auf die präsentativ-ästhetische Modalität ausgerichtete Methoden oder Medien in der Beratung immer dann, wenn es um *implizites Wissen* geht und/oder um Bereiche, die durch diskursive Techniken nicht oder nur sehr schlecht zugänglich sind wie im Extremfall Traumatisierungen,

---

28 In der Psychotherapie wurden sogar eigene Therapieformen auf ihrer Grundlage entwickelt (Kunsttherapie, Musiktherapie, Tanztherapie etc.).

oder wenn ein emotional- ganzheitlicher Bezug hergestellt werden soll – dann
sind sie unersetzlich. Hier sind vor allem Visionen zu nennen (Unternehmens-
visionen, Visionen von einem befriedigenden Familien- oder Beziehungsleben
usw.). Wichtig im Sinne einer auf Selbstverantwortung abstellenden, reflexiven
Beratung ist dabei der unbedingt *notwendige Wechsel* in die diskursiv-begriffliche
Modalität, wodurch – durchaus im Sinne der Aufklärung – Handlungssouveränität in der reflexiv-modernen Gesellschaft erzielt werden kann. Anderenfalls
können sich sowohl Klient_innen wie Berater_innen leicht in der ästhetischen
Modalität verlieren, etwa, wenn Berater_innen, ohne es zu bemerken, in eine
problematische Familiendynamik hineingezogen werden. Deshalb sollte das
Verhältnis beider Modalitäten zueinander nicht als grundsätzlich einander aus-
schließend, sondern als *ergänzend und als gegenseitiges Korrektiv* verstanden
werden. Das ergibt sich allein schon daraus, dass unsere ästhetische Wahrnehmung durch diskursiv-begriffliche Arbeit wesentlich verfeinert werden kann –
wir können unsere ästhetische Wahrnehmung also durch Wissen in einem
weiteren Sinne verbessern – auch durch begriffliches Wissen. Umgekehrt wird
sich eine Reduzierung auf die diskursiv-begriffliche Modalität in der beraterischen Praxis in problematischen, entfremdenden Ergebnissen äußern (die in
der Freud'schen Terminologie als »Abwehrmechanismen« wie »Verdrängun-
gen«, »Rationalisierungen« wirksam werden können).

In der praktischen Familien- und Erziehungsberatung hat es sich bewährt,
das Verhalten von Kindern zu beobachten, weil diese als »kleine Professo-
ren« durch ihr Verhalten dem Berater zeigen können, wo beispielsweise in der
Beziehung der Eltern Probleme liegen. Dabei spielt bildlich-ästhetische Weltaneignung gleich eine zweifache Rolle: Zum Einen in der Wahrnehmung und
Orientierung der Kinder, die ihr Verhalten sicherlich nicht primär in der rationalen, begrifflichen Modalität planen. Zum anderen auf Seiten des Beraters, der
die von den Kindern produzierten Darstellungen als ästhetische wahrnimmt
und für sich in Begriffe übersetzt. Ähnliche Erfahrungen können die Organi-
sationsberater_innen machen, wenn sie am Verhalten der Mitarbeiterschaft
eines Führungsverantwortlichen die problematischen Persönlichkeitseigen-
schaften desselben ablesen. Im Grunde liegen dem dieselben Prozesse zugrunde
wie bei der Nutzung von Familien- oder Unternehmenstheater als Methode in
Beratungsprozessen.

Für unsere Orientierung in unbekannten, neuen Situationen bekommen
ästhetische Symbolisierungen eine spezielle Bedeutung also häufig dann, wenn
sie sich mit begrifflichen Symbolisierungen verbinden können. Sie dringen dann
in den Bereich der begrifflichen Symbolisierungen als »Intuition« ein. Der größte
Teil unserer praktischen Orientierungen auf dem Hintergrund aufgeschichteter

Erfahrungen findet nicht auf der begrifflichen Ebene statt, sondern gibt uns als Intuition Orientierung, die dann oft genug begrifflich nur noch gerechtfertigt oder untermauert wird, wodurch sie aber auch wieder verändert wird. Wichtig ist, dass in der Beratung solche Intuitionen auf der bewussten Ebene der diskursiven Modalität kritisch geprüft und nicht einfach als wahr oder richtig akzeptiert werden. Sie können uns einerseits äußerst wertvolle Hilfe sein, können uns aber auch fatal in die Irre führen, beispielsweise in der Form von rassistischen Vorurteilen. Es lohnt sich also in jedem Fall, sie ernst zu nehmen und sich mit ihnen kritisch auseinanderzusetzen. »Bauchgefühle« weisen uns als Berater_in häufig auf kritische Ereignisse/Zusammenhänge/Prozesse hin, allerdings nicht eindeutig, wir haben nur den Eindruck: Irgendetwas stimmt nicht, aber was da nicht stimmt, ist zunächst nicht identifizierbar. Das kann nur mit Hilfe kritischer, auch selbstkritischer Analyse unter Zuhilfenahme der diskursiv-begrifflichen Modalität herausgefunden werden, oftmals empfiehlt sich ein mehrfacher Wechsel zwischen den Modalitäten. In der Beratung von Organisationen und der Managementberatung wird dieses Potenzial mittlerweile systematisch genutzt (vgl. beispielsweise Bentner u. Krenzin, 2002).

Zur Nutzung des sich aus dem Wechsel zwischen den Modalitäten ergebenden Potenzials für die Beratung bedienen wir uns häufig mehr oder weniger reflektiert eines Verfahrens, das wir »Rationalität als methodisches Prinzip« nennen können. Dieses Konzept geht auf Lorenzen und Schwemmer (1975)[29] zurück und meint, dass wir angesichts uns zunächst unverständlich erscheinender Handlungen so tun, als seien diese rational begründet (beispielsweise nach dem Schema des praktischen Syllogismus (siehe Teil 2, Kapitel 2.4 und Teil 4, Kapitel 1.3.2), und schließen daraus auf verdeckte Ziele, Motive oder Überzeugungen und anderes, bewegen uns also in der begrifflich-diskursiven Modalität. Das ist im Grunde auch das Verfahren, das Freud zu seinen Erkenntnissen verholfen hat, er erkannte so das Wirken unbewusster Motive. Gemäß unserer Grundsätze müssen wir es als eine Konstruktion bezeichnen, die durch die Einbettung in die Kontexte der begrifflich-diskursiven Symbolisierung den Klient_innen zu einer neuen, aufgeklärten Sichtweise verhilft, also ihre Symbolisierungspraktiken verändert.

Wenn wir versuchen, unsere in der vorwiegend ästhetischen Modalität erworbenen Erfahrungen und/oder unser sich vorwiegend in der ästhetischen Modalität abspielendes, alltägliches Beziehungsgeschehen und Erleben auf der

---

29 Lorenzen und Schwemmer sprechen ursprünglich nur von Zweckrationalität als methodischem Prinzip. Es ist aber grundsätzlich erweiterbar auf andere Formen der Rationalität wie Wertrationalität.

diskursiven Ebene zu reflektieren, sollten wir uns also auch dessen bewusst
sein, dass wir damit

- unsere ästhetischen Symbolisierungen *nicht ersetzen* können: Eine vorwiegend im begrifflichen Modus beantwortete Frage »Was sagt uns das Bild, das
  Gedicht, das Theaterstück …« kann die Betrachtung des Bildes, das Lesen
  oder die Anhörung des Gedichtvortrags oder den Besuch des Theaterstücks
  etc. niemals ersetzen, aber sie kann uns Anregungen vermitteln, andere Perspektiven auf der diskursiven Ebene einzunehmen;
- unsere Symbolisierungen *verändern,* das heißt, sie sind nicht mehr dieselben wie davor. Genau das kann uns aber helfen, mit aufgetretenen Problemen fertig zu werden – deshalb ist dies eine durchaus verbreitete Praxis in
  der Beratung (wie auch in der Psychotherapie).[30]
- die »Dinge auf den Punkt bringen« können und sie dadurch besser *handhabbar* machen. Allerdings um den Preis einer »Reduktion von Komplexität«, wenn man dabei nicht aufpasst;
- Zusammenhänge herstellen können, die uns sonst verschlossen blieben.

Wie aber wird der Wechsel in Beratungen praktiziert? Grundsätzlich scheint der
Wechsel von der ästhetischen Modalität in die diskursive Modalität kein Problem
zu sein, denn er wird in der Beratungspraxis auf vielfältige Weise immer wieder
realisiert. Das beginnt beim Erzählen von Träumen, geht weiter über den Einbau
von Szenarien in Beratungsprozesse und Kreativ-Methoden bis zum Familien-
oder Unternehmenstheater, zu Familien- und Organisationsaufstellungen. Es
schließt bildnerisches Gestalten, musische und musikalische Elemente mit ein,
ferner die Erlebnispädagogik wie auch das Theater der Unterdrückten. Häufig
lässt allerdings die diskursive Aufarbeitung zu wünschen übrig und man lässt
die ästhetischen Elemente »für sich sprechen«, was sie aber leider nicht tun, sie
sind stumm und »sprechen« nur insoweit, wie sie Symbolisierungen auslösen,
die aber keineswegs »automatisch« bestimmte Erfahrungen in eine gewünschte
Richtung beinhalten. Dann bleiben sie freizeit-episodenhaft, bleiben auf einen
abgekapselten Kontext beschränkt und es entsteht das Problem des Transfers.
Dies ist darin begründet, dass eine Beratungssituation grundsätzlich aus der
Alltagssituation, zu deren Problemlösung sie beitragen soll, herausgelöst wird.
Das macht, wie schon erwähnt, unter dem Gesichtspunkt des distanzierten
»von außen Betrachtens« Sinn, produziert aber andererseits das Transferpro-

---

30 Aber daraus den Schluss zu ziehen, dass eine Psychotherapie immer anzuraten ist, wäre sicherlich genau falsch, denn wir können durch eine diskursive Aufarbeitung auch etwas verlieren bzw. zerstören. Solches kann in Partnerschaften vorkommen, wenn wir sie »zerreden«.

blem. Ansätze zur Überwindung in Richtung auf einen symbolischen Transfer sind unter den hier entwickelten Perspektiven aussichtsreich, könnten aber mit Nutzung des Symbolisierungskonzepts weiter elaboriert werden.

Der umgekehrte Prozess, also von der diskursiven zur ästhetischen Symbolisierung, ist vielleicht grundsätzlich anders zu betrachten: Unsere Erfahrung mit unseren Träumen zeigt uns, dass wir dazu neigen, unsere Erlebnisse und Erfahrungen bildlich aufzuarbeiten. Das gäbe einige Evidenz für die These, dass wir gewissermaßen automatisch oder natürlich diskursive Symbolisierungen in ästhetische transponieren, damit sie für uns wirklich handhabbar werden (sie müssen für uns anschaulich werden); aber wir neigen umgekehrt nicht dazu, ästhetische Symbolisierungen (quasi automatisch) in begriffliche umzusetzen. Hier scheint es also eine Asymmetrie in den Beziehungen zwischen den Symbolisierungsmodalitäten zu geben. Das könnte damit zu tun haben, dass die diskursive Modalität aus der ästhetischen entwickelt wurde (und nicht umgekehrt).

Der Prozess der Umsetzung von begrifflichen Symbolisierungen in ästhetische verläuft in höchstem Maße individuell, weil er auf der ganz persönlichen Erlebnisgeschichte aufsetzt: Was ein Begriff (beispielsweise Heimat) bedeutet, ist für jeden Menschen mit anderen Bildern verknüpft. Dennoch gibt es eine Gemeinsamkeit, die gerade durch den Begriff hergestellt werden kann. Der Begriff kann also ästhetische Erlebnisinhalte zusammenbringen, die auf der Ebene der ästhetischen Anschauung nichts miteinander zu tun haben. So ist »Schule« beispielsweise für jeden mit anderen Bildern, Gerüchen, vielleicht auch Emotionen usw. verknüpft, dennoch können wir uns aber mit diesem Begriff durchaus über ein Gemeinsames verständigen, selbst wenn unser Partner in Afrika oder in China zur Schule gegangen ist. Wenn wir also in reflexiven Beratungen eine Umsetzung von eher begrifflich-diskursiven Symbolisierungen in bildlich-ästhetische versuchen, empfiehlt es sich, gemeinsam Bilder zu produzieren und diese Produktionen dann wieder begrifflich zu kommentieren, so lange, bis ein gewünschtes Ergebnis erzielt wird.

In Beratungen werden solche Prozesse des systematischen Wechsels der Symbolisierungsmodalitäten bereits verbreitet genutzt, und zwar unter ganz verschiedenen Perspektiven wie beispielsweise:

– Zur Verarbeitung von *Erlebnissen zu Erfahrungen*: Über Begriffe können wir Erlebnisinhalte miteinander verbinden, sie anders zuordnen (oder solche Verbindungen auftrennen), so dass unsere Erlebnisse eine andere Bedeutung erhalten, das heißt, wir verändern unsere Symbolisierungen; in der Folge handeln wir anders, machen damit neue Erfahrungen und verändern so unsere Symbolisierungen und unsere Symbolisierungspraktiken. Dies ist vielleicht der wichtigste, in Beratungen genutzte Zusammenhang.

- Unter der Perspektive der individuellen *Selbstklärung* (Beratungsform des Mit-sich-zu-Rate-Gehens), wobei es um die Frage geht, wie gesellschaftlich organisierte Vorgaben (siehe Teil 3, Kapitel 1.2), die ja speziell in den Systemen zweckrationalen Handelns diskursiv-begrifflich organisiert sind, sich für uns in Träume, dieses Mal im Sinne von Visionen eines gelingenden eigenen Lebens umsetzen lassen.

- Zur *Gemeinschaftsbildung*: Hier finden sich Beratungen zu CI (Corporate Identity) -Prozessen, Politikberatung, Imagekampagnen und Ähnlichem. Dabei stellt sich das ethische Problem der Instrumentalisierung von hoch effizienten ästhetischen Manipulationen für zweckrationale Machtstrategien. Die berüchtigten Diktaturen des Nationalsozialismus, Stalinismus etc. haben uns das demonstriert. Derzeit scheint die Neonazi-Szene sich wieder darauf zu besinnen und sich das Prinzip der Verführung durch unkritisch konsumierte ästhetische Erfahrung, die einfach dumpf etikettiert und nicht kritisch reflektiert wird, zu Nutzen machen zu wollen, beispielsweise in rechtslastiger Pop- bzw. Rockmusik. Dennoch und gerade im Kontrast dazu sollten wir auch in Beratungen die Bildung von Gemeinschaften vorantreiben, und zwar als kritisch reflektierte Unterstützung bei der Gestaltung eines gelingenden Lebens der Beratungsklient_innen.

1.2.3 Symbolisierungsmedien und physische Materialisierungen, flüchtige und überdauernde Symbolisierungen

Die Arbeit mit dem Symbolbegriff verführt dazu, sich auf die physischen Formen von Symbolisierungen zu konzentrieren. Mit dem Begriff der Symbolisierung wird dagegen auf eine Aktivität abgehoben, die physische Manifestationen (Materialisierungen von Symbolisierungen) zum Ergebnis haben kann, sich aber nicht in ihnen erschöpft. Diese Verlagerung der Perspektive ist im Grunde ein Verdienst der Psychoanalyse mit ihrer Traumdeutung und der Tiefenpsychologie mit ihren Archetypen, sie machten uns auf die Bedeutung auch von physisch nicht wahrnehmbaren Symbolisierungen für unser Verhalten aufmerksam und versuchten, sie durch Übersetzung in Sprache zugänglich zu machen, sie also in physische Materialisierungen zu transformieren, damit sie irgendwie auch von (oder mit) anderen Personen wissenschaftlich bearbeitet werden können.

Eine weitere wichtige Unterscheidung innerhalb der physisch manifesten Symbolisierungen ist die zwischen flüchtigen, physisch materialisierten Symbolisierungen (beispielsweise Gesten, gesprochene Sprache) und physisch überdauernden Materialisierungen, wobei wir dazu neigen, den überdauernden Symbolisierungen gewissermaßen eine höhere Wertigkeit zuzuordnen. Unsere ursprünglichen Kommunikationen waren sicherlich ganz überwiegend flüchtig, sie basierten auf der Produktion von flüchtigen lautlichen oder visuellen, olfaktorischen und sensorischen Signalen und deren wechselseitiger Wahrnehmung. Allerdings dürften auch schon in grauer Vorzeit für unsere Vorläufer in der Evolution überdauernde Signale an andere eine Rolle gespielt haben, die durch Eingriffe in die äußere Natur produziert wurden, beispielsweise in Form von Reviermarkierungen durch Urin, durch abgebrochene Zweige oder ähnliche Mittel. Relativ »alt« sind wohl auch überdauernde Veränderungen an unserer eigenen Natur, an unseren Körpern (Bemalungen, Tätowierungen, Narben, Gegenstände, die wir mit uns herumtragen oder in die Haare stecken etc.), deren Sinn ein kommunikativer ist, jemand will anderen damit etwas mitteilen, in der Regel über sich selbst. Auch haben wir offenbar schon sehr lange andere Phänomene in der uns umgebenden äußeren Natur als Kommunikation von dahinter steckenden, von uns konstruierten Wesenheiten (Göttern, Geistern, Dämonen etc.) interpretiert. Weil wir mit der Zeit gelernt haben, Wahrnehmungen als Mitteilung eines anderen Subjekts zu interpretieren, haben wir auch hinter Naturphänomenen Subjekte konstruiert, die uns damit etwas mitteilen wollen. Das ist immer noch so: Wir interpretieren vieles als Mitteilung, auch wenn kein Subjekt dahinter steht, das uns etwas mitteilen will.

Ein häufiges Thema von Beratungen sind deshalb Missverständnisse, die einen kommunikativen Sinn der Handlungen eines Subjekts unterstellen, die aber ganz anders (beispielsweise praktisch) begründet sind – beispielsweise kann das Schließen einer Tür schon mal als Wechsel auf eine intimere Ebene der Kommunikation verstanden werden, obwohl es schlicht der Vermeidung von Zugluft dienen soll, ohne dass sich der Protagonist der kommunikativen Nebenfolge bewusst ist.

Unter systematischer Absicht können wir verschiedene Formen der Materialisierung von Symbolisierungen unterscheiden:

-   als *unmittelbare,* vergängliche, *körperliche* Reaktionen wie beispielsweise Mimik, Gestik, Laut- und Sprachäußerungen, Geruchsproduktion (Stressgeruch, Sexualgerüche) usw.;
-   als Ergebnis überdauernder *Eingriffe in und Gestaltungen der physischen Welt* (Schrift, Bilder, Zeichnungen, Symbole im engeren Sinne wie beispielsweise Markierungen, Fahnen und vielfältige andere *Artefakte*). Solche Artefakte sind die Grundlage für archäologische Versuche zur Rekonstruktion der Lebensweise von uns nicht mehr unmittelbar zugänglichen Menschen. Die Artefakte zielen entweder a) primär darauf ab, von anderen wahrgenommen zu werden, oder b) darauf, die physische Welt nutzbar zu machen wie durch Werkzeuge, Hausrat, Maschinen usw. Sie haben aber sämtlich auch eine

kommunikative Wahrnehmungsqualität. Das gilt auch für Gebäude, weshalb die Architektur sowohl eine technische wie eine ästhetische Dimension hat. In entwicklungsgeschichtlich jüngerer Zeit zählen auch solche technischen Artefakte dazu, die die physische Welt allein zu Zwecken der Kommunikation, was nichts anderes heißt als zum Zweck der Auslösung bestimmter Symbolisierungen bei einem Empfänger (= Wahrnehmung durch andere, aber auch durch den Urheber selbst) nutzbar zu machen (Kommunikationstechnologie).

Damit ist letztlich die klassische Unterscheidung zwischen physischem Zeichen und Bezeichnetem angesprochen. Ein wesentlicher Unterschied zu diesen Begriffen besteht in unserem Ansatz darin, dass wir nicht davon ausgehen, dass das Bezeichnete eine irgendwie festgeklopfte Entität ist, sondern dass es auf einen Prozess verweist, eben den Prozess der Symbolisierung, der aber – und das ist der Hintergrund der Verführung, hier etwas Feststehendes zu denken – durchaus häufig regelhafte, verlässliche Eigenschaften aufweist. Wir können mit ziemlicher Sicherheit in der Praxis als Folge bestimmter Materialisierungen (Zeichen) ähnliche Symbolisierungsprozesse (innerhalb der Menschheit, verschiedener Kulturen, verschiedener Subkulturen) erwarten. Wir nennen dies in einer anderen Terminologie auch Codieren und Decodieren.

Auch hier gibt es wieder grundsätzlich zwei Möglichkeiten: Diese Beziehung zwischen Zeichen und Bezeichnetem kann auf einer Ähnlichkeit, einer Isomorphie beruhen oder auf einer kulturellen Konvention. Im ersten Fall erfassen wir die Bedeutung intuitiv, im zweiten Fall muss sie erst erlernt werden. Die Sprache ist Letzteren zuzuordnen – wegen ihrer Bedeutung für die Beratung wird sie im Folgenden eigens thematisiert. Dies ist der Kern der weit verbreiteten, wichtigen und bekannten Unterscheidung von Watzlawick et al. (1969) zwischen *digitaler und analoger Kommunikation* (wobei die Wahl der Begrifflichkeit etwas unglücklich ist, wir verwenden sie im Folgenden aber dennoch, weil sie weitestgehend eingeführt ist). Beispiele für analoge Symbolisierungen können Gesten sein. Es gibt aber auch Gesten, deren Bedeutung kulturell, also per Konvention, festgelegt worden ist (Kopfschütteln als Verneinung; in anderen Kulturen kann dieselbe Geste Zustimmung bedeuten; der Totenkopf kann als Warnung vor Gefahr dienen oder als Symbol für Piraten).

1.2.4 Kulturelle Symbolisierungsmedien 1: Sprache

Wir entwickeln im sprachlichen Vollzug die Bedeutung von Wörtern immer im Kontext anderer Wörter und immer im Kontext der gesellschaftlichen Pra-

xis. Wie dieses nun geschieht, erscheint zunächst relativ einfach: Wir bedienen
uns der Sprache, um die Alltagssituation in die Beratungssituation hineinzu-
tragen. Das ist natürlich auch richtig und erscheint deshalb einfach und selbstverständlich – weil wir es eben ständig tun – ist aber bei genauerem Hinsehen
ein höchst komplexer Vorgang, bei dem auch Fehler passieren können, die oft
genug Anlass für die praktischen Probleme sind, um deren Bewältigung es in
Beratungen geht.

Unsere Sprache ist insofern eine geniale Erfindung, als wir damit im Grunde
nahezu *jede beliebige Botschaft* vermitteln können. Das hat mit der *generativen
Grammatik* zu tun, deren Potenzial von Noam Chomsky (1957/2002) erkannt
und von ihm und Nachfolgern genauer untersucht und abgewandelt wurde. Sie
ermöglicht es uns, mit einer durchaus begrenzten Menge von Zeichen theoretisch nahezu jede beliebige Botschaft formulieren zu können. Doch weist die
Sprache sehr *verschiedene Symbolisierungsformen* auf und außerdem orientieren wir das, was wir tun und was wir sind, eben nicht bloß an der und mit Hilfe
der Sprache. Was die grundsätzlichen Möglichkeiten der Sprache in Beratungen einschränkt, ist, dass wir es nicht mit der Sprache an sich zu tun haben,
sondern mit konkreten, mehr oder weniger ähnlichen oder auch sehr realen,
unterschiedlichen Sprachen. Innerhalb dieser Sprachen werden die theoretisch
unendlichen Möglichkeiten der generativen Grammatik nie ausgenutzt, sondern auf die von einer kulturellen Gemeinschaft gemeinsam geteilten Symbolisierungspraktiken reduziert. Dabei ist nicht nur an die verschiedenen Sprachen
von Nationen zu denken wie beispielsweise Deutsch, Englisch, Chinesisch und
andere, sondern auch an die regionalen Besonderheiten von Sprachen wie zum
Beispiel Dialekte und ganz eigene Sprachen. So kann man in Norddeutschland
hochdeutsch sprechen oder missingsch (eine Mischung zwischen Hochdeutsch
und Platt), Plattdeutsch oder Friesisch, das eine ganz eigenständige Sprache,
also kein Dialekt ist. Darüber hinaus gibt es spezielle Sprachen verschiedener,
beispielsweise fachlicher Gemeinschaften (Medizinersprache, Ingenieurssprа-
che, Psychologensprache, Managersprache etc.), die sich mitunter auch relativ
schnell verändern können, der aktuelle *Jargon* ändert sich. Es geht bis zu eigenen
Sprachformen, Sprachspielen oder Eigenheiten in Familien, unter Geschwistern,
Cliquen oder auch in Organisationen. Immer schaffen solche Formen jeweils
eine eigene *Gemeinschaft,* die sich dadurch auszeichnet, dass andere nicht so
ohne Weiteres verstehen, was jeweils gemeint ist, dies gilt auch für nicht-ver-
bale Sprachen wie die Gebärdensprachen.

Die konkreten Sprachen ermöglichen einerseits eine schnelle und vielleicht
auch genauere Verständigung, schränken andererseits aber auch die Möglichkeiten ein, weil das, was außerhalb ihrer Symbolisierungspraxis existiert, nicht

so ohne Weiteres realisiert werden kann (man denke hier beispielsweise an den verengten Blick von »Fachidioten«). Aber das kann sich ändern, Sprachen sind in ständiger *Entwicklung* begriffen, auch wenn sie uns manchmal etwas starr erscheinen, können sich Neuerungen mehr oder weniger schnell durchsetzen. Nur in Ausnahmefällen erinnern wir uns genau an einen Wortlaut, wohl aber an den Sinn des Gesagten; Worte ziehen wir oft auch im Nachhinein hinzu, wir »drücken es in unseren Worten aus«. Dabei machen wir die Erfahrung, dass Sprache mitunter die Sichtweise auf die Dinge auch verengen kann, insbesondere, wenn sie sich der diskursiven Modalität bedient, dass wir dadurch aber auf der anderen Seite Präzision und Handlungsfähigkeit gewinnen und dass wir mit ihr immer wieder neue Bedeutungen generieren können.

1.2.5 Kulturelle Symbolisierungsmedien 2: Zahlen und Geld

Eine besondere Qualität zeichnet das Symbolsystem der Zahlen aus, das insbesondere in unserer aufgeklärten Kultur eine zentrale Rolle spielt, dennoch aber im hier diskutierten Zusammenhang von Beratung nirgends thematisiert wurde.[31] Es ist ein Symbolsystem, das allein aus sich heraus *hochkomplexe Folgerungen* schafft, die *unausweichlich* sind, wenn man sie einmal entdeckt hat. Insofern handelt es sich um ein Symbolsystem mit einem höchsten Grad an *Verselbständigung* gegenüber den Subjekten. Es dient sowohl der

- *Verfügbarmachung der Natur* (Physik, Chemie, Technik etc. sowie der menschlichen Natur durch die Medizin) – das heißt, Macht über sie auszuüben – als auch der *Bewertung (Wertzuschreibung)* im *Aus*tausch der Menschen untereinander durch Geld; Geld ist ein Universalquantifizierer, der uns erlaubt, Macht auszuüben auch über andere Menschen, indem wir über Geld verfügen, das in verschiedene Ressourcen umgewandelt werden kann und mit dem wir auch andere Menschen dazu veranlassen können, etwas Bestimmtes zu tun; ferner der
- *Organisation des Zusammenlebens, Arbeitens und Wirkens,* insbesondere, wenn es um größere Zahlen von Individuen geht wie beispielsweise bei Bauvorhaben (Pyramiden und ähnlichen), Militär und Verwaltung.

---

31 Nicht zu vergessen, dass den Zahlen in anderen Kulturkreisen, zum Teil auch noch in unserem, auch magische Bedeutung zugesprochen wurde und wird, beispielsweise in der »Numerologie«: es gibt diverse heilige Zahlen, Glücks- und Unglückszahlen, in China stark ausgeprägt.

Wir können Zahlen verstehen als genau definierte Vorschriften für bestimmte mögliche symbolische Operationen.[32] Ihre überragende Bedeutung, ihren Sinn bekommen sie in realen Kontexten durch ihre Verbindung mit etwas anderem, können dessen Bedeutung mehr oder weniger radikal verändern und ermöglichen bzw. erzwingen bestimmte Verknüpfungen mit unter Umständen gewaltigen Konsequenzen.

In der Physik und den anderen Naturwissenschaften führen uns Operationen mit Zahlen als ganz spezielle Symbolisierungspraktiken zu neuen Erklärungsmodellen, die dann experimentell wie im Large Hadron Collider (LHC) bei Genf überprüft werden und unser Verständnis von der Welt und der Natur auf spezifische Weise konstruieren. In den Ingenieurwissenschaften ermöglichen sie die (Um-)Gestaltung der Natur nach menschlichen Maßstäben (die wiederum durchaus Gegenstand von Beratung sein kann bzw. sollte). Wie dies überhaupt möglich wird, ist Gegenstand der Philosophie; die Frage wird als das »Bereichsproblem« von Wilholt (2003) diskutiert, das »[…] daher rührt, dass Mathematik und mathematisches Wissen einerseits und Erfahrungswelt und empirisches Wissen andererseits als zwei Bereiche angesehen werden, die nichts miteinander gemein haben, obwohl zugleich die Mathematik für den Erfolg der Erfahrungswissenschaften wesentlich zu sein scheint« (S. 15). Endgültig klären lässt sich dieses Problem derzeit aber anscheinend nicht, denn – wie könnte es anders sein – es gibt dazu verschiedene Ansätze in Abhängigkeit von verschiedenen philosophischen Standpunkten (vgl. Wilholt, 2003).

Sowohl in unserem Verhältnis zur Natur als auch in unseren Beziehungen untereinander definieren Zahlen und ihre Operationen in der aufklärerischen Tradition (interessanterweise aber auf der Grundlage einer arabischen/indischen Kulturleistung, die mittlerweile von sämtlichen Hochkulturen übernommen wurde) nunmehr vielleicht die wichtigsten Rahmenbedingungen für die Möglichkeiten zur Lebensgestaltung der Menschen. Deshalb haben Zahlen viel mit *Macht und Herrschaft* sowohl über die Natur als auch über andere Menschen zu tun: Sie ermöglichen die Ausübung von Herrschaft nach dem *Muster des zweckrationalen Handelns* im großen Stil, denn ohne die symbolische Manipu-

---

32 Insofern handelt es sich bei Zahlen wie auch beim Geld um »Symbolisierungspraktiken« wie sie in Kapitel 2 weiter beschrieben werden, das heißt, es sind Generatoren für konkrete kontextspezifische Symbolisierungen, die auf uns einen eigentümlichen Zwang ausüben, dem wir uns theoretisch aber durchaus auch entziehen könnten. Auch praktisch ist es innerhalb bestimmter Grenzen (die derzeit aber noch nicht genau spezifiziert werden können) durchaus möglich, auf der Grundlage eines gemeinsam getragenen Konsenses Variationen einzuführen. Ein konkretes Beispiel sind verschiedene Formen von Regional-Geld wie der »Chiemgauer« (http://www.regiogeld.de/chiemgauer.html).

lation von Zahlen war und ist Herrschaft über größere Menschenmengen nicht möglich. Zahlen ermöglichen uns sehr viel, können uns aber auch knechten. Wir können sie jedoch auch benutzen, um eine Exaktheit, Wissenschaftlichkeit, Objektivität oder Ähnliches vorzutäuschen, die tatsächlich nicht gegeben ist. In solchen Fällen wird verschleiert, wofür Zahlen stehen.

Eine ganz besondere Rolle spielen Zahlen bei der Regelung der Beziehungen zwischen Menschen, und zwar als *Geld*: Geld ermöglicht die wertbezogene, quantifizierende Verrechnung von Gegenständen und Leistungen, die wir eigentlich, wie wir in der Schule schon bald lernen, direkt nicht miteinander verrechnen können (beispielsweise Äpfel und Birnen). Wohl aber können wir in erster Linie durch Märkte Äpfeln, Birnen, Atomkraftwerken und Dienstleistungen wie einer Beratung einen quantitativen Wert zumessen, den wir dann doch verrechnen können. Geld war in der Hinsicht eine geniale Erfindung, ohne die komplexes Wirtschaften nicht möglich geworden wäre, was aber natürlich nicht heißen kann, dass wir uns den damit angestoßenen Entwicklungen passiv aussetzen und jede sinnferne Absurdität akzeptieren müssen. Über das Geld, seine Bedeutung und auch seine Auswirkungen auf uns wurde deshalb sehr intensiv, auch kontrovers diskutiert. Bahnbrechend waren hier die Arbeiten von Karl Marx ebenso wie die von Georg Simmel, dessen Hauptwerk »Die Philosophie des Geldes« (2003, erstes Erscheinungsjahr 1900) heißt. In der Nachfolge haben sich auch Parsons und eine ganze Reihe von Volkswirtschaftlern mit dem Thema auseinandergesetzt, was unter anderem auch mit einem Nobelpreis belohnt wurde. Brodbeck (2009) diskutiert die historisch-systematische Bedeutung des Geldes.

Wie uns die aktuellen Wirtschaftskrisen schmerzlich zeigen, sind wir aber noch längst nicht damit fertig, den Zusammenhang von Geld mit Macht, Herrschaft, Verteilung der gesellschaftlichen und privaten Güter in unseren Symbolisierungspraktiken befriedigend zu regeln, obwohl wir selbst sie hervorgebracht haben und durch unsere Praxis aufrechterhalten. So hat Geld eine ganze Menge mit *Vertrauen* zu tun, nämlich dem Vertrauen darin, dass ich mit dem Geld, das ich für eine Leistung heute bekomme, mir in der Zukunft oder in anderen Zusammenhängen selbst Güter und Dienstleistungen beschaffen kann. Ohne dieses Vertrauen hat Geld keinerlei Wert, dann ist es nichts anderes als irgendwelche Zahlen oder ein Stück bedrucktes Papier, das noch nicht einmal zum Feueranmachen besonders taugt. Deshalb können wir auch so weit gehen und sagen, dass Finanzkrisen dadurch herbeigeführt werden, dass jemand (eine Gruppe von Menschen wie Spekulanten oder auch bestimmte Berater_innen (Leif, 2006)) dieses Vertrauen missbraucht.

Über Auswirkungen der Geldwirtschaft haben verschiedene namhafte Autoren geschrieben, beispielsweise zur Bedeutung des Geldes für die Entwicklung der formalen Abstraktionsfähigkeit und des abstrakten Denkens (Alfred Sohn-Rethel, 1990). Aktuell ist beispielsweise Graeber (2011) zu nennen, der die Auswirkungen des Prinzips der Schulden auf die Beziehungen und die Konflikte der Menschen in historischer Sicht aufarbeitet. Gleichgültig, ob man seine Kritik an unseren Selbstverständlichkeiten des Zusammenhangs zwischen Geld und Markt teilt, ist sein Werk in jedem Fall deshalb interessant, weil es den Blick dafür öffnet, dass es auch ganz anders sein könnte, dass die weitgehend von Adam Smith formulierten betriebswirtschaftlichen Grundannahmen durchaus keine Naturgesetze oder anthropologische Konstanten darstellen, sondern kulturell entwickelte und letztlich durch staatliche Gewalt und Gesetze durchgesetzte Regelungen sind, die bestimmten Interessen folgen – und was wir infolgedessen auch ändern können.

Insbesondere der kritische Zusammenhang zwischen der Regelung von sozialen *Beziehungen durch Geld* und der Realisierung eines *sinnvollen individuellen und gemeinschaftlichen Lebens* ist und bleibt hoch *problematisch* für die Subjekte und hat zu mitunter extremen sozialen *Konflikten* geführt und wird solche Konflikte wohl auch in Zukunft provozieren. Derzeit zeichnet sich ein solcher Konflikt in Folge des exzessiven Handels mit Derivaten ab, der letztlich zu einer Umverteilung des Reichtums zugunsten der Banken und der Investmentbanker führt, wenn sie beispielsweise die Rohstoffmärkte manipulieren, um exorbitante Gewinne für eine letztlich nicht produktive »Leistung« in Form von »Wetten« einzustreichen, um im Fall von Verlusten diese dem Staat und damit der Masse der steuerzahlenden Bürger aufzuhalsen, weil sie für diese Wetten Kredite aufgenommen haben, die sie dann natürlich nicht zurückzahlen können. Unter solchen Gerechtigkeitsgesichtspunkten können Symbolisierungspraktiken hoch problematisch sein (und deshalb auch häufiges Thema von Beratungen), die dazu führen, dass exorbitante Einkommen bestimmter Bevölkerungsgruppen damit einhergehen, dass andere Menschen mit einem zwar notwendigen, aber schlecht bezahlten Job, der einen sinnvollen Beitrag für die Gemeinschaft leistet, ihre Familie nicht ernähren können oder ihren Kindern schlechtere Startbedingungen verschaffen können. Das Problem dabei ist, dass für die Gestaltung des alltäglichen Lebens dieselbe Maßeinheit herangezogen wird wie für die letztlich auf Produktionsmittel abstellenden Kapitalbewegungen, in deren Zusammenhang Geld und Arbeit wie eine andere Ware behandelt werden. Weil diese Verbindung zum Sinn mittlerweile hoch abstrakt ist, sich erst über mehrere Stufen realisiert und weil Geld in Form von Zahlen auf der anderen Seite eine Maßeinheit für das je eigene Vermögen, also dafür, was ein Subjekt in dieser Gesellschaft vermag, darstellt, hat es für viele einen eigenen Wert bekommen, der für ein narzisstisch gekränktes, mehr oder weniger neurotisches Individuum sich zudem dadurch auszeichnet, dass es potenziell unendlich die eigenen *Wertigkeitsängste* kompensieren kann oder eben auch nicht, obwohl solche Hoffnungen darein gesetzt werden. Insofern verhält es sich mit narzisstischen Bedürfnissen anders als mit natürlichen Bedürfnissen, wie beispielsweise dem nach Ernährung, denn mehr als satt werden und gesund ernährt zu sein macht keinen Sinn, ist sogar eher lebensfeindlich; narzisstische Bedürfnisse sind dagegen unersättlich.

Sämtliche solche Themen können mit Gewinn reflektiert werden, indem dazu das Konzept der *Symbolisierungspraktiken* (siehe Kapitel 2) herangezogen wird. Insbesondere die Ausführungen von Graeber mit den vielfältigen anthropologischen, wirtschaftlichen, ethisch-moralischen Aspekten lassen sich als Dekonstruktion von Symbolisierungspraktiken verstehen. Auf der hier diskutierten, begrifflichen Ebene der Symbolisierungen ist auch mit Blick auf die praktische, reflexive Beratung hervorzuheben, dass Geld sowohl im symbolischen *Raum* als auch in der *Zeit* wirksam wird, als Austauschmedium mit anderen (Raum) und als Medium in der Zeit dadurch, dass wir es für spätere Aktionen zurückhalten können; von da her resultiert die große Bedeutung der Schulden, weil sie Beziehungen zwischen Menschen (Raum) über die Zeit regelt.

1.2.6 Kulturelle Symbolisierungsmedien 3: Bilder, Ikonen und Szenarien

Lange Zeit hat man sich in den Sozialwissenschaften (und auch in der Beratung) auf die Sprache fokussiert, insbesondere in der Folge des sogenannten »linguistic turn«. Das war auch sehr produktiv, konnte so doch eine beträchtliche Vertiefung unseres Wissens erzielt werden. Doch dann fiel auf, dass andere, ebenfalls wichtige und lohnende Aspekte der menschlichen Orientierung vernachlässigt wurden. Die Fixierung auf die Sprache erwies sich nicht zuletzt auch aufgrund der Erfahrungen aus der Beratungspraxis als zu eng, weil praktische Beratung nicht bloß auf der sprachlichen Ebene thematisiert und agiert, sondern andere Formen bzw. Medien der Kommunikation immer mehr einbezieht. Bruner (1986) argumentiert: »[…], life experience is richer than discourse. Narrative structures organize and give meaning to experience, but there are always feelings and lived experience not fully encompassed by the dominant story« (Bruner, 1986, S. 143, zit. nach White, 2003, S. 164). White selbst spitzt dann zu: »There will be significant and vital aspects of their lived experience that contradict these dominant narratives« (2003, S. 164). Das deckt sich mit vielen anderen Überlegungen, auch den Ergebnissen von Donald (2008), der für die menschliche Evolution zum Kulturwesen vorsprachlichen Symbolisierungen (ohne sie so zu nennen) eine große Bedeutung zumisst. Er betont ebenfalls, dass sie keineswegs von den sprachlichen oder diskursiven Formen abgelöst wurden, sondern immer noch eine ganz basale Bedeutung für die menschliche kulturelle Orientierung aufweisen. Spätestens im Deutschunterricht an unseren Schulen lernen wir die Orientierungskraft von Szenen und Dramen. Dementsprechend hat sich in jüngster Zeit die Nutzung solcher Medien in der Beratung von Familien und Organisationen zunehmend verbreitet, zu schweigen von der Wirksamkeit der Aufstellungen nach Satir und in der Folge in der systemischen Beratung. Nicht ohne Grund hat Sigmund Freud zur Benennung des zentralen Konfliktgeschehens das klassische Drama des Ödipus herangezogen. Theater, Schauspiel und Szenen erfahren derzeit eine vielfältige Nutzung in Beratungen, beispielsweise als Unternehmens- oder Familientheater, zu schweigen von den mittlerweile in vielfältigen Formen genutzten systemischen Aufstellungen. Für Verwirrung kann vielleicht sorgen, dass Bilder einerseits als Medien im Unterschied zur Sprache diskutiert werden, andererseits aber auch als ästhetisch-bildliche Modalität im Unterschied zur begrifflich-diskursiven Modalität von Symbolisierungspraktiken. Diese Verwirrung lässt sich auflösen mit dem Hinweis auf verschiedene Unterscheidungsebenen, wobei der Bedeutungsbereich nicht derselbe ist; so gibt es durchaus diskursive Bilder (technische Zeichnungen) wie auch eine bildlich-ästhetisch Sprache. Dieselbe Unterscheidung gilt auch für die im Folgenden zu diskutierenden Medien:

1.2.7 Kulturelle Symbolisierungsmedien 4: Rituale, Tänze, Musik

Die sich in der *Zeit* ausdehnenden ästhetischen Symbolisierungen erhalten ihre spezielle Bedeutung aus *Aufeinanderfolgen;* so gesehen, würde die Sprache ebenfalls dazu gehören. Seit ihrer Vergegenständlichung in der Schrift hat sie allerdings eine ganz eigene Besonderheit bekommen. Bis auf die *Rituale,* die im systemischen, familientherapeutischen Ansatz mittlerweile einen hohen Stellenwert bekommen haben (vgl. beispielsweise Imber-Black, Roberts u. Whiting, 1993), sind die sich zeitlich ausdehnenden, ästhetischen Symbolisierungen im Beratungskontext bisher wenig angekommen. Musik wird allenfalls als Hintergrund im Sinne der Unterstützung einer entspannten, kommunikativen Atmosphäre eingesetzt, also bevorzugt rezeptiv. Im Unterschied dazu kann die Musiktherapie, also der Einsatz von Musik im Kontext der Heilung von Krankheiten, als weitgehend anerkannt und akzeptiert gelten. Dieser relativ deutliche Unterschied zwischen Beratung und Therapie, den wir nur bei der Musik finden, sollte Anlass zu grundsätzlicher Auseinandersetzung mit der Musik als kommunikatives Medium in der Beratung sein. Hochinteressante Ansätze zur Nutzung

von Musik auch im Sinne einer Konfrontation mit den jeweils eigenen Symbolisierungen zeichnen sich erst in jüngster Zeit ab: »Von niemandem bekommen Sie Ihren Führungsstil so unmittelbar gespiegelt wie von einem Orchester«
(Harnischfeger u. Schulz, o. J.). Aber warum gerade in diesem Kontext?

Vielleicht können die folgenden Überlegungen weiterhelfen, sie mögen auch
als Idee dazu dienen, wie wir mit dem Begriff der Symbolisierungspraktiken
zielführend weiterarbeiten können: Musik wird entweder vom einzelnen Subjekt für sich selbst produziert und kann dann dramatische Auswirkungen auf
die Stimmungslage und auf messbare physiologische Aktivitäten des Gehirns
zeitigen, deren Bedeutung wir im Grunde noch nicht ausreichend erforscht
haben. Und Musik wird auf spezifische Weise eines Aufeinander-Bezogenseins
von mehreren Individuen produziert, und hier können wir der Frage der wechselseitigen Beeinflussung von Individuen und damit der Ausübung von Macht
eine interessante Perspektive abgewinnen, analytisch darstellbar als eine Kette
des Agierens und Reagierens beteiligter Individuen, was natürlich für das Thema
Führen von besonderem Interesse ist. Im Falle eines Symphonieorchesters, das
unter der Leitung eines Dirigenten die schriftlich niedergelegte Komposition
eines Komponisten interpretiert, stellt sich der Zusammenhang als eine kulturell entwickelte Symbolisierungspraktik dar, die gerade unter dem Gesichtspunkt der wechselseitigen Beeinflussung hochinteressant ist: Der Komponist
entwirft auf dem Hintergrund kulturell gültiger oder diese überwindender
Symbolisierungspraktiken ein ästhetisches Produkt, das in Abhängigkeit von
den dominierenden Rezeptionspraktiken auf das Interesse der Mitglieder eines
Kulturkreises stößt oder auch nicht (es fällt durch oder kommt an). Über den
Weg der komplexen Entscheidungsprozesse eines Intendanten, Dirigenten und
eines Orchesters kommt es zur Probe und Aufführung. Auf der Grundlage des
Produkts des Komponisten erstellt dann der Dirigent mit dem Orchester das
ästhetische Produkt (er interpretiert mit dem Orchester das Werk); er gibt dem
Orchester, also einer organisierten Gruppe von Individuen, Anweisungen, wie
sie aufeinander bezogen zu handeln haben.

2 Symbolisierungspraktiken

Wir haben bisher im Schwerpunkt konkrete Symbolisierungen als *Hervorbringungen des Menschen* betrachtet und etwas genauer zu bestimmen versucht. Wir gehen weiter davon aus, dass solche Symbolisierungen nicht als feste Konfigurationen oder Muster gelernt, abgespeichert und bei Bedarf abgerufen werden, sondern dass sie je nach Situation in immer wieder neuen Erscheinungsformen hervorgebracht werden, hinter denen wir dann auch ein *Muster oder eine Regelhaftigkeit* erkennen können oder zu erkennen glauben. Wir interpretieren also konkrete Symbolisierungen als *Erscheinungsformen von dahinter stehenden, allgemeineren Aktivitäten; diese nennen wir Symbolisierungspraktiken.*

Der Begriff der Symbolisierungspraktik nimmt eine zentrale Stelle im Beratungszusammenhang ein. Wir verstehen darunter *Generatoren von wiederkehrenden (bedeutungs-)gleichen oder ähnlichen Symbolisierungen auf verschiedenen Ebenen und in verschiedenen Kontexten.* Wir gehen davon aus, dass unsere konkreten Symbolisierungen niemals schematisch auf dieselbe Weise ablaufen, sondern, dass wir je nach Kontext unsere Symbolisierungen generieren[33] und sie ebenfalls in Abhängigkeit vom Kontext als (kommunikative oder andere) *Handlungen* manifest werden lassen. Ähnlich wie die generative Grammatik nach Chomsky eine Unzahl von Sätzen generieren kann, können Symbolisierungspraktiken konkrete Symbolisierungen generieren, wobei wichtig ist, dass die durch eine Symbolisierungspraktik generierten konkreten Symbolisierungen je nach Kontext sehr *verschieden aussehen* können, aber dennoch auf der Ebene ihrer Bedeutung als *vergleichbar* identifiziert werden können.[34] Beispielsweise zeigt sich eine enge Beziehung zu einem anderen Menschen konkret sehr unter-

---

33 Dabei können wir immer noch unterscheiden, ob wir unsere Symbolisierungen situationsabhängig auf der inneren Ebene belassen (als Gedanken, Bilder, Fantasien, Träume oder Ähnliches), sie in kommunikativer Absicht realisieren in Sprache, Bildern oder ähnliches oder sie in eine andere physische Handlung umsetzen.

34 In diesem Sinne können wir auch psychotherapeutische Verfahren, die auf Beratungen übertragen werden, als Symbolisierungspraktiken verstehen, die sich dadurch voneinander unter-

schiedlich, ob wir uns im öffentlichen Raum, am Arbeitsplatz oder im Privatbereich mit diesem Menschen austauschen. Das konkret beobachtbare Verhalten allein, ohne jede Interpretation, kann so große Unterschiede aufweisen, dass auf dieser Ebene die Qualität der Beziehung in den verschiedenen Kontexten nicht identifizierbar ist. Symbolisierungspraktiken sind in diesem Sinne nicht als schematisch ablaufende Prozesse zu sehen, sondern auf einer Metaebene als *Produktionsregeln, die kontextspezifische Symbolisierungen hervorbringen.*[35] Symbolisierungspraktiken (und soziale Regeln) beziehen ihre Gültigkeit aus ihrer gemeinschaftlichen Qualität, aus einem praktischen Konsens, weshalb sie letztlich durch reflexive Beratungen immer auch geändert oder neu eingeführt werden könnten. Der darin enthaltene Begriff der »Praktik« wird auch in anderen Zusammenhängen verwendet, vor allem in der Wortkombination »Sozialpraktiken«. Er meint dann etwas Ähnliches, aber auf der Ebene des offenen Verhaltens, ein Verhalten, das in bestimmten Kontexten üblich ist (vgl. beispielsweise Giddens, 1996). Meist wird er aber nicht weiter erläutert oder bestimmt.

Wesentliches Element von Symbolisierungspraktiken sind die Erwartungen bzw. Vorstellungen oder Fantasien (auch nicht bewusste) darüber, was man mit den entsprechend generierten Handlungen erreichen kann, und zwar auf verschiedenen Ebenen: Nicht nur die unmittelbaren Handlungsfolgen, sondern die unter Umständen mehrere Schritte umfassenden komplexen Symbolisierungen können uns *Orientierung* geben, insbesondere, wenn Wahlmöglichkeiten bestehen (siehe Teil 3, Kapitel 1.2). Unterschieden nach Kontext und verschiedenen Subjekten (siehe Teil 3, Kapitel 1.1) können solche Erwartungen/Fantasien mehr oder weniger weit reichen. So »denken« wir in extremen Mangelsituationen nur bis zur unmittelbaren Bedürfnisbefriedigung, während Menschen, die die protestantische Ethik nach Max Weber (1934) als Symbolisierungspraktik verinnerlicht haben, auch bereit sind, zu Gunsten langfristiger, unter Umständen über die Lebensdauer der eigenen Person hinausreichender Visionen zugunsten der eigenen Kinder und Enkel auf die unmittelbare Bedürfnisbefriedigung zu verzichten. Immer aber spielen die *symbolischen Rückwirkungen auf ihr Subjekt* eine Rolle. Als Visionen werden solche Vorstellungen oder Erwartungen an eine Zukunft vielfach in Beratungen genutzt. Nicht zuletzt in der ästhetischen Modalität geben sie Orientierung für das Generieren konkre-

---

scheiden, dass sie verschiedene Stile der Anleitung zu einer reflexiven Auseinandersetzung mit sich selbst beinhalten.

35 Die Produktion und Rezeption von Bedeutung durch Symbolisierungen auf je nach Kontext sehr unterschiedliche Weise ist eine Kompetenz, die jeder Mensch, der sozial »normal« handeln kann, beherrscht, obwohl sie eine bemerkenswert hochdifferenzierte Leistung darstellt.

ter Symbolisierungen ab und können dabei starke *motivationale Kräfte* mobilisieren. Damit werden Emotionen Bestandteil von Symbolisierungspraktiken.

Wenn wir über Symbolisierungspraktiken reden, können wir dies auf verschiedene Weise tun: Wir können sie als die Hervorbringungen verschiedener Subjekte als Agierende betrachten, wir können sie aber auch als etwas betrachten, das zwischen Individuen emergiert und das diese Individuen als Subjekte hervorbringt; in jedem Fall aber ist es etwas, das zwischen Individuen stattfindet. Es handelt sich also um komplementäre Betrachtungsweisen, keine kann allein als die einzig richtige gelten. Festhalten können wir aber, dass Symbolisierungspraktiken *zwischen Subjekten* entstehen – womit wir, allerdings in anderer Terminologie, Gergen (2002) folgen – und dass sie bei und *in Subjekten* und ihren Hervorbringungen *aufzufinden* sind.

2.1 Emotionen und Motivationen: Der energetische Aspekt von Symbolisierungspraktiken

Die Thematisierung von Bedürfnissen, Visionen und Fantasien, die natürlich auch mit Hoffnungen und Ängsten verbunden sind, verweist auf den *energetischen Aspekt* von Symbolisierungspraktiken. Es geht um ihre *emotionale Dimension*: Emotionen verleihen diesen Praktiken eine Energie, die wir unter einem anderen Blickwinkel auch als Motive formulieren können (vgl. Ciompi u. Endert, 2011). Sie sind letztlich in der *natürlichen Grundausstattung des Menschen* begründet (siehe deshalb auch Teil 3, Kapitel 1.1.2). Wir folgen auch damit den Ausführungen von Ciompi und Endert (2011, S. 20 ff).

Für eine reflexive Beratungspraxis sind Emotionen natürlich von ausschlaggebender Bedeutung; sie nehmen deshalb in sämtlichen Verfahren einen zentralen Stellenwert ein. Wir können – wie im systemischen Beraten – unsere Emotionen »auslagern«, indem wir sie »auf den Tisch« legen und sie von außen betrachten, um sie so besser zu bearbeiten, in der Psychoanalyse spielen sie eine zentrale Rolle, insbesondere die Ängste, in der verhaltenstheoretisch orientierten Beratung gilt dies genauso wie im personzentrierten Ansatz und auch in den anderen Verfahren wird immer wieder nach den emotionalen Befindlichkeiten gefragt. Wir gehen nun davon aus, dass der Austausch über Emotionen in Beratungen eine Verkürzung der Rede über Symbolisierungspraktiken ist mit besonderer Fokussierung auf deren energetischen Aspekt.

Die wesentliche Dimension von Emotion und Motivation als Bestandteil von Symbolisierungspraktiken ist die der Annäherung an bzw. der Vermeidung irgendeines Objekts (die Psychoanalyse spricht davon, wie Objekte »emotional besetzt« sind). Das heißt, jede Emotion beinhaltet entweder die Tendenz, sich einem Objekt zu nähern oder ein Objekt[36] zu vermeiden, sich von ihm zu entfernen[37] (siehe auch Kapitel 2.2).

In der einschlägigen Fachliteratur werden in jüngster Zeit das traditionelle Begriffspaar Kognition – Emotion/Motivation bzw. Affekt – Vernunft diskutiert und in Frage gestellt, und zwar mit einem kritischen Blick auf die damit verbundenen, verbreiteten Real-Definitionen, die so tun, als seien dies verschiedene, reale Phänomene. Dem wird dann entgegengehalten, dass man die beiden wieder zusammenbringen müsse, es sei schon lange gesicherte Erkenntnis, dass es keine Kognition ohne Emotion gäbe und keine Emotion, ohne dass damit nicht zumindest ein kognitiver Akt der Wahrnehmung und damit der Interpretation verbunden sei (ich muss etwas als bedrohlich erkennen, damit ich Angst davor haben kann).

Eine Thematisierung der Emotionen findet mittlerweile auch in den nichtfachlichen Medien statt, so haben es die Veröffentlichungen von Frevert et al. (2001) sogar in den »Spiegel« geschafft. In den Ergebnissen von deren lexikalischer Spurensuche sind leider allerdings die Ergebnisse der wissenschaftlichen Emotionspsychologie kaum vertreten, wie sie in dem Handbuch von Otto, Eulert und Mandel (2000) zu finden sind.

Dort wie anderswo wird über die eigentlich nicht mehr so neue Erkenntnis berichtet, dass eine Emotion einen Komplex aus drei zusammenhängenden Elementen darstellt; einem kognitiven, einem körperlichen und einem affektiven. Solche Zusammenhänge werden unter dem Stichwort »Affektlogik« in den Wissenschaften und den Konzepten praktischer Beratung oder Therapie thematisiert; die Wortkombination Affekt mit Logik verweist auf den Zusammenhang. Es ist das Verdienst von Ciompi und Endert (2011), ausgeführt zu haben, welche Rolle die Affektlogik auch bei politischen Prozessen wie dem Nationalsozialismus oder im israelisch-palästinensischen Konflikt spielt. Um mit solchen Beobachtungen umgehen zu können, betrachten wir am besten Emotionen als *energetischen Aspekt von Symbolisierungspraktiken,* genauso, wie wir umgekehrt Kognitionen auch als einen Aspekt von Symbolisierungspraktiken verstehen und zwar als *Strukturierungs- oder Orientierungsaspekt.* Das bedeutet: Wir müssen uns bei jeder Analyse einer Symbolisierungspraktik auch fragen, woher sie ihre Energie bezieht. Dabei sollten wir uns auch von der Vorstellung einer einseitig

---

36 Objekte in diesem Sinne können sehr verschieden sein, immer aber sind es nicht sie selbst, also nicht die Objekte im physischen Raum, sondern deren Symbolisierungen.

37 Dabei handelt es sich um eine alte Erkenntnis der Psychologie, die bereits von Kurt Lewin (als Appetenz-Aversions-Konflikt) und im Anschluss durch den Behaviorismus von Miller (1951) zum Teil recht ausführlich thematisiert wurde.

gerichteten Ursache-Wirkungsbeziehung zwischen Emotionen und Symbolisierungspraktiken verabschieden, denn dies würde wieder verschiedene, unterscheidbare, reale Phänomene implizieren. So könnten wir beispielsweise die Symbolisierungspraktiken von rechtsradikalen Rassisten danach befragen, welche Ängste sie zu solchen Symbolisierungen veranlassen, oder anders formuliert, welchen emotionalen Gewinn sie aus ihren Praktiken der Diskriminierung von Menschen anderer Hautfarbe oder Religion beziehen. Naheliegend wäre hier beispielsweise die Vermutung, dass sie auf diese Weise ihr Selbstwertgefühl (ihre »narzisstischen Bedürfnisse«) absichern oder narzisstische Kränkungen abwehren, so dass sie, wenn sie keine anderen menschlichen Lebensformen als minderwertig symbolisieren, Probleme mit der eigenen Selbstsymbolisierung bekommen würden, mit ihren narzisstischen Bedürfnissen also, die sie bedroht sehen – was ihnen natürlich Angst macht. Hinzu kommt dann noch die Selbstbestätigung in einer Gruppe Gleichgesinnter. Aber es kann ebenso gefragt werden, wie Avraham Burg (2009) das unternimmt, was die Israelis zu ihrem kompromisslosen Bemühen um militärische Stärke bewegt. Er vermutet dahinter die Zentrierung der israelischen Kultur und ihres Selbstverständnisses auf die traumatischen Holocaust-Erfahrungen und die daraus gezogene Konsequenz, um alles in der Welt nicht wieder wehrlose Opfer zu werden. Burg vermutet auch hier eine zusätzliche Stärkung dieser so motivierten und motivierenden Symbolisierungspraktiken dadurch, dass auf diese Weise die gemeinsam geteilte Angst den Zusammenhalt der im Grunde sehr heterogenen Bevölkerung Israels gewährleistet, dass also eine zusätzliche Angst hinzukommt, dass sie nämlich ohne diese Gemeinsamkeit ihren Zusammenhalt verlieren könnten. Eine ähnliche Affektlogik wird auch hinter dem Phänomen der Co-Abhängigkeit von Familienmitgliedern Alkoholkranker gesehen, dass sie nämlich ohne diese Alkoholkrankheit ihren familiären Zusammenhalt verlieren könnten. Ähnliche Fragen können an fundamentalistische Religionen gestellt werden, ja selbst an die Vernunft der Aufklärung und an die mit der fortschreitenden Entwicklung der Technik verbundenen Hoffnungen und Ängste, die ausbrechen, wenn diese Hoffnungen zerstört werden und atavistische Ängste wieder aufkommen.

Wir können auf diesem Hintergrund die Maxime formulieren, dass ohne emotionale Energien nichts bewegt wird, dass Symbolisierungspraktiken sozusagen leer wären; wir müssen nur die Affektlogik konsequent anwenden und uns mit *der Logik von Angst und Hoffnung* vertraut machen (vgl. Seel, 1988), deren Kenntnis vielleicht der wichtigste Erfolg der wissenschaftlichen Psychologie ist und zu der ganz wesentlich Nietzsche und Freud verholfen haben. Dazu gehört auch, sich von der Vorstellung zu verabschieden, dass eine Emotion nur dort eine Rolle spielt, wo deutliche Anzeichen von emotionaler Betroffenheit und

Affekt zu beobachten sind. Denn gerade eine sehr erfolgreiche Angstbewälti-
gung zeichnet sich dadurch aus, dass eben keine Anzeichen emotionaler Erre-
gung zu beobachten sind, eben weil durch die fragliche Symbolisierungspraktik *Angst vermieden* wird. Wenn ich weiß, wie ich Gefahren und Bedrohungen
sicher vermeiden kann, dann tue ich dies einfach, und es kommt keine Angst
auf. Dabei ist es grundsätzlich gleichgültig, ob es sich um eine physische Handlung handelt oder um eine nicht sichtbare Symbolisierung. Ängste werden nur
dann sichtbar, wenn ich daran gehindert werde, die bewährten Angstvermei-
dungs-Symbolisierungen auszuführen und auch keine Alternative zu ihnen in
meinem Verhaltensrepertoire verfügbar habe, wenn ich also die Herrschaft über
meine Situation verliere und mich schutzlos einer Bedrohung ausgesetzt fühle.

Emotionen geben den von Symbolisierungspraktiken erzeugten konkreten
Symbolisierungen vor, in welche *Richtungen* sie wirken und Energien bereitstellen. Deshalb kann bei einer Analyse von Symbolisierungspraktiken gefragt
werden, was die Subjekte davon haben, welchen *emotionalen Gewinn* sie ihnen
einbringen, warum wir also bestimmte Symbolisierungspraktiken vor anderen
bevorzugen. Umgekehrt müssen wir bei jeder Emotion nach der zugrunde liegenden Kognition fragen. Beispiel: Damit wir Angst vor etwas haben, müssen
wir dieses als bedrohlich wahrnehmen und interpretieren.

In diesem Sinne lenken Emotionen unsere Symbolisierungspraktiken und
lenken unsere Symbolisierungspraktiken unsere Emotionen, ein Grund mehr,
nicht mehr von unabhängigen Phänomenen zu sprechen.

2.2 Symbolisierungspraktiken über Zeit und über Raum: Historizität, Biografie, Möglichkeiten und Gemeinschaften

Eine Besonderheit menschlichen Symbolisierens ist, das wir aus je einem aktuellen Kontext auf andere Kontexte und unser Tun (Symbolisieren) darin verweisen können: und zwar eben in der *zeitlichen Dimension* (aus der Gegenwart in Vergangenheit und Zukunft), aber auch in der *räumlichen Dimension*
auf je andere Kontexte, speziell auch mit anderen Beziehungskonstellationen
mit anderen Partnern, sowie auf beides gemeinsam. Besonders spannend und
beratungsrelevant ist dabei, dass diese anderen Kontexte nicht real sein müssen,
dass sie also fiktiv sein können, so dass wir *mit Möglichkeiten spielen* können.
In der zeitlichen Dimension können wir über die Vergangenheit lügen und wir
können über die Zukunft fantasieren, in der räumlichen Dimension können
wir Beziehungen mit anderen fiktiven Partnern eingehen oder wir können mit
realen Partnern fiktive Beziehungen knüpfen. Das ist der wesentliche Hinter-

grund für die »Möglichkeit des Andersseins«, so ein Buchtitel von Watzlawick (2002), der diese Möglichkeit des Andersseins als wesentliche *Voraussetzung für Veränderung und Therapie* beschreibt, allerdings auf einer anderen begrifflichen Grundlage. Wenn wir dann in einen solchen Kontext einsteigen, können wir auf die fiktiven Symbolisierungen zurückgreifen und uns anders verhalten auch dann, wenn wir dieses andere Verhalten zuvor nie gesehen oder allmählich nach lerntheoretischen Modellen aus Modifikationen in kleinen Schritten nach dem Muster des »behavioral shaping« entwickelt haben. Am effizientesten ist dies dann, wenn wir auf diese Weise auf *die Erfahrungen anderer Subjekte* zurückgreifen können (beispielsweise indem wir jemanden fragen, der sich auskennt).[38]

Wir symbolisieren in *Relationen,* immer in einem zeitlichen und räumlichen Kontext, lernen *Symbolisierungspraktiken als kontextspezifische Generierung oder Synthetisierung von Bedeutung* (statt: Verwendung von Symbolen). Unsere Symbolisierungen und Symbolisierungspraktiken können zu zeitlich und räumlich anderen Symbolisierungen und Symbolisierungspraktiken *Bezüge herstellen.* Das macht sie für Beratung besonders interessant, da wir ja in Beratungen über Verhalten und andere Symbolisierungsformen in anderen Situationen/Kontexten zu verhandeln haben. Es geht uns darum, Symbolisierungspraktiken so zu verändern, dass sie in diesen fraglichen anderen Kontexten andere Symbolisierungen hervorbringen mit dem Ziel, dort Verbesserungen zu realisieren. Besonders die Sprache erlaubt uns, auf ganz andere Symbolisierungen mehr oder weniger präzise zu verweisen. Wir können beispielsweise über unser Sprechen miteinander reden. Aber auch in anderen Medien können wir dies, beispielsweise indem wir uns Bilder machen, die auf anderes verweisen, wie uns schon die ältesten erhaltenen Gestaltungen und Bilder der Menschen in Höhlen zeigen.

Das bedeutet: Symbolische Repräsentationen jeglicher Art von Gegenständen und anderen Menschen werden von uns durch unsere Symbolisierungspraktiken immer wieder in andere Kontexte gesetzt, die im Wesentlichen *durch Raum und Zeit strukturiert* sind. Damit sind jetzt nicht der physische Raum und die physische Zeit gemeint, sondern unsere symbolische Raum- und Zeitstruktur und damit Relationen von Symbolisierungen. *Zeit* ordnet die Aufeinanderfolge von Identischem, das sich verändern kann, während der *Raum das Nicht-Identische, das je andere ordnet;* auf beides kann Beratung abzielen.

Dabei gilt: Unsere Wahrnehmung der Außenwelt erschließt uns den Raum, und unser Gedächtnis erschließt uns die Zeit. Insofern sind Raum und Zeit wohl in unserer biologischen Grundausstattung angelegt. Im Laufe unserer per-

---

38 Wahrscheinlich ist nicht zuletzt diese Fähigkeit eine, die den Menschen vor allen anderen uns bekannten Lebewesen auszeichnet.

sönlichen Entwicklung integrieren dann unsere Symbolisierungspraktiken beides; beispielsweise nutzen wir unser Gedächtnis, um unsere Wahrnehmung zu
ermöglichen, indem wir unseren Sinnesempfindungen eine Bedeutung verleihen (denn Wahrnehmung müssen wir als aktive Konstruktionsleistung verstehen, als Symbolisierung, die auf unseren Erfahrungen beruht, dabei spielt die
ästhetische Modalität eine besondere Rolle). So ist auch die Abgrenzung von
uns als ein Ich von der Umwelt, die wir im Säuglingsalter erst entwickeln müssen, aufgrund unseres Gedächtnisses möglich. Im Laufe der individuellen Entwicklung verlagert sich der Schwerpunkt: Während wir in der Kindheit mehr auf
die Wahrnehmung zentriert sind und unsere symbolischen Räume entwickeln,
sind wir im Alter mehr auf das Wiederaufrufen unserer im Gedächtnis reali-
sierbaren, ausdifferenzierten, symbolischen Räume zentriert (»wir leben dann
in unserer Vergangenheit«), was nicht nur durch das Nachlassen der Fähigkeiten unsere Sinnesorgane bedingt ist, sondern durch die sehr große Menge von
Gedächtnisinhalten.

Bezogen auf die *Konzepte praktischer Beratung* können wir die folgenden
Unterschiede ausmachen: Die an psychotherapeutischen Verfahren wie Psychoanalyse, Tiefenpsychologie (also an den »psychodynamischen« Verfahren)
orientierte und auch die personzentrierte Beratung hebt vor allem auf die zeitliche (biografische) Dimension der Symbolisierungspraktiken der Klienten_
innen ab. Dies können wir als Folge der Konstruktion des bürgerlichen Subjekts der Moderne (siehe Teil 3, Kapitel 3.2) und als Folge der Orientierung an
unserer Medizin verstehen, die sich auf das physische einzelne Individuum
konzentriert. Im Gegensatz dazu stehen die lebensweltorientierte und die systemische Beratung, welche die Einbettung der Klient_innen in ihre subjektiv
interpretierte soziale Umgebung, also in ihre symbolischen Räume stärker in
den Vordergrund rücken.

In zeitlich und räumlich strukturierten Kontexten erfolgreich zu agieren,
erfordert von uns einige *Leistungen.* Deren Schwierigkeit ist darin begründet,
dass wir diese Kontexte nicht einfach für sich unverbunden nebeneinander stehen lassen können, sondern wir müssen die an uns gestellten Anforderungen
aus einem Kontext im je aktuellen Kontext berücksichtigen, wenn wir nicht
scheitern wollen. Diese *Verbundenheit zu je anderen Kontexten in der Zeit* muss
den jeweiligen Partnern im aktuellen Raum auch mitgeteilt werden, denn wir
müssen uns im je aktuellen Kontext als Subjekte darstellen, die auf andere Kontexte Rücksicht nehmen müssen und auch wollen, was nichts anderes bedeutet, als dass wir in verschiedenen Kontexten dieselben bleiben müssen. Gleichzeitig müssen wir uns aber auch in die jeweiligen aktuellen Kontexte einfügen
und die angetragenen (Rollen-)Erwartungen bedienen, damit andere sich auf

uns verlassen können. Wir müssen also unsere Bereitschaft zeigen, so zu handeln, wie es die Rolle erfordert, also so zu sein wie alle in derselben Rolle, und gleichzeitig unsere ganz individuelle und einzigartige Interpretation von uns selbst in den verschiedenen Kontexten signalisieren, was letztlich auch heißt, dass wir anders und damit eben nicht so wie alle anderen in derselben Rolle sein müssen. Wir können beispielsweise im beruflichen Kontext nicht so handeln und sein, wie wir es zu Hause sind, weil wir uns selbst in den verschiedenen Kontexten mit eigenständigen Symbolisierungen unterschiedlich gestalten, so dass auch die Anforderungen an uns verschieden sind. Diese Leistung wird in der Tradition des symbolischen Interaktionismus als »balancierende Identitätspräsentation« thematisiert (Teil 3, Kapitel 2) und ist ein ganz wesentlicher *Bestandteil sozialer Kompetenz.*

Das ist nicht nur Thema von Beratung, sondern geschieht notwendigerweise auch im Beratungsprozess selbst, denn dieser stellt immer auch einen jeweils anderen Kontext her, aus dem heraus eine *Distanzierung zum Alltag* praktiziert wird. Im Endergebnis ist auch jeder Beratungsfall so wie viele andere ähnlich gelagerte Fälle und gleichzeitig absolut einmalig.

2.2.1 Zeit, Historizität

Wir symbolisieren also in und in Relation zu durchaus sehr verschiedenen Kontexten, Zusammenhängen und auf verschiedenen Ebenen, die zusammen genommen die besondere Qualität des menschlichen Symbolisierens und der zugrunde liegenden Symbolisierungspraktiken ausmachen: zum einen im Austausch mit anderen, in der Kommunikation also, zum anderen auch ganz für uns allein. Letzteres tun wir in Träumen, in Fantasien, beim Denken/Nachdenken und bei ähnlichen Aktivitäten; dabei entwickeln wir unsere Orientierungen. Dies geschieht meistens *nicht bewusst* beabsichtigt, sondern in weitaus den meisten Fällen mehr oder weniger ständig in der ästhetisch-bildlichen Modalität. Mit Symbolisierung meinen wir also sämtliche Aktivitäten des Wahrnehmens, des Bewertens und Beurteilens, des Lernens, der Verarbeitung von Erlebnissen zu Erfahrungen im Hinblick darauf, was wir tun wollen, sollen, müssen, können.

Unsere individuellen Orientierungen basieren einerseits auf einigen wenigen angeborenen Verhaltensmustern, ganz überwiegend aber auf unserer *Lernbiografie;* sie besteht aus einer *Aufeinanderfolge von Lernereignissen,* die wir im Hinblick auf unsere Symbolisierungen am besten mit den klassischen Begriffen Erlebnis und Erfahrung beschreiben. Im Zentrum der Entwicklung der eigenen Biografie stehen demnach die Begriffe des Erlebnisses, der Erfahrung und des Entwurfs. Wir gehen dabei von den folgenden Überlegungen aus:

In Erlebnis und Erfahrung setzt sich die Person denkend, fühlend und handelnd, also symbolisierend, mit sich und ihrer körperlich-physischen, gesellschaftlich-sozialen und symbolisch-kulturellen Umgebung in Beziehung und *konstruiert sich dabei selbst*. Damit können wir anknüpfen an eine Tradition der geisteswissenschaftlichen Auseinandersetzung mit dem Erlebnisbegriff in der Tradition von W. Dilthey (*1833) und E. Spranger (*1882) und aktuell in den praktischen Konzepten der Erlebnispädagogik.

Für unsere weiterführenden Überlegungen können wir uns auf Alfred Schütz beziehen, einen weiteren Klassiker. Er schreibt (1974, zuerst 1932, S. 123): »Indessen das Um-zu-Motiv, ausgehend vom Entwurf, die Konstituierung der Handlung erklärt, erklärt das echte Weil-Motiv aus vorvergangenen Erlebnissen die Konstituierung des Entwurfs selbst.« Schütz geht also von einer Lern- oder Entwicklungsbiografie als Grundlage für ein Verständnis dessen aus, was wir tun, und bettet dies auch in eine »Theorie der Lebensformen« ein (1981). Aufgrund unserer bisherigen Erfahrungen in dieser Biografie identifizieren wir Handlungssituationen und entwerfen eine Vorstellung davon, was wir tun müssen/können/dürfen, um einen bestimmten, vorgestellten Zielzustand zu erreichen, und danach entscheiden wir, was wir tun. Wenn wir also gefragt werden, was wir uns davon versprechen, dass wir etwas Bestimmtes tun, können wir unser Handeln auf diese Weise als zielorientiert begründen. Die dazugehörige logische Form ist der sogenannte »praktische Syllogismus« (vgl. Teil 2, Kapitel 2.4 und Teil 4, Kapitel 1.3.2).

Was Schütz hier als die Konstituierung des Entwurfs aus vorvergangenen Erfahrungen bezeichnet, ist nicht unbedingt als ein regelmäßig rational ablaufender Prozess im Sinne der begrifflich-diskursiven Symbolisierungsmodalität zu verstehen, etwa in dem Sinne, dass sich jemand hinsetzt, über die Situation nachdenkt und sich fragt, was habe ich bisher in diesen oder ähnlichen Situationen erlebt, diese Erlebnisse also memoriert und daraufhin ein Szenario dafür entwickelt, wie die Situation in seinem Sinne am besten durch zielgerichtetes Handeln verändert werden könnte. Vielmehr spielt sich der Prozess eher auf *einer intuitiven Ebene* und auch sehr viel schneller ab, wodurch begriffliche Symbolisierungen angeregt werden können, die sich dann wieder auf die Erfahrungsinterpretation auswirken, auch unter Einfluss von außen durch Kommunikation. Das bietet uns die Möglichkeit, in Kommunikationen gezielt auf diesen Prozess einzuwirken, etwa, wenn dadurch praktische Probleme verursacht werden. Dann können wir diesen Prozess *diskursiv rekonstruieren oder dekonstruieren* und andere Konsequenzen ziehen. Mit anderen Worten: Beratung setzt hier an.

Wenn wir gefragt werden, warum wir meinen, dass wir in dieser von uns spezifisch identifizierten Situation mit einer bestimmten Handlung erreichen können, was wir wollen, so müssten wir theoretisch antworten, dass wir bestimmte Erlebnisse hatten, die wir so verarbeitet haben, dass wir glauben, mit der Handlung das Ziel zu erreichen, das heißt, wir gehen von einem auf unseren Erfahrungen basierenden regelhaften Zusammenhang zwischen unserem Handlungsergebnis und seinen Folgen aus (vgl. zur Logik dazu im Folgenden zum Begriff der sozialen Regeln). Nach dieser Logik begründen wir, was wir tun. Das heißt aber nicht, dass wir bei jedem Tun diesen ganzen Prozess begrifflich durchgehen. Für viele, ja, die meisten unserer Handlungen ist dies eine Beschreibung der inneren Logik unsers Tuns in Worten, so als ob wir dieser Logik folgten; tatsächlich laufen diese Prozesse aber nicht bewusst (das heißt verbalisierbar) ab.

Auch den diesen Zusammenhang vermittelnden Prozess nennen wir also Symbolisierung. Es handelt sich um relativ komplexe Symbolisierungen im beschriebenen Sinne, für die die zeitliche Dimension konstitutiv ist: In der Gegenwart greifen wir auf Erfahrungen zurück (Vergangenheit) und entwerfen eine Handlung, erwarten also etwas für unsere Zukunft.

Karl Mannheim wies uns nun noch darauf hin, dass es keinesfalls gleichgültig ist, in welcher Reihenfolge im Sinne einer Aufeinanderfolge solche Erlebnisse unsere Biografie bestimmen (1928/1978, S. 47): »Es ist weitgehend entscheidend für die Formierung des Bewusstseins, welche Erlebnisse als ›erste Eindrücke‹, ›Jugenderlebnisse‹ sich niederschlagen, und welche als zweite, dritte Schicht usw. hinzukommen.« Dies ist unmittelbar einleuchtend, wenn wir uns vorstellen, dass unsere jeweils erste Begegnung mit einem uns wichtigen Sachverhalt von uns einprägsam verarbeitet wird und damit die Grundlage für eine Interpretation und Orientierung in jeder folgenden, mehr oder weniger ähnlichen Situation der jeweils nächsten Begegnung oder der Begegnungen, die wir derselben Kategorie zuordnen, abgibt: Wir sehen ihn im Lichte unserer ersten Erlebnisse und dann aller weiteren bisherigen Begegnungen. Anders betrachtet: Wenn dasselbe Ereignis (beispielsweise ein Krieg oder die Reaktorkatastrophe Tschernobyl) als Jugendlicher erlebt wird, wirkt es sich anders aus, als wenn es von einem Kind oder von einem alten Menschen erlebt wird. Wer Tschernobyl nicht selbst miterlebt hat, sondern sich auf dem Hintergrund eigenen Erlebens der japanischen Reaktorkatastrophe von Fukushima damit befasst, erlebt dies anders als jemand, der beides erlebt hat. Wer mit oder in einem Krieg lebt, entwickelt seine Orientierungen eben in diesem Kontext, kann sich ein friedliches Leben allenfalls fantasieren, während ein anderer, älterer Mensch sich an einen vorherigen Friedenszustand erinnern kann; entsprechend unterschiedlich werden die beiden Personen das Kriegsereignis verarbeiten, wenn nach dem Krieg eine Friedensphase beginnt. Aber es gibt auch eine »Vererbung« von Traumata. In der israelischen Sozialen Arbeit und Psychotherapie der Verarbeitung von

Holocaust-Traumata wird immer wieder von Symptomen schwerer Traumatisierungen auch noch von Enkeln von Holocaust-Opfern berichtet, die den
Holocaust selbst gar nicht erlebt haben.

Diesen Prozess der Aufschichtung von Erlebnissen können wir nicht ungeschehen machen. Wohl aber kann die Wahrnehmung oder Interpretation (als
Symbolisierungspraxis) von Geschehenem von einem Ereignis gewissermaßen
rückwirkend beeinflusst werden, das in unserer Biografie später stattfindet. Wir
können also Wahrnehmungen und Interpretationen von Erlebtem im Nachhinein *umdeuten,* wir können unsere Erlebnisse neu wahrnehmen. Das ist uns ein
Segen und ein Fluch zugleich: Ein Segen deshalb, weil wir auf diese Weise nicht
zu bloßen Gefangenen unserer Erlebnisse werden (man denke nur an trauma-
tische Erlebnisse), und durch Beratung, Therapie sich neue Erfahrungen, neue
Handlungsmöglichkeiten für die Klient_innen eröffnen können. Ein Fluch ist es
deshalb, weil wir im Nachhinein veränderte Wahrnehmungen und Deutungen
häufig als veränderte nicht mehr realisieren können, wir halten sie für unsere
originalen Erlebnisse – das macht beispielsweise Zeugenaussagen vor Gericht
manchmal problematisch und ist oft Gegenstand von Beratungsprozessen, in
denen es um die Aufklärung von Missverständnissen geht.

Der Entwicklungsprozess von aufgeschichteten Symbolisierungen kann nur
weg von vergangenen Erlebnissen hin auf zukünftiges Handeln und Erleben gehen,
Zeit *ist also unumkehrbar,* wir können Geschehenes nicht ungeschehen machen,
insbesondere dann nicht, wenn unsere Symbolisierungen für andere wahrnehmbar geworden sind und diese darauf reagiert haben. Das gilt sowohl für die wechselseitigen Symbolisierungen beispielsweise in Partnerschaft, Familie – auch am
Arbeitsplatz, wie auch für die geschichtliche Ebene: Wir beginnen mit unseren
Symbolisierungen insofern niemals bei Null, als wir als Individuen immer schon
unvermeidlich in die Symbolisierungen unserer Vorfahren hineingeboren werden, die selbst wiederum in die Symbolisierungen ihrer Vorfahren hineingeboren wurden und so weiter. Das heißt nun nicht, dass wir die Symbolisierungen
unserer Vorfahren einfach übernehmen. Das können wir schon deshalb nicht,
weil unsere Aufschichtung von Erlebnissen unvermeidlich eine andere ist als
die unserer Vorfahren. Aber wir sind darauf angewiesen, unsere jeweils eigenen
Symbolisierungen in der Auseinandersetzung mit deren Symbolisierungen zu
entwickeln. Damit bewegen wir uns in einem sich *ständig weiter fortschreitenden Strom von Symbolisierungen,* denen wir freilich nicht bloß ausgesetzt sind,
sondern denen wir auch unseren Stempel aufdrücken, wir sind ihm also einerseits nicht passiv ausgeliefert, können uns aber andererseits auch nicht von ihm
befreien. Damit hat unsere Orientierung in der Welt eine grundsätzlich historische Dimension, die wir auch Historizität nennen.

Vor allem die Beratungsverfahren, die sich an psychodynamischen Ansätzen (Psychoanalyse, Tiefenpsychologie) orientieren, stellen diese zeitliche Dimension in den Vordergrund ihrer Konzepte, aber auch die personzentrierten Verfahren. Sie betrachten gerade die uns zunächst nicht verständlich erscheinenden Handlungen von Menschen als Ergebnis einer symbolischen Verarbeitung früherer Erlebnisse und ziehen daraus die Konsequenz, dass wir zu ihrer Überwindung im Falle praktischer Probleme diese Zusammenhänge aufdecken und dadurch verändern sollten. »Aufdecken« heißt dabei »kommunizierbar machen«.

2.2.2 Raum, Lebenswelt und Gemeinschaften

Wenn wir an dieser Stelle vom Symbolisierungsraum sprechen, so soll gleich betont werden, dass es sich um einen von uns generierten symbolischen Raum handelt, um den symbolischen Kontext also. Dieser Raum wird aufgespannt durch die Relationen zwischen den symbolischen Repräsentationen von Menschen und Objekten.[39] Er verfügt über dieselben Dimensionen wie unser physischer Raum – also zwei horizontale Dimensionen und eine vertikale.

Der symbolische Raum hat zwar mit dem physischen zu tun, ist aber nicht mit ihm identisch. Mit dem physischen Raum hat er deshalb zu tun, weil dieser die direkten Kommunikationsmöglichkeiten und die direkte Erfahrung von Symbolisierungsanlässen ermöglicht. In der langen Geschichte der Menschen hatte nur ein physisch naher Mensch die Chance, uns auch sozial nahe zu kommen. Der physische Raum verliert diese Bedeutung tendenziell aber immer mehr durch die Entwicklung und Nutzung technischer Medien. »Internet-Bekanntschaften« ist ein erläuterndes Stichwort dazu. Wir können dadurch zu jemandem *soziale symbolische Nähe* entwickeln, der physisch weit entfernt ist. Im Prinzip ließ sich das aber bereits schon durch andere Formen vermittelter Kommunikation realisieren, etwa durch die Erzählung Dritter oder durch schriftliche Kommunikation wie in den intimen Schriftwechseln historischer Personen, die nie ihren Raum verlassen haben, dann aber nicht so direkt und unmittelbar. Aus gutem Grund *nutzen wir deshalb räumliche Relationen, um uns in unseren sozialen Kontexten zu orientieren* (beispielsweise »jemand steht mir nahe«, »nichts liegt mir ferner/näher als …«, »jemand steht an meiner Seite«, »jemand ist mir übergeordnet«); auch Begrifflichkeiten in den Sozialwissenschaf-

---

39 Interessant wäre es, zu erfahren, ob und falls ja, wie und inwieweit in anderen Kulturen die räumliche Orientierung für das Beziehungsgeschehen auch so wichtig ist wie in der abendländischen Kulturtradition. Dass die zeitliche Orientierung in anderen Kulturen zyklisch statt linear wie bei uns, sein kann, ist dagegen hinlänglich bekannt.

ten und der Sozialen Arbeit greifen räumliche Vorstellungen auf, beispielsweise Sozialraum, öffentlicher Raum und andere.

In unseren symbolischen Räumen wirken *Kräfte* oder *Energien, die den Raum verzerren* können – ähnlich wie der physische Raum durch die Gravitation verzerrt wird. Diese Kräfte sind *emotionaler Natur:* In der Nähe von emotional durch uns stark aufgeladenen (»emotional besetzten«) Personen oder Objekten können sich sämtliche räumlichen Beziehungen verschieben. Angesichts einer starken Bedrohung realisieren sich die räumlichen Relationen ganz anders als in einer entspannten Situation.

Auch die vertikale symbolische Raumdimension kann starke emotionale Kräfte aufweisen, so zeichnet sich die klassische christlich-abendländische Kultur durch eine starke Angst mit dem Weg-von-der-Natur-Motiv »unten« nach der ebenso starken Hoffnung nach »oben« auf den Geist aus, und das verbunden mit Machtfantasien, die zunächst angesichts der realen Ohnmacht als Allmachtsfantasien des Menschen auf ein göttliches Wesen projiziert werden – in der Hinsicht übrigens ähneln sich durchaus alle monotheistischen Religionen (Christentum, Judentum, Islam), aber wohl auch andere.

Der symbolisch subjektiv präsente symbolische Raum eines Menschen entspricht dem Begriff der *Lebenswelt.* Eine lebensweltorientierte Beratung nach Nestmann (1997) stellt deshalb auch den sozialen Raum in den Mittelpunkt; sie betont stärker als die an therapeutischen Konzepten (Gesprächspsychotherapie, Psychoanalyse etc.) orientierten Beratungsverfahren die Einbettung des Menschen in seine sozialen Bezüge (auch aktuelle) und bietet sich von daher insbesondere für eine reflexive Beratung der Form 1 an, das Sich-miteinander-Beraten (vgl. Teil 4, Kapitel »Hintergründe«).

Im Unterschied zur *Gemeinschaft* hebt der Begriff der Lebenswelt nicht auf eine gemeinsame Symbolisierungspraxis ab. Der Lebensweltbegriff ist vielmehr an die subjektiv wahrgenommene (also symbolisch konstruierte) Umwelt jeweils eines bestimmten Subjekts gebunden, während der Begriff der Gemeinschaft mehr auf die in einer definierten Menge von Subjekten gültigen *gemeinsamen Symbolisierungspraktiken* zielt. Insofern kann hier eine gewisse Nähe zu Norbert Elias' (1997) Begriff der *Figuration* konstatiert werden. Nach Elias sind Beziehungen zwischen den Akteuren (Figurationen) das Wesen jeder sozialen *Gemeinschaft;* sie beinhalten auch die aufeinander bezogenen, möglicherweise komplementären Symbolisierungspraktiken, die die *Rollen* verschiedener Funktionsträger definieren. Die Bedeutung von Gemeinschaften für die reflexive Moderne hat insbesondere Lash (1996) hervorgehoben und stellt dabei auf die besondere Qualität der ästhetischen Dimension ab.

Was aber macht Gemeinschaften aus? Ganz wesentlich für Gemeinschaften ist die *gemeinsame Geschichte* der dialogischen (kommunikativen) Konstruktion von symbolischer Realität durch Symbolisierungspraktiken.[40] Geschaffen werden Gemeinschaften also über Kommunikation, die sich durch wiederkehrende Muster, also Symbolisierungspraktiken auszeichnet. So entstehen und werden am Leben gehalten nicht nur die Gemeinschaften einer Paarbeziehung, einer Familie, eines Unternehmens, einer Subkultur, sondern auch Gemeinschaften als symbolische Räume auf verschiedenen Ebenen bis hin zu Kulturen, Völkern, Wertegemeinschaften wie Religionen oder der abendländisch-europäische Kulturkreis. Auch die Symbolisierungspraktiken beispielsweise einer familiären Gemeinschaft können so trotz und einschließlich ihrer Konflikte und Leidensgeschichte gegen Widerstände aufrechterhalten werden, wie Berater_innen wissen, die mit Phänomenen wie Co-Anhängigkeit kämpfen müssen.

Gemeinschaften als Systeme zeichnen sich unter anderem durch *Abgrenzungen* im symbolischen Raum aus, durch abgrenzende Symbolisierungspraktiken: Es gibt Subjekte, die dazugehören, und andere, die nicht dazugehören. Solche Abgrenzungen können sich durch verschiedene Relationen zu je anderen Gemeinschaften auszeichnen, und sie können sehr stark negativ definiert sein, also dadurch, dass sie *Feindbilder* pflegen, oder sie können einander näher stehen (Freunde) oder weiter voneinander entfernt sein. Oder sie können eine vertikale Über- und Unterordnung beinhalten (verbreitet in Ideologien wie beispielsweise von der arischen Rasse, »auserwähltes Volk«, Schichten- und Kastensysteme etc.). Das heißt, es gibt auch eine räumliche Relation zwischen Gemeinschaften.

Wie in Beratungen mit Gemeinschaften umgegangen werden kann und sollte, ist methodisch noch nicht so elaboriert wie der Umgang mit Einzelsubjekten, mit den Ausnahmen Umgang mit Familien und Gruppen sowie Organisationen und Gruppen im klassischen Bereich der *Gruppendynamik*.[41] Der beraterische Umgang mit größeren sozio-kulturellen Gemeinschaften beschränkt sich dagegen häufig auf eine eher technokratische Politikberatung, die sich meistens durch ein Ausblenden oder Verkürzen der Perspektive auf die Symbolisierungspraktiken auszeichnet, und reduziert sich meistens auf technokratische Manipulationsversuche, bei denen die Medien eine zentrale Rolle spielen. Ansatzpunkte für eine Überwindung dieses Defizits gäbe es durchaus, so stellt sich beispielsweise Galtung die Frage: »Wo träumt die Kollektivität?« (Seel u. Sichler, 2003) und Avraham Burg analysiert in seinem Beitrag (2009) die gemeinschaftliche

---

40 Eine gemeinsame Sprache ist in diesem Sinne eine sehr mächtige gemeinschaftsbildende Symbolisierungspraktik. Das meint nicht nur die natürlichen Sprachen der verschiedenen Kulturgemeinschaften, sondern auch die speziellen Sprachen von Subkulturen.

41 Dazu hat Rechtien (2007) einiges beizutragen bzw. zusammengetragen.

psychische Befindlichkeit der Israelis als spezielle Form der Fixierung auf den Holocaust. Besonders bemerkenswert ist bei ihm, dass er die historische Einbettung, die Verbindung zu konkreten Ereignissen und die Hinweise auf konkretes praktisches (politisches) Tun für die Zukunft mit einbeziehen kann. Dieses Vorgehen eröffnet beispielhaft Perspektiven für die reflexive Beratung von Gemeinschaften, die allerdings noch systematisch für eine Beratungsmethodik aufgearbeitet werden müssten. Kern einer solchen Beratung muss die systematische, wissenschaftlich kontrollierte Reflexion der gemeinschaftsbildenden Symbolisierungspraktiken sein (siehe mehr dazu Teil 4), derzeit begnügen wir uns mit in der Öffentlichkeit ausgetragenen Diskursen.

Die räumliche Dimension wird im Schwerpunkt von systemischen und lebensweltorientierten Beratungsverfahren thematisiert und genutzt, indem sie bevorzugt auf den Menschen in seiner Umgebung abstellen. Eine Zwischenstellung nehmen die verhaltenstheoretisch orientierten Verfahren ein, die einerseits auf die Umgebungsbedingungen schauen, die problematisches Verhalten durch Verstärkungen aufrechterhalten, andererseits aber auch die Lerngeschichte berücksichtigen. Sie hatten in ihren ursprünglichen Fassungen einige theoretische Probleme mit Symbolisierungen, die sie in der kognitiven Wende tendenziell zu überwinden versuchen.

2.2.3 Wechselwirkung der Ebenen Zeit (innere Verarbeitung) und Raum (Kommunikation)

Beide Dimensionen unseres Symbolisierens haben somit etwas gemeinsam, das für Beratung wichtig ist: Es geht immer um das *Nicht-Identische im Identischen oder das Identische im Nicht-Identischen;* diese zugegeben etwas kryptische Formulierung muss natürlich erläutert werden.

Wir sind dieselben, auch wenn wir uns im Laufe unseres Lebens verändern. Wir sind auch dieselben, wenn wir in verschiedenen Kontexten oder in verschiedenen Beziehungskonstellationen jeweils verschiedene Rollen zu spielen haben. Es geht also um Unterschiede in demselben.[42] Für unsere Orientierung sind dabei unsere Affekte von herausragender Bedeutung, also, was wir möglichst erstreben/beibehalten wollen und was wir möglichst vermeiden/verlassen wollen, und zwar sowohl in der zeitlichen Dimension vom Gestern über das Jetzt und Heute zum Morgen als auch in der räumliche Dimension, wo

---

42 Besonders das systemische Verfahren weist den Unterschieden und dem Treffen von Unterscheidungen eine große Bedeutung zu.

wir hinwollen und von wo wir weg wollen, womit wir uns identifizieren und wogegen wir uns abgrenzen.

In der Praxis müssen die innere Verarbeitung im Verlauf der Biografie (Zeit) mit der Symbolisierung im Austausch mit anderen (Raum) zusammengebracht werden. Unter verschiedenen Gesichtspunkten wurden dazu bereits auch schon theoretische Konzepte entwickelt. So können wir als spezielle Art der Wechselwirkung das Freudsche Konzept der Übertragung (und Gegenübertragung) verstehen: Aus der Vergangenheit werden Symbolisierungen auf die gegenwärtig verfügbaren Personen übertragen, die man dadurch erkennen und für die Veränderung durch Therapie nutzbar machen kann. Dabei wird Vergangenes als Niederschlag der Interaktion mit anderen gesehen, aus denen sich dann persönliche Selbstsymbolisierungspraktiken entwickeln, die sich je nach »Milieu«, in denen sich die Person bis dato bewegt hat, durch einen identifizierbaren Stil auszeichnen. Damit sind wir in der Nähe des Habitusbegriffs nach Bourdieu (1982) (siehe dazu mehr in Teil 3, Kapitel 1.2).

Ein besonderer Aspekt des Verhältnisses zwischen innerer Verarbeitung und Kommunikation betrifft die klassische Unterscheidung zwischen bewusst und unbewusst. Diese an dieser Stelle vielleicht überraschende Einordnung des Themas ist darin begründet, dass für die Beratung wesentlich ist, ob Symbolisierungen der Beteiligten und damit die Raumdimension (Symbolisierungen finden zwischen den Subjekten statt) in den Prozess des symbolischen Austauschs, also in die Kommunikation, eingebracht werden können oder nicht. Und dabei spielt die Möglichkeit zur sprachlichen, speziell der diskursiv-begrifflichen Umsetzung, eine herausragende Rolle und damit wiederum die Frage, ob Symbolisierungen *verbalisierbar* sind. Grundsätzlich nicht verbalisierbare Symbolisierungen können in Beratungen, in denen Beratung weitgehend mit Gesprächsführung gleichgesetzt wurde, natürlich nicht bearbeitet werden; deshalb gibt es in der Beratung vielfältige Bemühungen, auch auf einer nicht-sprachlichen Ebene zu arbeiten und nicht-sprachliche Symbolisierungen sprachlich zugänglich zu machen, unter anderem durch den Einsatz ästhetischer Methoden. Um bewusst zu sein, müssen unsere Symbolisierungen nicht ausgesprochen werden, sondern ausschlaggebend ist, dass sie versprachlicht werden *können,* beispielsweise in einer *inneren Rede.* Es kann bekanntlich gute Gründe dafür geben, dass wir etwas, das wir sprachlich ausdrücken können, dennoch nicht sagen.

Wir müssen jedoch davon ausgehen, dass in diesem Sinne die im Verlauf der individuellen Biografien aufgeschichteten Erfahrungen niemals vollständig verbal rekonstruierbar sind. Wenn wir es dennoch versuchen, müssen wir dies als eine *Konstruktionsleistung* in einem kommunikativen und damit räumlichen Kontext verstehen und nicht als bloßen Abruf von Informationen. Wenn dies in einer Beratung einem Klienten nahegelegt oder abverlangt wird, handelt es sich im Grunde bereits um eine Intervention. Mit anderen Worten, wir verändern unsere Symbolisierungen durch Verbalisierung, durch ihre Umsetzung in die kulturell gültigen Symbolsysteme der Sprache. Deshalb kann dies bereits ein wesentlicher Schritt zur Problemlösung sein.

Wir machen aber einen Fehler, wenn wir nur den verbalisierten Symbolisierungen eine problemlösende Bedeutung zuweisen. Für das Beratungsergebnis kann, was nicht ausgesprochen wurde, mitunter sogar ausschlaggebende Bedeutung erlangen. Das ist insbesondere dann der Fall, wenn es sich als zielführend erweist, Formulierungen zu verwenden, die Beteiligte und/oder deren Beziehungen schützen. In solchen Fällen wissen die Beteiligten, dass etwas aus gutem Grund nicht ausgesprochen wurde. Es kommen in Beratungen aber auch Prozesse vor, die den Beteiligten nicht bewusst sind und die dennoch auch zum Erfolg beitragen können. Dies ergibt sich einfach aus dem Umstand, dass Beratung trotz aller Professionalisierung und Systematisierung immer noch menschliche Kommunikation bleibt; Beratung hat keine übermenschliche Qualität. Solche Prozesse könnten beispielsweise in *Supervisionen* herausgearbeitet werden oder in einer *wissenschaftlichen Dekonstruktion* von Beratungsverläufen.

Nicht ausgesprochene und auch nicht einfach verbalisierbare Symbolisierungspraktiken finden wir sowohl auf der Ebene eines Individuums als auch auf der Ebene von Gemeinschaften. Auf der Ebene des Individuums meinen sie etwas Ähnliches wie Gewohnheiten, Schemata oder Muster des Symbolisierens, des Interpretierens; sie sind das Ergebnis der aufgeschichteten Erlebnisse im Blick auf das Handeln des jeweiligen Individuums. Wir können auch sagen, dass in ihnen der individuelle *Stil* des Individuums beim Umgang mit verschiedenen Gegenständen/Themen zum Ausdruck kommt. Ganz wichtig ist, besonders im Beratungszusammenhang, der energetische Aspekt von Symbolisierungspraktiken[43] (siehe Teil 2, Kapitel 2.1). Kollektive emotionale Strukturierungen von Symbolisierungspraktiken reichen von Paaren über ein kleines gallisches Dorf, dessen Bewohner_innen keine Angst haben außer der, dass ihnen der Himmel auf den Kopf fällt, bis zur christlichen Eschatologie oder ähnlichen Vorstellungen anderer Kulturen, die der Zeit eine Richtung geben. Emotionale Energien erzeugen nicht nur die Spannung in der Zeit, sondern auch im Raum, sie lassen uns auf etwas zugehen oder uns von etwas entfernen. Am besten ist es wohl,

---

43 Hier befassen wir uns nur auf einer gesellschaftlichen und kulturellen Ebene mit Emotionen, in Teil 3 setzen wir uns damit auf der Ebene der natürlichen Voraussetzungen von Subjekten auseinander.

Emotionen als Krümmungen unserer symbolischen Räume und unserer Zeit zu verstehen. Beispielsweise könnte eine Vision Kraftlinien bewirken, die jeder Bewegung in Raum und Zeit eine Richtung vorgeben.

Auf der Ebene von Gemeinschaften äußern sich Symbolisierungspraktiken als die im symbolischen Raum einer Gemeinschaft entstehenden und bestehenden üblichen Symbolisierungen; es sind Generatoren, also Regelungen für die Generierung von kontextspezifischen Symbolisierungen, die die Mitglieder dieser Gemeinschaften teilen. Sie ermöglichen das Zusammenleben und -arbeiten innerhalb dieser Gemeinschaften und sind eben auch konstitutives Element dieser Gemeinschaften, indem sie deren symbolischen Raum definieren. Sie machen letztlich aus einer Ansammlung von Subjekten eine Gemeinschaft und beinhalten sowohl Wortverwendungsregeln wie auch Kleidungsstile und Accessoires, Gesten, Bilder, bis hin zu komplexeren Einstellungen, Werthaltungen etc.

Gemeinschaftliche und kulturelle Symbolisierungspraktiken geben eine Orientierung vor, die beispielsweise als gemeinsame Fantasien, *Visionen* und ähnliches einerseits auf emotionaler Ebene gemeinsame Ängste und Hoffnungen beinhalten, die andererseits aber auch als geteilte Werthaltungen Orientierung geben, und das heißt eben für die Individuen dieser Gemeinschaft, auf bestimmte symbolische Repräsentationen von Gegenständen, Ereignissen, Personen etc. zuzugehen oder sie zu vermeiden.

Gerade für die Beratung nicht zu unterschätzen sind gemeinschaftsbildende Symbolisierungspraktiken, die sich komplementär oder ergänzend aufeinander beziehen, wie etwa die Geschlechtsrollen einer Kultur allgemein oder konkret in der Praxis einer Paarbeziehung ebenso wie verschiedene Rollen in einer Arbeitsorganisation oder einer Sportmannschaft. Auch die bewusste Abgrenzung beispielsweise von religiösen kulturellen Symbolisierungspraktiken haben einen komplementären Charakter wie auch manchmal verschiedene Teilkulturen in einem Unternehmen (hier können Berater_innen immer wieder auf Abgrenzungen zwischen den technischen Einheiten und den kaufmännischen oder den sozialen etc. stoßen). Sie definieren damit verschiedene symbolische Räume, die aber dadurch, dass sie aufeinander bezogen sind, selbst wieder einen gemeinsamen Raum ausmachen – dies entspricht dem Umgang mit Systemen in den systemischen Verfahren, Eine komplementäre Symbolisierungspraktik mit hoher Bedeutung für die Realitätskonstruktion können wir auch in der aufeinander bezogenen Unterscheidung von Kapital und Arbeit erkennen.

Schließlich sind hier auch Beratungskonzepte als Symbolisierungspraktiken zu nennen. Mit einiger Erfahrung können wir oft schon nach wenigen Sätzen, auch bei Begegnungen im nichtfachlichen Bereich, einen langjährigen Berater nach Rogers von einem systemisch oder psychoanalytisch arbeitenden unterscheiden, wir ordnen sie damit verschiedenen symbolischen Räumen zu.[44]

Der Begriff der Symbolisierungspraktik weist hier große Überschneidungen mit dem Habitusbegriff nach Bourdieu auf, ist aber umfassender und fügt sich besser in die vorgeschlagene Konzeption einer ständig ihre Symbole und Bedeutungen neu generierende aktive Tätigkeit der beteiligten Subjekte; dies ergibt sich aus dem Zusammenhang reflexiver Beratung, weil auf diese Weise besser der Zusammenhang zum Beratungsgeschehen hergestellt werden kann, was dann die Ableitung von Handlungsempfehlungen für Berater_innen und Klient_innen ermöglicht. Eine solche Zuordnung wirft auf der Ebene der grundlagenwissenschaftlichen Diskurse einige Aufgaben auf, die in einer endlich begonnenen Diskussion zur Nutzung der Habituskonzeption von Bourdieu für spezifisch psychologische Fragestellungen münden (vgl. Zander, 2010; El-Mafaalani u. Wirtz, 2011). Sie ist unproblematisch möglich und kann dann auch für eine Analyse der »feinen Unterschiede« (Bourdieu, 1987) genutzt werden, die den Zugang zu gesellschaftlichen Schichten oder Gruppen regulieren. Ähnliches gilt für den Begriff des Schemas in der »Schematherapie«, die sich nach Ansicht ihres Autors Jeffrey E. Young (2005) in die kognitive Verhaltenstherapie einfügt und diese erweitert.

Aber auch mit ganz anderem Hintergrund wird ähnlich gearbeitet. Zu nennen sind hier Ansätze, die sich unter der Perspektive einer »Psychologie der Veränderung« der »subjektiven Theorien«[45] bedienen (Mutzek, Schlee u. Wahl, 2002). Wenn wir uns nämlich die Frage stellen, was das Ergebnis von Symbolisierungspraktiken im Hinblick auf die Interpretation der Welt und ihrer Zusammenhänge sein kann, so müssen wir unausweichlich auf ein Konstrukt wie die subjektiven Theorien stoßen. Sie umfassen Situationswahrnehmung bzw. -definition, Meinungen über die Wirkungs-Zusammenhänge in dieser Situation und daraus abgeleitete Schlussfolgerungen über die Handlungsmöglichkeiten, die dann den Hintergrund für das praktische Tun abgeben. Subjektive Theorien als kontextspezifisch durch Symbolisierungspraktiken generierte Deutungen zu reformulieren, dürfte auf keinerlei größere Schwierigkeiten stoßen.

Querverbindungen ganz anderer Art lassen sich zu den Begriffen Coping- oder Bewältigungsstrategien ziehen, die wir als mehr oder weniger erfolgreiche Symbolisierungspraktiken angesichts krisenhafter Lebensereignisse verstehen können.

---

44 Allerdings können wir beobachten, dass solche typischen Stile immer weniger deutlich werden, Berater_innen scheinen sich darin immer mehr anzunähern, auch wenn sie in verschiedenen Verfahren beheimatet sind.

45 … die leider der in der Psychologie verbreiteten Tendenz zur individualistischen Verkürzung folgen und damit der Individualisierung – sicherlich nicht gewollt – Vorschub leisten.

Symbolisierungspraktiken umfassen nicht nur die Generierung und Steuerung von jeweils aktuellen Symbolisierungen, sondern komplementär dazu das ästhetische Erkennen von Mustern durch eigene Symbolisierungsaktivität. So ist es uns möglich, auch *Nichtgesagtes in Texten intuitiv zu verstehen,* das aber durchaus mit diesen Texten implizit (siehe auch Teil 4, Kapitel 1.1 zum Stichwort »implizites Wissen«) vermittelt wird. Als wissenschaftliche Methode zum Aufspüren von solchem Nicht-Gesagten, aber dennoch Mitkommuniziertem hat Jacques Derrida (2003) die Dekonstruktion entwickelt, eine Methode zum Verständnis von oberflächlich unverständlichen Handlungen durch die Rückführung auf dahinter oder ihnen zugrunde liegende unbewusste Kräfte. Dieses haben bekanntlich Freud und die Tiefenpsychologie entwickelt. Tatsächlich handelt es sich um eine Verbegrifflichung von bildlich-ästhetischen Symbolisierungen (bei C. G. Jung auch die Archetypen), mithin also um einen gezielten Wechsel von der ästhetisch-bildlichen Modalität zur diskursiv-begrifflichen Modalität, was gemäß der Aufklärung als Entdeckung bzw. als Erkenntnis verstanden wird. Tatsächlich ist es eine Transformation von einem Symbolisierungsmedium in ein anderes und/oder von einer Symbolisierungsmodalität in eine andere.

Wir können jetzt also genauer spezifizieren: Symbolisierungspraktiken sind Generatoren von Handlungen und Interpretationen, die es uns erlauben, aus vergangenen Erlebnissen im Kontext symbolischer Räume kontextspezifisch Handlungsentwürfe, Vorstellungen, Träume oder Fantasien für die Zukunft zu kreieren. Symbolisierungspraktiken haben in diesem Sinne einen Vergangenheitsbezug und einen Zukunftsbezug in den jeweiligen symbolischen Räumen. Das ist zwar nicht besonders originell, lässt sich aber als Beleg dafür heranziehen, dass mit der Brückenterminologie eine verbreitete beraterische Praxis aufgearbeitet werden kann.

Inwieweit und wie unsere kulturellen Symbolisierungspraktiken in die Zukunft weisen, ist in verschiedenen Kulturen mitunter recht verschieden. So gibt es zyklische und lineare Vorstellungen. In der Tradition unserer Kultur dominiert eine lineare Vorstellung von einem kontinuierlichen Prozess in eine immer wieder andere und vor allem bessere Zukunft. Am deutlichsten hat diese Ausrichtung der Zeit auf einen linearen Prozess wohl Hegel mit seiner Philosophie des Geistes vollzogen, der zufolge die Geschichte als eine gesetzmäßige Aufeinanderfolge von verschiedenen Stadien der Entwicklung des Geistes zu verstehen ist, bis der Geist den Endzustand des An-und-für-sich-Seins erreicht hat. In religiösen Vorstellungen finden wir Ähnliches in der Eschatologie der christlichen, der jüdischen, der islamischen, aber auch der aztekischen, religiös dominierten Kulturen – allerdings kann der Endzustand auch mal als

Weltuntergang verstanden werden. Das Theaterstück »Warten auf Godot« von Samuel Beckett kann dagegen als ein Gleichnis für unsere – nunmehr vergebliche – Ausrichtung auf die fortschreitende, erlösende Zukunft verstanden werden, von der aus wir eine Orientierung für die Gegenwart erhoffen.

2.3 Handlungen

Mit Symbolisierungspraktiken *generieren wir unsere Handlungen.*[46] Wir können auch sagen, dass unsere Symbolisierungspraktiken in unserem Handeln kontextspezifisch manifest und damit wahrnehmbar werden. Umgekehrt formuliert: Symbolisierungen bedürfen der Handlung, um in unserer Umgebung, sei sie sozial oder dinglich, wirksam zu werden, Schwemmer (2002) betrachtet Handlungen deshalb auch als Gestaltungsleistungen. Mit unseren Handlungen schaffen wir Fakten und zwar für unsere Umgebung, indem wir in die physische Welt einwirken – *dauerhaft,* indem wir die physische Natur verändern (sei es zu Kommunikationszwecken durch Schrift oder Zeichen – es »steht damit etwas im Raum« – oder zu praktischen Zwecken im engeren Sinne wie die Schaffung von Wärme oder die Beschaffung von Essbarem) oder *flüchtig,* wie in unseren sprachlichen oder gestischen Kommunikationen. Solche Einwirkungen nehmen andere wahr und verbinden sie unvermeidlich mit Interpretationen, also mit eigenen Symbolisierungen, die sie aber durchaus nicht beliebig vornehmen können – sonst bewegten sie sich im Bereich der Psychiatrie. In Beratungen werden in aller Regel denn auch nicht die einzelnen Handlungen für sich genommen problematisiert, sondern die vermuteten oder realen Symbolisierungspraktiken, die diese Handlungen generierten. Insbesondere in Handlungen zum Ausdruck kommende Beziehungen werden problematisiert.

Dabei meinen wir mit Handlungen solches Tun – aber auch solche Unterlassungen – mit dem wir einen Sinn verbinden, sonst sprechen wir von Verhalten, das gewissermaßen reflexhaft abläuft. Das ist eine in den Sozialwissenschaften gängige Unterscheidung. Handlungstheoretiker (Kaiser u. Werbik, 2012; Kaiser, 2014), gehen gewissermaßen umgekehrt vor: Sie gehen vom Beobachter aus, der eine manifest gewordene Handlung wahrnimmt und dann nach dem mit ihr verbundenen Sinn bzw. nach der Handlungsbegründung fragt, während wir hier,

---

46 Giddens (1996) spricht im Zusammenhang seines Begriffs von sozialen Praktiken immer wieder von Handlungen, also einem Begriff, den wir bisher nicht eingeführt haben. Das liegt daran, dass im Beratungskontext das Wesentliche von Handlungen deren Bedeutung ist (die auch die Handlung als solche etwa im Unterschied zum Verhalten ausmacht, vgl. folgende Ausführungen), und die ist eben durch die Symbolisierung bestimmt.

ausgehend von den Symbolisierungen, Handlungen als deren Manifestationen betrachten. Die Suche nach den Handlungsbegründungen ist dann als Frage nach den zugrunde liegenden Symbolisierungspraktiken zu verstehen. Insofern kann man von einer wechselseitigen Ergänzung der Sichtweisen sprechen. In Beratungen werden deshalb weniger die physischen Manifestationen thematisiert als vielmehr deren Bedeutungen, weil Handlungen gleicher oder ähnlicher Bedeutung kontextspezifisch sehr verschieden physisch manifest werden können. Mit der Zeit können Handlungen (oder Teile davon) auch automatisiert ablaufen und so zu bloßem Verhalten werden; sie sind/transportieren dann nicht (mehr) bewusste/nicht (mehr) verbalisierbare Bedeutungen.

Menschen können solche Handlungen sehr komplex quasi *übereinanderschichten*. Damit ist gemeint, dass wir solche Handlungen ausführen, deren Sinn ausschließlich in der Verständigung mit anderen Subjekten (also der Kommunikation) über andere Handlungen liegt. Das können wir in der Regel auch mehrfach übereinanderschichten, indem wir darüber kommunizieren, wie wir über die Kommunikation kommunizieren usw.

Wir schaffen durch unsere Handlungen auch Fakten für uns selbst, das heißt, es macht auch für uns selbst einen Unterschied, ob wir etwas »bloß« gedacht oder auch getan haben. Dieser Unterschied kommt letztlich dadurch zustande, dass es mindestens ein Subjekt gibt, das diese Handlung als real registriert, und das sind wir selbst, und damit wird sie auch für andere potenziell real. Weil aber die Umsetzung von Symbolisierungen in physisch manifeste Handlungen besondere Konsequenzen hat im Vergleich zu bloß »gedachten«, »fantasierten« Symbolisierungen, haben wir gelernt, einen entsprechenden Unterschied zu machen: Wir entscheiden je nach Kontext, ob und wie wir unsere Symbolisierungen manifest werden lassen. Das heißt, wir spielen mit der Möglichkeit, dass es anders sein könnte. Dass wir lügen können, ist also die Kehrseite davon, dass wir etwas oder uns verändern können, wozu vorausgesetzt sein muss, dass anderes möglich ist, was uns über die Fantasie zugänglich ist.

Für Beratungen wichtig ist darüber hinaus der Unterschied zwischen kommunikativen Handlungen – insbesondere in der Beratungssituation – und anderen Handlungen – insbesondere in der Alltagssituation. Wir dürfen nicht davon ausgehen, dass Äußerungen in kommunikativen Handlungen, die andere Handlungen zum Gegenstand haben, einfach die diesen Handlungen zugrunde liegenden Symbolisierungen wiedergeben, sondern es sind zwei verschiedene Handlungen, die Ausfluss verschiedener oder verschieden kombinierter Symbolisierungspraktiken sein können, die aber insofern doch etwas miteinander zu tun haben, als sich die kommunikative Handlung auf die (Alltags-)Handlung bezieht, auf sie *verweist*. In gesellschaftlichen Regelsystemen wird vielfach verlangt und gegebenenfalls auch sanktioniert, dass insbesondere in bestimmten Situationen wahrhaftig kommuniziert wird, beispielsweise vor Gericht.

2.4 Soziale Regeln

Symbolisierungspraktiken werden konkret für das aufeinander bezogene Handeln der Menschen in der Form sozialer Regeln (vgl. die Beiträge in Jüttemann, 1991). Soziale Regeln sind, so können wir auch sagen, *aufeinander bezogene, komplementäre Symbolisierungspraktiken mindestens zweier beteiligter Subjekte* (auch korporierter Subjekte; siehe Teil 3, Kapitel 1), die das Handeln (also physisch manifest werdende Symbolisierungen) dieser Subjekte strukturieren, indem sie bestimmte Handlungsfolgen für bestimmte Handlungen festlegen, die durch andere Subjekte ausgeführt werden. Sie erscheinen uns häufig ähnlich wie Naturgesetze, denn sie sagen uns, was wir tun müssen, um einen bestimmten angestrebten Zustand zu erreichen. Anders als Naturgesetze sind sie aber durch uns prinzipiell durch gemeinsamen Beschluss veränderbar und sie werden auch verändert, allerdings mit für verschiedene Subjekte sehr unterschiedlichem Aufwand. Das bedeutet, dass sie grundsätzlich nur eine *historisch relative Gültigkeit* aufweisen; sie sind in der Regel in ihrem *kulturellen Geltungsbereich* eingeschränkt, sie können beispielsweise nur für relativ kleine Gruppierungen gelten, für Familien und Partnerschaften, aber auch für ganze Kulturkreise; die für unser Wirtschaftssystem zentralen Regelungen für die Konfliktbearbeitung zwischen Kapitaleigner und Arbeit fallen darunter; sie gehören zu den komplementären Symbolisierungspraktiken, die eine Praktik kann ohne die komplementäre nicht sein. Wir sollten sie deshalb vielleicht als eine Einheit auffassen, also als *eine* Symbolisierungspraktik.

Veränderungen sozialer Regeln und ihrer Gültigkeit können durch gemeinsame Beschlüsse bewusst herbeigeführt werden (von konkreten Verabredungen beispielsweise als Ergebnis von Paarberatungen bis hin zur politischen Gesetzgebung); sie sind dann Ergebnis von Beratungen in der reflexiven Form 1: Sich-miteinander-Beraten; sie können sich aber auch von den Beteiligten unbemerkt einschleifen, in diesem Fall können sie sich entweder praktisch bewähren oder für die Beteiligten zum praktischen Problem werden, weshalb diese unter Umständen eine Beratung einleiten. Ein Beispiel dafür sind die sich in einer Familie einschleifenden Praktiken im Zusammenhang von Alkoholismus; die Familie lernt, damit zu leben (Co-Abhängigkeit), und produziert dann Widerstände, wenn das sie zusammenhaltende Problem des Alkoholismus beseitigt werden soll. In der Regel werden die allermeisten Praktiken im Laufe des individuellen

Sozialisationsprozesses erlernt, sie sind die Grundlage der Handlungsfähigkeit der Individuen in ihrem sozialen Kontext.

Soziale Regeln in diesem Sinne sind die Basis für die Handlungsbegründung oder die Handlungsorientierung nach dem sogenannten praktischen Syllogismus (vgl. G. H. von Wright): Jemand möchte das Ziel z erreichen. Er ist der Meinung, dass es eine soziale Regel gibt, der zufolge man h tun muss oder kann, um z zu erreichen. Also führt er h aus.

Allgemein: Wenn ich z will, muss ich h tun. Dabei können wir logisch unterscheiden, ob es zur Zielerreichung *notwendig* ist, h zu tun, und/oder *hinreichend* ist, h zu tun, oder ob es *kontingent* ist, h zu tun. Dabei gelten folgende Bedeutungen:

- Notwendig zur Zielerreichung ist eine Handlung dann, wenn ohne sie das Ziel nicht erreicht werden kann.
- Hinreichend zur Zielerreichung ist eine Handlung dann, wenn sie sicher zur Zielerreichung führt.
- Kontingent zur Zielerreichung ist eine Handlung dann, wenn sie möglicherweise zur Zielerreichung führt.

Gesetze sind die konsequenteste Realisierung von sozialen Regeln. Eigentlich sind Gesetze keine konkreten Regeln, sondern kodierte Generierungsvorschriften für Symbolisierungen und folgende Handlungen. Denn Gesetze können nicht konkret für jeden Kontext und jede Situation als Regeln formuliert werden. Deshalb beinhalten Gesetze immer auch Interpretationsspielräume. Diese Spielräume müssen im Zweifel durch die Rechtsprechung qualifiziert ausgefüllt werden. Damit haben wir eine weitere gesellschaftliche Institution nach der Kunst und der Wissenschaft identifiziert, die die Auseinandersetzung mit Symbolisierungspraktiken zum Gegenstand hat. Recht und Gesetz sind (oder sollten sein) die handlungspraktische Umsetzung von moralischen Standards, die aus der Ethik als allgemein anerkannte Symbolisierungspraktik resultieren.

Damit haben wir die Liste der *klassischen Wertkategorien* abgearbeitet: das Gute, Wahre, Schöne. Die Ausdifferenzierung in drei verschiedene gesellschaftliche Institutionen ist Ergebnis einer langen kulturellen oder zivilisatorischen Entwicklung der Menschen. In Kulturen, die wesentlich religiös orientiert sind, waren sie noch vereint – wie es sich auch beispielsweise im Alten Testament zeigt: Was wahr ist, was schön ist und was ethisch gut ist, war in einer Symbolisierungspraktik zusammengefasst. Querverbindungen müssen heute dagegen immer wieder realisiert werden, und zwar sowohl auf der begrifflichen Ebene der Diskurse als auch nicht zuletzt im praktischen Handeln, wie es Gegenstand von Beratung ist.

Auf der Ebene der philosophischen Diskurse können wir über eine Ästhetik des Rechtswesens und der Wissenschaft diskutieren, ebenso über eine Wissenschaft des Rechts und der zugrunde liegenden Ethik. In der Beratung kommen sie ganz konkret zusammen, beispielsweise in der Familienberatung.

Soziale Regeln unterscheiden sich also

– nach ihrem *Geltungsbereich:* So gibt es Regeln, die nur für eine Zweierbeziehung gelten und solche, die für die ganze Menschheit gelten (beispielsweise, dass man sich bei einer Begegnung grüßt);
– nach verschiedenen *Arten:* Unabhängig von der logischen Struktur können verschiedene Arten von sozialen Regeln unterschieden werden – Sitten und Gebräuche, Rituale, Normen, Gewohnheiten, Stile, Recht und Gesetz, aber auch Vorschriften, fachliche Regeln, Verträge;
– nach unterschiedlicher *Legitimierung, Verbindlichkeit und Sanktionierung.* Soziale Regeln können legitimiert sein durch bloße Verabredung oder durch aufwendige Prozeduren wie beispielsweise Gesetzgebung, sie können den Charakter einer Empfehlung haben oder ein absolutes Muss darstellen, ihre Einhaltung kann durch die Androhung mehr oder weniger drastischer Strafen sanktioniert werden;
– nach ihrer *Form:* Soziale Regeln können ausschließlich mündlich verabredet sein, sie können schriftlich fixiert sein, oder sie können darüber hinaus als allgemeingültige Regeln kodifiziert sein, wie beispielsweise Recht. Eine besondere Form der Symbolisierungspraktiken, die soziale Regeln definieren, stellen also Recht und Gesetz dar. Sie sind kodifiziert, das heißt, schriftlich überdauernd festgehalten, und werden durch gesellschaftliche Institutionen (Rechtssystem) mit Leben gefüllt und durch Androhung von Strafen (im Falle des Strafrechts) staatlich sanktioniert sein, das bedeutet, sie sind in die gesellschaftliche Organisation von Möglichkeiten (siehe im Folgenden) eingebettet (zu den gesetzlichen Regelungen für die Beratung vgl. unter anderen Barabas, 2004). Sie können mit dem Rechts- oder Gerechtigkeitsempfinden durchaus auch in Widerspruch stehen. In Beratungen kommt es häufig vor, dass mündlich soziale Regeln verabredet werden, die dann in eine schriftliche Form gegossen werden, als Vertrag, als Satzung oder in ähnlichen Formen.

2.4.1 Beziehungen

Unvermeidlicher Bestandteil von Symbolisierungspraktiken sind Beziehungen zwischen Subjekten im symbolischen Raum. Wir symbolisieren im Austausch mit anderen auf verschiedene Weise, auch wenn wir dabei eine vergleichbare

Botschaft vermitteln: Je nachdem, mit wem wir uns austauschen, generieren wir auf dem Hintergrund unserer Symbolisierungspraktiken auf mehr oder weniger unterschiedliche Weise unsere konkreten Handlungen (physisch manifesten Symbolisierungen). Dies geschieht auf verschiedenen Kontextebenen: zum einen in Abhängigkeit vom aktuellen Verlauf des Austauschprozesses und unserer aktuellen Befindlichkeit und zum anderen in Abhängigkeit von unserer ganz grundsätzlichen Beziehung zum jeweils Anderen, soweit sie gesellschaftlich geregelt ist in Rollenkontexten, also auf dem Hintergrund der gesamten gemeinsamen Austauschgeschichte (auch ein Mensch, den wir lieben, kann uns manchmal nerven). Wie wir anderen begegnen und wie sie uns begegnen, macht unsere Beziehungen zu anderen aus.

Symbolisierungspraktiken im Austausch mit anderen beinhalten und definieren unsere Beziehung mit ihnen. In den meisten Fällen ist dafür nicht ausschlaggebend, *was* wir mitteilen, sondern *wie* wir es mitteilen – das ist eine der für Beratung sehr wichtigen Erkenntnisse der Palo-Alto-Gruppe (Watzlawick et al., 1969), die sie im Axiom »Jede Kommunikation hat einen Inhalts- und Beziehungsaspekt« formuliert hat. Beziehungen haben wesentlich ästhetische Qualität; zwar können wir durchaus rein diskursiv-rational begründete Beziehungen eingehen (sie basieren dann auf Interessen), aber das ändert nichts daran, dass wir jemand anders sympathisch oder eben auch unsympathisch finden, dass wir uns mehr oder weniger gern in seiner Umgebung aufhalten und dass diese Einschätzung des Anderen auf einer ganzheitlich bildlichen Ebene geschieht.

2.4.2 Strukturen

Ein Problem für die Sozialwissenschaften war lange Zeit (und ist immer noch), auf welche Weise sich im individuellen Handeln *gesellschaftliche Strukturen* reproduzieren bzw. umgekehrt, auf welche Weise gesellschaftliche Strukturen individuelles Handeln strukturieren. Dabei bleibt zunächst die Frage offen, ob es sich dabei um ein von den Sozialwissenschaften als Folge der Abgrenzung verschiedener Teildisziplinen selbst geschaffenes Problem oder um ein ontologisches handelt. Giddens (1984, S. 52) sieht es als ein ontologisches Problem. Er hat sich des Problems angenommen und einen Lösungsvorschlag entwickelt (1984 und weitere). Seine *Strukturationstheorie* ist ein Versuch, den Blick auf das individuelle Handeln einzelner Akteure mit dem Blick auf gesellschaftliche Strukturen zu verbinden. Er geht davon aus, dass »*soziale Systeme als geregelte soziale Praktiken organisiert sind, die in der Form von in Raum und Zeit sich ausbreitenden Begegnungen reproduziert werden*« (1984, S. 137). Die wechselseitige Bedingtheit von individuellem Handeln und gesellschaftlichen Strukturen nennt

er *Rekursivität*. Dabei gibt er den von ihm so genannten »sozialen Praktiken«
einen zentralen Stellenwert; sie weisen Ähnlichkeiten zum hier verwendeten
Begriff der Symbolisierungspraktiken auf, unterscheiden sich aber in einigen
Details, auf die wir an dieser Stelle nicht einzugehen brauchen. Wesentlich für
unsere Zwecke ist, dass im Konzept der Symbolisierungspraktiken die Frage
der gesellschaftlichen Struktur ebenfalls auf Zeit und Raum abstellt, aber als
eine Struktur des symbolischen Raums bzw. als Zeitstrukturierung der Symbolisierungspraktiken gesehen werden sollte. Dadurch, dass wir den Begriff der
Symbolisierung und ihrer Praktiken ins Zentrum rücken, scheint mir die Problematik im Beratungszusammenhang einfacher zu bewältigen zu sein als mit
Hilfe des Begriffs der Sozialpraktiken, weil Symbolisierung direkt und unmittelbar auf Bedeutungen abstellt, die in Beratungen thematisiert werden können
und die auf der anderen Seite gesellschaftliche Strukturen reflektieren, indem
sie sie symbolisch repräsentieren.

2.5 Symbolisierungspraktiken in hoch differenzierten Gesellschaften

Während sich die Gesellschaften der frühen Menschheit durch relativ übersicht-
liche Symbolisierungspraktiken auszeichneten, entwickelten sich mit der Zeit bis
zu unserer gegenwärtigen, hochdifferenzierten Gesellschaft immer mehr hoch-
spezialisierte Symbolisierungspraktiken. Sie definieren gesellschaftliche Subsys-
teme und subkulturelle Gruppierungen wie auch verschiedene Stile und Habitus
im Sinne von Bourdieu; ihre Reichweite oder ihr Geltungsbereich erstreckt sich
vom Individuum bis hin zu Kulturkreisen wie dem abendländischen Kulturkreis. Beispiele für verschiedene Symbolisierungspraktiken sollen das im Folgenden erläutern. Einige sollten auch zum Thema einer Professionalisierung
von Beratung gemacht werden, wie die Wissenschaft und ihre einschlägigen
Fachdisziplinen: Dabei gehen wir davon aus, dass sich akademische Disziplinen nicht nur durch formalisierte, rational begründete Systeme von fachdisziplinären, wissenschaftlichen Aussagen auszeichnen, sondern auch durch einen
Komplex von Normen, Regeln und Stilen. Sie zeichnen sich also nicht ausschließlich durch diskursiv-begriffliche Elemente aus, sondern auch durch häufig nicht
ausgesprochene Visionen, Selbstverständnisse, Stile, auch Moden; mit anderen
Worten: Sie weisen durchaus eine *ästhetische Modalität* auf. Entsprechende, dis-
ziplinäre Symbolisierungspraktiken werden im Studium zum großen Teil implizit vermittelt und erlernt (also durch »Sozialisation«) und von den Studierenden
verinnerlicht – mitunter werden sie als »Stallgeruch« etikettiert und in *Ritualen*

fixiert, unter anderem auch als Bestandteil von Abschlussarbeiten. So werden die Absolvent_innen in die Lage versetzt, Symbolisierungen zu generieren, die von ihrer jeweiligen »scientific community« akzeptiert werden.

Technik oder besser: *Technische Artefakte* können als Materialisierungen von Symbolisierungspraktiken angesehen werden, die einem rationalen, geplanten, zielgerichteten, oft mehrstufigen *Verfahrensprozess* folgen, was ursprünglich mit dem altgriechischen Wort für Technik bezeichnet wurde; auch heute noch sprechen wir von Technik in diesem Sinne (vgl. als Beispiel für eine Deutung von Technik, allerdings noch ohne den Begriff der Symbolisierungspraktik, Seel, 1988).

Religiöse Interpretations-und Deutungsmuster einschließlich ihrer *Rituale* sind natürlich besonders zentrale Symbolisierungspraktiken für kulturelle Gruppierungen. Dabei ist nicht nur an die besonders hervorgehobenen Rituale zu denken, die als solche deutlich sichtbar werden, sondern auch an Sitten und Gebräuche (was »man« so und nicht anders tut), die ganz verschiedene Funktionen erfüllen können.

Auch der Begriff der *Nation* gehört zu solchen Symbolisierungspraktiken, insbesondere als Bestandteil der Selbstdeutung einer Gemeinschaft in Abgrenzung zu anderen. Weitere Beispiele sind bereits angesprochen oder werden in den folgenden Kapiteln genannt.

Eine besondere Rolle in unserer spätmodernen, reflexiven Gesellschaft spielen natürlich solche Symbolisierungspraktiken, die eben diese Reflexivität (in) der Gesellschaft ausmachen:

Im Zentrum reflexiver Beratung der Subjekte stehen zunächst solche Symbolisierungspraktiken, die die Gestaltung des (Alltags-)Lebens beratener Subjekte (seien dies Einzelne, Paare, Familien, Organisationen) betreffen. Aus der wissenschaftlichen Fachliteratur können für eine vertiefende Klärung verschiedene Begriffe herangezogen werden, beispielsweise die Untersuchungen zum Begriff der »*alltäglichen Lebensführung*«, der sich deshalb dafür anbietet, weil er a) direkten Bezug zu in Beratungen angesprochenen Thematiken aufweist; b) sowohl in der Soziologie, in der Psychologie als auch in der Medizin Gegenstand wissenschaftlicher Diskurse ist. Demnach stammt er ursprünglich von Max Weber, der ihn in mehreren seiner Werke verwendet hat – so in »Wirtschaft und Gesellschaft« (2002, zuerst 1920), aber auch in der »Protestantischen Ethik« (1986, zuerst 1920), siehe dazu auch Schluchter (1988) sowie Kudera und Voß (2000). In der Psychologie wurde er unter anderem von Klaus Holzkamp (1995) aufgegriffen und hat Eingang gefunden in die Gemeindepsychologie (Behringer, 1998, 2010). In der Medizin steht er im Zentrum von Untersuchungen zu Gesundheitsrisiken wie beispielsweise zum Infarktrisiko (Draeger, 2012).

Nicht zuletzt ist selbstverständlich auch das Konzept der Symbolisierungspraktiken selbst als Bestandteil einer reflexiven Kultur zu reflektieren, also als
Symbolisierungspraktik dieser reflexiven Kultur. Zur Symbolisierungspraktik
wird es allerdings erst dann, wenn es sich durchsetzt, wenn es also in anstehenden Diskursen akzeptiert wird. Vorläufig ist es zunächst nur ein Entwurf oder
ein Vorschlag eines Subjekts. Gemäß der grundsätzlich konstruktivistischen
Grundposition gibt es die Symbolisierungspraktiken nicht, solange sie eben
nicht akzeptiert werden. Symbolisierungspraktiken sind nicht irgendwie vorhanden oder wirksam und müssen entdeckt werden, sondern sie beginnen ihre
Existenz in dem Moment, wenn sie zwischen mehreren/vielen Subjekten verwendet werden, und zwar zur Reflexion von und in Beratung. Dann wird sich
auch deren Geltungsbereich zeigen. Insofern sind die verwendeten Formulierungen in der Wir-Form streng genommen noch nicht zutreffend, sie wurden
im *Vorgriff auf ihre Akzeptanz* verwendet; es wurde so argumentiert, als ob sie
bereits etabliert seien, damit Leser_innen sich eine Vorstellung davon machen
können, wie man mit ihnen arbeiten kann. Dazu müssen allerdings noch die
Erläuterungen zum Subjekt (Teil 3) und die institutionellen Regelungen hinzukommen, für deren Entwicklung in Teil 4 ein Vorschlag unterbreitet wird.

Folgendes lässt sich zusammenfassen:

Symbolisierungspraktiken

- sind Generatoren von Symbolisierungen, die sie nach dem gleichen »Muster«
  erzeugen und die kontextspezifisch in Handlungen manifest werden können;
- sind gleichermaßen Ergebnis und Grundlage von Kommunikationsprozessen;
- »arbeiten« in der begrifflich-diskursiven und der ästhetisch-bildlichen Modalität und nutzen verschiedene Medien;
- umfassen emotionale und kognitive Aspekte in symbolischen, räumlichen
  und zeitlichen Dimensionen und erzeugen diese.
- Sie können
  - unterschiedliche Geltungsbereiche umfassen, von den Gemeinsamkeiten
    eines Kulturkreises bis zu den speziellen Praktiken eines Individuums;
  - unterschiedliche Formen aufweisen, von ganz privaten, sprachlich viel-
    fach noch nicht einmal formulierten Übereinkünften über (in schriftlichen
    Texten fixierte) Verträge oder Satzungen bis hin zu kodifizierten Gesetzen;
  - hierarchisch gegliedert sein, also einander über- und untergeordnet sein,
    ähnlich wie Gesetze und Ausführungsbestimmungen oder wie das Grund-
    gesetz und einzelne Gesetze.
- Auch die Konzeptionen zur Reflexion von Symbolisierungspraktiken und
  deren Organisation sollten als Meta-Symbolisierungspraktiken verstanden
  werden.

Teil 3
Das Subjekt als Thema und Akteur
reflexiver Beratung

1 Das (reflexive) Subjekt und seine Möglichkeiten: »Subjekt(selbst)gestaltungen«

Beratungen werden immer als Kommunikation zwischen einem Beratersubjekt und einem Klientensubjekt realisiert. Thema und Aufgabenstellung von reflexiver Beratung sind, wer dieses Klientensubjekt ist, wer es sein will, wie es leben will, wie es erreichen kann, was es will und wie es dies zusammen mit anderen realisieren kann, wie es also sich selbst und seine Beziehungen zu anderen gestaltet, und zwar im Kontext der jeweiligen Kultur und Gesellschaft. Infolgedessen muss eine Brückenterminologie zur reflexiven Beratung der Frage des Subjekts[1] besondere Aufmerksamkeit schenken. An dieser Stelle kommen die beiden bisherigen Hauptthemen, die gesellschaftliche Rolle reflexiver Beratung und die Konzeption einer Brückenterminologie, zusammen. An eben dieser Stelle sollte sie sich durch überzeugende Querverbindungen zu Beratungsverfahren und zu wissenschaftlichen Theorien bewähren, und ebenso beratungspraktisch unter dem speziellen Blickwinkel auf unsere Möglichkeiten als Subjekt, unser Leben und Arbeiten zu gestalten. Dabei gilt es, sehr unterschiedliche Ebenen unserer *Gestaltungsmöglichkeiten* zu bedenken: Zunächst einmal sind unsere Möglichkeiten durch unser Menschsein gegeben, was als die anthropologische Ebene angesprochen werden kann; des Weiteren sind unsere Möglichkeiten durch unsere vorfindlichen kulturell-gesellschaftlichen und sozialen Regelungen vorgegeben, und zwar auf verschiedenen Ebenen des symbolischen Raums, in dem wir aufwachsen und leben, also auf der Ebene des Kulturkreises (beispielsweise der abendländisch-christlich geprägten Kultur), der konkreten gesellschaftlichen Regelungen (zum größten Teil immer noch auf der Ebene von Nationalstaaten), der praktisch-sozialen subjektiven Lebenswelt, der sozialen Schicht oder dem Milieu, der regionalen Besonderheiten, der Familie, Verwandtschaft, Arbeitswelt, Freundschaften und schließlich auf der ganz individuellen Ebene

---

1 Hier wird der Begriff des Subjekts ungeachtet der Diskurse um verschiedene Subjektbegriffe als ein Oberbegriff für die verschiedenen (potenziellen) Beratungsklient_innen verwendet, die durchaus auch Berater_innen sein können, etwa im Falle von Supervision.

unserer persönlichen, körperlichen und geistigen/psychischen Besonderheiten, in denen unsere individuelle Geschichte (Biografie) ihren Niederschlag findet. Auf einige Zusammenhänge wurde im vorhergehenden Kapitel zu den Symbolisierungspraktiken bereits zugegriffen; unser Fokus auf reflexive Beratung legt aber nahe, diese Thematik der Subjekte systematisch anzugehen, denn wir haben das Subjekt sowohl als Gegenstand/Thema als auch eben als Subjekt von Reflexion in der Beratung zu bedenken.

Das Konzept der Symbolisierungspraktik ermöglicht, diese Doppelung begrifflich zu realisieren, es versteht Subjekte nicht nur als Akteure solcher Praktiken, sondern auch so, dass sie durch Symbolisierungspraktiken konstituiert und gestaltet werden und ebenfalls, dass sie sich durch Symbolisierungspraktiken einschließlich ihrer Handlungen als Akteure selbst gestalten können. In den Sozialwissenschaften wird ein ähnlicher Gedanke häufig, aber etwas verkürzt, unter dem Stichwort »dialogische Subjektkonstruktion« (beispielsweise Zielke, 2006) andiskutiert.[2]

Dieser Ansatz schließt eine neue, vielleicht ungewohnte Sichtweise ein, denn bisher wurde das Subjekt *entweder* als Ergebnis von Einflüssen betrachtet (etwa in der Konzeption von Erziehung oder Sozialisation) *oder* als Autor/Konstrukteur beispielsweise der Gesellschaft, wie im Gesellschaftsvertrag nach Rousseau und praktisch in den Konzepten von Führung, Politik und Erziehung/Pädagogik. Für die reflexive Beratung brauchen wir jedoch ein Konzept, das es uns ermöglicht, das Subjekt *gleichzeitig* als (autonom) handelndes wie auch als konstruiertes und durch seine Handlungen sich selbst gestaltendes zu betrachten. Dies wird grundsätzlich dadurch ermöglicht, dass wir Symbolisierungspraktiken als etwas eingeführt haben, das sich *zwischen* Subjekten entwickelt (emergiert).[3]

Der *reflexiven Beratung* kommt insofern eine besondere Bedeutung für die Subjektgestaltung zu, als sie selbst ein spezifisches Kommunikationssystem darstellt, das Subjektgestaltung zum Gegenstand hat, und zwar im Wesentlichen als Selbstkonstruktion der Klientensubjekte mit Unterstützung durch Beratung; es ist damit zentrales Thema reflexiver Beratung. Unausweichlich ist also Beratung selbst an Subjektgestaltungen beteiligt und muss sich selbst in der Konsequenz als gesellschaftliche Agentur bzw. als *Institution der Subjektgestaltung* reflektieren, und zwar über die inhaltliche Themenstellung, wie sie in der Beratung thematisiert wird, hinausgehend – wir müssen darauf zurückkommen. Beratung

---

2   Hier wird der Begriff der Subjekt(selbst)gestaltung manchmal vor dem Begriff der Subjektkonstruktion präferiert, wenn deutlich gemacht werden soll, dass *beide Modalitäten* gleichermaßen beteiligt sind, die bildlich-ästhetische und die diskursiv-begriffliche.

3   Ein Gedanke, der ähnlich von Gergen (1996, 2002) prominent vertreten wird. Er spricht allerdings nicht von Symbolisierungspraktiken.

ist aber natürlich nicht die einzige Institution der Subjektgestaltung: Andere gesellschaftliche bzw. kulturelle Institutionen der Subjektgestaltung, also Institutionen, deren Wirken als Beteiligung an den gesellschaftlichen Subjektgestaltungen verstanden werden kann, sind unter anderem Schulen, Hochschulen, die Politik; aber auch die reflexiven Subjekte selbst werden in der reflexiven Moderne zunehmend zu Institutionen ihrer Subjektgestaltung; es handelt sich dann um *Subjektselbstgestaltung.*

Wir verstehen also Subjekte als Agenten von Symbolisierungspraktiken, die ausgehend von ihrer Position im sozialen Raum Symbolisierungspraktiken im Austausch mit anderen realisieren und sich dabei gleichzeitig als handelnde Subjekte in ihrem symbolischen Raum selbst konstruieren.[4] Wir haben es infolgedessen mit *Subjektselbstsymbolisierungspraktiken* zu tun.

Dabei ist zu berücksichtigen: Die gesellschaftlichen/kulturellen Symbolisierungspraktiken konstituieren verschiedene Subjekt*kategorien,* die auf unterschiedliche Weise gebildet werden können und die zum Beispiel Rollenmuster beinhalten. Dabei gibt es verschiedene Formen der symbolischen Gestaltung von Subjekten, beispielsweise durch solche Symbolisierungspraktiken, die soziale Gemeinschaften bilden. Und dies geschieht nicht zuletzt durch die in diesen Gemeinschaften gültigen oder üblichen Symbolisierungspraktiken bis hin zu den Ritualen dieser Gemeinschaften – die Kirchen sind für die Nutzung solcher Praktiken ein Beispiel genauso wie Familien, Fanklubs oder verschiedene Subkulturen. In einem Rechtsstaat wie dem unseren spielen Symbolisierungspraktiken in Form kodifizierter Regeln, also als Gesetze und Verordnungen, eine ganz zentrale Rolle, die *verschiedene Subjektkategorien* juristisch definieren. So können wir in unserer Kultur unterscheiden zwischen *natürlichen Subjekten,* die den »natürlichen Personen« im rechtlichen Sinne entsprechen, und *kollektiven Subjekten,* zu denen gehören:

- *Familien:* Sie nehmen eine Sonderstellung zwischen natürlichen Personen und rechtlichen Personen ein, denn sie sind einerseits an die Natur der menschlichen Existenz ihrer Mitglieder gebunden, andererseits aber ein Aggregat von Personen, das zwar keinen eigenen Rechtsstatus hat (eine Familie kann daher nicht verklagt werden), durch die Gesetzgebung aber dennoch sehr stark geregelt ist. Das geschieht nicht nur durch das Familienrecht, sondern auch durch zahlreiche spezielle Regelungen in anderen Rechtsgebieten, bis hin zum Steuerrecht.

---

4   In Beratungen konstruieren sich nicht nur die Klientensubjekte, sondern ebenfalls die Beratersubjekte; nicht zuletzt deshalb entspricht die häufige Verwendung der ersten Person Plural (»wir«) in diesem Text den tatsächlichen Gegebenheiten.

- *Korporierte Subjekte:* Sind durch (juristische) Regelungen (eine spezielle Form von Symbolisierungspraktiken) vordefinierte »juristische Personen«, die beispielsweise Verträge abschließen und verklagt werden können. Sie umfassen gleichermaßen Organisationen, beispielsweise Unternehmen, soziale Organisationen, Vereine, wie auch Körperschaften des öffentlichen Rechts (Städte, Kommunen, Bezirke, Länder, Staaten), Staatengemeinschaften (beispielsweise die EU) und andere mehr. In die Nachbarschaft zur nächsten Form »Gemeinschaften« können *Netzwerke* eingeordnet werden, egal ob sie durch Verträge geregelt sind oder nicht.

- *Gruppen und Gemeinschaften:* Sind juristisch formal nicht definierte Aggregate, von der Peer Group über »Seilschaften« bis zu den Gemeinschaften eines Kulturkreises (beispielsweise abendländische Kultur, islamische Kultur etc.); man nennt sie deshalb auch informelle Gruppierungen. Sie zeichnen sich durch Gemeinsamkeiten ihrer Symbolisierungspraktiken aus wie beispielsweise Werte, gemeinsame Weisen des Umgangs mit bestimmten Themen, Fragen, Problemen, Rollen (etwa Geschlechtsrollen) usw. und durch ein »Wir-Gefühl«, was wir als eine spezielle Eigenart der sie ausmachenden, gemeinsamen Symbolisierungspraktiken verstehen können.[5]

- Schließlich können auch *Nationen, Kulturen oder Gesellschaften* zum Gegenstand von reflexiver Beratung werden. Die Selbstreflexion der Gesellschaft kann durchaus auf der Grundlage praktischer, reflexiver Beratungen von sämtlichen bisher genannten Subjekten durch die wissenschaftliche Soziologie erfolgen, beispielsweise dadurch, dass sie konkret stattfindende Beratungsprozesse analysiert und in die gesellschaftlichen Diskurse einfüttert. Beispiele dafür gibt es bereits, so die in dem Band von Haubl und Voß (2008) vorgestellten und diskutierten Ergebnisse einer Befragung von Supervisor_innen. Es sind natürlich andere Formen ebenfalls denkbar, weshalb in Teil 4 dieses Themenfeld eigens angesprochen wird.

Sämtliche hier aufgelisteten Subjekte können auf verschiedenen Niveaus der Abstraktion grundsätzlich Klient_innen von Beratung werden, einige davon auch Beratersubjekte.

Und sämtliche Subjekte sind wiederum als Agenten sowohl eigener als auch übergeordneter gesellschaftlicher und kultureller Symbolisierungspraktiken zu betrachten, die auf spezifische Weise nicht nur sich selbst, sondern im Fall kol-

---

5   Inwieweit eine professionalisierte »Beratung« in Zukunft auch zu den korporierten oder den informellen Subjekten zu zählen ist oder sein wird, hängt also davon ab, ob sie als solche durch rechtliche Regeln definiert wird.

lektiver Subjekte darüber hinaus die ihnen zugehörenden Individuen konstruieren: In der Familie werden auf familienspezifische Weise kulturelle und gesellschaftliche Muster der Subjektgestaltung bei der Kinderaufzucht wirksam, in
jeder Arbeitsorganisation werden auf spezifische Weise Muster der Gestaltung
der Individuen als Mitarbeiter_innen wirksam. Und alles dies geschieht derzeit
auch und gerade mit Unterstützung durch Beratung. So werden Seminare und
andere Maßnahmen tausendfach durchgeführt, in denen das »unternehmerische
Denken und Handeln« vermittelt werden, was wiederum ein Mosaiksteinchen
zur Gestaltung des »Abeitskraftunternehmers« ist; aber jede Arbeitsorganisation,
jede(r) Trainer_in oder Berater_in macht dies etwas anders (mancher gar nicht).
In jeder Familie werden schicht- oder milieuspezifische und familienspezifische
Symbolisierungspraktiken der Subjektgestaltung wirksam. Dabei kann nicht
genügend betont werden, dass selbst im Konfliktfall, wenn beispielsweise Heran-
wachsende gegen ihre Eltern rebellieren, dennoch deren Praktiken prägend für
die Heranwachsenden werden, weil sie sich an ihnen abarbeiten (müssen).[6]

Gemeinsame Basis für alles bleibt die *menschliche Natur*: Die verschiedenen Subjektgestaltungen existieren nur so weit, wie sie von Menschen getragen
und immer wieder reproduziert werden (das gilt so für sämtliche Symbolisierungspraktiken): Während jedoch die symbolischen Konstruktionen der natürlichen Person und der Familie mit bestimmten Individuen identifiziert werden,
sind *korporierte Subjekte* formal vergleichsweise unabhängiger von bestimmten Individuen. *Gruppen und Gemeinschaften* nehmen in dieser Hinsicht eine
Zwischenstellung ein.

Alle diese Formen können mitunter von einer in eine andere überführt werden. Mit Hilfe von Beratung (aber auch durch andere Vorgehensweisen) kann
eine Gruppe (beispielsweise von Arbeitskollegen) zu einem korporierten Subjekt
entwickelt werden (indem sie eine Firma gründen) und sie können mehrfach
ineinander verschachtelt sein. Bekannt ist die Unterscheidung zwischen forma-
ler Organisation (zum Beispiel eines Unternehmens) und informellen Beziehungsstrukturen in demselben Unternehmen. Natürliche Subjekte sind unvermeidlich immer dabei, da es ohne sie überhaupt keine menschlichen Subjekte
geben kann. In Familienunternehmen finden wir alles zusammen und miteinander vermischt: Natürliche Personen, Familien, ein oder mehrere korporier-
te(s) Subjekt(e) und Gemeinschaften wie Seilschaften, Gruppen befreundeter

---

6   Dies ist ein Thema, das immer wieder auch in unzähligen ästhetischen Produktionen (Roma-
    nen, Filmen, Theaterstücken etc.) variiert wird (von »Die Leiden des jungen Werther«, »Die
    Deutschstunde« über die James-Dean-Filme bis hin zu »Der Turm«.

Personen. Genau das macht die Beratung von solchen Unternehmen/Familien zu einer großen Herausforderung für Beratungsprofis.

Netzwerke sind zwischen korporierten Subjekten und Gruppen/Gemeinschaften einzuordnen, es hängt davon ab, ob sie die Kriterien einer Gesellschaft nach bürgerlichem Recht erfüllen.

Grundsätzlich können alle Formen von Subjekten Klienten von professioneller Beratung werden. Sie werden dies dadurch, dass sie sich selbst, ihr Tun und ihre Beziehung zu anderen Subjekten zum Gegenstand der Reflexion machen und dazu ein (externes) Beratersubjekt hinzuziehen, das durchaus selbst ebenso eine Organisation sein kann, beispielsweise eine Beratungsfirma oder ein Beratungsteam. Da die professionelle Beratung der korporierten Subjekte in Form von Organisationen/Unternehmen einerseits und Familien andererseits in der Beratungsliteratur weitaus am meisten thematisiert wurde (nicht zuletzt, weil diese für professionelle Beratung unproblematisch bezahlen können oder weil für sie bezahlt wird) und sich vieles auf die anderen Formen kollektiver Subjekte übertragen lässt, sollen sie zum gewissermaßen prototypischen Thema gemacht werden.

Kollektive Subjekte bilden sich auf verschiedenen Wegen: Sie können sich zur Verfolgung gemeinsamer *Interessen* zusammenschließen (nach dem Prinzip der *Zweckrationalität*) und/oder auf der Basis gemeinsamer *Werte* (Prinzip der *Wertrationalität*) und/oder auf der Grundlage von *Sympathiebeziehungen* (Prinzip der *ästhetischen* Lebensgestaltung).

Was sind Interessen? Symbolisierungspraktiken und soziale Regeln (siehe Teil 2, Kapitel 2.5) definieren für Subjekte Möglichkeitsräume, die sie dazu veranlassen, in bestimmte Richtungen zu gehen und nach ihren Möglichkeiten Einfluss und Macht entsprechend einzusetzen. Interesse beinhaltet also eine systematische Bindung von Subjekten an Objekte, und zwar relativ unabhängig von ihrer subjektiven Interpretation (sie sind also »objektiv«), was aber nicht heißt, dass es sich nicht um Symbolisierungen handelt, um Regeln und Symbolisierungspraktiken also, aber es sind solche, die durch ein Rechtssystem überindividuelle Geltung beanspruchen, durch eine in der Regel staatliche Autorität durchgesetzt werden und so eine besondere Qualität erhalten. Diese Bindung von Subjekten an Sachverhalte besagt, dass ein Subjekt nur um den Preis einer Verschlechterung seiner relativen Position in der Gesellschaft (Möglichkeitsräume) darauf verzichten kann, bestimmten Anforderungen nachzukommen. Im Extremfall kann es zu Strafen verurteilt werden, die eine Einschränkung ihrer Möglichkeiten zur Folge haben (Gefängnis, Geldstrafen, in manchen Kulturen Verlust von Gliedmaßen oder ganz extrem: Verlust des Lebens).

In der Beratung stellt sich wegen des Interesses an der Lösung praktischer Probleme die Frage, was diesbezüglich möglich ist. Und mit dieser Frage untrennbar verbunden ist die Frage, *für wen* eben diese Möglichkeiten verfügbar sind oder sein sollen, also die nach dem Subjekt an seinem gesellschaftlichen Ort.[7] Da Subjekte sich im Hinblick auf ihre Möglichkeiten voneinander unterscheiden und unterschiedlich damit umgehen, kann es immer nur um die spezifische Möglichkeiten für ein bestimmtes Subjekt oder für verschiedene Kategorien von Subjekten gehen.

Im Fokus der Beratung stehen zunächst die unterschiedlichen Möglichkeiten verschiedener *Klientensubjekte* – aber dann auch schon bald die Möglichkeiten verschiedener *Beratersubjekte,* und zwar besonders im Hinblick auf deren Möglichkeiten, ein Klientensubjekt bei der Lösung seiner praktischen Probleme zu unterstützen. Dabei spielt natürlich die Institutionalisierung der Beratungsprofession eine nicht unerhebliche Rolle. Wir könnten grundsätzlich unterscheiden, ob die Beratung einzelne Handlungen oder Fertigkeiten zum Gegenstand hat oder das Klientensubjekt in seiner Selbst-und Fremddefinition (die »natürliche« Person oder eine Arbeitsorganisation). Mit anderen Worten: Es geht in Beratungen mal um mögliche Handlungsweisen und mal um mögliche Seinsweisen, also um die Selbstklärung und die Auseinandersetzung des Klientensubjekts mit der Frage »Wie oder wer möchte ich sein?« – immer aber um reflexive Beratung.

Diese Unterscheidung sieht sicherlich zunächst sehr einfach und sinnvoll aus, im konkreten Fall wird es aber sehr häufig schwierig sein, eine entsprechende Zuordnung vorzunehmen. Denn jede Handlung eines Subjekts wirkt auf dieses Subjekt zurück und verändert es; wir müssen davon ausgehen, dass eine Handlung sich mehr oder weniger drastisch auf das Klientensubjekt auswirkt, manche Handlungen wirken sich vernachlässigbar wenig auf das Subjekt aus, andere schon deutlich mehr. Man denke nur an den Unterschied, wie sich beispielsweise ein Verbrechen oder das Essen eines Apfels auf das ausführende Subjekt auswirkt.[8] Wichtiger sind also die jeweils zugrunde liegenden Symbolisierungspraktiken, deren Veränderung das Thema von Beratungen sein muss.

Tatsächlich sollte eine sinnvolle Beratung immer auf dem Hintergrund *eines Entwurfs zur Seinsweise des Klientensubjekts* realisiert werden, unabhängig davon,

---

7   Inwieweit im Beratungskontext die konkrete Beschreibung eines Subjekts als identisch mit der spezifischen Konstellation der Möglichkeiten des jeweiligen Subjekts konzipiert werden kann, bleibt zunächst dahingestellt.

8   Allerdings kann auch das (symbolische) Essen eines Apfels bemerkenswerte Auswirkungen auf das Subjekt haben – man denke an den Apfel vom Baum der Erkenntnis. Dieses Beispiel macht auch deutlich, dass es weniger die physische Handlung für sich genommen ist, die Auswirkungen hat, sondern deren Bedeutung, also ihr Symbolgehalt, den sie allerdings nicht einfach hat, sondern der ihr von jemandem verliehen werden muss.

ob dieser Entwurf in der Beratung direkt und umfassend thematisiert wird oder nicht; häufig werden, bevorzugt in fachlichen Beratungen, Aspekte eines Selbstentwurfs des Klientensubjekts unterstellt, beispielsweise dass es nicht straffällig werden will, dass es sein Vermögen mehren will, dass es ein befriedigendes Partnerschafts- und Sexualleben führen möchte und vieles mehr, ohne dies aber explizit anzusprechen oder genauer nachzufragen. In der Vermögensberatung wird zu oft der Lebensentwurf der Klient_innen gar nicht angesprochen, obwohl das für die Anlageberatung eigentlich die Basis abgäbe. Unsensible Berater_innen vermuten häufig einen Lebensentwurf ähnlich dem eigenen oder der eigenen Eltern oder Kinder, was häufig zu Enttäuschungen über das Beratungsergebnis führt, weil die jeweiligen Klient_innen eigentlich etwas ganz anderes wollen. Berater_innen sollten sich daher über die Vielfalt der Praktiken der Subjektselbstgestaltung im Kontext der jeweiligen Gesellschaft/Kultur im Klaren sein, dabei aber den Blick auf die Einzigartigkeit des Klientensubjekts nicht verlieren.

Da eine institutionalisierte, professionelle Beratung darüber hinaus selbst als institutionalisierte Symbolisierungspraktik der Subjektgestaltung verstanden werden muss, sollte sie deshalb unter (selbst)kritischer Perspektive als solche reflektiert werden und zwar auf drei Ebenen:

–   Zunächst auf der Ebene *der Beratungsinhalte und -Themen.* Dies wird unmittelbar einsichtig, wenn wir an die reflexive Beratung 2 »Selbstklärung« (Mitsich-zu-Rate-gehen) denken, denn es geht hier um die Frage »Wie will ich sein?«, die natürlich in Auseinandersetzung mit den gesellschaftlich-kulturell gewissermaßen »angebotenen« Seinsweisen als Subjekt geklärt werden muss. Aber auch wenn dieses Thema nicht in sämtlichen Beratungen explizit thematisiert wird, ist festzuhalten, dass jedes Beratungsergebnis unvermeidlich Auswirkungen auf dieser Ebene zeitigt, und seien es »nur« die, dass dadurch eine bestehende Subjektgestaltung weiter bestärkt wird.

–   Dann auf der Ebene, wie *verschiedene Beratungsverfahren sich hinsichtlich ihrer Subjektgestaltung unterscheiden:* Gemeint ist, dass verschiedenen Beratungsverfahren verschiedene Modellvorstellungen oder Menschenbilder zugrunde liegen, die sich letztlich darin niederschlagen, wie ein(e) Berater_in mit seinen (ihren) Klient_innen umgeht und wie in der Folge die Klient_innen selbst mit sich umgehen, welche Vorstellung sie von sich selbst entwickeln; in diesem Zusammenhang ist die *Haltung* von Beratersubjekten als wesentliche Eigenschaft verfahrensspezifischer Gestaltung von Beratungsprozessen einzuordnen;

–   Und schließlich auf der Ebene der *selbstkritischen Reflexion von Beratung als Institution:* Allein der Umstand, dass Beratung institutionell das eigene

Verhalten und die eigene Seinsweise von Beratungssubjekten von der einzelnen Beraterpersönlichkeit bis zur Beratungsprofession reflektiert und damit Einfluss nimmt, bedeutet, dass durch die professionelle Beratung ein sich selbst zum Gegenstand der Reflexion machendes Subjekt konstruiert wird.

In der Vergangenheit wurde das Thema Subjektgestaltung im Zusammenhang von Beratung bevorzugt unter den Stichworten »*anthropologische Grundlagen*« oder »*Menschenbild*« diskutiert, wenn es denn überhaupt angesprochen wurde; derzeit wird das Thema mit anderen Akzenten unter den Stichworten »*Subjektdiskurse*« (beispielsweise Keupp u. Hohl, 2006) oder »*Subjekttheorien*« (beispielsweise Zima, 2007) behandelt. Allein schon der Umstand der unterschiedlichen Benennungen verweist darauf, dass wir das Problem heute anders sehen und damit in der Folge natürlich auch andere Vorstellungen dazu entwickeln. Es wird nicht nur einfach dasselbe unter einem anderen Stichwort diskutiert, sondern ein anderer Kontext hergestellt, was schon Grund genug sein sollte, die kritischen Fragen von Weissman (2009) zu stellen. Warum also sprechen wir heute von »Subjektkonstruktionen« und nicht vom »Menschenbild« oder von »anthropologischen Grundlagen«? Das hat letztlich historische Gründe.

Gerade der Begriff des Subjekts lenkt den Blick auf die Möglichkeiten eines selbstverantwortlich handelnden, seine Lebensumstände und sich selbst mehr oder weniger *autonom* gestaltenden Menschen[9] und verweist gleichzeitig durch die Herkunft des Wortes aus dem Lateinischen (»subjecere«, was »unterwerfen« bedeutet) darauf, dass es ein *Unterworfenes* ist – und diese Doppeldeutigkeit macht den Begriff aktuell so geeignet. Die Frage nach dem Menschenbild bzw. nach der Subjektgestaltung kennen wir natürlich auch aus anderen Fächern, praktischen Konzepten und Beratungskontexten, etwa solchen aus den Betriebswirtschaftswissenschaften, hier stellt sich beispielsweise die Frage, ob der Mensch auf ein bloßes Wirtschaftssubjekt (»Homo oeconomicus«) reduziert werden kann/darf/soll, wie es durchaus in rein betriebswirtschaftlichen Beratungen verbreitet praktiziert wird; dagegen argumentiert Graeber (2011) mit hochinteressanten Argumenten.

In den Sozialwissenschaften wurde mit dem »linguistic turn« die Gestaltung des Subjekts als Produzent von Texten in den Vordergrund gerückt. Interessant wäre es, einmal die Subjektkonstruktionen zu analysieren, die in der Technik, zum Beispiel in der Software-Technologie verbreitet sind, wie die im Bereich der Management- und Organisationslehre verbreiteten Vorstellungen von Füh-

---

9 Eine grundlegende Arbeit zum Autonomiebegriff speziell in der Arbeitswelt findet sich bei Sichler (2006).

rungsverantwortung oder vom Mitarbeiter, der „unternehmerisch denkt und handelt[10]. Wenn man einmal dafür sensibilisiert ist, fällt auf, wie in politischen Diskussionen zwischen verschiedenen Subjektkonstruktionen hin- und hergewechselt wird, ohne dass es den Akteuren gelingt, sich die von ihnen je nach Kontext präferierten Modelle bewusst zu machen und sie zu kommunizieren, so dass eine kritische Auseinandersetzung möglich wäre. Letztlich bleibt es dann dem Einzelnen überlassen, ob und wie er die verschiedenen Konstruktionen zusammenbringen oder auseinanderhalten kann.

Kommen wir zu den speziellen Subjektkonstruktionen der verschiedenen *Beratungskonzepte und -verfahren:* Weissman (2009) hat darauf hingewiesen, dass wir uns fragen müssen, ob die schon vor längerer Zeit in ihren Grundsätzen entwickelten psychosozialen Beratungskonzepte (die meistens aus theoretischen Konzepten für die Psychotherapie abgeleitet wurden) noch auf Grundlagen beruhen, die den Anforderungen der aktuellen Situation entsprechen. Zweifel sind hier angebracht, so spricht beispielsweise einiges dafür, dass die Subjektgestaltung nach Rogers noch dem klassischen Bild des autonomen, bürgerlichen Subjekts verhaftet ist und die der Psychoanalyse einem kulturellen Naturverhältnis, demzufolge die grundsätzlich chaotische, bedrohliche Natur vom Geist beherrscht und kontrolliert werden muss. Es lassen sich allerdings auch Arbeiten finden, die sich mit Fragen der Anpassung an das kulturell weiterentwickelte, gesellschaftliche Umfeld befassen wie zum Beispiel Virtbauer (2009), die sich allerdings häufig nicht nur auf der Ebene der Fachdiskurse, sondern ebenfalls auf der Ebene der Interessenvertretungen und Verbände durchsetzen müssen.

Übersichten zum *Subjektbegriff* finden sich unter anderem bei Reckwitz (2008), der vor allem soziologische Ansätze diskutiert, und bei Zima (2007), der philosophische Hintergründe und Traditionen von Descartes über Kant, Hegel, Kierkegaard bis Nietzsche einbezieht; Keupp (2006) fächert verschiedene Beiträge auf unter dem Gesichtspunkt der Anforderungen und Risiken für die Individuen und zieht den Bogen bis zur Gehirnforschung, und Bruder (1994, 1995) thematisiert die fachpsychologischen Subjektkonstruktionen in der Moderne.

Was bleibt: die Subjektgestaltung als sehr anspruchsvolles, weil überdisziplinäres wissenschaftliches, politisches, publizistisches Vorhaben in verschiedenen Diskursen. Für die theoretische Aufarbeitung einer Brückenterminologie als

---

10   Damit ist etwas anderes gemeint als der erwähnte »Arbeitskraftunternehmer«, nämlich jemand, der sich mit dem Unternehmen so weit identifiziert, dass er sein eigenes Tun mehr oder weniger radikal dem Interesse des Unternehmens unterordnet, im Zweifel sogar so weit, dass er sich selbst »freisetzt«, wenn das Unternehmen Kosten sparen muss und er nach rationaler Analyse feststellt, dass er nicht so notwendig gebraucht wird wie andere.

Basis für die Verständigung über Beratung bedeutet das eine Aufgabenstellung, in der wir uns leicht verlieren können, ohne eine Orientierung für die beraterische Praxis zu gewinnen. Gleichgültig, welches Beratungsverfahren verwendet wird, so wird in jedem Fall speziell in der reflexiven Form 2, der Selbstklärung, das Klientensubjekt zum Gegenstand der Reflexion gemacht, und zwar nicht nur von Beraterseite, sondern auch und vor allem vom Klientensubjekt selbst mit Unterstützung durch Beratung. Damit wird in der Beratung unausweichlich ein *reflexives Subjekt* konstruiert, klassisch gesprochen wird eine »psychische Instanz« der Person/des Subjekts etabliert, von der aus diese sich selbst mehr oder weniger kritisch aus einer gewissen Distanz betrachtet und steuert[11] und dies dann in die Alltagssituation hineinträgt. Insbesondere bei längerfristigen Beratungen ist sicherlich davon auszugehen, dass Elemente dieser Beratungssituation als *Reflexionsmuster verinnerlicht* werden.

Solche Reflexion geschieht natürlich nicht allein durch professionelle Beratung, sondern wird den Individuen in vielfachen Kontexten gesellschaftlich abverlangt (vgl. beispielsweise das Konzept des »Arbeitskraftunternehmers« nach Pongratz u. Voß, 2001, und Teil 1, Kapitel 2), wird aber durch Beratung verstärkt und systematisiert oder verändert. Selbst wenn Beratung auf eine (Selbst-)Organisation von (Solidar-)Gemeinschaften hinausläuft, die einer Vereinzelung entgegenwirken soll, bleibt dies doch Ergebnis einer Auseinandersetzung mit der eigenen Person, zunächst also eine »*Arbeit an sich selbst*«, und damit eine Belastung oder Anstrengung, selbst wenn sie im Ergebnis auf eine Entlastung von dem mit einer Vereinzelung verbundenen Druck hinausläuft. Dasselbe geschieht auf der Ebene von Organisationen: Auch sie müssen mehr oder weniger regelmäßig sich selbst zum Gegenstand machen. Die Beantwortung der Fragen in der Art von »Wer sind wir? Was ist unsere Identität (CI – Corporate Identity)«, »Wo stehen wir in unserem relevanten Umfeld?« »Was kommt auf uns zu und wie können wir uns dafür passend aufstellen?« »Was sind unsere Stärken und unsere Schwächen?« »Was können wir tun, um unser Profil zu schärfen?« beschreiben klassische Aufgaben der reflexiven Organisationsberatung. Ähnliche reflexive Fragen müssen sich aber auch Paare stellen, wenn sie sich für Kinder entscheiden, wenn die Kinder aus dem Haus gehen, wenn sie in die Lebensphase »Alter« eintreten und bei anderen, häufig als *krisenhaft* empfundenen Gelegenheiten.

---

11 Es sei denn, Beratung wird so verstanden, dass die Gestaltungs- und Entscheidungsaufgaben von Berater_innen für die Klient_innen wahrgenommen werden und nicht mit ihnen bzw. von den Klient_innen selbst mit Unterstützung durch Beratung; aber dies würde unserem Verständnis von Beratung widersprechen. Es wäre keine Beratung, sondern autoritäre Führung bzw. Herrschaft.

Eine als Profession institutionalisierte Beratung kann also mit M. Foucault (1986b) als *diskursive Praktik* der Subjektgestaltung in der modernen und postmodernen Gesellschaft verstanden werden. Er zeigt in seiner Analyse auf, wie seit der Moderne die Subjekte Machtstrukturen derart verinnerlichen (müssen), dass sie sich selbst mit Hilfe von *Technologien des Selbst* entsprechend den gesellschaftlichen Anforderungen »passend« machen, sich ihnen also durch diese Arbeit an sich selbst unterwerfen; ähnlich argumentiert Keupp (2013). Allerdings wird dabei nicht eine vollständige Manipulierbarkeit des eigenen Selbst unterstellt, sondern diesem eine gewisse Autonomie zugestanden, etwa nach dem Modell eines autopoietischen Systems nach der Systemtheorie. Als typisch für diese Form der Subjektgestaltung führt Foucault Techniken wie beispielsweise das Schreiben eines Tagebuchs an, mit denen versucht wird, Kontrolle über sich selbst zu gewinnen, was in vielen therapeutischen und beraterischen Konzepten Verwendung findet. Es handelt sich in unserer Terminologie um eine Symbolisierungspraktik, die sich äußerlich manifestiert und von da rückwirkt auf die Struktur der inneren Orientierung des Subjekts, also auf ihre Selbstsymbolisierungspraktiken. Genau solche Methoden werden in reflexiven Beratungen vielfältig und erfolgreich zur Selbstklärung genutzt.

Alle diese Überlegungen haben zur Konsequenz, dass wir uns unter Beratungsgesichtspunkten in den Diskursen über die postmodernen Subjektkonstruktionen umsehen sollten. Und da tut sich einiges, es gibt eine Vielzahl mehr oder weniger feinsinniger Diskussionen über das Subjekt der Postmoderne, an der sich verschiedene Fächer beteiligen (Philosophie, Soziologie, Kulturwissenschaften, Naturwissenschaften, speziell die Neurowissenschaften, die Gehirnforschung, wo es in der Folge sogar Diskussionen über die Freiheit des Menschen gibt).

Diese Diskurse sind sehr spannend und anregend, lassen aber Berater_innen mit dem Problem systematisch allein, was sie denn nun tun sollen in ihrer Verantwortung als professionelle Mit-Konstrukteur_innen der Subjekte bei der Unterstützung oder Anleitung zur Selbstgestaltung. Zunächst stellt sich für sie die Frage, welchen wissenschaftlichen Status diese Ausführungen haben, handelt es sich um Hypothesen, die es empirisch zu überprüfen gilt? Oder sollten sie in Beratungen als Möglichkeiten interpretiert werden und den Klient_innen gewissermaßen als Alternativen zur Auswahl angeboten werden? Oder sollte im Gegenteil vor diesen Möglichkeiten auf dem Hintergrund einer kritischen Auseinandersetzung gewarnt werden? Oder soll Beratung warten und sich passiv verhalten, bis klar wird, auf welche Weise sich das Klientensubjekt selbst konstruiert und dies mit den Positionen in den wissenschaftlichen Diskursen vergleichen?

Sämtliche Möglichkeiten beinhalten im skizzierten Sinne selbst wieder Varianten der Subjektkonstruktion, welche auf die Etablierung einer reflexiven psychischen Instanz im Einzelnen hinauslaufen und insofern die von Foucault beschriebenen Diskurse zur Subjektgestaltung in der Postmoderne vorantreiben. Solche Entwicklungen ziehen immer höher werdende Anforderungen an die reflexiven Kompetenzen der Subjekte nach sich; so wird ihnen unter anderem schon seit einiger Zeit die Verantwortung für die eigenen Emotionen zugeschrieben. In der Konsequenz bestünde die vermehrte Gefahr einer Verstärkung gesellschaftlich bedingter Ungleichheit von Subjekten mit hoher reflexiver Kompetenz im Vergleich zu Subjekten mit eher geringer reflexiver Kompetenz – dies wiederum lässt sich gemäß Bourdieu als gesellschaftliche Differenzierung auf der Ebene des symbolischen Kapitals verstehen; auch Organisationen können so betrachtet werden. Die realen Auswirkungen wären weitgehend davon abhängig, wie Beratung gesellschaftlich konkret institutionalisiert und professionalisiert wird: Der Zugang zu qualitativ hochwertiger reflexiver Beratung könnte möglicherweise sogar entscheidend wichtig werden für den Zugang zu gesellschaftlichen Ressourcen.

In die gleiche Richtung, aber unter etwas anderer Perspektive, ist die Frage der tendenziellen *Überforderung* des Individuums zu diskutieren, das immer mehr dazu missbraucht wird, gesellschaftliche, wirtschaftliche, politische und ökologische Konflikte in sich selbst auszutragen, woran es letztlich zerbrechen muss. Untersuchungen zur Depression, zum Burnout, zum mit der Konfliktbewältigung verbundenen Konsum von Antidepressiva und zum Alkoholkonsum als Normalität des aktuellen individuellen Subjekts (Ehrenberg, Lenzen u. Klaus, 2008) weisen in diese Richtung.

Damit könnten wir eine Modifikation der Lehre von den psychischen Instanzen nach Freud vornehmen: Anstatt der Verinnerlichung der väterlichen, moralischen Autorität im Über-Ich, das aus Angst (also mit den Kräften des Es) vor der triebhaften Natur installiert wird, gibt es nun den aus einer (Leistungs-) Versagens-Angst oder aus einer narzisstischen Angst mit Energie versorgten *Selbstoptimierungsmanager als verinnerlichte reflexive Instanz* in der Persönlichkeit. Dies hat sein Pendant als »continous improvement – kontinuierlicher Verbesserungsprozess«, Qualitätsmanagement und Controlling in Arbeitsorganisationen, das ständig die Abläufe beobachtet und gegebenenfalls verbessert. Solche kontinuierliche, reflexive Selbstoptimierung wird also als durchgehendes Muster in verschiedenen Symbolisierungspraktiken verschiedener Klientensubjekte praktiziert. Damit verbunden ist ein sehr hoher Anspruch an die Beratungskompetenz, die von einer etablierten professionellen Beratung angefordert wird: Wie berate und begleite ich Klient_innen im Hinblick auf ihre Subjektselbstgestaltung? Und wie machen wir das so, dass wir nicht zu unkritischen Erfüllungsgehilfen von Individualisierungsprozessen werden und sie nur »fit machen für das Hamsterrad« (Keupp, 2013)?

Um hier zu einer Orientierung für Berater_innen zu kommen, wählen wir wieder den pragmatischen Weg: Wir gehen davon aus, dass die wissenschaftlichen Diskurse zum Subjekt in ihren Unklarheiten, Widersprüchlichkeiten, Ambivalenzen die Realitäten der postmodernen Gesellschaft widerspiegeln, und skizzieren einige Ansatzpunkte, die für Berater_innen in diesem Kontext hilfreich sein könnten und an deren Praxis anschließen, wohl wissend, dass dies auch anders konzipiert werden könnte. Zur Strukturierung der folgenden, weiterführenden Überlegungen unterscheiden wir, wie wir möglich sind als grundlegende Orientierung für praktische Beratung und was uns als Subjekt in einer gesellschaftlichen Position möglich ist, worüber wir also als konkret realisierbare Optionen verfügen.

1.1 Wie wir möglich sind

1.1.1 Als natürliches Subjekt

Donald (2008) kommt aufgrund seiner kritischen Sichtung *neuropsychologischer Forschungsergebnisse* zu dem Schluss, dass die wesentliche Qualität des Menschseins in der *Ermöglichung der Kultur* besteht, dass im Zuge der menschlichen Evolution das Gehirn sich immer mehr an die Anforderungen der Kultur angepasst hat, so dass der Mensch nunmehr ohne seine Kultur zwar nicht mehr lebensfähig ist, andererseits aber durch die Kultur den anderen Spezies so »überlegen« wurde, wie wir es heute erleben. Er spricht in diesem Zusammenhang häufig von Symbolisieren, ohne aber genauer darauf einzugehen, wie dies geschieht; es ist nicht sein Thema. Er betont aber immer wieder, dass damit die menschliche Kultur entstand, die nicht von isolierten Einzelindividuen, sondern nur im Zusammenwirken und Austausch mit anderen getragen werden kann. Er verwendet in diesem Zusammenhang den Begriff »Hybridintelligenz« der Menschen als die Qualität, die die Menschen vor allen anderen (bekannten) Lebewesen auszeichnet. Die Sprache betrachtet er dabei als äußerst wichtigen, aber sekundären Faktor, weil sie auf mimetischen Abstimmungsprozessen zwischen Menschen aufbauen muss.[12] In gewissem Sinne setzen wir also mit unseren Überlegungen dort an, wo Donald aufhört.

---

12   Es ist wohl besser, wie bereits in älteren Psychologien, bei solchen Überlegungen den Organismus als Ganzes zu betrachten und nicht »das Gehirn«, wie es verbreitet getan wird, wobei »das Gehirn« gern außerdem noch wie ein Subjekt in uns behandelt wird.

Wir sind in den Rechtsordnungen unseres abendländischen Kulturkreises und weit darüber hinaus möglich als natürliche Subjekte (die in der Regel auch rechtliche Subjekte sind) oder als rechtliche Subjekte, aber auch noch auf andere Weise als soziales Aggregat ohne eigenen Rechtsstatus, beispielsweise als Familie, als Gruppe oder ähnlich.[13] Die Basis für alles ist zunächst das *natürliche Subjekt*. Die Qualifizierung »natürlich« erweist sich dabei als besonders zutreffend, denn es geht neben anderem um die natürliche Basis der menschlichen Existenz. Sie bestimmt ganz basal, wie wir möglich sind. Nun ist unser *Verhältnis zu unserer Natur* wieder mal keine unveränderliche Gegebenheit, sondern Charakteristikum verschiedener Symbolisierungspraktiken einer Kultur, das sich wiederum in konkreten Regelungen für das praktische Tun manifestiert. Das *kulturelle Naturverhältnis* muss sich infolgedessen in irgendeiner Weise in den Subjekten wiederfinden. Wir können auch sagen, dass im natürlichen Subjekt *die menschliche Natur gesellschaftlich-kulturell konstruiert* wird. Ein Beispiel ist die weithin bekannte Theorie von Sigmund Freud, in der die psychischen Instanzen Es, Ich und Über-Ich unterschieden werden. Diese psychischen Instanzen spiegeln das Naturverhältnis der abendländischen Kultur seiner (S. Freuds) Zeit wider, demzufolge Kultur als Gegensatz zur Natur begriffen wird und zur Bändigung der tendenziell bedrohlichen Natur (dem Es) die kulturell-zivilisatorische Instanz des Über-Ich als Verinnerlichung der väterlichen Autorität entgegengesetzt werden muss. Das passt derzeit nicht mehr so unbedingt auf die Subjekte der reflexiven Moderne, einerseits wegen eines veränderten Naturverhältnisses und andererseits wegen der veränderten Familienstrukturen und Geschlechtsrollenmuster. Aber auch die »Angst nicht auf der Höhe zu sein« (Ehrenberg et al., 2008, S. 140) kann eine ähnliche Funktion als psychische Instanz herausbilden.

Die kulturellen und gesellschaftlichen Subjektkonstruktionen der Menschen der Spätmoderne erweisen sich als vielfältig, als unklar und widersprüchlich. Verschiedene Wissenschaften mit verschiedenen Menschenmodellen, unterschiedliche Haltungen in der Politik und in verschiedenen gesellschaftlichen Diskursen zeichnen sich durch verschiedene Modelle aus. Das bürgerliche Individuum wird aus bestimmten, mitunter etwas angestaubten Ecken hochgehalten, oftmals mit der Angst verbunden, anderenfalls eine jahrzehntelange Orientierung zu verlieren; auf der anderen Seite verwirren uns Neobiologismen der Hirnforschung (die uns beispielsweise keine freie Entscheidung zutrauen) dann

---

13 Interessant ist, dass der Familie als soziale Einheit verbreitet in verschiedenen Kulturen eine sehr große Rolle zugewiesen wird (»Keimzelle der Gesellschaft« oder ähnliches), wobei in unserer abendländischen Kultur zwischen Groß- und Kleinfamilie unterschieden wird. Auch in der Rechtsordnung, aber vor allem in der Politik, wird »die Familie« für alles Mögliche verantwortlich gemacht; trotz alledem ist sie aber keine juristische Person.

praktizieren wir wieder starke Selektionsmechanismen beim Zugang zu Ressourcen, vor allem Bildungsressourcen, aber auch »organisierte Unverantwortlichkeit« (Beck, 1988) und dennoch Anspruch auf exorbitante Einkommen als Maß der Selbst-Bewertung; und überall darin ist Beratung (aber natürlich ebenso die Psychotherapie) als reflexive, mehr oder weniger kritische Distanz involviert. Aber als *kritische Instanz,* die den öffentlichen Diskurs kritisch begleitet und füttert, erscheint sie schon weniger;[14] die Menschen werden allein gelassen und dadurch entstehen Spielräume für mitunter abstruse Ideologien oder solche, die eine klare Orientierung vorgaukeln, die aber oft weit davon entfernt sind, wirklich nachhaltig tragfähige Orientierungen zu geben.

1.1.1.1 Körper und Leib

Die Basis von sämtlichen Subjektarten ist unser natürlicher Körper. Wenn wir mit unserer Natürlichkeit zu tun haben, sollten wir aber unterscheiden, ob wir dies aus der distanzierten Perspektive *von außen* tun[15] – dann sprechen wir vom »Körper« oder »Körperlichkeit« des Menschen – oder aus der Perspektive des unmittelbaren Selbstempfindens oder Selbstseins, dann sprechen wir vom »Leib« oder unserer »Leiblichkeit« (vgl. dazu beispielsweise Böhme, 2003). Diese Unterscheidung ist für die Beratung natürlich relevant. Im Bereich der Körperlichkeit bringen sich derzeit die Neurowissenschaften (Gehirnforschung) mit Macht in den Diskurs ein und versuchen sich in eigenen Beiträgen zur Subjektgestaltung (vgl. zum Beispiel Singer, 2003), häufig allerdings nicht wirklich überzeugend mit neuen und überraschenden Erkenntnissen; meistens bestätigen sie Erkenntnisse, die in der Psychologie schon länger bekannt sind.

Wir müssen uns darüber im Klaren sein, dass uns unsere natürliche Grundlage nur gemäß bestimmter kultureller Symbolisierungspraktiken zugänglich ist und dass wir nur mit kulturellen Symbolisierungspraktiken, die uns ein Zusammenleben und -handeln mit anderen erlauben, lebensfähig sind. Mit anderen Worten: ohne (s)eine Kultur kann der Mensch nicht existieren, *die menschliche Natur ist im Laufe der Evolution auf eine Kultur angelegt* (vgl. Donald, 2008).

Die Notwendigkeit von Symbolisierungspraktiken zur Erschließung unserer Natur gilt sowohl für die Betrachtung aus der Außenperspektive, beispielsweise der medizinischen oder der naturwissenschaftlichen, wenn wir von unserem »Körper« sprechen, wie auch aus der Innenperspektive, wenn wir dann von unserem »Leib« sprechen, denn auch unsere Leiblichkeit ist uns vielfach als eine

---

14 Dies ließe sich als Versagen einer Beratungs-Wissenschaft, die sich als reflexive Institution versteht, interpretieren.

15 »Von außen« heißt aus der Position eines Geistes, welcher der Natur gegenübersteht.

durch Symbolisierungspraktiken vermittelte zugänglich und nicht unmittelbar naturwüchsig. Das macht schon ein Blick auf unterschiedliche Ekel-Reaktionen des Leibes auf die Speisen anderer Kulturen deutlich, und dazu müssen wir noch nicht einmal in weit entfernte Kulturen schauen, es reicht ein Blick nach Island, dort gibt es beispielsweise leckeren gesengten Schafskopf, halb verwesten Haifisch mit Ammoniaknote oder Widderhoden.[16] Unser unmittelbar *erlebtes Leibsein* ist uns nur als interpretiertes gegeben. Wir lernen unsere Selbstwahrnehmungen, selbst solche wie »mir ist kalt«, erst aus dem symbolischen, speziell dem sprachlichen Austausch mit anderen.

Der Leib wird uns besonders *in der ästhetischen Modalität* zugänglich, die aber durch sprachliche Begriffe entwickelt oder modifiziert wird, der Körper wegen der Sicht von außen vor allem durch die diskursiv-begriffliche Modalität der wissenschaftlichen Medizin und Biologie, was in anderen Kulturen auch wieder anders sein kann.

Für unsere Kommunikation hat der *direkte leibliche Austausch* große Bedeutung, man denke nur an Zärtlichkeit, Erotik, Sexualität, Sympathie über sensorische und olfaktorische Kanäle, aber auch über Mimesis (siehe Teil 2, Kapitel 1.2). Dabei muss das Kommunizieren über den Leib auch erst kulturspezifisch erlernt werden, es muss eine Verbindung zwischen dem unmittelbaren, ästhetischen Leibempfinden und den Begriffen der diskursiv-begrifflichen Kommunikation etabliert werden, die dann auf die ästhetische Empfindung zurückwirkt – wir können unsere leibliche Selbstwahrnehmung sowohl von anderen Menschen als auch von Kunstwerken mimetisch und durch eine diskursiv-begriffliche Auseinandersetzung schärfen und entwickeln.

Auch unser Symbolisieren lässt sich gut vorstellen als nicht nur beeinflusst, sondern auf spezifische Weise ermöglicht durch körperliche (wenn sie vom Subjekt selbst wahrgenommen werden, als leibliche) Vorgänge, also durch unsere menschliche Natur. Und zwar nicht nur dadurch, dass uns unser Zentralnervensystem Symbolisierungen ermöglicht, sondern auch Auswirkungen der Hormone auf allgemeine Stimmungen oder auf die Wahrnehmung, beispielsweise im Bereich der Sexualität. Wir können unsere Symbolisierungen verändern, indem wir physisch eingreifen: durch Drogen, aber genauso durch Hunger, durch Schlafentzug oder anderes; hierbei ist der Übergang zum Einfluss von Drogen mitunter fließend. Körper und Leib sind also die Grundlage für Symbolisierungspraktiken, sie ermöglichen diese, sind gleichzeitig auch der *Ermöglichungs-Ort ihrer physischen Realisierung,* denn nur über sie können wir Sym-

---

16 Interessant wäre es, zu erfahren, womit Isländer so ihre Probleme bei der mitteleuropäischen Küche haben.

bolisierungen produzieren, speziell solche, die für andere zugänglich sind und so unsere Kommunikation ausmachen.

Das heißt in der Konsequenz, dass Symbolisierungspraktiken einem oder mehreren bestimmten *Körpern als Träger* zugeschrieben werden können und müssen. Wir finden sie dort physisch verortet, unabhängig davon, dass sie Produkt von Interaktionen sind, aber die schlagen sich eben in Körper und Leib nieder und äußern sich in deren Verhalten.[17] Dies geschieht jeweils auf ganz spezifische Weise in jedem einzelnen, als Ergebnis der Aufeinanderschichtung von Erlebnissen. Wie dies geschieht, ist zumindest zum großen Teil kulturabhängig. So entwickelt sich das in verschiedenen Kulturen symbolisch konstruierte, natürliche Einzelsubjekt mit seinen überkulturellen biologischen Eigenschaften (wie zwei Arme, zwei Beine, Hände, Füße, in der Regel einem von zwei phänotypischen Geschlechtern zugehörig etc.), das aber in seiner Besonderheit kulturspezifisch gestaltet wird und in unserer Rechtsordnung die »natürliche Person« heißt. Als selbst empfundener Leib schreibe ich mir selbst »meine« Symbolisierungen zu und generiere umgekehrt für und in jeder Interaktion Leib-Symbolisierungen nach meinem speziellen Muster; wir können also einerseits individuell verschiedene, aber zu einem großen Teil auch kulturell gleiche Selbstsymbolisierungspraktiken identifizieren.

Das betrifft einmal das unmittelbare Erleben unseres Leibes, distanziert betrachtet unser »Körper«, und zum anderen das Erleben im symbolischen Raum zwischen uns und Anderen. Alles geschieht jedoch nicht unabhängig voneinander, denn wie wir uns wahrnehmen, wird wesentlich dadurch mitgeprägt, wie wir von anderen kommuniziert bekommen, wie sie uns sehen. In der Wahrnehmung mit den Augen der anderen nehmen wir unseren Körper wahr, und das integrieren wir in unser unmittelbares Empfinden als Leib. Differenziertere Ausführungen zur Unterscheidung zwischen Körper und Leib und daraus zu ziehende Konsequenzen finden sich beispielsweise bei Böhme (2003).

Tatsächlich zeigt sich also unser Naturverhältnis in unserem Verhältnis zu unserem Körper und das realisiert sich unter anderem in unserer Medizin. Die in vielen Teilbereichen höchst erfolgreiche naturwissenschaftliche Ausrichtung der abendländischen Medizin impliziert ein *Herrschaftsverhältnis des menschlichen Geistes über die Natur*. In vielfältigen Versuchen zur Bestimmung unseres Naturverhältnisses werden unsere Naturwissenschaften als Bestrebungen, Kontrolle über die Natur zu gewinnen, verstanden (vgl. Seel, 1993): Hintergrund

---

17 Die modernen Kommunikationstechniken lassen allerdings die Bindung an natürliche Körper nicht mehr konkret erlebbar erscheinen; hinter ihnen muss jedoch irgendwann und irgendwo ein natürlicher Mensch agiert haben, der sie mit Blick auf mögliche Kommunikationen programmiert hat.

ist die Grundangst, die aus unserer Abhängigkeit von der Natur resultiert: Der Umstand, dass wir als Naturwesen von der Natur abhängig sind, stellt eine existenzielle Bedrohung dar, der wir begegnen können, indem wir versuchen, die dahinter stehenden Kräfte durch Rituale zu besänftigen, damit sie uns freundlich gesinnt sind, oder wir können unserer Angst begegnen, indem wir versuchen, so viel wie möglich Kontrolle und Macht über unsere Natur auszuüben; Das ist nicht nur die Basis unserer Naturwissenschaften, sondern auch die Basis unseres *Verhältnisses zu uns selbst,* soweit wir selbst Natur sind, wie eben beispielsweise in der Subjektstruktur nach Freud.

Konkret praktisch wird dieses Naturverhältnis nicht nur vom Arzt realisiert, sondern in der Sozialisation der Subjekte noch in vielfältigen anderen Kontexten, die das Arzt-Modell implizieren. Nicht nur die Ärzte, sondern auch wir selbst machen unseren Körper zum Objekt einer naturwissenschaftlichen Symbolisierungspraktik und damit uns selbst zumindest partiell zu einem der naturwissenschaftlichen Rationalität Unterworfenen. Weil wir aber in unserem gesellschaftlichen Selbstverständnis solche Unterwerfungen (unter andere Personen) grundsätzlich nicht zulassen, kann sich das in der ärztlichen (medizinischen) Beratung nicht darin äußern, dass der Arzt real die Herrschaft über die natürliche Person übernimmt. Stattdessen muss er in einer dialogischen Beziehung zum Patienten die Bewältigung des medizinischen Problems zur gemeinsamen Aufgabe machen (etwas miteinander beraten). In diesem Prozess wird im (Patienten-)Subjekt eine eigene Steuerinstanz etabliert, die eine gewisse Trennung zwischen einem Ich und dem eigenen Körper beinhaltet, wobei dieses Ich Herrschaft über den eigenen Körper ausübt (ausüben soll); wir haben also in unserer Kultur den Arzt zum wissenschaftlichen Umgang von außen mit unserem Körper im Zuge gesellschaftlicher Arbeitsteilung ausgegliedert und holen ihn dann wieder als Selbstbetrachtung von außen in unser Ich hinein. Das mag als Beispiel dafür dienen, wie das kulturelle Naturverhältnis unserer abendländischen Gesellschaften im Subjekt gewissermaßen abgebildet und auch in Beratungen in individuelle Subjektkonstruktionen umgesetzt wird. Es lässt sich übertragen auf andere Bereiche wie beispielsweise ein verinnerlichtes Psychologen-Ich, welches die eigenen Emotionen gewissermaßen von außen betrachtet und steuert, ein Unternehmer-Ich, das so ähnlich mit der eigenen Arbeitskraft umgeht usw.

Wenn sich der Arzt zunehmend zum *Gesundheitsberater* entwickelt, ändert sich damit auch seine Rolle, abhängig davon, wie er sie individuell wahrnimmt. Dann kann er beispielsweise die subjektive Leiblichkeit des Klienten fördern, indem er Gesundheit nicht bloß als die Abwesenheit von Krankheitssymptomen, sondern als Lebensweise nahezubringen versucht – er wird zum Lebensberater mit der Perspektive auf ein reflektiertes Naturverhältnis. Das kann sich beispielsweise als liebevoller Umgang mit dem eigenen Leib äußern, was in der Konsequenz natürlich auch einen anderen Umgang mit dem Körper anderer Subjekte im Bereich der Sexualität nach sich zieht (ziehen müsste), wenn nicht starke narzisstische Tendenzen dem entgegenwirken. Das sieht dann in der Konsequenz ganz anders aus als beispielsweise Sexualität als »Triebabfuhr« zu betrachten, hat damit aber auch Auswirkungen auf die gesamte (Selbst-)Gestaltung des Subjekts, bei der das *Naturverhältnis als Verhältnis zur Körperlichkeit oder Leiblichkeit* einen ganz zentralen Stellenwert einnimmt.

1.1.1.2 Geschlecht

Die wichtigste unterscheidende und die jeweiligen Symbolisierungspraktiken prägende Eigenschaft des natürlichen menschlichen Subjekts ist sein Geschlecht. Hier gehen die natürlichen, im Sinne unserer naturwissenschaftlichen Symbolisierungspraktik biologischen Unterschiede zwischen den Geschlechtern als unmittelbar wahrnehmbare Eigenschaften, wie Körperbau, aber auch solche, die wir nur per spezieller naturwissenschaftlicher Symbolisierungspraktik identifizieren können, wie Chromosomen, Hormone und ähnliche, mit *Inkorporierungen* und kulturellen Symbolisierungspraktiken eine derart enge Verbindung ein, dass sie nicht mehr auseinanderzuhalten sind, weil wir uns nicht anders über unsere Natur im Rahmen unserer kulturellen Symbolisierungspraktiken verständigen können.

Die in der unterschiedlichen Natur der Geschlechter begründete Möglichkeit des Geschlechtsverkehrs, die Möglichkeit des Befruchtens, die der Empfängnis, des Austragens und Säugens eines Kindes sowie die Ansprechbarkeit je eigener Regungen auf das andere Geschlecht müssen unbedingt in kulturellgesellschaftlichen Symbolisierungspraktiken auf verschiedenen Ebenen ihren Niederschlag finden und gestaltet werden und das gilt auch für die Vielfalt von Varianten und Zwischenformen. Keine Kultur und Gesellschaft kann einfach darüber hinweggehen, genau so wenig, wie sie über die Bedürfnisse nach Nahrung, Wasser, Atemluft, eine passende Temperaturregulation und anderes hinweggehen kann. Heftige, klassisch als körperliche bezeichnete emotionale, beispielsweise hormonelle Reaktionen und Bedürfnisse machen die Sexualität deshalb zur großen, durch Symbolisierungspraktiken auf kultureller und individueller Ebene zu bewältigenden Aufgabe, weil sie sich nicht, wie etwa das Bedürfnis nach Essen und Trinken, auf nichtmenschliche Objekte richtet, sondern auf *andere menschliche Subjekte,* die so zu *Objekten* werden können. In der Folge wird Sexualität zu einem häufigen *Auslöser von Problemen der Subjektgestaltung,* derentwegen auch Beratungen aufgesucht werden, und auf der

Ebene von Krankheitsdefinitionen oder tiefgreifenden Störungen der Persönlichkeit zu therapeutisch zu bearbeitenden Problemen. Gerade in Zeiten des gegenwärtigen kulturellen Umbruchs ist es deshalb nicht verwunderlich, dass das *Gender*-Thema innerhalb der Kulturen und zwischen den Kulturen vertieft und teilweise heftig diskutiert wird und einschlägige Symbolisierungspraktiken in Frage gestellt werden. Durch Symbolisierungspraktiken im Sinne von sozialen Regeln definieren wir, was wir als Frau oder als Mann sind, was uns möglich ist als Mann oder als Frau und auf welche Weise wir etwas im Verhältnis zum anderen Geschlecht realisieren können und dürfen. Die einschlägigen, kulturspezifischen Symbolisierungspraktiken zeichnen sich denn auch durch einen starken emotionalen Aspekt und eine Dominanz der bildlich-ästhetischen Modalität aus und sind durch vielfältige Regeln mit ethisch-moralischem Hintergrund auf rechtlicher Ebene formalisiert und kodifiziert.

1.1.1.3 Emotionen und Motivationen

Unter der Perspektive des Subjekts begegnet uns wieder die Thematik der Emotion und der Motivation, und zwar zunächst als dem jeweiligen Subjekt von außen, also von anderen, aber dann auch von sich selbst unter einem Blickwinkel von außen zugeschriebene »*Eigenschaft*«. Was heißt das?

Emotionen und Motivationen beinhalten immer eine *Beziehung (oder eine Haltung) des Subjekts zu Objekten,* das können andere Subjekte und/oder eine Sache, ein Gegenstand oder ein Thema sein, das kann aber auch das Subjekt selbst sein. Dabei ist es nicht wichtig, wie dieses/dieser andere *ist,* sondern, wie das Objekt von diesem Subjekt symbolisiert wird. Das ergibt sich aus den Eigenschaften unseres Symbolisierens. Weil wir mit einer gewissen Regelmäßigkeit auch in verschiedenen Kontexten (allerdings nicht immer) einem Objekt nach gleichem Muster, aber unterschiedlich konkret symbolisierend begegnen, beschreiben Emotionen als Eigenschaften unserer Symbolisierungspraktiken jeweils ein durchgängiges Verhältnis von einem Subjekt zu einem Objekt, auch ein Verhältnis eines Subjekts zu sich selbst.

Weil Symbolisierungspraktiken aus der Kommunikation mit anderen Subjekten innerhalb der Praktiken einer Kultur emergieren und weil dabei die jeweils historisch aktuellen Praktiken realisiert werden, sind unsere kulturellen, auch subkulturellen Symbolisierungspraktiken maßgeblich an unseren Emotionen beteiligt.

Und weil wir Symbolisierungspraktiken in reflexiven Prozessen, nicht nur im Zusammenhang von Beratung, ändern wollen und auch können, ist es möglich, unsere Emotionen *reflexiv zu verändern.* Das wird häufig sogar von den Subjekten der reflexiven Moderne verlangt, ist aber nicht so einfach, und zwar, weil sie eben unsere Beziehungen zu Objekten beinhalten und damit uns selbst thematisieren und weil sie letztlich die energetische Dimension auf Basis unserer Körperlichkeit/Leiblichkeit unserer Symbolisierungspraktiken ausmachen. Das klingt zunächst theoretisch komplizierter, als es praktisch ist. Es heißt nichts anderes, als dass unsere Emotionen wesentlich beeinflusst sind von unseren kulturell geprägten Interpretationen und dass sie eine wesentlich körperliche Qualität haben und sich damit in einem Feld aufhalten, das in unserem kulturellen Selbstverständnis häufig als Antagonismus »Geist – Natur« aufgespannt wird. Aber dennoch oder gerade deshalb müssen unsere Emotionen in einer Profession Beratung als institutionalisierter Reflexivität einen ganz zentralen Stellenwert erhalten.

Wie aber stellt sich dies etwas genauer dar?[18] Unsere Emotionalität ist also ein wesentliches Bestimmungsstück dessen, wie wir als natürliche Subjekte möglich sind. Wenn wir beispielsweise die naturwissenschaftliche Perspektive von außen auf uns als Menschen einnehmen, können wir *ein physiologisches Zusammenwirken verschiedener Komponenten* beobachten, die insgesamt eine *Vielfalt innerer Zustände* unseres Körpers (Organismus) ausmachen, die wiederum unter der Perspektive von innen (Leiblichkeit) als sehr intensiv empfunden und beschrieben werden und offensichtlich damit, *ob* wir etwas und *wie* wir etwas tun, eine Menge zu tun haben. Diese inneren Zustände sind als Erregungszustände von Nervenzellen oder Komplexen von Nervenzellen, als Ausschüttung von Hormonen, als Veränderung des elektrischen Hautwiderstands und als Muskelanspannung oder anderes *naturwissenschaftlich identifizierbar.* Wir lernen in jeder Kultur unterschiedlich differenzierte Symbolisierungspraktiken, die es uns auch erlauben, diese Zustände zu verbalisieren und sie damit für uns verfügbar zu machen. Gleichzeitig werden diese Zustände aber für andere auch außerhalb der verbalen Ebene vielfältig wahrnehmbar, insbesondere in der *ästhetischen Modalität,* auch durch direktes Mitschwingen über die Spiegelneuronen *(Empathie, Mimesis).* Das wird dann direkt erlebt, verweist also auf unsere Leiblichkeit.

Häufig ist es hilfreich, bei Fragen nach den Beweggründen für unser Tun (also bei Fragen nach den Motiven) die Antwort bei einem *inneren Zustand des Organismus* zu suchen, in dem Sinne, dass wir *bestimmte innere Zustände anstreben und andere zu vermeiden trachten.* In diese Richtung gehen viele verschiedene, auch schon ältere Konzepte der wissenschaftlichen Psychologie; es macht das Verständnis von Verhalten manchmal leichter, wenn wir in Beratun-

---

18   Zu den folgenden Überlegungen, auch denen zu gemeinschaftlichen Emotionen, die sie »kollektive Affektlogik« nennen, vgl. Ciompi und Endert (2011).

gen danach fragen, welchen inneren Zustand wir mit diesem Verhalten erreichen (»Wie fühlst du dich?«). Solches Vorgehen hebt darauf ab, dass wir als Folge
unseres Verhaltens oder wahrgenommener Geschehnisse aus unserer Umwelt
Symbolisierungen mit definiertem emotionalem Gehalt hervorbringen, die also
eine Interpretation darstellen. Und das können wir auch dadurch tun, dass wir
uns beispielsweise auf ein intensives Einfühlen durch Mimesis einlassen.

Dabei sollten wir uns dessen bewusst sein, dass die verbreitete *begriffliche Trennung zwischen Emotion und Kognition* Ergebnis einer durchgängigen
abendländischen Symbolisierungspraxis ist. Diese Tradition der begrifflichen
Trennung führte unter anderem dazu, dass immer wieder versucht wird oder
versucht werden muss, beides wieder miteinander zusammenzubringen, denn
unsere Erfahrungen zeigen uns, dass es zwar sinnvoll sein kann, zu Zwecken
einer Analyse die Begriffe zu trennen, dass unser Verhalten und unsere Motivationen aber immer auf beiden Ebenen verknüpft sind.

Die Art und die Stärke unserer Emotionen (beispielsweise Angst oder Freude)
können wir zwar sowohl per Mimesis als auch mit Hilfe technischer Messappa-
rate (unter anderem Messung des elektrischen Hautwiderstands) wahrnehmen,
nicht aber, worauf sie sich beziehen. Dies muss immer aus dem Kontext erschlossen werden, wenn es nicht direkt mitgeteilt wird (»Ich habe Angst vor …«).

Dabei gibt die Beobachtung einer *Verhaltenstendenz* wichtige Hinweise:
Besteht die Tendenz, sich auf ein Objekt zuzubewegen (Hoffnung, Freude …)
oder sich davon weg zu bewegen (Angst, Furcht …)? Allerdings darf man sich
nicht der Illusion hingeben, damit schon eine eindeutige Zuordnung gesichert
zu haben, denn auch aus Wut gehen wir auf etwas (oder jemanden) zu, aber
sicherlich nicht gerade freudig bewegt (= durch Freude motiviert). Allenfalls
können wir verallgemeinern, dass wir auf etwas zugehen, das uns wichtig ist,
von dem wir aber unter Umständen durch eine Barriere ferngehalten werden,
was dann Wut oder Aggression gegenüber dieser Barriere auslösen kann.

Diese einer Emotion grundsätzlich innewohnende Tendenz einer Bewegung
eines Subjekts auf ein Objekt zu oder von einem Objekt weg setzt sie in Zusammenhang zur räumlichen und zeitlichen Dimensionen von Symbolisierungspraktiken. In beiden Dimensionen spielt die Entfernung des Subjekts vom emotionalen Objekt/Ereignis in der *symbolischen Raumzeit* eine große Rolle, insbesondere
für deren Stärke: Die Angst vor einer Prüfung steigt ebenso mit der (zeitlichen)
Nähe wie die Angst vor einem Eisbär mit der räumlichen Nähe. Diese Tendenz ist
ebenfalls der Grund dafür, dass wir hier immer Emotion und Motivation gemeinsam diskutieren, es handelt sich um dasselbe Phänomen, nur unter verschiedenen
Blickwinkeln betrachtet. Irritieren könnte dabei vielleicht, dass wir gewohnt sind,
von Emotionen nur im Sinne von starken, drastischen Emotionen mit starken

körperlichen Empfindungen zu reden, während Motivationen oder Motive uns mitunter auch als rein rationale Konstruktionen erscheinen. In Beratungen sollten wir aber beim Thematisieren von Motivationen nach den dahinter steckenden Emotionen fragen, auch wenn diese uns »nur« sehr vermittelt erscheinen und deshalb nicht mit starken körperlichen Reaktionen verbunden sind. Dies gilt insbesondere für die Vermeidungsmotivation, die als Emotion »Angst« genannt wird. Denn hier gilt (nach dem verhaltenstheoretischen Paradigma), dass wir nicht nur das Angst auslösende Objekt, sondern auch die Angst davor, also den inneren Zustand der Angst, vermeiden wollen. Daraus folgt: Wenn wir genau wissen, wie wir einen Zustand der Angst vermeiden können, dann werden wir uns immer genau dementsprechend verhalten und unsere Angst wird kaum sichtbar werden. Sie wird aber sichtbar werden, wenn wir gehindert werden, das zu tun, mit dem wir einen *Zustand der Angst vermeiden* können; dann bricht diese Angst erlebbar aus und wir wissen, dass hinter dieser Motivation zu diesem Vermeidungstun eine Emotion, also eine Angst steckt. In gewissem Sinne gilt dies auch für die Hoffnung: Wir wollen einen Zustand der Hoffnung herbeiführen, weil es sich einfach in diesem Zustand schöner leben lässt; deshalb werden wir einiges tun, um diesen Zustand der Hoffnung zu erreichen. Verbreitet ist auch die Rede vom »Verliebtsein ins Verliebtsein.« Dieser Zusammenhang zwischen einem emotionalen Zustand und einem emotionalen Verhältnis zu diesem Zustand lässt sich durchdeklinieren für die uns bekannten Emotionen, so fühlen wir beispielsweise auch eine Abneigung zu einem Zustand des Ekels. Zusammenhänge solcher Art werden als »Logik der Emotionen« oder als »Affektlogik« (Ciompi u. Endert, 2011, S. 13–44) diskutiert, was vielen leicht als Widerspruch in sich erscheinen mag, die Emotionen als das genaue Gegenteil von Logik verstehen.

Emotionen und Motivationen sind zwar an die Natur des Menschen gebunden und somit auch an das jeweilige, besondere Individuum, doch haben sie als Bestandteil von Symbolisierungspraktiken, die sich zwischen den Menschen konstituieren, natürlich auch eine *kollektive Ebene über den sozialen Raum,* den sie einnehmen. Dazu gibt es bereits einige Konzepte: In der klassischen psychologischen Wissenschaft der abendländischen Kulturen spielt besonders die *Leistungsmotivation* (McClelland, Atkinson, Clark u. Lowell, 1953) mit der Erweiterung durch Heckhausen (1989), der sie als Angst vor Misserfolg und Hoffnung auf Erfolg ganz wesentlich differenzierte, eine herausragende Rolle; dies deshalb, weil in diesen Gesellschaften der »Erfolg« die zentrale Dimension für die *Einordnung der Individuen in der vertikalen Dimension des sozialen/gesellschaftlichen symbolischen Raums* darstellt.

Ciompi und Endert (2011) gehen noch einen anderen Weg, wenn sie fragen, wie gemeinschaftliche Emotionen letzten Endes die Weltgeschichte beweg(t)en. Dabei wird eine Koppelung an die ästhetische Modalität deutlich, die eine Steuerung von Emotionen auch im Sinne einer Manipulation von beispielsweise Ängsten und Hoffnungen erlaubt. Dieser Zusammenhang erklärt, was die kulturschaffende Funktion von Religionen und anderen »Mega-Erzählungen« ausmacht. Sie können als herausragendes Beispiel für komplexe Symbolisierungspraktiken betrachtet werden, die durch eine Kombination von begrifflichen und ästhetischen Elementen sowohl auf einer kollektiven, gemeinschaftlichen Ebene als auch auf individueller Ebene existenzielle Ängste und Hoffnungen kanalisieren. Deren Agenten bzw. Agenturen – wie die politische Propaganda, aber auch die Kirchen – demonstrieren in der Geschichte auch, wie dies zur Ausübung von Macht und Herrschaft genutzt werden kann. Das geschieht durch die Formulierung von Glaubenssätzen, durch Rituale, Inszenierungen und Geschichten, Ikonen (Bilder) und emotionale Besetzung von Begriffen. Dieselben Zusammenhänge machen sich auch (totalitäre) Ideologien zu Nutze. Bestes Beispiel dafür sind zum einen der Nationalsozialismus, der anbot, nationale Demütigungsgefühle durch Machtfantasien zu überwinden, während zum anderen der Stalinismus aus der Armut und Unterdrückung Fortschritt, Gerechtigkeit und Gleichheit erhoffen ließ. Auch islamistische Ideologien sind in diesem Zusammenhang zu nennen; die Geschichte ist also voller Beispiele dafür, wie Herrschaft durch Emotionen kanalisierende Symbolisierungspraktiken ausgeübt wurde (herausragende Beispiele dafür sind unter anderem die Pharaonenreiche, das Heilige Römische Reich, der Absolutismus von Gottes Gnaden usw.). Ciompi und Endert (2011) führen solche Zusammenhänge weiter aus an den Beispielen des Nationalsozialismus, des israelisch-palästinensischen Konflikts und der prekären Beziehung zwischen Islam und den westlichen Gesellschaften, die wir hier dem abendländischen Kulturkreis zurechnen. Ein weiteres Beispiel ist die Fixierung der Israelis auf den Holocaust, der einerseits Traumata über mehrere Generationen hinweg verursacht hat, der aber auch zentrales Element der israelischen Identität ist, wie Avraham Burg (2009) es beschreibt und gleichzeitig kritisiert. Es lässt sich also ein immer wiederkehrendes Muster von kollektiven, aber auch individuellen Demütigungserfahrungen mit entsprechenden Selbstsymbolisierungspraktiken als Hintergrund für zur Gewalttätigkeit neigenden Machtfantasien beobachten. Die Politik sollte Konsequenzen daraus ziehen.[19]

---

19 Die genannten Beispiele dienen vor allem als Beleg dafür, dass es bereits vielfältige Anstrengungen zur Reflexion der hier so genannten, emotionalen Qualität von Selbstsymbolisierungspraktiken auf verschiedenen Ebenen gibt; das heißt aber nicht, dass sämtliche inhaltlichen Aussagen auch zwangsläufig geteilt werden müssen, wenn mit dem Begriff der Selbstsymbolisierungspraktiken gearbeitet wird.

Mit diesen Überlegungen sollte gezeigt werden, wie Emotion und Motivation zwar in der biologischen Natur des Menschen begründet sind, wie sie deshalb aber nicht als Phänomen ausschließlich des individuellen Subjekts reflektiert werden sollten, wozu der Umstand, dass sie dort vorzufinden sind, verleiten könnte. Für die Beratung heißt dies, dass diese nicht nur individualisierend arbeiten, sondern auch auf *gesellschafts- und kulturreflektierender Ebene* nach den emotionalen Kräften der Selbstsymbolisierungspraktiken der reflexivmodernen Lebensführung fragen sollte, beispielsweise danach, welche Ängste und Hoffnungen mit der Verinnerlichung des *Selbstoptimierungsmanagers* des Arbeitskraftunternehmers im Detail verbunden sind. Es sollten also ähnliche Untersuchungen für Themen der aktuellen Lebensführung angestellt werden wie dies Ciompi und Endert für den Nationalsozialismus und Burg für die israelische Kultur der Gegenwart getan haben. Dabei müsste thematisiert werden, auf welche Weise durch verbreitete Selbstsymbolisierungspraktiken der gesellschaftlich-kulturelle, symbolische Raum mit seinen horizontalen und vertikalen Dimensionen einschließlich der verschiedenen Objekte aufgespannt wird und wie dieser sich in der Zeit entwickelt.

Wenn wir eine gedankliche Anleihe bei der Physik machen, könnten wir Emotionen als Krümmungen unseres symbolischen Raums und unserer symbolischen Zeit konzipieren. Dies hätte den Vorteil, dass wir nicht mehr zwischen Emotionen und Kognitionen unterscheiden müssen, sondern indem wir Symbolisierungen in Raum und Zeit strukturiert denken, können wir Emotionen und Motivationen als Eigenschaften unseres symbolischen Raums und unserer symbolischen Zeit verstehen – nur so eine Idee.

1.1.2 Als kollektives oder gemeinschaftliches Subjekt

Die Frage nach möglichen kollektiven Subjekten findet in den fachwissenschaftlichen Diskursen längst nicht die Aufmerksamkeit wie das individuelle (von uns »natürlich« genannte) Subjekt (vgl. Kraus, 2006) und noch weniger im Kontext von Beratung. Wenn wir systemtheoretisch denken, haben Systeme ein Eigenleben gegenüber den sie tragenden Individuen, so dass wir aus dieser Sicht von Subjekten reden könnten, allerdings können wir auch in Frage stellen, ob Systeme tatsächlich Subjektqualität haben, wobei geklärt werden müsste, was genauer unter »Subjektqualität« verstanden wird. Unabhängig von der Klärung dieser Frage müssen wir uns deshalb mit kollektiven Subjekten befassen, weil wir sie per kodifizierten sozialen Regeln, also durch materialisierte Symbolisierungspraktiken konstruieren: beispielsweise als juristische Personen in verschiedenen Formen, auch als Nationalstaaten, als Kirchen, Religionsgemeinschaften. Als solche können sie gleichermaßen *Thema wie auch Auftraggeber von Beratungen* (Unternehmensberatung; Politikberatung etc.) werden. Gerade die Neu- oder Umgestaltung als Subjekt im jeweiligen Umfeld, beispielsweise im Handlungsfeld der Märkte, ist sehr häufig eine Aufgabenstellung, bei der Beratung unterstützen soll. Man denke nur an die Beratung bei Corporate Identity-Prozessen, bei Mergingprozessen (also bei der Vereinigung von Unternehmen mit unterschiedlicher Unternehmenskultur), bei der Neuaufstellung am Markt, bei der Einbettung in den gesellschaftlichen Zusammenhang, in einen Wertezusammenhang wie Corporate Social Responsibility und vieles mehr.[20]

Dabei kann für Beratung eine *Unterscheidung zwischen Kollektiv und Gemeinschaft*[21] (Lash, 1996, S. 201 u. S. 247 ff.) hilfreich sein; demzufolge definiert sich ein Kollektiv über gemeinsame Interessen und eine Gemeinschaft über gemeinsame, für sie geltende Wertvorstellungen und Symbolisierungspraktiken (das dominiert beispielsweise in der heutigen Familie, was aber nicht immer und überall so war/ist: Familien waren oder sind auch häufig Kollektive, die durch gemeinsame Interessen definiert sind wie Unternehmerfamilien, Adelsfamilien, Dynastien …) Tatsächlich wird immer wieder praktisch versucht, nicht zuletzt mit Hilfe von Beratern, aus einem Kollektiv eine Gemeinschaft zu machen (in Coporate Identity-Prozessen) wie auch umgekehrt für eine informelle Gemeinschaft einen formalen Rahmen zu konstruieren (beispielsweise für Selbsthilfegruppen). Also müssen wir uns in den Grundlagen von Beratung darum kümmern ebenso wie um die Familie und die Organisation als System. Dabei stoßen wir an die grundsätzlichen Diskurse darüber, ob es derzeit überhaupt noch Gemeinschaften gibt, wo es sie gibt, ob bestehende Gemeinschaften noch weiter zerbrechen und welche Zukunft sie haben; oder ob sie nur noch eine Zukunft haben als Ergebnis einer interessengeleiteten Sozialtechnologie, beispielsweise um aus den Mitarbeitern eines Unternehmens ein Höchstmaß an Engagement und Leistung herauszukitzeln (vgl. Keupp, 2013). Solche Entwicklungen werden sicherlich durch professionelle Beratung in nicht unerheblichem Maße mit beeinflusst. Sicher scheint zu sein, dass es eine Art Bedürfnis des Menschen nach Gemeinschaft gibt, das letztlich in seiner Natur begründet ist. Aber ist eine *Gemeinschaft als Subjekt direkt beratbar*? Wenn ja, auf welchem Wege? Sicherlich nicht in Form einer dyadischen Beziehung; aber es lässt sich ein Reflexionspro-

---

20 Manchmal drängt sich allerdings auch der Verdacht auf, dass es bei solchen Prozessen um die Profilierung eines neuen Vorstands geht.

21 Auch diese Unterscheidung hat vornehmlich analytischen Charakter, das heißt, oftmals handelt es sich eher um verschiedene Aspekte desselben Gebildes; wenn wir im Folgenden von Gemeinschaften oder Kollektiven reden, dann meinen wir verkürzt solche sozialen Gebilde, bei denen der eine oder der andere Aspekt deutlich überwiegt.

zess realisieren über eine Diskursplattform, insbesondere auch dort, wo geeignete (technische) Medien eingesetzt werden können; es lassen sich komplexe, vielleicht auch temporäre Organisationsformen finden, die nur für Zwecke der Beratung installiert werden, mit deren Hilfe die Gemeinschaftsmitglieder einbezogen werden, möglicherweise über eine Reihe von Workshops unter Verwendung verschiedener Methoden der Erwachsenenbildung und/oder durch Arbeit mit Repräsentanten oder mit Multiplikatoren und natürlich durch Kombinationen solcher Verfahren. In der Organisationsberatung werden solche Vorgehensweisen vielfach realisiert, ebenso in der Stadtteilarbeit. Dabei kommen vielfältige Methoden der empirischen Sozialforschung zum Einsatz, wobei die Art des Zugangs der jeweiligen Methoden zu ihrem Gegenstand[22] berücksichtigt werden muss (das Thema wird in Teil 4 noch einmal aufgegriffen).

So kann gezielt mit auf ihre Gemeinschaft bezogenen Selbstsymbolisierungspraktiken der beteiligten Subjekte gearbeitet werden. Dabei spielen die jeweiligen *Selbstsymbolisierungen als »Wir«*, häufig im Unterschied und/oder in Abgrenzung zu anderen, eine zentrale Rolle. Hier erweisen sich die Konzepte und Forschungen zur Gruppendynamik als hilfreich. Über ein »Wir-Gefühl« werden von den Individuen die individuellen Selbstsymbolisierungspraktiken in Bezug gesetzt zu gemeinschaftlichen Symbolisierungspraktiken: Die Zugehörigkeit zu einer wie auch immer symbolisierten Gemeinschaft wird zum Bestandteil der Individuen, das eigene Ich zum Bestandteil eines Wir. Welche gewaltigen emotionalen, kollektiven Kräfte dabei eine Rolle spielen können, zeigen die Erfahrungen mit Nationalstaaten oder die mit religiösen Gemeinschaften. Besonders stark können solche Kräfte wirken, wenn sie mit wertenden Fremdsymbolisierungen verknüpft sind (»Feinde«, »Ungläubige«, »Heiden«, »Untermenschen« etc.). Damit werden diese aber auch geradezu existenziell wichtig für die, die sich gegen sie abgrenzen – ohne diese können sie ihre Identität verlieren.

Für die Beratung von Organisationen und anderen Formen von kollektiven und gemeinschaftlichen Subjekten sind die kritischen Fragen etwas anders zu stellen als für die natürlichen Subjekte: Zu fragen ist hier beispielsweise, ob solche Subjekte (unter Umständen auch mit Unterstützung durch Beratung) als Individualisierungsagenturen im Sinne einer Verlagerung gesellschaftlicher Risiken wirken, wie es etwa die Managementphilosophie Mitarbeiter_innen nahelegen könnte, die unternehmerisch mitdenken und handeln, ohne dass sie jedoch am Kapital und den wesentlichen Entscheidungen beteiligt sind. Umgekehrt wäre zu fragen, inwieweit Unternehmen wirklich gesellschaftliche und

---

22 Es handelt sich in unserer Terminologie um einen induzierten, gemeinsamen Prozess der materiellen Manifestation von Symbolisierungen.

soziale Mitverantwortung (Social Responsibility) übernehmen können oder sollten und damit tendenziell die staatliche Gemeinschaft schwächen könnten. in Arbeitsorganisationen finden sich Entsprechungen zu den verschiedenen verinnerlichten Selbstmanagern des individuellen Subjekts, hier aber nun als Organisationseinheiten: Vom Beziehungsmanagement *nach außen* zu anderen (in der Regel auf den Märkten) unter der Perspektive auf externe Ressourcen, seien dies Kunden (durch Key-Account-Management), Lieferanten, Konkurrenten, mögliche Arbeitnehmer, Kapitalgeber und *nach innen* unter der Perspektive auf die eigenen inneren Ressourcen wie Personalentwickler, Controller, Qualitätsmanager und andere.

1.2 Wer wir sind: Selbstsymbolisierungspraktiken, Identität und Selbstreferenzialität

Als Grundlage für eine Skizze der Prozesse der Subjektgestaltung ziehen wir im Folgenden die Ausführungen des »symbolischen Interaktionismus« heran, wie sie von Krappmann (2010) auf dem Hintergrund der Theorie von Goffman (z. B. 2008, zuerst 1959) entwickelt wurden. Demnach findet die Subjektgestaltung in Kommunikationen statt und zwar dadurch, dass sich die Kommunikationspartner auf dem Hintergrund ihrer Interaktionsgeschichte wechselseitig ihre Identitätsentwürfe präsentieren und dabei auf ihre Eingebundenheit in andere Interaktionszusammenhänge verweisen. Im Austausch über diese Entwürfe entwickeln die Beteiligten dann die Grundlage ihrer Beziehung.[23]

Für diese »Identitätspräsentation« ziehen sie Darstellungsweisen heran, die ihr Selbstverständnis »zum Ausdruck bringen«. Wir können sie als »Selbstsymbolisierungspraktiken« bezeichnen. Es sind aus der jeweiligen Interaktion mit anderen entstehende Generierungsregeln für Symbolisierungen, die weitgehend unbewusst ablaufen, in der reflexiven Moderne aber zunehmend einer bewussten Reflexion unterworfen werden müssen.[24]

---

23 An dieser Stelle werden die Prozesse der symbolischen Selbstkonstruktion so dargestellt, *als ob* sie bewusst und zielgerichtet ablaufen; dies dient hier zur Verdeutlichung. Tatsächlich handelt es sich jedoch um hochkomplexe, ganz überwiegend in der ästhetischen Modalität rasend schnell ablaufende Prozesse, von denen in der Regel nur ein Teil auf der Ebene diskursiver, verbalisierbarer Symbolisierungen bewusst wird. So etwas geschieht besonders dann, wenn irgendetwas einen Protagonisten überrascht; am besten zu beschreiben mit den aus der Mode gekommenen Worten »sie/er stutzt«; das ist dann Anlass, zu fragen, »was los ist« und in der Folge in der diskursiv-begrifflichen Modalität nach Erklärungen zu suchen.

24 So werden beispielsweise in Managementtrainings solche Selbstdarstellungen eingeübt.

Solche Symbolisierungen werden wiederum vom anderen Subjekt wahr-genommen, das sie als Identitätsentwurf interpretiert, zu dem es sich irgend-wie verhalten muss, unter anderem als sympathisch oder nicht; es nimmt sie als Grundlage für eine Entscheidung über die Gestaltung der Beziehung der beiden Subjekte und signalisiert das wiederum an das erste Subjekt; dieses sieht sich darin gewissermaßen als Spiegel seiner selbst und zusätzlich auch als Selbstsymbolisierung dieses Gegenübers, reagiert seinerseits darauf und so fort.

Indem wir nach außen für andere wahrnehmbar werden, betreiben wir unvermeidlich solche Selbstsymbolisierung, auch ohne dass wir dies selbst beab-sichtigen, weil die Art und Weise, *wie* wir tun, was wir tun und was wir nicht tun, wie wir erscheinen, auf uns als Subjekt bezogen wird.[25] Es kommt darin »zum Ausdruck«, wie wir unsere Erlebnisse zu Erfahrungen mit anderen auf-geschichtet haben, wie wir deshalb auf bestimmte Symbolisierungen reagieren und wie wir uns entwerfen für die aktuellen Beziehungen. Und das geschieht immer in beiden Modalitäten, der begrifflich-diskursiven, aber viel eindrück-licher in der ästhetisch-präsentativen Modalität.[26] Die Verbindung zum *Habi-tusbegriff* nach Bourdieu (1982) drängt sich hier geradezu auf.

In der Konsequenz wirken solche Prozesse sowohl im Innenverhältnis, also auf uns selbst, als auch im Außenverhältnis, also dann, wenn unsere Symbo-lisierungen anderen zugänglich sind. Dies hat insofern noch eine besondere Bedeutung, als wir so auch Reaktionen von anderen auf uns erhalten, die wir dann als unsere Beziehungsmöglichkeiten zu anderen realisieren können. Dabei können wir in der Art, wie wir uns darstellen, durchaus *Unterschiede zwischen verschiedenen Kontexten* machen und wir tun dies normalerweise auch; wir tei-len ja nicht einfach alles, was uns einfällt, sofort auch anderen mit, ausgenom-men vielleicht in der frühen Kindheit.

Für die Beratung ist an dieser Stelle auf die *Haltung* des Beratersubjekts einzu-gehen, die bekanntlich in den Beratungsverfahren eine nicht unerhebliche Rolle spielt. Sie wissenschaftlich zu erfassen, wird noch einige Anstrengungen kosten. Auszugehen ist jedenfalls von einer spezifischen, ästhetisch-präsentativen Qua-lität der Selbstsymbolisierungen des Beratersubjekts im professionellen Setting, das häufig auch zu einem durchgängigen Stil des Beratersubjekts in vielen ver-schiedenen Settings generalisiert wird. In dieser Selbstsymbolisierungsprak-tik präsentiert sich die Beraterperson als jemand, der bestimmte Beziehungs-angebote an sein Gegenüber macht, beispielsweise zeigt sie sich »zugewandt«,

---

25 Es sei hier auf das »Axiom« von Watzlawick, Beavin und Jackson (1969) verwiesen: »Man kann nicht nicht kommunizieren.«

26 Das ist einer der Gründe, warum diese Modalität »präsentativ« genannt wird.

also bereit, alles an Selbstpräsentation dieses Gegenübers zunächst bereitwillig anzunehmen. Zu fragen ist dann nach dem energetischen Aspekt dieser Selbstsymbolisierungspraktik. Als Beispiel für die Nutzung der Brückentermini für entsprechende, kritische Analysen kann dafür das »*Hilfemotiv*« herangezogen werden: Es ist auf dem Hintergrund unserer Überlegungen kritisch zu reflektieren und zu fragen, ob und gegebenenfalls wie es Bestandteil einer *Verinnerlichung von Machstrukturen* im Sinne einer Verlagerung von gesellschaftlichen Problemen in die Individuen durch professionelle Beratung werden könnte. Diese kritische Frage gründet in der folgenden Überlegung: Das Hilfemotiv des Beratersubjekts realisiert sich als ganz individuelle Unterstützung des Klientensubjekts in seinen Schwierigkeiten oder Problemen und ist befriedigt, wenn das Beratersubjekt erlebt, wie es erfolgreich helfen konnte. Es sucht sich dann gewissermaßen neue hilfsbedürftige »Objekte«. Damit wird faktisch die Poblemlage des Klientensubjekts als dessen individuelles Poblem zementiert, gesellschaftliche Zusammenhänge geraten aus dem Blick des Arbeitsauftrags. Soweit die beispielhafte, hypothetische Skizze. Ihre Haltungen eignen sich Beraterpersonen in einem *Sozialisationsprozess* (siehe Teil 4, Kapitel 1.1) in Aus- und Weiterbildungskontexten an, in dem Selbstsymbolisierungspratiken eingeübt werden, in einem Prozess also, der auch in normalen Alltagskontexten wirksam wird.

Die Entwicklung von Selbstsymbolisierungspraktiken muss nicht ausschließlich durch eigene Erfahrungen initiiert werden, sondern kann auch über Identifikationen mit anderen ablaufen, also über Mimesis und die Aktivitäten von Spiegelneuronen; das geschieht in Beratungsausbildungen, nicht zuletzt bei der Aneignung von Haltungen, erklärt aber auch die Faszination des Sports als Zuschauer ebenso wie vielfältige politische und religiöse Phänomene. Negative Selbstsymbolisierungspraktiken, also solche, deren Inhalte die Abgrenzung oder Ablehnung von etwas anderem sind, sowohl von Personen als auch von Gruppierungen oder von Sachen, bleiben auf das fixiert, von dem sie sich abgrenzen, beispielsweise Feindbilder. Selbstsymbolisierungspraktiken als Identitätspräsentation wirken auf der räumlichen Ebene in Auseinandersetzung und im *Vergleich mit anderen* und in Beziehungen zu anderen: Sie beinhalten, wie wir uns selbst definieren als einzelner und als Mitglied einer Gruppe oder einer Gemeinschaft und wo in dieser Gruppe, in welcher Position in dieser Gemeinschaft wir stehen. Selbstsymbolisierungen beinhalten also immer auch eine *Selbsteinordnung im symbolischen Raum,* damit verbunden emotionale Zustände, die man anzustreben oder zu vermeiden sucht. Wir fühlen uns gut, wenn wir uns im sozialen Raum »oben« einordnen können, und schlecht, wenn wir uns selbst als »unten«, als »Loser« oder ähnlich einordnen (müssen); das sind emotionale Zustände, die wir möglichst zu erreichen bzw. zu vermeiden suchen. Und an dieser Stelle sind wir an einem für Beratung ganz wesentlichen Punkt: Solche Ängste oder Hoffnungen können gewaltige emotionale Kräfte mobilisieren; da sie eingebettet sind in Selbstsymbolisierungspraktiken, dominieren sie solche Praktiken. Wir entwickeln sie in der erlebten Aufeinanderfolge *(Zeitdimension)* der Auseinandersetzung mit Menschen, die uns nahestehen *(Raumdimension)* im Lauf der individuellen Entwicklung. Selbstsymbolisierungspraktiken betonen daher die Zeitdimension durch die verschiedenen erlebten, räumlichen Beziehungserfahrungen. Wie so etwas geschieht, wurde in den großen literarischen Werken der Moderne, in Marcel Prousts »Auf der Suche nach der verlorenen Zeit« und in James Joyces »Ulysses« eindrucksvoll beschrieben. Insbesondere im »Ulysses« wird anhand der genauen Beschreibung eines Tages des Protagonisten sinnfällig, wie eine alltägliche Aufarbeitung aus jeweils aktuellem Anlass geschieht. Damit ist gemeint, dass ein Subjekt in seinem individuellen Sosein sich selbst als ein in der Zeit über zahlreiche Interaktionen mit anderen Subjekten Gewordenes mit den anderen Subjekten aktuell auseinandersetzen muss; als natürliches Subjekt muss es sich ihnen in seiner körperlichen, in seiner biografischen Besonderheit und in seinen Bezügen zu anderen Subjekten darstellen.

Wir ziehen auf Basis unserer körperlichen Einheit also einen durchgängigen Bezugspunkt oder eine -linie durch unsere biografische Aufeinanderschichtung von Erlebnissen und deren Verarbeitung zu Erfahrungen über uns selbst (mit unseren eigenen Symbolisierungen und ihren physischen Manifestationen, nämlich Handlungen) und entwickeln so ein Bild von uns selbst (ein *»Selbstbild«* also). Dieses Selbstbild machen wir zum Ausgangspunkt jeder Begegnung mit anderen. Wir können dies als eine ganz individuelle Symbolisierungspraktik verstehen. Wenn wir einerseits aus unserer Erlebens- und Erfahrungsgeschichte ein Bild von uns selbst entwickelt haben, müssen wir es in unseren jeweiligen Interaktionen mit anderen irgendwie abgleichen, denn die anderen entwickeln ebenfalls ein Bild von uns (unser *»Fremdbild«*) aufgrund ihrer Erfahrungen mit uns. Sie stellen an uns außerdem bestimmte Erwartungen, die wir ganz allgemein als Rollenerwartungen verstehen können, zunächst aufgrund unseres äußeren Erscheinungsbildes (Mann/Frau, groß, klein, alt, jung …) dann immer differenzierter, je mehr sie von uns erfahren (beispielsweise wenn sie wissen, dass wir Vater oder Mutter, Führungskraft oder … sind). Ob und inwieweit wir diesen Erwartungen (nicht) entsprechen, ist dann ganz wesentlich für unser Fremdbild von anderen, das wir wiederum wahrnehmen, unsererseits darauf reagieren und so fort. Die Autoren des symbolischen Interaktionismus (vgl. Krappmann, 2010) weisen nun darauf hin, dass wir bei jeder Begegnung mit anderen Menschen diesen ein Bild (oder einen Eindruck, ein *»Image«*) von uns selbst vermitteln. Wir signalisieren ihnen, wie und als wer wir wahrgenommen werden wollen.

Dieser von uns vermittelte Identitätsentwurf gibt die Grundlage für die jeweils besondere Form einer möglichen Beziehung zum anderen ab. Vorausgesetzt werden muss dabei, dass der andere unseren Identitätsentwurf akzeptiert. In diesem Fall präsentiert er einen komplementären Entwurf, so dass eine Beziehung möglich wird. Der andere kann diesen Entwurf aber auch ablehnen und damit auch eine Beziehung auf Grundlage dieses Entwurfs. Er kann nun seinerseits seinen eigenen Entwurf gewissermaßen anbieten, der wiederum vom anderen wahrgenommen, akzeptiert oder abgelehnt wird usw.

Selbstsymbolisierungspraktiken äußern sich also in solchen Identitätsentwürfen gegenüber anderen in jeder konkreten Interaktion. Wie wir dies machen, ist allerdings nicht vollkommen freigestellt, denn es gibt Regeln dafür, wie »man« sich als bestimmte Person in bestimmten Situationen darzustellen hat, um akzeptiert zu werden. Sie sind Bestandteil eines *Habitus* nach Bourdieu.

In diesem Prozess präsentiert sich das Subjekt nicht nur als absolut einmaliges Individuum, sondern gleichzeitig auch als *Rollenträger* (Vater, Mutter, Vorgesetzter, Arzt …), es stellt sich dar als jemand, der wie alle Väter bereit ist, die Vaterrolle zu übernehmen, gibt ihr gleichzeitig aber auch seine einzigartige, einmalige Interpretation, er übernimmt also Symbolisierungspraktiken als »normal« im sozialen Raum, interpretiert sie aber als ganz individuelle Selbstsymbolisierung auf dem Hintergrund seiner biologischen Gegebenheiten, seiner Lernbiografie und seiner Zukunftsentwürfe, und realisiert so seine Einmaligkeit in dem Sinne wie die Einmaligkeit eines Kunstwerks.

Es ist vielleicht unmittelbar einsichtig, dass in *diesem Wechselspiel gegenseitiger Wahrnehmungen* die präsentativ-ästhetische Symbolisierungsmodalität überwiegt, nur mit ihr sind wir in der Lage, die dabei anfallenden ungeheuren Informationsmengen so blitzschnell zu einer Orientierung zu verarbeiten. Sie beinhaltet eine emotionale Grundtendenz, darauf zuzugehen oder sich davon zu entfernen; sie heißt hier spontane Sympathie oder Antipathie. Diese beeinflusst dann wieder unsere Wahrnehmung der anderen Person. Dieser Zusammenhang ist unter dem Stichwort »Personwahrnehmung« ein Forschungsfeld der wissenschaftlichen Psychologie, in dem auch der »*Sympathieeffekt*« und der »*Antipathieeffekt*« Thema ist.

Dieser Prozess der wechselseitigen *Aushandlung von Identitätsentwürfen* begleitet sämtliche Interaktionen und Kommunikationen zwischen Menschen und definiert deren Beziehungen zueinander. Dabei finden unsere Subjektgestaltungen statt. Und zwar immer in Bezug zu anderen, nicht nur im positiven Sinne, sondern auch in der Abgrenzung und im Konflikt. Die Subjektgestaltung geschieht immer an der Schnittstelle zwischen der zeitlichen und der räumlichen Dimension unserer Symbolisierungspraktiken.

Wir sind dabei nicht vollkommen frei, sondern gebunden an die uns verfügbaren Möglichkeiten. Dabei spielt nicht zuletzt die jeweilige Einbettung in andere Interaktionen eine große Rolle (beispielsweise ob wir Familie haben, die an uns bestimmte Anforderungen stellt oder nicht, ob wir in bestimmten beruflichen oder Freizeit-Kontexten agieren, usw.), denn wir können uns nicht ohne den Preis schwerwiegender Konflikte auf Beziehungen zu Menschen einlassen, ohne unsere anderen Beziehungen dabei zu berücksichtigen. Dennoch wird das immer wieder bewusst oder unbewusst versucht, was Berater_innen zahlreiche Beratungsaufträge sichert, unter anderem in den Bereichen Familie/Partnerschaft, Familie und Beruf, Konflikte in der Arbeitsorganisation, am Arbeitsplatz, in der Freizeit …

Dies nennt man in der Tradition des symbolischen Interaktionismus »*balancierende Identitätspräsentation*« (Krappmann, 2010); balancierend deshalb, weil es immer auch einen Umgang mit widersprechenden Erwartungen beinhalten kann. Wie das einzelne Subjekt dies vollbringt, lässt also erkennen, wie es sich selbst sieht aufgrund seiner Verarbeitung früherer Erlebnisse und Erfahrungen (mit sich selbst im Austausch mit anderen) und seiner Zukunftsentwürfe. Eingeschlossen ist im Identitätsentwurf nicht nur eine Vergangenheitsaufarbeitung, sondern auch ein Zukunftsbezug, der sich im Wesentlichen darauf bezieht, welche Beziehung wir mit unserem Gegenüber anstreben. Diesen spezifischen Verarbeitungsprozess, der anderen gegenüber »zum Ausdruck« bringt, wer wir sind und was wir wollen, können wir also als »Selbstsymbolisierungspraktik« bezeichnen, in der wiederkehrende Muster in verschiedenen Konstellationen und Beziehungen (Raumdimension) erkennbar sind, und die können wir als unsere Identität bezeichnen.

Mit dem Begriff Selbstsymbolisierungspraktiken gelingt es, an den Begriff der *Selbstreferenzialität* aus der Systemtheorie anzuknüpfen und ihn mit dem Identitätskonzept aus dem symbolischen Interaktionismus praxisbezogen zusammenzubringen.

Mit dem im Konzept der Selbstsymbolisierungspraktiken enthaltenen *Zukunftsentwurf* gelingt nun ebenfalls eine Ankoppelung an den für die personzentrierten Verfahren zentralen Begriff der *Aktualisierungstendenz*. Damit wird ein universelles, im Organismus verankertes menschliches Grundmotiv bezeichnet, um das die gesamte Theorie der humanistischen Psychologie aufgebaut ist. »Der Begriff bezeichnet die dem Organismus innewohnende Tendenz zur Entwicklung all seiner Möglichkeiten. Und zwar so, dass sie der Erhaltung oder Förderung des Organismus dienen« (Rogers, 2009, S. 27). In der vorgeschlagenen Terminologie würden wir es formulieren als *universelle emotionale Dimension menschlicher Selbstsymbolisierungspraktiken*. Und damit wäre auch gleich die diese personzentrierten Verfahren dominierende zeitlich-biografische Orientierung sichtbar gemacht.

Ein individuelles Subjekt, speziell, was wir dessen »Persönlichkeit« nennen, entsteht also in der Auseinandersetzung mit anderen. Dabei spielt der ständige Wechsel vom mir Gleichen im Anderen (wenn ich beispielsweise bei Menschen des anderen Geschlechts etwas mir Ähnliches erkenne) und umgekehrt das Andere im mir Gleichen eine herausragende Rolle (wenn ich bei Menschen meines Geschlechts etwas ganz anderes als bei mir erkenne).

Eine besondere Stellung in der Subjektentwicklung nehmen *Krisen* ein – das gilt für sämtliche Arten von Subjekten. Krisen entstehen, wenn die bisherigen Selbstsymbolisierungspraktiken brüchig werden, nicht mehr aufrechtzuerhalten sind, wenn also im Zuge der Auseinandersetzungen um die eigene Position im symbolischen Raum solche Inkonsistenzen, Paradoxien und Widersprüche auftreten, die es unmöglich machen, so wie bisher weiterzugehen. Dabei macht es einen Unterschied, ob nur periphere Bereiche des Selbstverständnisses betroffen sind oder ganz zentrale, die gewissermaßen das ganze Gefüge der Selbstsymbolisierungen aushebeln. Solche krisenhafte Fälle sind dann natürlich auch häufiger Anlass für Beratungen oder Psychotherapien und sind dementsprechend in der einschlägigen Literatur sehr präsent. Beispielsweise kann die massenmediale Gestaltung von Subjekten mit nur geringer Beteiligung dieser selbst dramatische Konflikte und Konsequenzen verursachen (Marilyn Monroe); hier kommt die mediale Gestaltung (Raum) der Person mit der zeitlichen (Persönlichkeit) nicht zusammen. Die betroffene Person kann diese massenmediale Gestaltung nicht mit ihrer biografisch entwickelten Identitätsvorstellung zusammenbringen. Ein Ausweg wäre das Management einer klaren Trennung der medialen Identität von der persönlichen, privaten Identität, beispielsweise in Partnerbeziehungen. Dies ist allerdings eine extrem schwierige Aufgabe, zumal die eigenen Vorstellungen von sich selbst und die Erwartungen der Partner sehr stark von den Medien und den von ihnen produzierten Bildern beeinflusst werden.

Aus den bisherigen Überlegungen ließen sich Thesen oder Themen zu weiterführender Theoriebildung, Forschung und zu praktischen Methoden ableiten auf der Grundlage systematischer, wissenschaftlicher Auswertung von Beratungen:

- Wie wirken sich Emotionen auf die Krümmung der symbolischen Zeit und des symbolischen Raums aus?
- Wie werden natürliche und kollektive/gemeinschaftliche Subjekte in ihrem relativen Stellenwert im symbolischen Raum eingeordnet?
- Wie konstituieren sich Subjekte an den Schnittpunkten zwischen zeitlicher und räumlicher Dimension?
- Wie unterscheiden sich auf der Ebene kultureller Symbolisierungspraktiken verschiedene Kulturen voneinander und wie strukturieren sie den symbo-

lischen Raum durch ihre Symbolisierungspraktiken, die beispielsweise als Verhältnis zur Natur dekonstruiert werden können?

-   Wie verbreitet ist eine vertikale Zuordnung zwischen Natur (evtl. mit Abstufungen) und einem verschieden definierten Gegenpart, den wir zusammenfassend im Sinne der abendländischen Tradition »Geist« nennen können?

-   Wie definieren die horizontalen Raumdimensionen unterschiedliche Nähe/Entfernungen auf der gleichen vertikalen Ebene? Wie lassen sich in diese Raumdimensionen natürliche in kollektive/gemeinschaftliche Subjekte einordnen?

-   Wie verorten sich individuelle, natürliche Subjekte in Segmenten des von kollektiven oder gemeinschaftlichen Subjekten gebildeten symbolischen Raums? Wie können sie gleichzeitig Mitglied in verschiedenen Raumsegmenten sein (Familie, Freundeskreis, Stadtteil, Arbeitsorganisation, Berufsgruppe etc.)?

-   Können antagonistische oder komplementäre Subjekte die Endpunkte der Raumdimension einer Gemeinschaft definieren, in der Familie beispielsweise Mann und Frau und die Kinder, auf der Ebene gesellschaftlicher Institutionen beispielsweise die Arbeitgeberverbände und Gewerkschaften, in den Demokratien nach westlichem Muster definieren die verschiedenen Parteien und Interessenverbände die Ebene der politischen Raumdimension usw.?

-   Wie schlägt sich eine Verinnerlichung von Machtstrukturen nach Foucault in Selbstsymbolisierungspraktiken nieder?

1.3 Was uns möglich ist

Symbolisierungen (gleichgültig, ob von anderen oder von uns selbst), ermöglichen uns etwas, indem sie für uns eine Situation schaffen, die wir wahrnehmen und nutzen können; welche Möglichkeiten uns dabei offenstehen, unterscheidet uns. In den Konzepten praktischer Beratungen haben wir es also mit den unterschiedlichen *Ressourcen* eines Subjekts zu tun (vgl. Nestmann, 1997; 2004); wir können auch sagen, dass es darum geht, was ein Subjekt »vermag«, um sein »Vermögen« also. Damit entdecken wir die schon mehrfach aufgetauchten *Parallelen zum Kapitalsortenansatz* und den Begriff des symbolischen Kapitals nach Bourdieu, der auch für die praktischen Beratungen genutzt werden kann.[27] Die

---

27 Eine Übersicht zum aktuellen Diskussionsstand zum Begriff der Ressourcen im Beratungskontext vgl. Knecht und Schubert (2012), zu den Überschneidungen und Unterschieden zum Begriff des symbolischen Kapitals speziell die Beiträge von Schubert (2012) und von Keupp (2012), der den Begriff des »Identitätskapitals« einführt, um die speziellen personellen Möglichkeiten des Subjekts zur Selbstgestaltung zu benennen.

für praktische Beratungen zugeschnittenen Konzepte zur Nutzung von Ressourcen und die für eine Gesellschaftsanalyse gedachten Konzepte des symbolischen Kapitals erscheinen zunächst so unmittelbar einleuchtend, dass man sich fragen könnte, warum sie von den Beratungsklient_innen nicht unproblematisch auch ohne Unterstützung durch Beratung zur rationalen Bewältigung ihres Alltags herangezogen werden können. Dazu sind die folgenden Aspekte zu bedenken:

Zunächst müssen die eignen Ressourcen als solche auch *erkannt* werden. Das ist beileibe nicht immer der Fall; vielfach wird beispielsweise derzeit darauf hingewiesen, dass Frauen häufig das Ausmaß ihrer Kompetenzen nicht erkennen, die sie im familiären Bereich erworben haben und die in beruflichen Kontexten von großem Wert sein können. In der Praxis von Beratung kommt es immer wieder vor, dass mit Hilfen von Beratung Ressourcen *entdeckt* werden müssen, es ist mittlerweile ein großes Beratungsthema.

Ressourcen und symbolisches Kapital eines Subjekts werden darüber hinaus nur dann zu realen Möglichkeiten für ein Subjekt, wenn das Subjekt mit einer Situation konfrontiert ist, in der diese Ressourcen sinnvoll im seinem Interesse eingesetzt werden können, sonst bleiben sie bloßes Potenzial; sie brauchen *Gelegenheiten.* Denn was nutzen uns Kenntnisse der elektronischen Datenverarbeitung, wenn weit und breit kein Computer erreichbar ist, was nützt uns unser Gold, wenn niemand daran interessiert ist, sondern nur an Lebensmitteln und einem Dach über dem Kopf (Erfahrungen aus der Nachkriegszeit), was nützt uns eine gute persönliche Beziehung zu einem berühmten Dirigenten, wenn es um einen verstopften Abfluss geht. Aber unser Gold kann uns in der Nachkriegszeit etwas nutzen, wenn der Landwirt, der über Lebensmittel verfügt, der festen Überzeugung ist, dass wieder Zeiten kommen werden, in denen es uns besser geht und in denen er mit Gold viel anfangen kann.

Die Ressourcen bzw. das symbolische Kapital können von einem Subjekt also nur am »richtigen« Ort zur »richtigen« Zeit real genutzt werden, sie brauchen eine passende *Gelegenheit* zu ihrer Realisierung, erst dann werden sie zu *realen Möglichkeiten,* sonst bleiben sie (bloße) Potenziale. Deshalb muss im Zusammenhang der Ressourcenfrage immer die Raum- und die Zeitdimension bedacht werden, wie im Konzept der Symbolisierungspraktiken. Und das heißt dann weiter, dass im Modell der Selbstgestaltung durch Nutzung von Ressourcen und symbolischem Kapital ein *Management von Ressourcen und symbolischem Kapital* gefordert ist, und zwar im Hinblick auf *Anforderungssituationen,* sowohl aktuelle als auch solche, die in der Zukunft auftreten könnten, die also möglich sind, sie sind dann *virtuell.* Solche zunächst virtuellen Situationen können vom Subjekt aufgesucht werden, beispielsweise Bewerbungssituationen und in der

Folge Arbeitssituationen, in denen Kompetenzen gefragt sind, die sich dieses Subjekt mit diesem Ziel erworben hat.

Es kommt also darauf an, genau zum Zeitpunkt X und am Ort Y über genau die Ressourcen verfügen zu können, die zu diesem Zeitpunkt an diesem Ort gebraucht oder genutzt werden können. Das Subjekt muss sich dafür im symbolischen Raum *platzieren oder »aufstellen«,* wie es im Jargon der Berufs- und der Managementberatung heißt. Das Problem für jedes Subjekt ist dabei, dass es nicht sicher *vorhersagen* kann, wann und wo dies der Fall sein wird, es ist nur sehr beschränkt in der Lage, selbst dafür zu sorgen, dass es zu einem bestimmten Zeitpunkt an einem bestimmten Ort sein kann. Mit Ort ist hier nicht nur der physische Ort gemeint, sondern mehr noch der Ort des Subjekts im sozialen/ gesellschaftlichen Gefüge, der symbolische Raum also. Dies gilt im Grundsatz für sämtliche Ressourcenarten, seien dies persönliche Kompetenzen, Beziehungen zu anderen, materielle Ressourcen ebenso wie körperliche Ressourcen wie die eigene Gesundheit. Und es gilt hierbei auch, dass wir Ressourcen nicht nur erwerben, sondern auch verlieren können, so dass es uns zwar gelingen kann, zum richtigen Zeitpunkt am richtigen Ort zu sein, aber die Ressource oder den Zugang zu ihr mittlerweile *verloren* haben. So können wir beispielsweise vieles verlernen, materielle Ressourcen durch vielfältige Entwicklungen verlieren, Beziehungen verlieren, Gesundheit und Fitness beschädigen (einschließlich altern) und anderes.

Dieses Thema ist bisher im Bereich der beruflichen, also im Bereich des Wirtschaftens und Arbeitens geforderten persönlichen Kompetenzen am weitesten ausdifferenziert, lässt sich aber auf andere Arten von Ressourcen übertragen. Ein eindrückliches Beispiel sind die persönlichen Ressourcenkonstellationen für die Geburt und Aufzucht von Kindern, speziell für Frauen. Gewissermaßen prototypisch für den Bereich der persönlichen Fähigkeitsressourcen kann »Die Kompetenzbiographie« von Erpenbeck und Heyse (2007) herangezogen werden. In diesem Werk setzen sich die Autoren ausführlich mit dem Thema auseinander, und zwar mit dem Fokus auf die Erwachsenenbildung und mit Schwerpunkt auf der beruflichen Biografie von Führungskräften. Die von den Autoren angedachten Erweiterungen auf andere Bereiche können jedoch überzeugen, weil es ihnen gelingt, auf die vielfältigen Zusammenhänge abzustellen von der *Biografieforschung* über verschiedene *Lernstile* bis hin zur veränderten Rolle des Erwachsenenbildners. Besonderes Gewicht legen sie auf das schwierige Thema der praktischen Verfahren *zur Beurteilung (der Entwicklung) von Kompetenzen.* Damit wird ein umfassender Blick auf die Problematik der Entwicklung persönlicher Ressourcen als Voraussetzung für deren Nutzung bei passenden Gelegenheiten geworfen. Über die vorgeschlagenen *methodischen*

Zugänge zur Kompetenzbiografie könnte jedoch unter Perspektive auf die reflexive Beratung noch diskutiert werden.

Für Beratungsklient_innen stellt sich allerdings zunehmend noch eine andere, schwierigere Aufgabe: Tatsächlich erweist es sich für uns immer mehr als notwendig, zweckmäßig oder sinnvoll, *Situationen oder Gelegenheiten zu schaffen* bzw. so zu verändern, dass die eigenen Ressourcen gefragt werden, und nicht nur abzuwarten und geeignete Situationen aufzusuchen. Es geht beispielsweise darum, in einen bestimmten Arbeitszusammenhang so einzugreifen, dass im Ergebnis jemand genau mit den eigenen Fähigkeiten gebraucht wird, oder in die Gesetzgebung so einzugreifen, dass die Marktbedingungen für das eigene Unternehmen günstig sind, oder bestimmte andere Symbolisierungspraktiken so zu manipulieren, dass eine Nachfrage nach den eigenen Produkten entsteht (das heißt dann Werbung) oder ...; dabei gibt es durchaus *ungesetzliche, fragwürdige oder ethisch problematische Praktiken* wie die Manipulationen des Referenzzinssatzes LIBOR durch Investmentbanker. Auch die Bemühungen um die Professionalisierung von Beratung haben diesen Aspekt der Schaffung von Gelegenheiten für die Nutzung von Ressourcen der Klient_innen und der Berater_innen zu bedenken.

Die Nutzung eigener Ressourcen zur *Schaffung von Gelegenheiten* für die Nutzung von Ressourcen stellt noch einmal zusätzliche und höhere Anforderungen an unser *Ressourcenmanagement*. Dafür müssen wir komplexe Zusammenhänge durchschauen und nach Ansatzpunkten für Einflussnahmen in unserem Interesse suchen. Die Kompetenzen dafür stellen dann natürlich wieder Ressourcen dar. Zu ihnen gehört ganz zentral die Fähigkeit, *mit Möglichkeiten spielen* zu können, sich in virtuellen Räumen zu bewegen und daraus Schlussfolgerungen für das eigene Handeln zu ziehen.

Ein Problem ist somit, dass diese Konzepte von Ressourcen bislang relativ statisch gedacht werden, während es sich in der Realität um dynamische Beziehungen handelt, was zunächst in Beratungen nicht auffällt, weil das zur Situation des Klientensubjekts neu hinzukommende Beratersubjekt jeweils eine aktuelle Situation vorfindet und zu analysieren versucht. Deshalb kann die Beratung mit diesem Blick die dynamische Perspektive scheinbar vernachlässigen und ist so in der Lage, einen unbefangenen Blick auf die Situation zu werfen und dazu »dumme Fragen« zu stellen. Für die Klientensubjekte stellt sich das anders dar, denn sie befinden sich im aktuellen Prozessgeschehen. Deshalb wird in jüngster Zeit empfohlen, genauer auf die *Entwicklung* der Ressourcen und des symbolischen Kapitals der Ressourcen im Beratungszusammenhang zu blicken und nach zukünftigen *virtuellen Räumen oder komplexen Möglichkeitsräumen* zu fragen – einen Begriff, der so beispielsweise auch von Bourdieu (1998, S. 55) verwendet wird. Dabei ist zu bedenken, dass solche Potenziale vergleichsweise abstrakt sind, sie werden erst konkret im Falle der Gelegenheit zur Nutzung. Weil schlecht vorhersehbar ist, für welche konkrete Gelegenheiten sie nutzbar sind, müssen sie relativ abstrakt sein mit der Folge, dass das Subjekt erkennen muss, dass und wie sie im konkreten Fall einsetzbar sind, und das macht die Sache schwierig. Es ist vielfach der Grund dafür, dass Klient_innen in der Konfrontation mit einer konkreten Situation ihre verfügbaren Ressourcen nicht einsetzen (können), auch wenn sie sich bemüht haben, zuvor ihre Ressourcen beispielsweise durch Bildungs- oder Weiterbildungsprozesse zu entwickeln. In entsprechenden Lernprozessen können allenfalls imaginierte Anforderungssituationen herangezogen werden, deren Bezug zur realen Situation oft nicht hergestellt werden kann, zumal die verwendeten Worte zur Benennung der Anforderungssituation und zur Benennung der Ressourcen häufig verschieden sind. Klassisch wird dieses Problem als *Übertragungs- oder Transfer-Problem* diskutiert. Daran anschließend stellt sich die Frage nach dem Verhältnis von Kompetenz und Performanz, insbesondere, wenn wir Kompetenzen als reines Potenzial verstehen, was zwar dem Sinn dieses Begriffs widerspricht, aber dennoch weit verbreitet ist.

Beratungen müssen sich deshalb oft darauf konzentrieren, grundsätzlich verfügbare Ressourcen von Klientensubjekten für die jeweilige Problemsituation nutzbar zu machen und zu helfen, reale Möglichkeiten zu erschließen.[28] Ganz zentral dabei ist das Problem der *Unterschiede der Subjekte im Hinblick auf ihre Verfügung über symbolische Ressourcen,* die es ihnen ermöglichen, Gelegenheiten als Chancen für sich zu erkennen und sie für sich zu nutzen, Themen wie Wissen und Bildung müssen daher für die Profession Beratung ganz zentral sein. Klient_innen müssen beispielsweise von der Ebene konkreter Symbolisierungen auf die Ebene von abstrakteren Symbolisierungspraktiken wechseln, um von dieser Ebene ausgehend dann wieder Symbolisierungen für die anstehende Situation mit den zugehörenden Handlungen zu generieren.

Ressourcen, symbolisches Kapital in verschiedenen Formen, Kompetenzen und Kompetenzbiografie können wir selbstverständlich auch für korporierte Subjekte, etwa Arbeitsorganisationen, ausmachen. Es gibt bereits auch systematische Bemühungen darum, wenn beispielsweise in Arbeitsorganisationen versucht wird, über Verfahren des Wissensmanagements Kompetenzen zu entdecken, zu entwickeln und zu erhalten, damit sie zukünftig bei entsprechender Gelegenheit bereitstehen.

---

28   Dieser Gedanke wird in der Sozialpädagogik für die Aneignung persönlicher Kompetenzen durch Lernen mit dem Konzept der »Ermöglichungspädagogik« (vgl. z. B. Glöckler, 2011) theoretisch ausgearbeitet und in vielfältige praktische Anregungen, auch für die Beratung, umgesetzt.

2 Subjekte und Symbolisierungspraktiken in der Beratung

Was heißt nun auf diesem Hintergrund »reflexive Beratung«? Als reflexive Beratung wird eine Beratung verstanden, die das (Klienten-)Subjekt selbst thematisiert. Wenn wir nun weiter das Subjekt als eine Konstruktion verstehen, die es selbst aus der Auseinandersetzung mit anderen entwickelt und von dorther in die jeweils aktuellen Interaktionen einbringt, dann kann reflexive Beratung verstanden werden als eine Auseinandersetzung des Subjekts mit seiner Selbstgestaltung auf dem Hintergrund seiner Interaktionsgeschichte. Das gilt sowohl für das Klientensubjekt als auch für das Beratersubjekt, unter anderem mit Blick auf dessen Haltung. Dabei kann das Beratersubjekt verschiedene Rollen repräsentieren, unter anderem die des »generalisierten Anderen«; auch dies wäre eine Konstruktion, die aus einer Verallgemeinerung der Interaktionsgeschichte dieses Subjekts entwickelt wird. Und zwar in der Regel nicht als eine rein begrifflich-diskursive Konstruktion, sondern als eine Symbolisierung auch und vor allem in der ästhetisch-bildlichen Modalität, also als Subjekt(selbst-)Gestaltung.[29]

Allerdings ist das Beratersubjekt natürlich niemals wirklich der (generalisierte) Andere, sondern es übernimmt gewissermaßen virtuell diese Position, befragt von dieser Position aus das Klientensubjekt nach seiner Selbstpräsentation und seinen Entwürfen und teilt diesem mit, was bei ihm »ankommt«. Woraus dann das Klientensubjekt wieder Konsequenzen zieht für seine Selbstkonstruktion, mit denen es erneut in die Interaktionen mit anderen Subjekten einsteigt, die ihm dann wiederum antworten, wie dies bei ihnen ankommt und so fort. In den weiteren Auseinandersetzungen mit sich selbst kann dann das Klientensubjekt wiederum das konkrete Beratersubjekt als Manifestation seines generalisierten Anderen *symbolisch verinnerlichen,* also seine Fragen imaginieren, mit ihm innerlich über sich selbst reden.

---

29 In der einschlägigen Fachliteratur lassen sich Arbeiten über die praktische Nutzung bildlich-ästhetischer Medien zur Subjektgestaltung finden, zum Beispiel der Sammelband von Fröhlich und Stenger (2003).

Weil aber das Beratersubjekt real nicht einfach als generalisierter Anderer imaginiert werden kann, sondern nur als konkret erlebte Person, müssen in den Beratungsverfahren irgendwelche Vorstellungen dazu entwickelt werden, wie ein(e) Berater_in damit am besten umgeht. Und da gibt es Unterschiede, die vielleicht die wichtigsten Unterschiede zwischen den Verfahren ausmachen. Die Psychoanalyse beispielsweise zieht daraus traditionell die Konsequenz, dass ein(e) Berater_in möglichst als Non-Person auftritt, so dass der/die Klient_in die Gelegenheit hat, ein Berater_innen Image mit seinen eigenen Imaginationen zu gestalten, und dabei greift dieser dann wiederum auf die Personen zurück, die für ihn seine zentralen Gegenüber waren – klassisch eben der Vater.[30] Dieser Vater fungiert aber nicht als eine von vielen Personen der individuellen Interaktionsgeschichte, sondern als Repräsentant einer übergeordneten, ethisch-moralischen Instanz. Das ist darin begründet, dass zur Zeit Freuds die Subjektkonstruktionen eben vor allem an solchen allgemeinen ethischen Standards gemessen wurden, und zwar für Freud auf besondere Weise in seinem jüdischen kulturellen Hintergrund, in dem ethische Standards eben durch den Vater bzw. durch die Vaterrolle transportiert werden müssen. Auch der jüdische Gott wird, wie auch der christliche Gott, häufig als »Vater« tituliert. Andere Verfahren nehmen dazu eine andere Position ein, was letztlich darin begründet ist, dass sie etwas andere Vorstellungen von den kulturellen Regeln der Subjektgestaltung unterstellen und deshalb auch etwas andere Konsequenzen für den beraterischen Umgang mit der Rolle des Anderen formulieren. Beispielsweise betont der systemische Ansatz die Vielfalt der Bezüge zu anderen und zieht daraus unter anderem die Konsequenz, das Klientensubjekt mit der zirkulären Fragetechnik danach zu fragen, was er meint, was die je verschiedenen Personen seiner Umgebung für ein Bild von ihm, seinen Symbolisierungen und seinen Handlungen haben.

Dementsprechend wird ein Klient seine Selbstreflexion mit einem *imaginierten Beratersubjekt* ebenfalls entsprechend dem in der Beratung erlebten *Verfahren* gestalten, das sich unter anderem in der *Haltung* der Beraterperson niederschlägt. Grundsätzlich wäre es Beratungsklient_innen auch möglich, mehrere solcher Reflexionspartner mit unterschiedlichen Haltungen nebeneinander oder nacheinander zu imaginieren und auch auf diese Weise die Vielfalt ihrer Interaktionsgeschichten mit Berater_innen aufzuarbeiten. Das würde allerdings eine erhebliche Kompetenz des Klientensubjekts erfordern, denn es müsste diese verschiedenen Reflexionen auch wieder irgendwie zusammenbringen. Eine Erleich-

---

30 Dieser Vorgang wird in der Psychoanalyse bekanntlich als »Projektion« bezeichnet und als »Übertragung – Gegenübertragung« für den therapeutischen Prozess genutzt.

terung wäre es zwar, wenn es unterschiedliche Verfahren auch mit unterschiedlichen Imaginationen von Berater_innen verbinden könnte. In der Regel ist aber eine solche weitere, systematische Ausdifferenzierung von verschiedenen Reflexionswegen nicht notwendig, vorausgesetzt, das Verfahren und die Beraterperson passen zum Klientensubjekt, vor allem auf den Ebenen der Menschenbilder und der Wertvorstellungen. Denn dann können die Klient_innen an ihre bisherigen, mehr oder weniger verinnerlichten Personenbilder anknüpfen, die ihnen schon zuvor die reflexiven Fragen gestellt haben. Es ist aber auch möglich, dass sie mit dem Beratersubjekt gerade ein anderes Personenbild für die aktuell anstehende Aufgabe suchen und sich deshalb in der Beratung gut aufgehoben fühlen. Verschiedene Zwischenformen sind natürlich in jeder Variation möglich. Somit stellt sich die *Passung* in der Beratung als ein recht komplexer Zusammenhang dar.

Diese Sichtweise gibt ebenfalls eine geeignete Grundlage für einen Vergleich verschiedener Beratungsverfahren ab und damit auch eine Plattform zum Austausch zwischen verschiedenen Verfahren. Sie verdeutlicht darüber hinaus die große Verantwortung von Berater_innen: Wenn sie unreflektiert als Agent_innen einer Verlagerung von gesellschaftlichen Problematiken in die Individuen agieren, tragen sie zur Verinnerlichung solcher Prozesse bei und umgekehrt: Wenn sie auch auf die gesellschaftlichen/kulturellen Zusammenhänge abstellen, fördern sie die Entwicklung reflektierter Klient_innen. Und sie ermöglicht auch eine *Reflexion der gesellschaftlich-kulturell verbreiteten Praktiken der Subjektkonstruktionen und Subjektgestaltungen,* ausgehend vom reflektierten Beratungsgeschehen, und in der Folge eine Aufarbeitung ihrer Problematiken.

Dabei scheinen uns allerdings Grenzen der Vereinbarkeit der Perspektive auf das individuelle Handeln mit der Perspektive auf die gesellschaftlichen Strukturen gesetzt.

Hintergrund ist wohl eine durchgängige Alltags- wie auch Beratungserfahrung: Obwohl wir unsere symbolischen Weltkonstruktionen selbst hervorbringen und obwohl unsere Symbolisierungspraktiken aus der Interaktion mit anderen hervorgehen, begegnen sie uns oft genug als etwas uns *Äußerliches, wie die äußere Natur,* wie Habermas sagte, also als etwas, an das wir uns anpassen müssen, das seine eigenen Gesetzmäßigkeiten hat, die wir kennen und beherrschen müssen, um uns zu behaupten, die ein Eigenleben und eine *Eigendynamik* entwickeln, das uns irgendwie fremd und äußerlich vorkommt, dem wir ausgeliefert sind. Diese Erfahrung ist sicherlich einer der wichtigsten Hintergründe für die Faszination der Systemtheorie, die in Form der systemischen Beratung Eingang in die Beratungspraxis und hier eine große Verbreitung gefunden hat. Denn die *überindividuelle und eigendynamische Qualität* von Systemen entspricht unseren praktischen Alltagserfahrungen.

Wenn es gelingt, mit Hilfe unserer vorgeschlagenen Begrifflichkeit von Symbolisierungspraktiken nachvollziehbar zu machen, wie solche *eigendynamischen Verselbständigungen* möglich, eventuell sogar notwendig sind, können wir an dieser Stelle an systemtheoretische und praktische systemische Konzeptionen andocken, sie uns nutzbar machen und entsprechende praktische Erfahrungen anderer Verfahren verfügbar machen. Wir hätten zudem eine Antwort auf die Frage, wie die systemische Qualität im Sozialen möglich ist.

In den wissenschaftlichen Diskursen wurde und wird das Thema der Eigendynamik von Symbolisierungspraktiken unter den verschiedensten Perspektiven und Begrifflichkeiten aufgegriffen, beispielsweise hat Jacques Derrida (2003) Widersprüche zwischen den Intentionen eines Sprechers (bei ihm spezifiziert als Produzent von Texten) und seinen realen Handlungsfolgen thematisiert. Er hat die Aufdeckung von auch dem Autor selbst verborgenen Bedeutungen in Texten zum Zentrum seiner Methode der *Dekonstruktion* gemacht. Und wenn diese Bedeutungen durch eine Dekonstruktion aktualisiert werden, müssen sie dem Autor folglich als fremd erscheinen; wir können von den von uns in unseren Texten produzierten Bedeutungen und Botschaften also durchaus überrascht werden.

Auf einer ganz anderen Ebene, aber nach derselben Logik spricht Beck (1986) von der besonderen Bedeutung der *nicht intendierten Nebenwirkungen* in der reflexiven Moderne. Bezogen auf den hier thematisierten Kontext heißt das ebenfalls nichts anderes, als dass wir unsere symbolischen Konstruktionen von Realität nicht vollständig durchschauen und beherrschen, dass also unsere Handlungen uns im Ergebnis häufig mit überraschenden Folgen konfrontieren, die zunächst außerhalb unseres Horizonts lagen und deren Zustandekommen wir erst im Nachhinein verstehen können.

Wie Giddens müssen wir uns bewusst sein, dass die Strukturen und Regeln, die wir häufig als uns Fremdes und uns Einschränkendes erleben, tatsächlich Voraussetzung für unser Handeln sind: Ohne sie wären wir handlungsunfähig, weil wir keine Bezugspunkte und Orientierung für unser Tun hätten.

Wir sind angewiesen auf Symbolisierungspraktiken einer Gemeinschaft, die *zwischen den Beteiligten* (Raumdimension) emergieren und dabei definiert werden, denn wir können Veränderungen von Symbolisierungspraktiken (oder die Einführung neuer Praktiken) nur auf dem Hintergrund und im Zusammenhang funktionierender Symbolisierungspraktiken einer Gemeinschaft realisieren. Wenn wir sämtliche Symbolisierungspraktiken gleichzeitig außer Kraft setzen und in Fragestellen würden, hätten wir keine Verständigungsgrundlage mehr. Wenn wir es dennoch individuell versuchen und ausschließlich unseren eigenen Symbolisierungspraktiken folgen, scheitern wir und verlieren die Zugehörigkeit zu einer Gemeinschaft, wir sind »verrückt«. Es ist uns also praktisch nicht alles möglich, sondern nur ein schrittweises, auf den aktuellen Symbolisierungspraktiken einer Gemeinschaft aufbauendes, diese gleichwohl aber auch verändernden Vorgehen. Wenn wir das nicht berücksichtigen, werden wir scheitern – eine Erfahrung, die wohl jeder bereits gemacht hat. Insofern haben entsprechende gesellschaftliche Strukturen durchaus einen *objektiven* Charakter. Dabei ist nicht nur die Frage einer logischen oder praktischen Unvereinbarkeit von Belang, sondern auch (und in der beraterischen Praxis häufig von größerer Bedeutung), die Frage der *emotionalen Kräfte oder Energien,* die Bestandteil solcher Symbolisierungspraktiken sind und sie stabilisieren. Nicht unwesentlich ist deshalb in diesem Zusammenhang, dass uns Strukturen Handlungssicherheit geben und so unsere Angst vor einer nicht mehr beherrschbaren Komplexität einer sozialen/gesellschaftlichen Gemeinschaft bzw. eines Kollektivs reduzieren. Aus der Psychologie wissen wir, dass die Reduktion von Angst ein so starkes Motiv ist, das sie die Aufrechterhaltung von Strukturen durchaus mit Energie versorgen kann. Dieser Zusammenhang kann anhand der aktuellen Krise der Finanzwirtschaft verdeutlicht werden: Die Idee, die Symbolisierungspraktik der aktuellen globalen Finanzwirtschaft mit einem Schlag außer Kraft zu setzen, macht klar, dass uns dies sofort in ein totales Chaos stürzen würde. Allein die Vorstellung davon kann schon Panik aufkommen lassen: Schlagartig würde jedes Geld jeden Wert verlieren und wir hätten keine andere Praktik verfügbar, um unsere Beziehungen untereinander zu regeln. Allenfalls wäre theoretisch als ein Gedankenexperiment denkbar, dass wir eine andere, weltweite Symbolisierungspraktik inklusive der dazugehörenden Institutionen (wie im derzeitigen System die Banken) bereits bis in die Details ausgearbeitet hätten, bis hin zu Übergangsregeln (-praktiken), dass alle Menschen auf der Welt all dies bis in Details kennen und bereit sind, den Übergang nach einem genau definierten Zeitplan gemeinsam und bis in die letzten, konkreten, alltäglichen Handlungen durchzuführen.[31] Rein theoretisch wäre so etwas als Resultat eines weltweiten Beratungsprozesses möglich, praktisch ist es jedoch unmöglich. Schon vergleichsweise mikroskopisch kleine Veränderungen wie Verbote von ungedeckten Leerverkäufen stellen uns vor äußerst schwer zu realisierende Aufgaben, obwohl sie die alltäglichen Handlungsorientierungen weitaus der meisten Menschen dieser Welt im Grunde nicht beeinflussen (wir gehen morgen weiter mit dem uns verfügbaren Geld einkaufen, holen es uns dafür von unserer Bank

---

31 Das Bewusstsein für diese Möglichkeiten wächst, ist Bestandteil der reflexiven Moderne, wie sich allein schon in Buchtiteln und natürlich in deren Inhalten aus ganz verschiedenen Bereichen zeigt, beispielsweise »Es ist so. Es könnte aber auch anders sein« (Nowotny 1999), »Die Möglichkeit des Andersseins« (Watzlawick, 1977/2002).

usw.). Es ist uns andererseits aber auch möglich, wie die Praxis zeigt, parallel ein Regiogeld einzuführen, das teilweise anderen Regeln folgt; dies tun wir auf dem Hintergrund von Kommunikationen zur Bewältigung von praktischen Problemen, also als Ergebnis von reflexiven Beratungsprozessen. Aber diese Beratungsprozesse umfassen nur einen relativ kleinen Raum, sind deshalb realisierbar, und sie lassen vor allem die daneben geltende Weltpraxis unberührt. Aus diesen Gründen sind die großen historischen Veränderungen meistens erst in der Folge von katastrophalen Systemdestabilisierungsprozessen eingetreten, in einem Prozess, in dem immer wieder auf die alten Praktiken zurückgegriffen wurde. Diese Beispiele erlauben ebenfalls eine etwas andere Perspektive auf die empfundene Fremdheit der eigenen Symbolisierungspraktiken: Symbolisierungspraktiken entwickeln sich wesentlich *zwischen* den beteiligten Subjekten; wir können zwar versuchen, sie zu beeinflussen oder zu verändern, sind dabei aber immer auf die Mitarbeit anderer angewiesen, die die für sie daraus folgenden Weiterungen überblicken und realisieren können und wollen.

Des Weiteren *finden wir Symbolisierungspraktiken vor,* wenn wir auf die Welt kommen; wir werden immer in eine Kultur (im Zeitalter der Globalisierung: in ein Raumsegment eines symbolischen Raums einer Vielzahl von Kulturen) zu einem bestimmten Zeitpunkt hineingeboren. Und diese Kultur bestimmt, auf welche Weise wir uns selbst konstruieren. Die vorfindlichen Symbolisierungspraktiken schleppen also gewissermaßen ihre und damit unsere Vergangenheit einschließlich unserer Vorfahren mit sich. Aber auch im weiteren Lebensverlauf nach der Geburt gehen sie im Individuum (wie auch in anderen Subjekten) mit den symbolisierten Ablagerungen einer Erlebensgeschichte auch anderer Individuen, beispielsweise der Eltern, eine neue Verbindung ein, ohne dass wir dies immer bemerken können. Da wir von einer mehr oder weniger kontinuierlichen Veränderung ausgehen müssen (manchmal entwickeln die Veränderungen sich langsam einschleichend, manchmal aber auch sprunghaft), können wir mit intendierten Einflussnahmen, auch in Beratungen, sowohl zu früh als auch zu spät kommen. Weil wir die weitverzweigten Zusammenhänge der von uns realisierten Symbolisierungspraktiken bei weitem nicht vollständig überschauen können, werden wir auch immer mit nicht-intendierten Nebenwirkungen oder Folgen unseres eigenen Handelns konfrontiert.

Gemeinsam ist diesen Zusammenhängen: Die von uns genutzten Symbolisierungspraktiken sind uns nicht immer bis in ihre Details bewusst in dem Sinne, dass wir sie in der diskursiv-begrifflichen Modalität vollständig verbalisieren können, und deshalb wirken sie gewissermaßen hinter unserem Rücken (= hinter dem Rücken der Subjekte); das muss sich nicht nur auf individuelle Subjekte beziehen, sondern kann sich auch auf eine ganze Kultur beziehen, die mit implizit oder auch explizit vermittelten Bildern und Fantasien noch etwas andere Symbolisierungspraktiken zur Grundlage hat als die gewissermaßen »offiziellen« Texte, die sich der begrifflichen Modalität bedienen. Solchen implizit vermittelten Bedeutungen auf die Spur zu kommen, war wohl unter anderem der Grund für die Entwicklung der Hermeneutik als Methode, die zur Auslegung der Texte und Bilder der Bibel herangezogen wurde. Im Folgenden sollen diese Zusammenhänge noch etwas mehr unter reflexiv-beraterischer Perspektive aufgefächert werden.

Wir können bei der Erschließung unserer Welt also nur solche Symbolisierungen verwenden, die von einer (sub-)kulturellen *Gemeinschaft* entwickelt, getragen und definiert werden. Angefangen bei der Sprache über die Bedeutung bestimmter Zeichen bis hin zu Märchen- und Sagengestalten sind sämtliche verwendete Symbolisierungen Bestandteil unserer Kultur. Wir können sie deshalb als Einzelne nicht einfach so umdefinieren, wie es uns passt, wir können allenfalls eine neue Gemeinschaft mit einer eigenen Subkultur begründen, wenn wir neue Symbolisierungen einführen wollen. Das passiert auch tatsächlich immer wieder: So können wir beispielsweise paar- oder familienspezifische Symbolisierungspraktiken beobachten wie auch praktizierte »Sprachregelungen« in Arbeitsorganisationen, die uns erst dann bewusst werden, wenn sie mit anderen kollidieren, wie dies bei Fusionen von Unternehmen mit unterschiedlicher »Unternehmenskultur« zu beobachten ist und häufig genug für genügend Missverständnisse und Probleme sorgt, so dass eine Beratung sinnvoll erscheint. Dies gilt ebenso für persönliche Partnerschaften: Es dauert immer eine gewisse Zeit, bis sich die aus der Herkunftsfamilie mitgebrachten Praktiken einander angeglichen haben. Wir können dies als den sozialräumlichen, gemeinschaftlichen Hintergrund für die uns fremd erscheinenden Symbolisierungen bezeichnen.

Zudem schleppen Symbolisierungen in der Regel auch eine ganze Menge für ein Subjekt *nicht sofort erkennbarer Implikationen* mit sich, die nicht einfach übergangen werden können. Am deutlichsten wird dies im Symbolsystem der Zahlen, das nach moderner Auffassung vollkommen frei von irgendwelchen mystischen Bedeutungen ist, sondern rein formal-logische Operatoren beinhaltet, denen man sich nicht einfach durch Umdeutung entziehen kann, es sei denn um den Preis des »Ausstiegs« aus diesem Symbolsystem zugunsten eines anderen, etwa mythischen Symbolsystems, da könnten wir in einer Subkultur die Sieben (wieder) zu einer »heiligen Zahl« machen. Die Mathematiker sind seit Jahrhunderten dabei und werden sich auch weiter bemühen, die Implikationen herauszuarbeiten, die wir akzeptieren müssen, wenn wir uns auf das Symbolsystem der Zahlen einlassen. Denn die Generierungsregeln der mathematischen Symbolisierungspraktiken sind extrem präzise, sie definieren sehr genau, was zulässig ist und was nicht, aber wir haben dabei immer mehrere Operationen zur Auswahl, die zwar zulässig sind, die wir aber noch nicht kennen.

Ähnliches geschieht, wenn wir uns auf neue Symbolisierungen einlassen, aber nicht so stringent. Wer hat nicht schon erlebt, wie sich geradezu zwangsläufig die Gedanken weiter entwickeln, wenn wir einmal einen bestimmten Gedanken gedacht haben, der uns zu Konsequenzen führt, die wir zuvor nicht einmal ahnen konnten und die uns selbst überraschen, ja sogar manchmal auch Angst machen können, was wieder dazu führen kann, dass wir diesen Gedanken unterdrücken oder dass er uns zu einer eventuell krisenhaften Neuorientierung veranlasst. Diese Erfahrung zeigt umgekehrt, wie schwer es uns fallen kann, einmal Gedachtes wieder so zu vergessen, als hätten wir es nie gedacht, wenn das überhaupt möglich sein sollte. Wenn wir dies dann auch noch gegenüber anderen geäußert haben, fällt es gewissermaßen doppelt auf uns zurück: einmal durch das eigene Gedächtnis, und zum anderen durch die Reaktion der anderen. So werden Fakten geschaffen, die nicht ungeschehen gemacht werden können.

Wie schwer es ist, sich gegen die mit hoher Selbstverständlichkeit daherkommenden Symbolisierungspraktiken als autonomes Individuum zu behaupten, zeigt das Gehorsams-Experiment von Milgram (1963), in dem Probanden aufgefordert wurden, jemanden mit Elektroschocks zu bestrafen, wenn dieser falsche Antworten gab. Die meisten Probanden taten dies auch dann, wenn mit Schmerzensschreien deutlich signalisiert wurde, was sie den Menschen antaten. Auch der Film »Das Experiment«, der ja auf einer realen Begebenheit beruht, verdeutlicht sehr schön, wie sich die als Rollenspiel begonnenen Symbolisierungspraktiken gegenüber den ursprünglichen, »offiziellen« Intentionen der Beteiligten verselbständigen können und plötzlich zur Realität werden.

Wenn wir diesen Gedanken weiterentwickeln, kommen wir wahrscheinlich auch solchen Erklärungen dafür näher, wie es möglich war, dass tausende Deutsche und ihre zahlreichen Unterstützer systematisch und mit perfekter Management-Rationalität Millionen Menschen umbrachten, nur weil sie einer anderen Ethnie angehörten, und wie die Täter dabei aus vermeintlichem Pflichtgefühl ihre menschlichen Empfindungen unterdrückten. Und mehr noch: dies sogar als pflichtethisch hochwertig einschätzen, »bei dieser schweren Aufgabe sauber zu bleiben«, wie Himmler es einmal formuliert hat, und gleichzeitig ein tierliebender, guter Vater für die eigenen Kinder zu sein. In sich konsistente Symbolisierungspraktiken können also durchaus ein die Individuen dominierendes Eigenleben entwickeln. Nur deshalb macht es auch Sinn, im Bereich des Sozialen von Systemen und/oder von gesellschaftlichen Strukturen zu sprechen, die gegenüber ihren Elementen – den Individuen – eigenständige Prozesse entwickeln und diese sogar definieren. Dies ist eine Konsequenz dessen, dass soziale Systeme sich durch symbolischen Austausch konstituieren.

Auch das *autonome Individuum* der Moderne ist in diesem Sinne eine Konstruktion nach den Regeln, die unsere Kultur vorgibt. Unsere Kultur zeichnet sich dadurch aus, dass wir von einem autonomen, selbstverantwortlichen bürgerlichen Subjekt ausgehen und dieses sogar gegenüber der symbolischen, kulturellen Welt als autonom symbolisch konstruieren. Das ist insofern paradox und birgt einen scheinbaren Widerspruch, weil eben dieses Subjekt ja gleichzeitig Ergebnis und Initiator von Symbolisierungspraktiken ist.[32] Dies erzeugt eine grundsätzliche Spannung, die aber insofern nichts Neues ist, als wir sie in früheren Zeiten auch schon hatten, etwa zwischen der Allmacht Gottes einerseits und dem freien Willen, zu sündigen oder (k)ein »gottgefälliges Leben« zu führen, andererseits. Es ist ebenfalls der Hintergrund dafür, dass wir üblicherweise in der Rechtsprechung die sozialen Hintergründe einer zu verurteilenden Person strafmindernd berücksichtigen, denn »eigentlich« kann jemand entweder verantwortlich sein oder nicht, aber nicht ein bisschen verantwortlich.

Daneben können wir auch einen *zeitlichen Hintergrund* ausmachen: Symbolisierungen stoßen im Grunde immer auf einen Hintergrund schon stattgefundener Symbolisierungen, etwa in den individuellen Biografien, aber nicht nur dort, sondern auch in der kulturellen Historie. Jede neue symbolische Aktivität verknüpft sich in jedem Subjekt (Individuum oder anderes) mit früheren, die sich in unserem Gedächtnis abgelagert haben, und zwar ohne dass uns dies immer bis in alle Einzelheiten bewusst wird. Dies geschieht aufgrund der biologischen (physischen) Grundlage unserer Existenz, unserer Körperlichkeit, in der sich die Spuren der symbolischen Aktivitäten aufschichten. Dabei ist es nicht gleichgültig, in welcher Reihenfolge Symbolisierungen stattfinden.

Geradezu klassisches Beispiel ist die Patientin von Sigmund Freud, Anna O.: Sie konnte bekanntlich ihrem pflegebedürftigen Vater nichts zu trinken geben, weil sie dies aufgrund ihrer Erlebnisgeschichte unbewusst mit dem Wunsch verband, ihm Gift zu geben, damit sie ihn und damit ihre Belastung loswürde. Dies zeigt, wie eine Handlungsmöglichkeit der Akteurin aufgrund ihrer Symbolisierungspraktiken (nämlich ihrer hohen moralischen Standards) mit einer Bedeutung mit hohem symbolischen Gehalt aufgeladen wurde, die ihr diese Handlung unmöglich machte. Und das empfand sie als ihr selbst zunächst fremd. Das Beispiel zeigt aber auch, wie durch andere Formen von Symbolisierungen – nämlich durch die psychoanalytische Therapie, die einen Zugang

---

32 Vgl. dazu Giddens' Begriff der Rekursivität.

zu verdrängten Symbolisierungspraktiken erlaubt, diese Problematik überwunden werden konnte.

Symbolisierungspraktiken sind grundsätzlich bewusstseinsfähig (was allerdings mit mehr oder weniger großem Aufwand betrieben werden muss), und das heißt hier zunächst nicht mehr als sprachlich vermittelbar, aber mit unterschiedlichen Konsequenzen: Während es im Falle der Mathematik nur die Möglichkeit gibt, ihrer inneren Logik zu folgen, können wir in anderen Symbolsystemen per Konvention (also als ein Ergebnis von Prozessen des Sich-miteinander-Beratens) andere Inhalte und Verknüpfungen festlegen (das heißt gestalten). Dies wirft einige zu klärende Fragen auf: Wenn wir versuchen, per Forschung in der Beratung festzustellen, was möglich ist und was nicht, so müssen wir wissen, dass dies ganz verschiedene Hintergründe haben kann: Es kann daran liegen, dass mathematische, aber auch logische Regeln (nicht) passen, oder daran, dass wir soziale Regeln nicht richtig berücksichtigt haben, die wir aber auch grundsätzlich ändern können.

Für reflexive Beratungsprozesse hat dies zur Konsequenz, dass es sinnvoll ist, soziale Aggregationen als Systeme zu verstehen und entsprechend zu handeln. Im vorgeschlagenen begrifflichen Rahmen stellen soziale Systeme Gemeinschaften mit Subjektcharakter und Eigendynamik dar, die ihren symbolischen Raum durch die in ihnen geltenden Symbolisierungspraktiken strukturieren.

2.1 Macht und Herrschaft: Relationen (der Möglichkeiten) von Subjekten

Es gibt Symbolisierungspraktiken, die als soziale Regeln mit staatlichen Machtmitteln als Gesetze oder Verordnungen durchgesetzt werden. Was heißt »Durchsetzen mit Machtmitteln« in Termini von Symbolisierungspraktiken? Welche Rolle spielt Macht überhaupt im Zusammenhang der Brückenterminologie von Symbolisierungspraktiken? Als Hintergrund zur Bearbeitung dieser Frage können wir ein längeres Zitat von Sichler (2006, S. 222) heranziehen. Dazu

»[…] ist es sinnvoll, die von Foucault getroffene Unterscheidung zwischen Machtbeziehungen (relations de pouvoir) und Herrschaftszuständen (états de domination) aufzugreifen (vgl. Schmid, 1991, S. 80). Machtbeziehungen sind vielfältig und prinzipiell umkehrbar, Herrschaftszustände dagegen einseitig und repressiv. In ihnen sind Machtverhältnisse erstarrt oder eingefroren. Oder wie Foucault (1987, S. 255) formuliert: ›Dort, wo die Determinierungen gesättigt sind, existiert kein Machtverhältnis.‹ Als Beispiele nennt er die Sklaverei oder einen in Eisenketten gelegten Menschen, letzteres bezeichnet er als physisches Zwangsverhältnis. Multiple Machtbeziehungen hingegen können dazu dienen, einseitige Herrschaftszustände zu verunmöglichen oder zu demontieren. Macht schließt immer die Konfrontation mit Gegenmacht und damit die Möglichkeit ihrer Umkehrung ein.

Wir haben mit Foucault Machtausübung als eine Weise des Einwirkens auf das Handeln anderer gekennzeichnet. Dies bedeutet, dass moderne Macht das Element der Freiheit in sich enthält. ›Macht wird nur auf ›freie Subjekte‹ ausgeübt und nur sofern diese ›frei‹ sind. Hierunter wollen wir individuelle oder kollektive Subjekte verstehen, vor denen ein Feld von Möglichkeiten liegt, in dem mehrere ›Führungen‹, mehrere Reaktionen und verschiedene Verhaltensweisen statthaben können‹ (Foucault, 1987, S. 255). Das heißt: Machtverhältnisse sind soziale Beziehungen, in denen die Akteure immer über Freiräume ihres Handelns verfügen. Derjenige, auf den Macht einwirkt, bleibt als Subjekt seines Handelns anerkannt, so dass sich für ihn ›vor dem Machtverhältnis ein ganzes Feld von möglichen Antworten, Reaktionen, Wirkungen, Erfindungen eröffnet‹ (Foucault, 1987, S. 254).

Macht und Freiheit stehen sich also nicht in einem Ausschließungsverhältnis gegenüber (wo immer Macht ausgeübt wird, verschwindet die Freiheit), sondern innerhalb eines sehr viel komplexeren Spiels: In diesem Spiel erscheint die Freiheit sehr wohl als die ›Existenzbedingung von Macht‹ (Foucault, 1987, S. 256). Foucault nennt dabei die Freiheit zunächst als Voraussetzung von Macht, da es der Freiheit bedarf, damit Macht ausgeübt werden kann. Freiheit wird aber auch als ständiger Träger von Macht charakterisiert, ›denn wenn sie sich völlig der Macht, die auf sie ausgeübt wird, entzöge, würde auch diese verschwinden und dem schlichten und einfachen Zwang der Gewalt weichen‹ (Foucault, 1987, S. 256)« (Sichler, 2006, S. 222).

Macht als »relation de pouvoir« nach Foucault beinhaltet also die Möglichkeit, die Möglichkeiten eines anderen und damit sein Handeln zu beeinflussen. Sie ist normaler Bestandteil jeder Interaktion zwischen Menschen (wenn sie sich nicht gegenseitig beeinflussen könnten, wäre jede Kommunikation sinnlos). Problematisch wird es, wenn dauerhafte (Foucault: »geronnene«) Ungleichheit der gegenseitigen Beeinflussungsmöglichkeiten besteht, dann sprechen wir von Herrschaft und im Extremfall von Zwang.

Im Zentrum der Machtfrage stehen also die Relationen der Möglichkeiten von miteinander in Beziehung stehenden Subjekten, und solche beruhen auf den faktisch geltenden Symbolisierungspraktiken in den jeweiligen Kontexten. Dabei gibt es jedoch Unterschiede; so werden in der Sozialpsychologie klassisch die folgenden »Quellen der Macht« genannt (French u. Raven, 1960):

- *Legitimierte Macht* (formelle Macht; »legitimate power«), dazu gehört bei-
  spielsweise das allgemeine Direktionsrecht des Arbeitgebers, das durch den
  Aufbau der Organisation differenziert ist;
- *Sanktionsmacht* (»reward and coercive power«) beinhaltet Belohnungs- und
  Bestrafungsmacht beispielsweise des Vorgesetzten, aber auch des Staates;
- *Expertenmacht* (»expert power«) beinhaltet unter anderem den Wissensvor-
  sprung der Berater_innen, ist oft Vorstufe zur Referenzmacht, verwandt zur
  Informationsmacht;
- *Referenzmacht* (Identifikationsmacht, »referent power«) beinhaltet beispielsweise die Identifikation der Gruppenmitglieder mit dem Führer aufgrund
  seiner Überzeugungskraft und Glaubwürdigkeit (im Grenzfall: Charisma-
  tische Macht – positiv und negativ);
- *Informationsmacht* (»informational power«) beinhaltet die Verfügung über
  die Information anderer und den Zugang zu Informationen. Spätestens an
  dieser Stelle kommen wieder die verschiedenen Kapitalsorten nach Bourdieu ins Spiel, deshalb lohnt es sich, sie noch etwas genauer zu betrachten.

Spätestens mit den Arbeiten von Pierre Bourdieu müssen wir die Relationen
der Möglichkeiten von verschiedenen Menschen weiter ausdifferenzieren durch
die verschiedenen Kapitalsorten, denn sie erlauben einen genaueren, differen-
zierteren Blick auf das »Vermögen« verschiedener Subjekte. Das Vermögen
umschreibt in seiner ursprünglichen Wortbedeutung das, was jemand vermag,
was er also für Möglichkeiten hat. In diesem Sinne ist natürlich das materielle
Kapital eine Quelle der persönlichen Macht, aber auch das symbolische Kapital. In Beratungen muss in der Folge die Bedeutung von Macht und Herrschaft
(Zwang) nach den verschiedenen Formen von Macht (Quellen) und Herrschaft
differenziert werden und dabei sind verschiedene Ebenen zu berücksichtigen:

a) *Rahmenbedingungen des Beratungssettings* durch Vorgaben, beispielsweise
gesellschaftlicher, rechtlicher Art, die Beratungen beeinflussen: Idealerweise
sollte reflexive Beratung ergebnisoffen in einem herrschaftsfreien Raum stattfinden. Dies kann aber durch gesetzliche Vorgaben eingeschränkt sein, beispielsweise in der Schwangerschaftskonfliktberatung. Ganz andere Auswirkungen
haben Regelungen des Datenschutzes. Auch unterschiedlichste Interessen auf
Beratung als Dienstleistung haben Auswirkungen: Es geht um die beste Problemlösung. Beispiel Pharmaindustrie: Sie benutzt Marktmacht, um Probleme durch
pharmazeutische Produkte zu lösen, andere Lösungsmöglichkeiten werden nicht
entwickelt. Genauso, wie Politik Probleme durch Gesetze regeln will und muss.

b) *Macht- und Herrschaftsbeziehungen zwischen Berater- und Klientensubjekt:*
Berater_innen verfügten meistens über Expertenmacht, die sie aber nicht im

Sinne einer Bevormundung der Klient_innen nutzen sollten, es sei denn, dies ist ausdrücklich vereinbart. Klient_innen als Kunden (die bezahlen) können Berater_innen zur Machtausübung instrumentalisieren, indem sie zum Beispiel Berater_innen zum Sündenbock machen oder indem sie definieren, wer das Problem hat.

c) *Macht- und Herrschaftsbeziehungen zwischen den Klientensubjekten:* Macht- und Herrschaftsbeziehungen zwischen den Klient_innen oder zwischen Klient_innen und Dritten sind häufiges Thema von Beratungen über die Alltagssituation von Klient_innen. In der Beratungssituation selbst müssen die Beratersubjekte auf das Machtgleichgewicht zwischen den Klientensubjekten achten, gegebenenfalls den Schwächeren unterstützen. Der Hauptgrund dafür ist ein pragmatischer: Machtverhältnisse und Herrschaftsbeziehungen verzerren die Kommunikation, sie legen strategisches Handeln im Sinne von Habermas nahe, was eine konsensorientierte, ergebnisoffene Beratung und die dafür notwendige Wahrhaftigkeit der Beteiligten erschwert bzw. verunmöglicht.

d) *Reflexive Macht der Beratung:* Als Institution einer reflexiven Gesellschaft verfügt Beratung über ein erhebliches Machtpotenzial, mit dem es verantwortungsbewusst umzugehen gilt. Es geht über die unmittelbare, interpersonelle Macht der Beratenden gegenüber den Beratenen weit hinaus. Es handelt sich um die Einflussmöglichkeiten einer reflexiven Instanz auf die gesellschaftlichen (Entwicklungs-) Prozesse. Man braucht sich dafür nur vorzustellen, welchen Einfluss beraterische Erfahrungen erhalten, wenn sie wissenschaftlich aufgearbeitet in die politischen Diskurse und die gesellschaftliche Reflexion eingefüttert werden. Wir können diese Macht als eine spezifische Form von Macht verstehen, die eine Verknüpfung von Expertenmacht mit Informationsmacht beinhaltet. Es ist deshalb davon auszugehen, dass von verschiedenen Seiten versucht werden wird, auf kritische Stellungnahmen mehr oder weniger massiv und mehr oder weniger sublim einzuwirken. Deshalb muss Sorge getragen werden, dass möglichst keine Interessen außer denen der Beratenen wirksam werden. Dies zu gewährleisten wird eine ganz zentrale Aufgabe bei der Professionalisierung von Beratung sein. Allerdings ist sie nicht so neu, wie es zunächst erscheinen mag, denn es gibt bereits Erfahrungen mit gesellschaftlichen Reflexionsprozessen auch im Zusammenhang politischer Diskurse. Dazu braucht man bloß auf die Bedeutung einer freien Presse und die Bedeutung von wissenschaftlichen, soziologischen Untersuchungen und Gutachten zu verweisen. Eine institutionalisierte Kontrolle der Beratenen über die Aussagen über Beratungserfahrungen ist infolgedessen unerlässlich. Neben den ethischen Dimensionen ist dabei zu berücksichtigen, dass Beratungserfahrungen, die Ergebnis von Manipulationen sind, letztlich keinen Wert haben für gesellschaftliche Reflexionsprozesse.

In der Regel verfügen die verschiedenen Verfahren professioneller Beratung
über eigene Konzeptionen von Macht im Beratungszusammenhang; die meisten konzentrieren sich dabei auf das prekäre Verhältnis zwischen Berater- und
Klientensubjekt sowie auf die Rahmenbedingungen von Beratung. Darin enthalten sind die beiden übergeordneten Kategorien von Machtbeziehungen im
Beratungszusammenhang: zum einen *Macht über Beratung* und zum anderen
Macht durch Beratung; in diese Kategorien lassen sich dann noch weitere Quellen
und Formen von Macht zuordnen. In realen Beratungszusammenhängen ist das
jeweilige Setting differenziert auf immanente Machtbeziehungen zu reflektieren, vor allem deswegen, weil deren Einfluss auf die Symbolisierungspraktiken,
deren Zustandekommen und deren Gültigkeit von zentraler Bedeutung für das
Beratungsergebnis ist. Für die Klientensubjekte steht die Frage ihrer Möglichkeiten im Vordergrund, Macht ist dann eine Frage ihrer Ressourcen und ihres
Kapitals – des materiellen wie des symbolischen. Eine differenzierte Analyse
sollte deshalb Bestandteil der Klärung der Ressourcen sein, insbesondere ihrer
Möglichkeiten zur Selbstgestaltung.

2.2 Subjekte der Moderne und ihre Möglichkeiten zur reflexiven Selbstgestaltung

Die Subjekte der reflexiven Moderne sind angehalten, unter Umständen sogar
gezwungen, sich selbst zum Gegenstand zu machen, und das bedeutet, die eigenen Selbstsymbolisierungspraktiken kritisch zu überprüfen unter Zuhilfenahme
von Metapraktiken und damit in die Interaktion mit anderen einzusteigen. Weil
Beratung auf dem Wege ist, sich als professionelle Institution zur Unterstützung
dieser Prozesse zu etablieren, ist sie infolgedessen als Praktik der Subjektgestaltung kritisch zu reflektieren, insbesondere im Hinblick darauf,

– ob und inwieweit sie zu den anderswo kritisch diskutierten Subjektkonstruktionen der reflexiven Moderne und/oder
– ob und inwieweit sie zu einer ganz eigenen Subjektgestaltung beiträgt und
   wie solche zu bewerten sind.

Für Menschen der reflexiven Moderne erweist es sich als notwendig, aber auch
als aufwändig, sich selbst ganz individuell im Schnittpunkt der zeitlichen und
der (sozial-) räumlichen symbolischen Dimensionen zu reflektieren. Sie entwickeln dazu bereits ihre eigenen Verfahren und *Rituale.* Sehr schön lässt sich das
bei einer derzeit verbreiteten Praxis der Geburtstagsfeier insbesondere älterer
Menschen beobachten: Da werden Menschen eingeladen, die das »Geburtstags-

kind« ein Stück weit begleitet haben und jetzt auch noch in Beziehung zu ihm stehen. Dann wird mit verschiedenen symbolischen Verfahren die gemeinsame Geschichte als Interaktionsgeschichte aufgezeigt (zeitliche Dimension) bis hin zum gegenwärtigen aktuellen Beisammensein (räumliche Dimension). Damit wird genau dieses Subjekt als der Schnittpunkt der zeitlichen und der räumlichen Dimension inszeniert bzw. inszeniert sich selbst in diesem Schnittpunkt. Die Protagonisten vergewissern sich so ihrer Identität und ihrer identitätsbildenden Beziehungen zu anderen.[33]

Kollektive Subjekte gehen grundsätzlich nach demselben Muster vor – zu erkennen beispielsweise bei Firmenjubiläen. Dabei helfen dann auch professionelle Berater_innen, die Themen wie »Unternehmensgeschichte«, »Corporate Identity« und »Strategie« im Blick haben. Mit ihrer Unterstützung »stellen sich die Organisationen in ihrem Umfeld für die Zukunft auf«, wie es oft heißt, was auch die natürlichen Subjekte im Hinblick auf ihre persönliche Zukunft tun. Auch sie nehmen dafür zunehmend beraterische Unterstützung in Anspruch, insbesondere als Coaching zu den Themen Bildung und Beruf, was aber wieder nicht unabhängig von der allgemeinen Lebensplanung und -gestaltung wie Partnerschaft und Familie thematisiert werden kann. Unternehmen reagieren darauf mit Programmen und Angeboten zur Unterstützung der Mitarbeiterfamilien und schließen sich dafür mitunter auch zusammen, um eine »familienbewusste Personalpolitik« zu realisieren. Ebenfalls gemeinsam ist die Orientierung auf die Ressourcen der Subjekte und deren symbolisches Kapital.

Auf der Ebene der wissenschaftlichen Fachdiskurse ist eine zum Teil geradezu aufgeregte Diskussion um das Subjekt in der Postmoderne zu konstatieren. Da ist einerseits vom Ende des (autonomen, bürgerlichen, männlichen) Subjekts die Rede, aber auch gleichzeitig davon, dass keinesfalls mit der Postmoderne das Subjekt verschwindet oder anders gedacht werden muss. Eine Übersicht finden wir bei Keupp und Hohl (2006).[34]

Auch Journalisten haben sich ihrerseits bereits des Themas mit eigenen Ausarbeitungen angenommen: beispielsweise Frank Schirrmacher (2013): »Ego –

---

33 Wie Prozesse der Selbstinszenierung in Beziehungen am Beispiel von Mädchenfreundschaften aussehen, analysiert Voigt (2011).

34 In diesen Zusammenhang sind auch Veröffentlichungen einzuordnen, die eine gewisse Berühmtheit erlangten, deren Titel für sich sprechen und deren Thesen verbreitet Eingang gefunden haben in die Presse, beispielsweise: Richard Sennett (2006): »Der flexible Mensch. Die Kultur des neuen Kapitalismus«, Jerome Bruner (1997): »Sinn, Kultur und Ich-Identität«, Kenneth Gergen (1996): »Das übersättigte Selbst« und Michel Foucault (1993): »Technologien des Selbst«. Im Anschluss daran: »Der Arbeitskraftunternehmer« (Voss u. Pongratz, 1998); »Das erschöpfte Selbst« (Ehrenberg, Lenzen u. Klaus, 2008); »Subjektentwürfe heute« (Keupp, 1995); »Die Möglichkeit des Andersseins« (Watzlawick, 2002).

Das Spiel des Lebens« oder Spiegel Wissen 3/2013: »Projekt Ich. Neue Strategien für ein besseres Leben«, um nur einige zu nennen. Für Zeitschriften wie »Psychologie Heute« ist es bereits ein immer wiederkehrendes, fast möchte man sagen Grundthema in verschiedenen Facetten.

Sie folgen sämtlich mehr oder weniger der These: »Die Formung des Selbst oder der Persönlichkeit ist nur als andauernde, stets unvollendete Um-Formung vorstellbar« (Bauman, 2007, S. 201). Dabei lässt sich ein Wandel beobachten von einer zunächst eher positiven Einschätzungen der Offenheit und der Vielfalt von Lebensgestaltungsmöglichkeiten hin zu einer zunehmenden Belastung, weil ein »Du musst« dahinter steckt.

Interessant ist, dass es bereits 1977 eine Veröffentlichung gab, die das »reflexive Subjekt« thematisierte und Konsequenzen für die wissenschaftliche Psychologie forderte (Groeben u. Scheele, 1977), allerdings leider mit relativ wenig Auswirkungen auf den dominierenden Wissenschaftsbetrieb der Psychologie, sieht man einmal von einem Nischendasein ab. Dem jüngeren Versuch von Keupp, einen Zugang zum Subjekt über eine reflexive Sozialpsychologie (1993) zu begründen, war dann schon mehr Aufmerksamkeit beschieden, was allerdings bisher ebenfalls noch zu keiner konsequenten Neuorientierung der gesamten wissenschaftlichen Sozialpsychologie als reflexiver Wissenschaft führte. Eigentlich wäre es ein sinnvolles Selbstverständnis der Psychologie, sich, analog zur Soziologie, explizit als eine Institution zu begreifen, die Subjekte dabei unterstützt, im Sinne einer Reflexivität b tätig zu werden, und dabei Reflexivität nicht bevorzugt im Sinne der Reflexivität a begreift, also nicht mit dem Anspruch eines objektiven Geists auf Subjekte schaut. Angesichts solcher Entwicklungen ist es nur konsequent, dass das Thema vielfach unter dem Gesichtspunkt einer prinzipiellen Zerrissenheit oder *Entfremdung* des menschlichen Subjekts von sich selbst bearbeitet wird. Lacan (1973–1980) beispielsweise problematisiert auf dem Hintergrund der Psychoanalyse an verschiedenen Stellen bewusste und unbewusste Formen der Auseinandersetzung mit der Welt und versteht die Konfrontation beider als Auslöser für eine grundsätzliche Selbstentfremdung des Menschen in seiner je individuellen Subjektwerdung.

Dabei wird deutlich, dass das aktuelle Verständnis vom Subjekt historisch an den Begriff des *bürgerlichen Subjekts* gebunden ist, der im Zusammenhang der französischen Revolution aufkam und schließlich in die Staatstheorie Eingang fand; so wurde der Staat von Rousseau im Wesentlichen auf einen Vertrag zwischen den Bürgern zurückgeführt. Damals wurde das bürgerliche Individuum konzipiert, das per Vertrag sein Zusammenleben und -arbeiten mit anderen autonom regelt. Und genau dieses Verständnis wird derzeit mit drastischen Fragezeichen versehen, denn es wird immer klarer, dass gewissermaßen übersehen wurde, dass das Individuum selbst auch als Ergebnis von in Sozialisationspro-zessen[35] vermittelten Einflüssen betrachtet werden muss, mithin also als ein, wie es aktuell verschiedentlich heißt, »Unterworfenes«. Diese Bedeutung ist wiederum im Wort »Subjekt« enthalten, das sich vom lateinischen »subiecere« herleitet.[36] Damit sind wir bereits bei einigen Hintergründen der aktuellen Dis-kussion um den »Tod des Subjekts«. Anstatt von einem Ende des Subjekts zu sprechen, macht es aber wohl mehr Sinn, von einer anderen oder von mehre-ren anderen Subjektstrukturen aus zu gehen. Wie könnte so etwas aussehen?

Die Überlegungen von Voß zum Arbeitskraftunternehmer setzen uns auf die Spur zu einer alternativen Subjektgestaltung zu Freuds Instanzenlehre in der reflexiv-modernen Gesellschaft: Er schreibt, dass der Arbeitnehmer zum Manager seiner eigenen Person wird, das heißt, er macht sich selbst zum Gegen-stand einer ständigen Überprüfung und Optimierungsstrategie nach den Erfor-dernissen des Arbeitsmarktes. Auf diese Weise bildet sich Reflexivität im Sinne der Begriffsverwendung a auf der individuellen Ebene ab. Wir können diesen Gedanken weiterverfolgen mit der Frage: Wie müsste nach der Gesellschafts-analyse der reflexiven Moderne die psychische Struktur des reflexiv-modernen Subjekts beschrieben werden? Passt das Modell von Freud noch oder ist nun ein anderes fällig?

Wenn die Analysen von Beck, Giddens und Lash (1996), Foucault, Voß usw. stimmen und wenn wir sie verallgemeinern können, so müssen wir eine interna-lisierte, reflexive Selbstmanagement-Instanz des natürlichen Subjekts annehmen, die als ein Ergebnis aktueller Symbolisierungspraktiken betrachtet werden kann:

- Die/der *Arbeitskraftunternehmer_in* managt die eigenen beruflichen Kom-petenzen als eigener Personalentwickler und Selbst-Vermarkter
- Die/der *Beziehungsmanager_in* managt die eigenen Beziehungen und die eigene Beziehungsfähigkeit nach psychologischen Erkenntnissen (Psycho-logisierung der Partnerschaftsbeziehungen)
- Die/der *Familienwirt_in* managt den Umgang mit den Familienfinanzen nach betriebswirtschaftlichen Prinzipien (Stichwort: »Verbetrieblichung der Lebensführung« nach Voß)

---

35 Was in anderen Kontexten, etwa in der sozialwissenschaftlichen Sozialisationsforschung, der Erziehung, aber auch in der Rechtsprechung, zum Beispiel, wenn es um die Schuldfähigkeit geht, schon längere Zeit üblich ist. Aber auch in diesen Zusammenhängen geht man von der Norm des autonomen, voll verantwortlichen Individuums aus und versteht alles andere als defizitär.

36 Lange Zeit konnte man solche widersprüchlichen Sichtweisen auf das Subjekt nur durch wech-selnde Perspektiven bewältigen, die nebeneinander standen, mit dem Konzept der Symboli-sierungspraktiken könnte dies aber überwunden werden.

- Die/der familiäre *Erzieher_*in setzt gezielt die eigene Persönlichkeit im Interesse der Kindererziehung ein (Pädagogisierung der Kindererziehung)
- Die/der *Kommunikationstechniker_in* optimiert die Schnittstelle zwischen Subjekt und technischen Kommunikationssystemen (nach der aktuellen Technikphilosophie geht die Schnittstelle zwischen Mensch und Maschine durch den Menschen, das heißt, wir lernen zu einem gewissen Teil, »maschinell« oder »digital« zu denken)

Da die (szientistischen) Wissenschaften primär auf Anwendungen im Sinne einer technologischen Beherrschung ausgerichtet sind, ist die Konsequenz eine mehr oder weniger verinnerlichte »Technologie des Selbst« (Foucault) im engeren Sinne. Ergebnis ist die Etablierung eines »verinnerlichten Selbstoptimierungsmanagers« als psychische Instanz des Menschen durch die Prozesse der gesellschaftlich-kulturellen Subjektgestaltung der reflexiven Moderne (Seel, 2013b, S. 1654). Dabei unterwirft sich in gewissem Sinne das Subjekt den *Prinzipien der Zweckrationalität und der Märkte,* denn es ordnet alles der Erreichung von Zielen zum Zweck des Bestehens auf verschiedenen Märkten unter. Grundlage ist einerseits die latente Angst, durch unvorhergesehene Entwicklungen ausgeschlossen zu werden, trotz Anstrengungen, auf den Märkten optimal dazustehen, und andererseits die Hoffnung auf die Erfolge eines optimierten Lebens. Dabei ist oft zu beobachten, wie ungenau und unreflektiert die Vorstellungen eines solchen optimierten Lebens ausfallen.

Treibende Kraft ist nunmehr also weniger (wie zu Zeiten Freuds) die Angst vor den bedrohlichen Ansprüchen der Natur einerseits und in der Folge die Angst vor der Bestrafung durch das Über-Ich andererseits, sondern die Angst, im Wettbewerb auf den verschiedenen Märkten ins Hintertreffen zu gelangen, verbunden (und positiv gewendet) mit der Hoffnung auf eine optimierte Lebensgestaltung, die sich am »Erfolg« orientiert.[37] In der verselbständigten Extremvariante ist es einfach die Angst, nicht optimiert zu sein. Lebensgestaltung reduziert sich vielfach auf eine Selbstoptimierung nach nicht weiter hinterfragten Kriterien. Dabei ist bei »optimiert« wieder der Unterschied zwischen Reflexivität und Reflexion zu beachten: In der angepassten Form ist damit die unreflektierte, sublime, verinnerlichte gesellschaftliche Standardnorm gemeint, wie sie sich beispielsweise bezogen auf den eigenen Körper in der Extremform der Magersucht oder der Sixpack-Ideologie des Bodyshapers niederschlägt. In

---

37 Es kann kein Zufall sein, dass das Leistungsmotiv (McClelland et al.,1953) und dann speziell die Ausrichtung auf die »Angst vor Misserfolg« und die »Hoffnung auf Erfolg« (Heckhausen, 1989) zum dominierenden Thema der Motivationspsychologie wurde.

der reflektierten Form werden dagegen die verschiedensten Wege der Selbstgestaltung gesucht und manchmal auch befriedigende gefunden.

Eine gewisse Verselbständigung der Selbstoptimierung ist also häufig die
Folge, also jene Arbeit an sich ohne Reflexion darüber, wozu oder warum dies
sinnvoll sein soll, es reicht, mit überdimensionalen Muskelpaketen herum-
zurennen oder genauso mit überdimensionalem Bankkonto, ständig weitere
materielle Reichtümer anzuhäufen, ohne noch zu fragen, ob und wie dies zu
einer gelingenden Lebensgestaltung beitragen kann. Im Gegenteil: Es wird die
Zerstörung des eigenen Körpers durch den Konsum von Anabolika genauso
in Kauf genommen wie die Zerstörung der eigenen Psyche durch die panische
Angst davor, keinen Erfolg zu haben, keinen weiteren Reichtum anzuhäufen
oder die Größe des eigenen Unternehmens nicht weiterzutreiben. Es scheint, als
würde ein entsprechender Verzicht auf ständige *Hypertrophierung des eigenen
Ichs* und seiner Surrogate für viele auf eine ungeheure narzisstische Kränkung
hinauslaufen.[38] Denn *der verinnerlichte Selbstoptimierungsmanager macht jedes
Subjekt zu seinem eigenen Produkt.* Und dabei muss natürlich eine sehr starke
Identifikation mit dem eigenen Produkt, also mit sich selbst, herauskommen;
das heißt in anderen klassischen Kontexten dann »Narzissmus« mit der Folge
einerseits des unersättlichen Bedarfs nach Selbstbestätigung und andererseits der
tiefen Kränkung, wenn die Identitätspräsentation nicht so ankommt wie erhofft.
Hintergrund ist der Druck, jemand sein zu müssen, der irgendwie herausragt,
der »cool« ist, oder jemand mit einer besonderen Kompetenzbiografie oder wie
auch immer. Dabei stellt sich, wie in anderen Zusammenhängen, wieder einmal
die Frage, auf welche Weise sich gesellschaftlich-kulturelle Wertvorstellungen
im individuellen Sein, Tun und Erleben niederschlagen. Mit dem Konzept der
Symbolisierungspraktiken ist dies grundsätzlich beantwortbar. So können wir
beispielsweise annehmen, dass sich in den Kommunikationen und Interaktionen einer Person Symbolisierungspraktiken niederschlagen, die eine Bewertung (anderer) Individuen beinhalten. Diese wiederum wird von dieser Person
gegenüber anderen ausgeübt, so auch unter Umständen gegenüber den Kindern
dieser Person. Diese erleben solche explizit oder implizit mitschwingenden
Bewertungen ihrer eigenen Person durch die zentral wichtige Elternperson und
verinnerlichen sie, versuchen, den darin enthaltenen Standards irgendwie nachzukommen, leider häufig genug aus Angst, die Liebe dieser Person zu verlieren.

Dann kann man schon mal, um das eigene Selbst zu retten, nach Feinden
suchen, die dafür verantwortlich gemacht werden und die sich zu einer Ver-

---

38   Möglicherweise spiegelt sich hierin die Wachstumsideologie der Wirtschaft, der es nur gut
     geht, wenn sie ständig wächst.

schwörung zusammengetan haben.[39] Auch die Zugehörigkeit zu einer als besonders wertvoll, wichtig, »cool« oder ähnlich bewerteten Gruppe oder symbolischen Gemeinschaft kann das eigene, um seinen Selbstwert bangende Subjekt aufwerten (wie auf einer anderen Ebene die nordischen Herrenmenschen nach der Demütigung des Ersten Weltkriegs). Auch das Muster des »auserwählten Volks« gehört zu diesem Selbstschutzmechanismus.

Auf der Ebene der typischen psychischen Störung hat sich in der Folge der veränderten gesellschaftlichen/sozialen Gestaltung des Subjekts ein Wandel vollzogen. Die für die Zeit Freuds typische »hysterische« Störung wurde abgelöst durch Burnout und Depressionen und ähnlich diagnostizierte psychische oder psychosomatische Erkrankungen und narzisstische Störungen. Sie entstehen durch Unterwerfung unter die Machtstrukturen und deren Verinnerlichung; dabei können wir vielfach auch in Beratungen gegeneinander gerichtete emotionale Kräfte innerhalb der Subjekte erkennen, die durch die Verinnerlichung von widersprüchlichen gesellschaftlichen Symbolisierungspraktiken entstehen, beispielsweise den optimierten Vater, den optimierten Partner und den optimierten Träger einer beruflichen Rolle, alles in einem optimierten Köper mit optimierten Ehepartnern und optimierten Kindern. Als Folge der Unvereinbarkeit der Realität mit diesen Anforderungen kann dann ein ständiges Gefühl der eigenen Unzulänglichkeit selbstzerstörerische Auswirkungen zeigen.

Möglichkeiten reflexiver Selbstgestaltung mit anderen werden in den verschiedenen Diskursen mal unter »*Technologien des Selbst*« und mal unter »*Lebenskunst*« diskutiert. Dies lässt den Verdacht aufkommen, dass hinter den beiden Begriffen die verschiedenen Formen von Reflexivität, auch von reflexiver Beratung stecken; demnach wären Technologien des Selbst konzentriert auf den Einzelnen und würden nur die Selbstoptimierung nach Vorgaben der Gesellschaft (wie den »Arbeitskraftunternehmer«) meinen, während »Lebenskunst« auch solche Vorgaben reflektiert und die Beziehungen zu anderen thematisiert. Tatsächlich erweisen sich beide Konzepte jedoch als recht individuumzentriert, wenn sie auch immer wieder den Bezug zu anderen hervorheben. Sowohl die geistigen Spuren von Technologien des Selbst als auch die der Lebenskunst finden sich (beinahe ist man versucht zu sagen »natürlich«) schon bei den Philosophen der Antike, insbesondere bei den Griechen; zu den Technologien des Selbst vermittelt der von Martin, Gutman und Hutton (1993) herausgegebene Sammelband einen Eindruck, in dem Hutton (1993) auch eine Verbindung zu

---

39 Vertieft geht Maaz (2012) mit seinem Essay über »die narzisstische Gesellschaft« auf die Rolle des Narzissmus in unserer Gesellschaft ein, vgl. auch Bierhoff und Herner (2009) über die Wiederkehr des Narzissmus.

Freud diskutiert, während der Lebenskunst in der Antike Schmid (1998) oder Fellmann (2009) nachgehen. In diesem Zusammenhang muss selbstverständlich vor allem Foucault (2008) genannt werden, der einerseits von einer Ästhetik der Existenz spricht und andererseits von den Technologien des Selbst. Beides lässt sich gut verknüpfen, wenn man an das Beispiel der Architektur denkt, deren Betrachtung bekanntlich Anlass für das postmoderne Denken wurde. Die Architektur muss Ästhetik und Technik zusammenbringen. Die beiden Konzepte sind also in der Praxis nicht so weit voneinander entfernt, wie es zunächst erscheinen könnte. Die Gestaltung des eigenen Lebens muss sowohl ästhetische Entwürfe als auch Technologien der Realisierung verbinden.

Es ist also nicht neu, die *Arbeit an sich* zu thematisieren. Aber neu könnte sein,

- dass dies gewissermaßen flächendeckend für sämtliche Bevölkerungsschichten gefordert ist,
- dass es dafür keine allgemeinverbindlichen Vorgaben in Form von Religionen, Ethiken oder ähnlichem gibt,
- dass es mit erhöhten Risiken verbunden ist (Individualisierungsthese nach U. Beck),
- dass es verwissenschaftlicht ist, differenziert nach verschiedenen Bereichen oder Disziplinen, und
- dass es verbunden wird mit einer Verantwortung für die Welt.
- Und schließlich, dass die Chancen für ein wie auch immer genauer bestimmtes gutes oder erfolgreiches, richtiges, verantwortungsbewusstes, schönes, … individuelles Leben davon abhängen, dass die Einzelnen »sich richtig an den Märkten aufstellen«.

Die weitgehende Abwesenheit detaillierter Vorgaben von (religiösen oder anderen) Traditionen kann natürlich durch einen Akt der Selbstentscheidung für eine vorgegebene Praktik überwunden werden. Aber auch diesem Falle bleibt es ein Akt der reflexiven Selbstgestaltung, wenn wir uns entschließen, einer Glaubensgemeinschaft, einer Sekte oder einer anderen Wertegemeinschaft beizutreten oder einem Guru zu folgen, wofür wir durchaus zu einer Rechtfertigung und zu einer Begründung aufgerufen werden können und uns auch selbst fragen müssen: »Warum machst du das?« Dies gilt aber eben nur für diese Entscheidung, wir können also durch eine Grundsatzentscheidung unserer Selbstgestaltung für einen Teilbereich unseres Lebens die Selbstgestaltung partiell aufgeben, was natürlich sehr entlastend ist.

Das Subjekt wird gleichzeitig immer mehr als ein den Entwicklungen und den Verhältnissen ausgeliefertes empfunden (Subjekt im Sinne eines Unterworfenen), das aber (beispielsweise nach Beck und Bauman) dennoch für das

Scheitern oder Gelingen des eigenen Lebens verantwortlich gemacht wird. Deshalb ist Zweifel an solchen konstruktivistischen Ansätzen angebracht, die nicht, wie der soziale Konstruktionismus nach Gergen, die Beziehungen zwischen den Subjekten in den Vordergrund stellen, sondern (implizit oder explizit) von einer relativ großen Autonomie der Subjekte gegenüber ihren Lebensumständen ausgehen. Ganz im Gegensatz dazu steht die Ansicht oder Empfindung, dass sich das Individuum den gesellschaftlichen Verhältnissen gegenüber genauso ausgeliefert fühlt wie vormals gegenüber der äußeren Natur.

Es könnte sinnvoll sein, auf diese Weise mit einer historischen Perspektive beispielsweise auf das Mittelalter oder auf eine andere Kultur zu blicken, um diese für uns verständlicher zu machen, aber es wäre nicht die Perspektive der Menschen des Mittelalters auf sich selbst. Sie hatten wohl keine eigene, reflexive Perspektive in unserem Sinne auf sich selbst entwickelt, sondern nur eine von einem von ihnen konstruierten, göttlichen Wesen und dessen Vertreter auf Erden, an die sie ihre Entscheidungen abgaben – eine interessante Frage für Historiker. Es wäre zu fragen, ob eine solche Betrachtung auf die Vergangenheit zum besseren Verständnis der eigenen historischen Situation, nur eben spezifisch aus der Perspektive unser aktuellen Situation, möglich ist und deshalb eine Gestaltung der Vergangenheit darstellt.

In der reflexiven Moderne sind reflexive Selbstgestaltungen auch mit Unterstützung durch Beratung bereits vielfältig anzutreffen. Wir können sie (auch die Beratung) insgesamt als Metasymbolisierungspraktiken bezeichnen, denn sie sind Symbolisierungspraktiken, die andere Symbolisierungspraktiken zum Gegenstand haben. Allerdings sind Metasymbolisierungspraktiken kein ausschließliches Privileg der reflexiv modernen Gesellschaften, sondern es gab und gibt solche in den verschiedensten Formen, in verschiedenen auch historischen, kulturellen und gesellschaftlichen Kontexten in mehr oder weniger institutionalisierten Formen. Vielfach haben/hatten sie einen religiösen Hintergrund, vor allem immer dann, wenn die Bewertung des eigenen Handelns Thema ist, und das ist wohl Bestandteil der meisten Religionen. Herausragende Beispiele sind die Beichte, die Anforderungen zur Vermeidung der Wiedergeburt in hinduistischen und buddhistischen Traditionen, die Regeln der Scharia und viele mehr. Auf dem Hintergrund solcher Überlegungen könnte als Beispiel für die Verwendbarkeit des vorgeschlagenen Konzepts die folgende These formuliert werden: Eine ultimative, ästhetische Subjektpräsentation wird derzeit im Selbstmordanschlag als Untergangsszenario des Subjekts inszeniert. Der symbolische Interaktionspartner, dem gegenüber diese Präsentation erfolgt, ist häufig ein personalisierter Gott oder auch eine verallgemeinerte, symbolische Gemeinschaft. Grundlage dafür ist eine Symbolisierungspraktik, welche die Subjekte solcher

Anschläge zur Belohnung mit einem Etikett für einen hohen Wert (»Märtyrer«) einer Gemeinschaft versieht.

Die Attraktivität, die solche oder ähnliche Ideologien anscheinend auch in Westeuropa auf vor allem junge Menschen ausübt, hat ihren Hintergrund in der *Vernachlässigung der ästhetischen Dimension der Lebensgestaltung* auf verschiedenen Ebenen, von der gesellschaftlich-kulturellen, der politischen bis hin zur individuellen zugunsten einer Kultur der Anästhetik (Welsch, 2003). Sie bleibt eine kritische Auseinandersetzung und die Anleitung zur Frage schuldig: Wie gestalte ich mein Leben zusammen mit anderen sinnvoll, wie finde ich dabei meinen mich befriedigenden Platz und Anerkennung (»Wertschätzung«), wie sehen die emotionalen Sinnbezüge aus und wie realisiere ich ein solches Leben? Dazu haben wir derzeit nicht viel anzubieten außer dem Konsum von Waren, Dienstleistungen und Erlebnis-Kultur vom Fußball bis zur Oper – oder eben zwanghaft optimierte Karrieren. Das öffnet den Markt für allerlei Deutungsangebote, auch ziemlich krude mit dennoch großem Öffentlichkeitserfolg von Publikationen wie die von Sarrazin (2010), die sich liest wie ein Versuch einer Symbolisierungspraktik, die geeignet sein soll, das dumpfe Gefühl einer Selbst-Verunsicherung als Bedrohung zu artikulieren und der Angst ein Gesicht zu geben (Ausländer), um andererseits das Gefühl einer bedrohten, Sicherheit gebenden Gemeinschaft zu verheißen, um die man sich kümmern müsse.

Reflektierter setzt sich de Botton (2004) mit dem Phänomen der *Statusangst* auseinander. Eine zunehmende Angst vor sozialem Abstieg macht die Kämpfe erwartbar härter und befördert das Geschäft der Rechtsextremen, die sich genau dadurch auszeichnen, dass sie aus Angst vor dem sozialen Abstieg andere (Ausländer, Juden, Minderheiten) zum (minderwertigen) Feind erklären. Das bedeutet auf der gesellschaftlichen Ebene, dass die Produktion von solchen Abstiegsängsten, die offensichtlich auch manche Politiker für notwendig halten, in direkter Logik Rechtextremismus nach sich zieht. Und es bedeutet weiter, dass Identitätsängste und Statusunsicherheiten auch andere Personen ergreifen können, die es als ehemalige Mitglieder der Führungsebene der Bundesbank eigentlich gar nicht nötig hätten; so lassen sich deren Äußerungen als ein einziger Aufschrei von Statusangst interpretieren. Sie schaffen so eine sich selbst erfüllende Prophezeiung, der man nur mit Macht und Ausgrenzung begegnen zu können glaubt, um sich zu retten. Kritische Auseinandersetzungen mit den die Subjekte dominierenden Symbolisierungspraktiken werden schon länger angeboten, beispielsweise die nach wie vor sehr lesenswerten Arbeiten von Erich Fromm mit der Unterscheidung zwischen Haben oder Sein (2010, Erstauflage 1976).

In diesem Umfeld wird in Beratungen unvermeidlich ein Subjekt konstruiert oder zumindest verändert, ein Subjekt, das sich selbst zum Gegenstand macht (machen muss), und es wird deutlich, welche Verantwortung einer Profession Beratung zukommt.

2.3 Das Management reflexiver Prozesse der Subjekte

Auch Reflexion muss gekonnt sein – einer der wichtigsten Gründe für die Inanspruchnahme von Unterstützung durch Beratung. Sie hat ihre Unterstützung anzubieten bei der Frage ihrer Klientel »wer möchte ich sein?«, nach der von ihr angestrebten Seinsweise, also bei ihren Subjektselbstkonstruktionen. Und sie hat Unterstützung anzubieten bei der reflexiven Auswertung von Erfahrungen mit der Selbstgestaltung ihrer Klientel, am besten zu beschreiben mit der im Szene-Jargon verbreiteten Frage »Was macht das mit Dir?« Beratung stellt dazu den Klientensubjekten Meta-Symbolisierungspraktiken zur Verfügung, mit deren Hilfe sie sich selbst und ihre Möglichkeiten in ihrem gesellschaftlichen, sozialen, persönlichen Umfeld reflektieren können. Man nennt diese Symbolisierungspraktiken üblicherweise Beratungsverfahren und -methoden. Infolgedessen können so die verschiedenen Beratungsverfahren und -methoden als Meta-Symbolisierungspraktiken wissenschaftlich rekonstruiert und miteinander verglichen werden.

Voraussetzung dafür ist eine Kultur der Reflexivität, also eine gewisse Vertrautheit mit der Vorstellung, dass Subjekte sich selbst zum Gegenstand der Lebensgestaltung machen. Das bedeutet, dass Beratung nicht einfach auf Kulturen übertragen werden kann, denen diese Vorstellung fremd ist (vgl. Rechtien, 2014); das bemerken sensible Berater_innen nicht nur dann, wenn sie selbst sich in andere Kulturen begeben, sondern auch im Rahmen unserer Kultur, wenn sie mit Menschen zu tun haben, die aus Kulturkreisen kommen, denen diese Vorstellung fremd ist. Sie können mit der Moderation von selbstreflexiven Prozessen durch professionelle Berater_innen nichts anfangen, Berichte darüber aus der sozialarbeiterischen Praxis gibt es immer wieder. Das Bewusstsein dafür, dass unsere Beratung Bestandteil einer solchen Kultur ist, dass es innerhalb und außerhalb unserer Kultur der Reflexivität Unterschiede im Hinblick auf die Nutzung einer Ressource reflexive Beratung gibt. Eine unreflektierte Durchsetzung entsprechender Verfahren kann *kulturkolonialistische* Züge haben, insbesondere, wenn sie mit einem missionarischen Auftrag verbunden wird; auch dies zu reflektieren, muss zur Kultur der Reflexivität gehören und infolgedessen von den professionellen Berater_innen realisiert werden.

Bei ihrer Unterstützung von Subjekten bei ihrer Subjektselbstgestaltung bedient sich Beratung in ihrem kulturellen Umfeld zahlreicher Konzepte, Verfahren und Methoden, die auf ganz verschiedenen Grundlagen beruhen, viele davon auf Konzepten der Psychotherapie und solchen aus der Lernforschung, viele aber auch auf angehäuften, praktischen Erfahrungen. Mit ihnen lassen sich Ressourcen für die Subjekte auffinden und aktivieren. *Professionelle Beratung managt so im Auftrag der Klientensubjekte ihr reflexives Projekt,* analysiert deren Möglichkeiten und übt entsprechend veränderte Symbolisierungspraktiken mit ihnen ein. Unter dem Stichwort »Veränderungswissen« wird versucht, eine allgemeinere Perspektive zu entwickeln.

An diese Beratungsverfahren, -konzepte und -methoden muss daher die Frage gestellt werden, welche Vorstellungen von Subjekten und Subjektkonstruktionen (Menschenbilder) ihnen zugrunde liegen und auf welche sie mit ihrem Vorgehen zusteuern. Normalerweise wird unterschieden zwischen den Verfahren und den explizit thematisierten Zielvorstellungen von der künftigen Seinsweise, doch muss bedacht werden, dass in die Verfahren bereits Vorstellungen von der, wie wir hier sagen würden, Subjektselbstgestaltung unvermeidlich eingehen, weil ihnen bestimmte Menschenbilder zugrunde liegen müssen. Insofern erfordert reflexive Beratung eben auch die *Reflexion ihrer Verfahren und deren Grundlagen.* Und dabei ist zu empfehlen, die Verfahren nicht nur als eine Vorgehensweise der Beratersubjekte als individuelle Personen zu reflektieren, wie es meistens getan wird, sondern sie als eine institutionelle, konkret organisierte Vorgehensweise zu betrachten, die im konkreten Beraterhandeln real wird. Dafür muss der gesamte Prozessablauf von Beratungen thematisiert werden, beginnend bei den Vorgaben einschlägiger gesetzlicher Regelungen bis zu den Vorgaben für die Finanzierung, dem Umgang mit Beratung in der Öffentlichkeit, der konkreten Öffentlichkeitsarbeit vor Ort, den Spezifika der Organisation, die Beratung anbietet (kirchliche oder kommunale Stellen auf der Grundlage des Subsidiaritätsprinzips, freiberuflich in Netzwerken tätige Berater_innen, Organisationen des Wirtschaftssystems wie Beratungsfirmen usw.), die qualifikatorischen Vorgaben für beraterische Tätigkeit bis hin zur Organisation der Abläufe (von der Kontaktaufnahme über die Terminvereinbarungen, die Qualität der Beratungsumgebung bis hin zur Gestaltung von Gesprächsräumen und -situationen). Es muss ebenfalls die Organisation der Aufbereitung von Beratungswissen und deren Einfütterung in öffentliche Diskurse eingeschlossen werden. In diesen Zusammenhängen könnte beispielsweise zum Ausdruck kommen, dass die Inanspruchnahme von individueller oder familiärer Beratung mehr oder weniger gleichbedeutend ist mit einem Eingeständnis des persönlichen Scheiterns, also einer nicht gelungenen Subjektselbstkonstruktion. Im

Vergleich sieht eine Inanspruchnahme von Beratung durch Unternehmen ganz anders aus, sie ist vielleicht zu charakterisieren als ein souveräner Umgang von Führungskräften mit Ressourcen im Interesse des Unternehmens.

An anderem Ort (Seel, 2013b) wurde zudem darauf hingewiesen, dass Beratung nicht nur organisiert ist, sondern auch organisierend tätig wird, sei es als Organisation von Hilferessourcen etwa im Konzept des *Case Management* der Sozialen Arbeit oder als Organisation des Beratungsprozesses, was im Zusammenhang von Organisationsberatung recht komplex werden kann und häufig von entscheidendem Einfluss für das Gelingen des reflexiven Prozesses ist. Im Konzept der reflexiven Beratung stellt sich darüber hinaus die Aufgabe der Sammlung, Aufbereitung und Verteilung von Beratungswissen, was deshalb im folgenden Abschnitt eigens behandelt wird. So betrachtet, kann Beratung als zielführendes Management der Beratungsressourcen und der Klientenressourcen und deren Zusammenführung im Interesse der Reflexion der Klientensubjekte verstanden werden.

Wir können umgekehrt sämtliche Konzepte als Meta-Symbolisierungspraktiken darstellen, aber mit jeweils unterschiedlichen Vorannahmen und Perspektiven, die sich unter anderem in ihrer Sprache niederschlagen. Es kann darüber hinaus bedacht werden, wie wir das Reflexionspotenzial nutzen können, das durch die Brücke zu ganz anderen Konzepten der Reflexivität ermöglicht wird, die nicht aus der praktischen Beratung stammen. Auch hier können wir uns Pierre Bourdieu anschließen und von ihm anregen lassen, beispielsweise mit El-Mafaalani und Wirtz (2011, ohne Seitenzahlen):

»Für die Veränderungen des Habitus sind zwei idealtypische Möglichkeiten denkbar: Zum einen kann ein Subjekt in soziale Situationen geraten, in denen es mit seinen Handlungsorientierungen und -strategien nicht weiter kommt. Bourdieu deutet diese Möglichkeit folgendermaßen an: ›Die den objektiven Bedingungen vorgreifende Angepasstheit des Habitus ist ein Sonderfall, der (in den uns vertrauten Universen) zwar besonders häufig auftritt, den man aber nicht verallgemeinern sollte‹ (Bourdieu, 2001, S. 204). Die dauerhafte Nicht-Passung von Habitus und sozialem Kontext kann über eine Verunsicherung entweder zu Orientierungslosigkeit und Rückzug in das Herkunftsmilieu,[40] oder zu einem kreativen Lernprozess und schließlich zu einer Habitustransformation führen. Dann würden Geschmack, Bildungsziele usw. von den Herkunftsbedingungen (nach und nach) abweichen, allerdings in Abhängigkeit des Zeitpunktes, an dem diese Prozesse beginnen. Hierbei handelt es sich um einen

---

40   In Bezug auf das Verhalten von Kindern und Jugendlichen in der Schule wurde dies beispielsweise von King (2009) und Jünger (2008) beschrieben.

unbewussten Prozess. Dieser Typus von Veränderung wird durch den sich stetig beschleunigenden sozialen Wandel, Veränderungen in der Arbeitswelt und durch Transnationalisierung (oder auch in Krisensituationen) begünstigt. Das regelmäßige Zusammentreffen ›unterschiedlicher Habitusformen und Strukturen‹ führt dann dazu, dass ›die Kette der wechselseitigen Verstärkung von inkorporierten Erwartungen und objektivierten Wahrscheinlichkeiten durchbrochen wird‹ (Raphael, 2004, S. 269). Es können also durchaus gesellschaftliche und individuelle Verhältnisse existieren, in denen die Entstehungsbedingungen des Habitus in der Sozialstruktur kein Pendant finden.[41] Als Besonderheit dient hier auch das deutsche Schulsystem mit seinen selektiven Schulformen, welche das Zusammentreffen verschiedener Habitus kaum begünstigt (bzw. diesem eher im Wege steht).

Zum anderen ist eine bewusste Entscheidung denkbar, in der ein Mensch eine implizit soziologische Analyse, eine *Sozioanalyse* (Rieger-Ladich, 2005), vollzieht.[42] Das Individuum erkennt die Gesetzmäßigkeiten und restriktiven Elemente seiner (familial) vorgeprägten Herkunft und strebt danach, diesen gegenüber eine gewisse Freiheit ›zurückzugewinnen‹. Hierbei handelt es sich also um eine differenzierte Auseinandersetzung mit der eigenen Herkunft (und indirekt auch mit dem eigenen Habitus), beispielsweise in einer bestimmten Lebensphase. Dieser biografische Bruch wird bewusst vollzogen und geht einher mit einem (aktiven) An-sich-selbst-arbeiten, welches Zeit und Mühe beansprucht, da über viele Jahre einverleibte Muster aufgebrochen bzw. kontrolliert werden müssen. Hierbei handelt es sich um eine zielgerichtete, intentionale Habitustransformation. Diese Veränderungen des Habitus ›sind das Resultat einer aktiven Auseinandersetzung mit den erweiterten Möglichkeiten der Öffnung des sozialen Raums und den erfahrenen strukturellen Zwängen‹ (Vester et al., 2001, S. 324 f.).« Soweit El-Mafaalani und Wirtz.

Der Fokus liegt hier auf reflexiver Beratung von Individuen, könnte aber mit Einschränkungen auf kollektive Subjekte übertragen werden. Dass Bourdieu auch Reflexivität auf gesellschaftlicher Ebene im Auge hat, darf getrost angenommen werden, sein Thema ist in diesem Zusammenhang aber nicht die Beratung.

---

41 Solche Befremdungen des eigenen Selbst werden in vielfachen Bereichen »angeboten«, so zum Beispiel bei riskanten, experimentellen Praktiken und Grenzerfahrungen in Sport und Popkultur (Alkemeyer, 2009; Alkemeyer u. Schmidt, 2003; Schmidt, 2004).

42 »Die Soziologie ist ein höchst machtvolles Instrument der Selbstanalyse, die es einem ermöglicht, besser zu verstehen, was man ist, indem sie einen die sozialen Bedingungen, die einen zu dem gemacht haben, was man ist, sowie die Stellung begreifen läßt, die man innerhalb der sozialen Welt innehat« (Bourdieu, 1992, S. 223, zitiert nach Bourdieu u. Wacquant, 2002, S. 96). Eine eindrucksvolle Sozioanalyse hat Pierre Bourdieu mit »Ein soziologischer Selbstversuch« (2002) selbst vorgelegt.

Es gilt also die Maxime, dass in den praktischen, reflexiven Beratungen die gesellschaftliche Ebene ihres »Falls« mit den Klient_innen thematisiert wird. Wie dies allerdings geschehen kann, ohne dass dabei den Individuen zusätzlich zur Bewältigung ihres Lebens auch noch die Bewältigung gesellschaftlicher Reflexivität mehr oder weniger »vertrauensvoll« aufgebürdet wird, so dass insgesamt die Anforderungen an sie noch steigen, ist eine Aufgabe, der bei der konkreten Gestaltung reflexiver Beratungen sehr viel Aufmerksamkeit gewidmet werden muss. Mit zunehmender Professionalisierung wird die Beratung zu einer gesellschaftlich institutionalisierten Metapraktik; wie sie konkret ausgestaltet wird, entscheidet darüber, ob sie auf sämtlichen der im folgenden skizzierten, möglichen Ebenen genutzt wird oder nur auf einer – der hier an zweiter Stelle genannten. Diese entscheidende Weichenstellung steht für die nähere Zukunft an:

Kritik auf der Ebene der gesellschaftlich gültigen, auch der kodifizierten Regeln und der gemeinschaftlichen, auch der kulturellen Subjektkonstruktionen. Daran werden wir uns erst noch gewöhnen müssen, zielt eine solche Kritik doch auf solche Fragen wie »Ist es verantwortbar und/oder sinnvoll, Subjekte in den Kontexten XY so zu konstruieren, wie dies gerade geschieht?« Gibt es beispielsweise Prozesse, die Investmentbanker als tendenziell sich an einer Wertegemeinschaft versündigende Subjekte konstruieren? Oder gibt es Prozesse, die einen gewissen Prozentsatz von Menschen von einer gesellschaftlichen Teilhabe ausschließen, oder solche, die kriminelle oder Drogenkarrieren produzieren?

Anlass dafür kann die Produktion praktischer Probleme durch entsprechende Praktiken sein, einschließlich Unzulänglichkeiten bei der Beratung, weshalb die Vorgaben für Beratung geändert werden sollten. Das bedeutet letztlich Einspeisung in einen über Medien geführten Prozess der reflexiven Beratung der Subjekte in öffentliche Diskurse. Dieser Prozess ist deshalb für die unmittelbar praktische, professionelle Beratung von Bedeutung, weil in ihn die praktischen Erfahrungen und Erkenntnisse aus den Beratungen eingespeist werden sollten, sei es, um die Rahmenbedingungen für diese Beratung zu verbessern oder sei es, um zu verhindern, dass immer mehr Probleme gesellschaftlich produziert werden. Professionelle praktische Beratung hätte dann eine Mitverantwortung dafür, welche Themen zum Gegenstand reflexiver Projekte der Gesellschaft als einer Gemeinschaft gemacht werden.

Im Sinne von M. Foucault müssen auch in der persönlichen Beratung deshalb nicht zuletzt unreflektiert, unkritisch verinnerlichte Machtstrukturen thematisiert werden, was auch das sich selbst optimierende System der reflexiven Moderne in Frage stellt, so dass auch die Kritik der systemstabilisierenden Optimierungspraktiken in den gesellschaftlichen Diskurs eingespeist werden sollte.

Diese Kritik fokussiert auf die Frage, auf welche Weise wir leben wollen, sie zielt auf eine Überprüfung unseres Wertesystems unter der Perspektive auf die Sinnfrage. Es wird um die Ästhetik der Existenz, um die Frage also »wie wollen wir unser Leben miteinander gestalten?« als unser gemeinschaftliches, gesellschaftlich-kulturelles Projekt gehen und wie Alternativen zu jeweils gültigen Symbolisierungspraktiken aussehen könnten. Das Interesse daran besteht grundsätzlich, das zeigt schon der Erfolg von Wilhelm Schmid mit seiner »Philosophie der Lebenskunst« (1998), in der er sie nicht bloß als individualisiertes Projekt, sondern als gemeinschaftliches Projekt der individuellen Vielfalt propagiert.

Darüber hinaus geht es um Kritik in einem weiterführenden Sinne, auch hierbei folgend M. Foucault, der Kritik als Aufklärung versteht (1992). In der Beratung wird die Aufklärung über die Praktiken und Strukturen, die den praktischen Problemen zugrunde liegen, weswegen Beratung in Anspruch genommen wird, sowie über die Möglichkeiten zu ihrer Überwindung letztlich zur generellen Aufgabe. Kritik im herkömmlichen Sinne als begrifflich vermittelte, rationale, diskursive Symbolisierung reicht allerdings oft nicht aus für eine nachhaltige Veränderung, sie könnte hinreichend sein als Begründung für eine Veränderung von Symbolisierungspraktiken, diese sind damit aber noch nicht verändert. Es bedarf vielmehr einer gezielten Analyse der zugrunde liegenden Symbolisierungspraktiken, insbesondere mit einem Schwerpunkt auf ihrer energetischen Dimension (emotionale Ebene), ihrer ästhetischen Modalität und der Entwicklung, der Einübung/Implementierung befriedigender Alternativen einschließlich eines Erlebens/Erfahrens der Reaktionen der Umwelt und des Selbsterlebens (»Wie fühle ich mich nach …?«, »Was macht das mit mir?«) des betroffenen Subjekts selbst. Auf die Erlebnisqualität der Reaktionen wird an dieser Stelle ein besonderer Wert gelegt, weil dies Voraussetzung für eine Versorgung von Symbolisierungspraktiken mit Energie ist. Sie wird wesentlich über die ästhetische Modalität vermittelt.

**Teil 4
Beratung, Wissenschaft und das
Management von reflexivem Wissen**

1   Beratung und Wissen

Wenn professionelle reflexive Beratung ihren Auftrag in einer Kultur der Reflexivität ernst nimmt, muss sie sich an deren reflexiven Projekten aktiv beteiligen und sie initiieren, sie muss dazu ihr Wissen einbringen und vor allem, da
sie dienstleistend für ihre Klient_innen tätig ist, auch dafür sorgen, dass deren
Wissen eingebracht wird. Damit stellt sich die Frage des Umgangs der Profession reflexiver Beratung mit Wissen, eine Frage, der sich eine Profession ohnehin stellen muss.

Eine Profession zeichnet sich gemeinhin durch einen gemeinsamen Wissensbestand aus, der in der Regel durch eine professionsspezifische Wissenschaft gepflegt wird (Beispiel: Medizin). Infolgedessen müssen die Aufgaben
und Möglichkeiten einer Beratungswissenschaft unter verschiedenen Aspekten
diskutiert werden. Dies ist die Aufgabenstellung des von Möller und Hausinger (2009) herausgegebenen Sammelbands, allerdings weniger unter der hier
interessierenden, systematischen Perspektive auf die Nutzung von reflexiver
Beratung im Zusammenhang gesellschaftlicher Reflexivität. Deshalb soll hier
gewissermaßen neu angesetzt werden.

– Für die reflexive Beratung hat Wissen insofern eine besondere Bedeutung,
  als es im Grunde um Wissen in einem praktischen Sinne (also nicht im
  Sinne eines abfragbaren, auswendig gelernten »Stoffs«) geht, vor allem um
  ein Wissen, das die Kompetenzen der Beteiligten ausmacht und Performanz
  zeigt. Die verwendeten Formulierungen machen dies deutlich: So wurde
  von einer Erarbeitung von Möglichkeiten und deren praktischer Nutzung
  gesprochen, und das zielt auf Wissen. Reflexive Beratung ist also in spezi-
  fischem Sinne eine *hoch wissensintensive Dienstleistung,* vielleicht die wis-
  sensintensivste Dienstleistung überhaupt.

– Für die Selbstreflexion und praktische Selbstgestaltung müssen an das Beratungswissen deshalb hohe Anforderungen gestellt werden. Beck (1996) stellt
  dazu einige weiterführende Überlegungen an. Demnach ist die Menge des
  verfügbaren Wissens in der reflexiven Moderne weniger das Problem, sieht

man mal davon ab, dass es zu viel sein kann. Während die Anhäufung von
Wissen des Menschen über sich selbst, also in diesem Sinne reflexives Wissen, lange Zeit als unproblematisch erstrebenswert erschien, unter anderem
auch im Kontext des Versprechens der Aufklärung, stellt sich nun immer
mehr die Frage in den Vordergrund, wo solches Wissen geschaffen wird, wie
und für wen solches Wissen verfügbar und wirklich nutzbar wird und was
die Subjekte auf sich nehmen müssen, um dieses Wissen in ihrem Sinne zu
nutzen. Wissen und Wissenschaft sollten aber der Befreiung der Subjekte
bei ihrer Lebensgestaltung dienen und nicht zur Belastung werden.

– Es geht um die *praktische Verfügbarkeit und damit auch um die ästhetische Modalität reflexiven Wissens,* um ein ästhetisches Wissen, wenn man
   so will. Das ist allerdings ein Gedanke, an den wir uns erst noch gewöhnen müssen und den wir noch weiterentwickeln müssen. Die unvermeid-
   liche ästhetische Modalität von Symbolisierungspraktiken insbesondere im
   Zusammenhang von Reflexivität hängt eng mit der *Gemeinschaft* zusammen (vgl. Lash, 1996); wir haben Symbolisierungspraktiken als ein zwischen
   Menschen emergierendes Phänomen konzipiert und damit auch das entsprechende Wissen als eine Eigenschaft einer Gemeinschaft, an dem Einzelne natürlich teilhaben.

– Darüber hinaus ist zu bedenken: Damit Beratung ihre Aufgaben erfüllen
   kann, muss in Beratungen *belastbares* Wissen über Möglichkeiten und ihre
   Nutzung nicht nur vermittelt und angewandt, sondern auch *geschaffen* werden, ein Wissen, das zu Veränderungsprozessen des jeweils anstehenden
   speziellen Falls in seinem sozialen und gesellschaftlich-kulturellen Umfeld
   herangezogen werden kann. Beratung auf Basis nicht sicheren Wissens muss
   scheitern. Gesichertes Wissen über die Besonderheiten des jeweiligen Bera-
   tungseinzelfalls kann nicht aus wissenschaftlichen Veröffentlichungen nach-
   gelesen werden, sondern muss im Rahmen dieses Einzelfalls geschaffen werden, der sich durch seine Einmaligkeit auszeichnet, was wiederum auf die
   ästhetische Modalität der Gestaltung des eigenen Lebens verweist. Wie aber
   lässt sich aus solchen Einzelfällen wiederum auf die ästhetische Modalität
   von gemeinschaftsbildenden Symbolisierungspraktiken bis zur Ebene der
   Gesellschaft wissenschaftlich seriös schließen?

– Damit stellt sich die Frage nach Symbolisierungspraktiken, die den Umgang
   mit Wissen über Symbolisierungspraktiken zum Gegenstand haben, also
   nach *Metasymbolisierungspraktiken.* Und die wiederum stellen für die Realisierung von Reflexivität eine ganz zentrale *Ressource* dar, die wir als eine
   bestimmte Form von symbolischem Kapital durchaus nicht als gleichver-
   teilt in der Gesellschaft betrachten können, sondern wir müssen von sogar

großen Unterschieden ausgehen und uns in der Folge fragen, wie Beratung
sich dazu verhalten muss.

– Ob und gegebenenfalls inwieweit dafür klassisch verstandene Produktion
  und Verteilung wissenschaftlichen Wissens unseres Wissenschaftssystems
  zielführend ist, bleibt dahingestellt. Einige Problematiken des klassischen
  Wissenschaftsverständnisses zum Thema Beratung fasst McLeod (2004,
  419–440) zusammen. Neben methodologischen Schwierigkeiten betont er
  zu Recht auch die auftretenden ethischen Dilemmata und das Problem der
  Reaktivität. So verbietet sich aus ethischen Gründen eine Beratungsforschung, die danach fragt und experimentell testet, was den Klient_innen
  schaden könnte, obwohl das Falsifikationsprinzip dieses unter Umständen
  verlangen würde, und es ist darüber hinaus zu bedenken, dass durch Forschung unvermeidlich in Beratungen eingegriffen wird, was sich nur rechtfertigen lässt, wenn sie Beratungsversuche begleitet, die im Interesse der
  Berater- und Klientensubjekte liegen. Zudem sind die anscheinend unverein-
  baren fachlichen Subkulturen der Praxis und der Wissenschaft zu bedenken.[1]

– In der Regel zielt wissenschaftliches Wissen darauf ab, einen Einzelfall unter
  eine Kategorie zu fassen, als Spezialfall eines allgemeinen Phänomens zu
  betrachten, so dass man dann die jeweils für dieses allgemeine Phänomen
  passenden Vorgehensweisen auswählen und anwenden kann. Das mag als
  Heuristik für Berater_innen ganz hilfreich sein, eine Orientierung geben,
  doch wird man bald Schiffbruch erleiden, wenn man nicht auf die jeweils
  besondere und einmalige (ästhetische) *Qualität des Einzelfalls* abstellt, welche dann aber auch herausgearbeitet werden muss. Infolgedessen wird der
  Erfolg der Professionalisierung von Beratung zum großen Teil davon abhängen, inwieweit es gelingt, das Wissensproblem überzeugend zu lösen, und
  dafür ist ein Blick auf die Wissenschaft auch für die praktische Arbeit durchaus hilfreich, denn sie kann einige Auskünfte darüber geben, wie man in
  solchen Fällen zu gesichertem Wissen kommen kann.

– Weiterhin ist grundsätzlich in Frage zu stellen, ob die klassische Vorstellung,
  dass irgendwo (in den Institutionen der Wissenschaft?) Wissen geschaffen
  wird, das dann anderswo, nämlich in den Kontexten praktischer Anwendung,
  »angewandt« wird, gerade im Beratungszusammenhang noch haltbar ist, und
  zwar besonders unter dem Anspruch der Realisierung von Reflexivität. Im
  Bereich der wissenschaftlichen Psychologie fällt auf, dass in einer Übersicht
  zur »Psychologie in der Praxis« (Straub, Kochinka u. Werbik, 2000) zum

---

1 Dieselbe Problematik wurde bereits im Zusammenhang der »Beratungsforschung« aufgegriffen (Seel, 1981).

Stichwort Beratung nur sehr wenig ausgeführt wird, und dann auch bevorzugt im Sinne der Weitergabe von psychologischem Wissen (transitive Beratung 1) an die Klient_innen; diese Engführung ist sicherlich der klassischen Trennung von Institutionen zur Schaffung von Wissen von den Institutionen der Anwendung geschuldet (Seel, 2012) und weniger sachlich begründet.

1.1 Hintergründe: Beratung, Wissen, Wissenschaft und die Organisation des Wissens

Um hier weiterzukommen, ist es angezeigt, grundlegend über die Rolle von Wissen im Zusammenhang von Beratung nachzudenken und diesen Zusammenhang systematisch zu strukturieren. Im Rahmen einer solchen Systematik lassen sich die Aufgaben für eine Wissenschaft und die Kriterien, denen sie Genüge leisten muss, definieren sowie angepasste Organisationsformen finden. Eine solche Systematik des Zusammenhangs von Beratung und Wissen muss bei einer Klärung der Frage beginnen, welche *Rolle* Wissen im Beratungszusammenhang spielt und welche *Arten* von Wissen dabei vorkommen.

Der Zusammenhang zwischen Beratung und Wissen realisiert sich auf *verschiedene Weise in verschiedenen Beratungsformen* (Seel, 1998), die uns in Beratungsprozessen meistens miteinander vermischt begegnen; logisch sind sie einander jeweils vorgeordnet: Die sachlichen, transitiven Beratungsformen setzten voraus, dass die Beteiligten ihre Beziehung geklärt haben, was wiederum voraussetzt, dass sie sich über sich selbst im Klaren sind. Gemeinsam ist, dass in der Regel *Handlungswissen* im Vordergrund steht:

-   *Beratung transitiv 1* (jemanden beraten/jemandem einen Rat geben): Meint die Weitergabe von fachlichem Wissen, das möglichst wissenschaftlich gesichert sein sollte und das letztlich auf die Frage abstellt, was angesichts einer ausschließlich fachlich zu beantwortenden Frage/Aufgabe zu tun ist, beispielsweise »Welche Pumpe ist am besten für …?«
-   *Beratung transitiv 2* (etwas miteinander beraten): Meint die Anwendung von fachlichem Wissen und Generierung von neuem Wissen in einem fachlichen Diskurs von Fachleuten, meistens in Form von Anwendungswissen, aber, beispielsweise wenn Wissenschaftler etwas miteinander beraten, auch Generierung von *Grundlagenwissen,* beispielsweise »Welche physikalischen Gesetzmäßigkeiten können Ingenieure heranziehen, um eine Pumpe zu bauen, die den Anforderungen XY genügt?«
-   *Beratung reflexiv 1* (sich miteinander beraten): Meint die Anwendung von Wissen und Generierung von neuem Wissen als Handlungswissen über die

richtige/beste *Form des Miteinander-Umgehens* von mindestens zwei Menschen, die miteinander zu tun haben. Hier ist Beziehungswissen gefragt, Wissen von der Gemeinschaft, ihren Werten, Normen, Standards, Empfindlichkeiten, Tabus, also über verschiedene Symbolisierungspraktiken dieser Gemeinschaft, die zur Disposition gestellt werden, beispielsweise »Wer übernimmt welche Aufgaben und Verpflichtungen bei …?«

– *Beratung reflexiv 2* (mit sich zu Rate gehen, Selbstklärung): Meint die Generierung und Prüfung von Wissen des (individuellen/korporierten) Subjekts *über sich selbst,* wie es sich selbst gestaltet und konstruiert wird, seine eigenen Bedingtheiten, Problemlagen, Möglichkeiten bis hin zu: Wissen, »was für mich/uns gut ist«.

Im Einzelnen:

1. Wenn wir Beratung auf das klassische Verständnis von jemanden beraten im Sinne von jemandem einen Rat geben (transitiv 1) reduzieren, stellt sich der Zusammenhang zwischen Beratung und Wissen relativ einfach dar: Es geht einfach um *die Weitergabe möglichst erprobten Wissens,* über das ein Beratersubjekt verfügt, das Klientensubjekt aber nicht. Woher die Beratung dieses Wissen bezieht, ist dabei allerdings eine offene Frage. Idealtypisch bezieht sie es aus dem Wissenschaftssystem und setzt es dann in der praktischen Anwendung mit/für die Klientensubjekte um. Beratersubjekte dienen hier als Vermittler von Wissensanwendung oder selbst als Wissensanwender. Genauer betrachtet ist dieses Wissen logisch zweistufig: Zunächst wird vom Beratersubjekt zusammen mit dem Klientensubjekt erarbeitet, was möglich ist und in einem zweiten Schritt dann, wie das, was für das Klientensubjekt möglich ist und was es will, praktisch realisiert werden kann (Best Practice von Klientenhandlungen) und welches Ergebnis dies zeitigt. Dasselbe wiederholt sich auf der *Ebene des Beraterhandelns:* Was ist einem Beratersubjekt in einer definierten Beratungssituation möglich und wie kann es, was ihm möglich ist und was ihm zielführend erscheint, mit und für das Klientensubjekt realisieren (Best Practice von Beraterhandlungen).

2. Sobald Beratersubjekte an einem Prozess des etwas miteinander Beratens (transitive Beratung 2) teilnehmen, sei es als Beteiligte(r), sei es als Moderator_in, nehmen sie Teil an einem Prozess der *Wissensgenerierung,* also an der Schaffung von Wissen. In solchen Beratungen werden ständig *neue Wissensbestände* von der Art: »Wie mache ich am besten xy?« geschaffen, also praktisches Handlungswissen, das in anderen Zusammenhängen (unter anderem im Wissensmanagement) als Best Practice oder wieder woanders als Praxeologie bezeichnet wird. Auf der Ebene des Beraterhandelns ist auch hier

Wissensgenerierung möglich, und zwar als Erfahrung mit der Moderation von Prozessen des Etwas-miteinander-Beratens.

3. Im Unterschied zur transitiven Beratung 2 (etwas miteinander beraten), in der es um Sachthemen geht, die *außerhalb der beteiligten Subjekte* liegen, werden in reflexiven Beratungen 1 (sich miteinander beraten) *Regeln des Miteinander-Umgehens* erarbeitet und als gültig implementiert. Das entspricht dem Grundgedanken des Diskurses (nach Habermas), der einen Geltungsanspruch von Normen und Regeln begründet. Weil die Beteiligten hierbei als Subjekte involviert sind, kann nicht von einem Beratungsgegenstand gesprochen werden, der außerhalb ihrer selbst liegt, denn es geht hierbei auch immer um die je eigene Position/Rolle im sozialen Kontext. Was die Wissensebene betrifft, handelt es sich um Wissen auf zwei Ebenen:

a) Wie komme ich in Beratungen zu gültigen Verabredungen zwischen Partnern bezüglich ihrer Handlungen (Methodenwissen) und

b) Welche Regeln im Miteinander-Umgehen sind möglich und wie können sie von den beteiligten Partnern realisiert werden (soziales, kulturelles Wissen).

Es handelt sich also in beiden Fällen zunächst um *lokal gültiges Wissen* (weil diese Regeln nur für die Beteiligten in ihrem speziellen Kontext gelten), das aber als *Möglichkeit* durchaus auch für andere Konstellationen Sinn machen könnte. Es geht also um die klassisch als »Übertragbarkeit« von einer sozialen Konstellation auf eine andere bezeichnete Problematik.

– Auf dem Hintergrund der Orientierung an Reflexivität und der Brückenterminologie stellt sich die Frage der Übertragbarkeit in verschärfter Form: Das ist darin begründet, dass die Gegenstände/Themen beider Formen reflexiver Beratung die grundsätzliche Qualität der *historischen Einmaligkeit* aufweisen, es gibt sie so, wie sie sind, nur einmal und dies kann nicht vollständig als Spezialfall allgemeinerer Kategorien verstanden werden, ähnlich wie ein Kunstwerk. In der ästhetischen Modalität von Symbolisierungen ist diese Einmaligkeit letztlich auch begründet. Zum anderen ist zu bedenken, dass Reflexivität im Sinne einer Selbst-Thematisierung von Subjekten im Grunde erfordert, dass das generierte Wissen in der *Hoheit der Beteiligten* verbleibt, dass diese also *Subjekte ihrer Wissensgenerierung und -verwendung* bleiben. Anderenfalls, wenn also das reflexive Wissen in die Verfügungsgewalt anderer überginge, wäre es nicht mehr ihr Wissen, sondern das Wissen anderer über sie und damit eigentlich nicht mehr reflexiv. Damit ist eine Anforderung formuliert, die in ähnlicher Form bereits seit geraumer Zeit immer mal wieder erhoben wurde, de facto aber auch immer wieder in Vergessenheit geriet. So hat beispielsweise Miller (1969; 1970) als Vorsitzender der APA (American Psychological Association) bereits die Forderung aufgestellt, dass die Psychologie an die Menschen, über die sie Aussagen trifft, zurückgegeben werden soll. Solche Forderungen stellen eine Wissenschaft reflexiver Beratung vor besondere Anforderungen.

4. Ähnliche Fragen stellen sich im Zusammenhang von reflexiver Beratung 2, der *Selbstklärung:* Hier wird in Beratungen *Wissen des Klientensubjekts über sich selbst* generiert, reflexives Wissen also. Auch das ist Wissen von zunächst lokaler Geltung, denn es gilt nur für eben dieses (Klienten-)Subjekt. Solches Wissen könnte aber auch in gewissen Grenzen anderen weiterhelfen, weil die Subjektkonstruktionen in einer Gesellschaft/Kultur grundsätzliche Gemeinsamkeiten aufweisen. Hier sollten wir nun noch zwei verschiedene Formen reflexiven Wissens unterscheiden. Zum einen können vom Berater- und Klientensubjekt Reflexionsprozesse praktiziert werden, die gesellschaftlichen Vorgaben folgen. Es handelt sich dann um Selbstoptimierungsprozesse beispielsweise als Arbeitnehmer, um sich für den Arbeitsmarkt im Sinne eines Arbeitskraftunternehmers optimal aufzustellen. Hierbei findet noch keine Reflexion verinnerlichter, gesellschaftlicher Machtstrukturen statt, um in der Terminologie von Foucault zu bleiben.

- In Beratungen sollten wir im Interesse der Klientensubjekte aber noch darüber hinaus gehen und solche gesellschaftlich vorgegebenen Selbstoptimierungsstandards kritisch hinterfragen, also thematisieren, wie wir als Subjekte der reflexiven Moderne konstruiert werden und uns selbst konstruieren (sollen) und welche praktischen Schlussfolgerungen wir daraus ziehen (können) (vgl. Teil 3 Kapitel 2). Das gilt grundsätzlich sowohl für individuelle wie für korporierte Subjekte.[2]

- Wir können in weiterer Konsequenz die folgenden in Beratungen vorkommenden *Wissensarten* unterscheiden:

- *Fachliches* oder *Sachwissen* zu einem inhaltlich umschriebenen Themenbereich wie Steuergesetze, Informationstechnologie, Recht, Drogen und Abhängigkeit, der Einfluss von Belohnung und Bestrafung auf die Motivation, Erkenntnisse über die gesellschaftliche Subjektgestaltung aus dem Wissenschaftssystem, aber auch aus anderen Kontexten.

- *Praktisches Handlungswissen,* unterschieden nach

  • *Beratungshandlung* (wie führe ich als Beratersubjekt am besten eine Beratung im Hinblick auf die genannten, verschiedenen Beratungsaufgaben durch? Wie reflektiere ich sie und wie beteilige ich mich an

---

2 Nicht allen Berater_innen ist wohl bewusst, dass sie mit ihren Klient_innen an solchen Prozessen arbeiten und zur Verinnerlichung von Machtstrukturen beitragen, einschließlich der Individualisierung gesellschaftlicher Probleme und Risiken.

den Prozessen der Wissensgenerierung über die Steuerung von Beratung, der Wissensprüfung und Verteilung?)
- *Klientenhandlung* (Wie handelt das Klientensubjekt am besten in der Situation xy?).

Praktisches Handlungswissen auf beiden Ebenen schließt die Umsetzung von fachlichem Wissen (= Kompetenz nach Erpenbeck u. Heyse, 2007) ein, reduziert sich aber bei weitem nicht darauf, sondern beinhaltet auch die verschiedenen Ebenen und Formen reflexiven Wissens.
- *Problemwissen:*
  - Mit welchen Problemen schlagen sich die (welche?) *Klientensubjekte* herum, wie reagieren sie und wie kann ihnen geholfen werden? Und wie können sie dabei unterstützt werden, sich selbst zu helfen?
  - Mit welchen Problemen der praktischen Beratung haben die *Beratersubjekte* zu kämpfen? Das schließt neben Fragen der persönlichen Beratungskompetenz auch die Themen ein, wie organisatorische, politische oder ähnliche Faktoren ihr Beraterhandeln beeinflussen, welche Ressourcen sie benötigen.
- Alles unterschieden nach mindestens zwei *Ebenen:*
  - der *individuellen* Ebene von natürlichen oder korporierten Subjekten, soweit es sich um deren ganz individuelles Problem handelt,
  - der *gesellschaftlichen* Ebene, soweit es sich um ein gesellschaftliches Problem handelt, das immer wieder in Beratungen vorkommt und deshalb von überindividueller Qualität ist.

In diesem Zusammenhang eine Anmerkung zur *Feldkompetenz:* Sie wird verbreitet als wesentlicher Bestandteil von Beratungskompetenz verstanden und gelehrt. Es lohnt sich jedoch, etwas genauer auf sie zu schauen, weil auf der anderen Seite auch oft davon gesprochen wird, dass Berater die Verfahrensspezialisten sind, die Klienten aber die Spezialisten für ihre Lebenszusammenhänge, also für ihr Feld. Wie ist dies miteinander zusammenzubringen? Brauchen nun Berater_innen vorab schon Feldkompetenz oder ist es sogar methodisch für sie von Nachteil, weil sie dann den unhinterfragten Selbstverständlichkeiten des jeweiligen Feldes aufsitzen, die gerade das Problem sein können? Ist es nicht besser, sie lassen sich gewissermaßen als Laien vom Klientensubjekt die Zusammenhänge erklären und tragen durch den damit angestoßenen Prozess der Klärung zur Reflexion bei? Ist es nicht gerade die Perspektive von außen, die eine gute reflexive Beratung braucht? Was genau heißt dann eigentlich Feldkompetenz?
    Als Beispiel für eine Beratung mit hohem fachlichen Anteil können die Steuerberatung oder die Bildungs- und Berufsberatung herhalten: Hier wird

Fachwissen von der Beratung darüber erwartet, welche Optionen einem Subjekt in der gesellschaftlichen Lage des jeweiligen Klientensubjekts »objektiv« zur Verfügung stehen. Hier gibt es Bereiche, in der Beratung verlässlich die Frage beantworten können muss: »Was würde passieren, wenn …?«

Was aber ist in offeneren Bereichen mit Spielräumen zur Selbstgestaltung? Würde ein Beratersubjekt seine Aufgabe nicht verfehlen, wenn es mit festen, ihm selbst mehr oder weniger bewussten Vorstellungen über »die Familie« in eine Familienberatung ginge? Oder würde es dieses Wissen eher dabei behindern, die Einmaligkeit der Klientensituation zu erfassen? Was heißt überhaupt »Fachwissen«? Insbesondere, wenn man berücksichtigt, dass ein ganz wesentlicher Sozialisationsinhalt von Ausbildungen aus dem Einüben einer fachlichen Kultur inklusive bestimmter Normen und Werte besteht, die nicht explizit, sondern implizit vermittelt werden, die also blinde Flecken produzieren.

Solche Fragen stellen sich natürlich vor allem in Bezug auf die Selbstgestaltung innerhalb von Spielräumen, also genau dort, wo Beratung auf der reflexiven Ebene gefordert ist. Und hier geht es um die ganz besondere Lebenslage der Klient_innen, und die kann das Beratersubjekt nur von diesen selbst erfahren. Aber auch hier kann Fachwissen hilfreich sein, etwa im Falle von Partnerschafts- oder Familienberatung über die einschlägige Gesetzeslage und Fördermöglichkeiten. In solchen Fällen aber *wechselt* die Beratung in die transitive Form 1, was durchaus zulässig sein muss, auch im Falle, dass die reflexive Beratung im Vordergrund des Auftrags steht. Dann aber sollte sich das Beratersubjekt zumindest bewusst sein, dass dieser Wechsel stattfindet.

Was geschieht nun mit dem in Beratungen generierten Wissen? Bisher verbleibt in der Regel das in Beratungen generierte Wissen bei den Beratersubjekten und ihren Klientensubjekten. Eine gewisse Verbreitung kann es erfahren, wenn Beratersubjekte es in ihren zukünftigen Beratungen verwenden, es stellt dann einen individuellen Kompetenzgewinn für sie dar; auch über Supervisionen von Beratung kann ein Transfer vonstattengehen, Supervisor_innen sorgen dann für die *Verbreitung in ihren Supervisionsbeziehungen.* In diesem Zusammenhang der Weitergabe von Wissen ist auch die Aus- und Weiterbildung zu stellen, soweit erfahrene Berater_innen als Lehrende oder Trainer_innen tätig werden. Eine andere Möglichkeit besteht, wenn Berater_innen sich entschließen, ihre Erfahrungen aufzuarbeiten und beispielsweise in Form eines Buches zu veröffentlichen; dies wird häufig verbunden mit dem Anspruch, eine eigene, neue Beratungsform entwickelt zu haben, die als Markenzeichen des eigenen Berater_innenprofils vermarktet wird. Bei anderen mag ein allgemeines Hilfemotiv dahinterstecken. So sind viele, vielleicht die meisten Beratungsverfahren entstanden. Gern wird im Nachhinein dann auch die persönliche Geschichte des Entwicklers dargestellt (beispielsweise Freud, Jung, de Shazer ...) und erzählt.

Die Art der *Wissensaufbereitung* wird in allen diesen Formen der Wissensverbreitung oft nicht besonders reflektiert, insbesondere nicht, was die *Qualität und den Geltungsbereich* des Wissens anbelangt. Ob und inwiefern dieses Wissen also den gängigen oder begründeten anderen Gütekriterien wissenschaftlich gesicherten Wissens entspricht und welchen Geltungsanspruch es erheben kann, bleibt zunächst offen. Vielfach begnügt man sich mit der Empfehlung der Form »das lief gut, probier' doch auch einmal«. Wissenschaftslogisch haben wir es hier mit der *Induktion* oder der *Abduktion* (Peirce, 1983; Reichertz, 2003) zu tun, ohne dass dies allerdings erwähnt oder gar diskutiert wird. Es gäbe also durchaus geeignete, wissenschaftstheoretische Ansatzpunkte für eine systematische, wissenschaftliche Erschließung dieses Wissens. Methodologisch kommen vor allem die verschiedensten Ansätze der *qualitativen Sozialforschung* in Frage, weil wir in Beratungen auf den Einzelfall abstellen müssen, denn der statistische Durchschnitt hilft bekanntlich im Einzelfall wenig. Anders sieht es aus, wenn es um das epidemiologische Wissen geht.

Vereinzelt gibt es bereits Ideen und Bemühungen, den in Beratungen generierten Wissensschatz zugänglich zu machen. Zu nennen sind hier

- Konzepte zur Nutzung von *Supervision* für die sozialwissenschaftliche Wissensgewinnung (Billmann-Mahecha, 1981; Giesecke u. Rappe-Giesecke, 1997): Wir können diese auch als Qualitätssicherungs- und Weiterbildungskonzepte betrachten, die zugunsten der Forschung elaboriert wurden. Haubl und Voß (2008) zeigen, wie das Wissen von Supervisor_innen für eine Analyse der Problemlagen von Beratungsklient_innen genutzt werden kann.
- *Qualitative Forschung* im Beratungskontext (beispielsweise Riemann, 2002a, 2002b): Hier handelt es sich um Forschung, die direkt der Aus- und Weiterbildung zugutekommt. Überhaupt stellt die qualitative Sozialforschung eine ganze Reihe geeigneter Verfahren bereit, die in einer zu institutionalisierenden Form von Beratungswerkstätten systematisch Wissen schaffen können (ein in diesem Kontext gut nutzbares »Arbeitsbuch« wird von Przyborski u. Wohlrab-Sahr, 2008, angeboten). Wenn wir Beratung als eine *Produktion von Texten* auffassen, eröffnet sich ein ganzes Feld an Möglichkeiten qualitativer Sozialforschung für eine wissenschaftliche Aufarbeitung auf der Grundlage verschiedenster Ansätze, von der objektiven Hermeneutik über die dokumentarische Methode und die Diskursanalyse bis zur Grounded Theory.
- *Bild-und Videointerpretation*: In professionellen, praktischen Beratungen wird bekanntlich aus gutem Grund nicht nur mit dem Medium Sprache gearbeitet. Wenn wir zwei- und dreidimensionale bildliche Darstellungen

(Fotos, Bilder, Aufstellungen), auch in zeitlicher Ausdehnung (Videos, Theaterszenen), einer systematischen, wissenschaftlichen Interpretation unterziehen wie mit Hilfe der von Bohnsack (2009) vorgestellten Verfahren, eröffnet sich eine weitere, hochinteressante Perspektive, die nicht nur für die Grundlagenforschung, sondern auch für die *Verbesserung der Praxis* unmittelbar genutzt werden kann. Allerdings reduziert er bisher die Bild-Thematik auf bewegte (Videos) oder unbewegte (Fotos) Artefakte, andere widmen sich der Metaphernanalyse (vgl. Lakoff u. Johnson, 2000; Schmitt, 2014) oder anderen Bildproduktionen; der in der ästhetischen Modalität skizzierte umfassende Bildbegriff lässt sich (noch?) nicht umfassend und nach vergleichbaren Mustern für Beratungszwecke realisieren. In der Praxis reflexiv arbeitender, erfahrener Berater_innen werden schon lange ästhetische Medien sowohl zur Erkenntnisgewinnung wie auch zur Weitergabe von Erkenntnissen genutzt, wie sich in einem Workshop einer Arbeitsgruppe der Neuen Gesellschaft für Psychologie an der Fachhochschule Vorarlberg im Jahr 2003 eindrucksvoll zeigte (vgl. dazu beispielhaft den Beitrag von Battisti u. Eiselen, 2008); eine differenziertere, vertiefte wissenschaftliche Auseinandersetzung mit der ästhetischen Modalität in diesem Kontext steht allerdings noch aus.

- Auch die schon in die Jahre gekommenen Ansätze der *Aktionsforschung* könnten eine Neubelebung erfahren, weil sie bereits einige erfolgreiche Konzepte zur Verbindung von Forschung und Anwendung in demselben Kontext entwickelt haben.

- Eine sehr interessante Perspektive eröffnet sich derzeit unter dem Stichwort »*performative Sozialforschung*« (vgl. dazu das Themenheft des »Forum qualitative Sozialforschung« 9 (2) sowie Winter u. Niederer, 2008).

- Auf einer anderen Ebene anzusiedeln, aber für die Beratung von besonderer Bedeutung ist das Konzept der »partizipativen Forschung«. Bergold, Dege und Thomas schreiben dazu (2011, S. 32), nachdem sie die wissenschaftliche Qualität hervorgehoben haben: »Auf der anderen Seite ist sie als Chance zu betrachten, dass die Betroffenen selbst zu den Erkenntnissubjekten werden und diese ›Selbst‹- Erkenntnisse auch für die Gestaltung ihrer Lebensverhältnisse nutzen können. Damit verbindet sich der Partizipationsprozess mit demjenigen des Empowerments. Über sich selbst und ihre Welt informierte Subjekte können ihre Forderungen gemeinsam vortragen und Wege zur Durchsetzung entwickeln.«

Es ist von essenzieller Bedeutung, dass eine wissenschaftliche, reflexive Beratungsforschung nicht über die Köpfe der Beteiligten realisiert wird, weil dies bedeuten würde, ihnen ihre Erfahrungen wegzunehmen und diese in einen Verwertungsprozess einzubringen, der nicht mehr der ihre ist. Entfrem-

dungsphänomene wären die unausweichliche Folge, wo tatsächlich »Ermäch-
tigung« der Betroffenen und Beteiligten angesagt ist (vgl. Teil 1, Kapitel 2).

An Fragestellungen, auch an sehr grundsätzlichen, und methodischen Angeboten besteht also wahrlich kein Mangel.

Auch das Thema einer *Wissensgenerierung aus oder in der Praxis* wurde
bereits in der Wissenschaft unter dem Stichwort *Modi der Wissensgewinnung
oder Wissensgenerierung* thematisiert. Gibbons et al. (1994) und Nowotny et al.
(2001) unterscheiden Modus 1 der Wissensgewinnung vom Modus 2 (im Sammelband von Franz et al., 2003 werden diese Konzepte differenzierter diskutiert):
Die Unterschiede sind in der folgenden Übersicht (Tabelle 1) zusammengestellt
(nach Moldaschl u. Holtgrewe, 2003, S. 220). Die grundsätzliche Passung von
Modus 2 zur reflexiven Beratung wird dort offensichtlich.

Tabelle 1: Modi der Wissensgewinnung

Modus 1	Modus 2
The New Production of Knowledge (Gibbons et al., 1994)	
– Problemdefinition und -lösung im aka-demischen Kontext	– Wissensproduktion im Anwendungskontext
– disziplinär, teils interdisziplinär	– transdisziplinär
– homogene Wissensbasis (primär aus wissenschaftlichen Institutionen	– heterogene Wissensbasis aus unter-schiedlichen Institutionen
– hierarchisch organisiert, statisch	– heterarchisch, in stets wechselnden Akteurskonstellationen
– Bewertung wissenschaftlicher Ergebnis-se anhand systemeigener Kriterien	– Bewertung des Wissens durch Anwen-der bzw. durch Bewährung in der Praxis, nach reflexiven, zu legitimierenden Kriterien
Re-Thinking Science (Nowotny et al., 2001)	
– Gesellschaft und Wissenschaft als separate Entitäten	– Koevolution von »mode-2-science« und »mode-2-society«
– universell und kontextfrei	– kontextualisierte Gültigkeit des Wissens
– Bewertung durch Peers	– Bewertung durch den Markt (»agora«)
– reliables Wissen	– sozial »robustes« Wissen
– Experten als Wissensträger	– kollektive (»transgressive«) Expertise

Ein sehr großer Teil des in Beratungen zum Einsatz kommenden Wissens ist
implizit, es ist also nicht ohne Weiteres verfügbar. Damit es verfügbar wird, muss
es *explizit* gemacht werden. Die Generierung solchen Wissens erfordert also die
Bewältigung verschiedener Formen von *Wissenstransformationen*. Zu deren Sys-

tematisierung kann das SECI-Modell aus dem Standardwerk zum *Wissensmanagement* von Nonaka und Takeuchi (1995) beitragen, das wesentlich auf der Unterscheidung zwischen implizitem und explizitem (Handlungs-) Wissen nach Polanyi (1966) beruht. In Prozessen der Wissensgenerierung und -verbreitung finden demnach verschiedene Formen der Wissensumwandlung statt, nämlich:

- vom impliziten zum impliziten Wissen – die *Sozialisation,*
- vom impliziten zum expliziten Wissen – die *Externalisierung,*
- vom expliziten zum expliziten Wissen – die *Kombination* (engl.: »combination«),
- vom expliziten zum impliziten Wissen – die *Internalisierung.*

Tatsächlich nutzen Beratungen bereits sämtliche Prozesse im Interesse der Klient_innen, vielleicht mit besonderem, intendiertem Schwerpunkt auf der Externalisierung als Umwandlung vom impliziten zum expliziten Wissen, als Explizitmachen eines impliziten Inhalts, wodurch neues, verfügbares Wissen geschaffen wird. Aber auch die Kombination spielt eine wichtige Rolle, wird doch in Beratungen häufig explizites Wissen miteinander in Beziehung gesetzt: Es darf außerdem nicht vernachlässigt werden, der Sozialisation, speziell unter kritischer Perspektive als nicht bewusst werdende Verinnerlichung von Machtstrukturen, die gewissermaßen hinter dem Rücken auch des Beratersubjekts stattfinden können, gebührende Aufmerksamkeit zu schenken. Denn durch Prozesse der Sozialisation wird in Beratungen implizites Wissen geschaffen und weitergegeben. Bei der Aufarbeitung so vermittelten impliziten Wissens wird eine *Einbeziehung von Supervision/Coaching in die systematische, kritische Wissensgenerierung* eine bedeutende Rolle spielen. Dies gelingt allerdings nur, wenn deren Selbstverständnis weiterentwickelt wird, wenn Supervision und Coaching von Beratung nicht nur als Dienstleistung zur individuellen Unterstützung in schwierigen, praktischen, professionellen Problemlagen verstanden werden, sondern ebenfalls als Formen kritischer Wissensgenerierung.

All diese Prozesse systematisch nach wissenschaftlichen Standards zu strukturieren und zu thematisieren, ist eine Zukunftsaufgabe der Forschung im Zusammenhang praktischer Beratung nach Modus 2.[3]

---

3   Dies könnte auf eine Intensivierung, Systematisierung und wissenschaftliche Begründung einer Praxeologie hinauslaufen. Allerdings ist dieser Begriff problematisch: Es gibt einen eher soziologischen Begriff, der auf die gesellschaftliche Praxis abstellt, unter den beispielsweise das Werk von P. Bourdieu fällt, und einen eher psychologischen, der im Grunde praktische Erfahrungen in einem professionellen Kontext meint – worauf die Wissensgewinnung nach Modus 2 abzielt. Es würde den Rahmen dieses Beitrags sprengen, wenn die notwendige, differenzierte Diskussion zum Begriff Praxeologie hier geführt würde.

1.2 Wege zu gesichertem Wissen im Beratungszusammenhang und Rolle der Wissenschaft

Oder: Was alles muss beachtet werden, damit die genannten Wissensfunktionen befriedigend bewältigt werden?

Sicherlich wird die Hauptaufgabe der Wissenschaft darin gesehen, Beratungswissen – gleichgültig, woher es stammt – auf seine *Qualität zu überprüfen, es aufzubereiten, miteinander in Beziehung zu setzen und so zur Verfügung zu stellen,* dass die Adressat_innen es verantwortlich nutzen können, was unter anderem eine kritische Auseinandersetzung auch auf *ethischer Ebene* beinhaltet.

Eine Grundlage für die Aufarbeitung und das Miteinander-in-Beziehung-Setzen von Beratungswissen wurde mit dem begrifflichen Konzept der Symbolisierungspraktiken als Beratungs- und Forschungsgegenstand vorgeschlagen. Dessen Funktion als Brückenterminologie war die Zielstellung der hier vorgetragenen Bemühungen, die auch auf eine konsensfähige Beschreibung des *Gegenstands einschlägiger wissenschaftlicher Diskurse* als Symbolisierungspraktiken hinauslaufen.

Bevor nun die Rolle der Wissenschaft genauer beleuchtet wird, muss darauf hingewiesen werden, dass auf der praktischen Ebene immer schon de facto eine Überprüfung des in Beratungen generierten Wissens stattfindet bzw. stattfinden muss; wenn nämlich in einer Beratung eine gemeinsame Analyse der Situation des Klientensubjekts, der Probleme und der Möglichkeiten erarbeitet wurde, werden daraus Handlungsalternativen und -optionen entwickelt, die von ihm in der Alltagssituation erprobt werden. Wenn das Klientensubjekt damit »Erfolg« hat, so kann dies mit Fug und Recht als eine empirische Überprüfung des in der gemeinsamen Analyse entwickelten Wissens betrachtet werden. Das Kriterium, nach dem dieses Wissen geprüft wird, kann als *»Kriterium der praktischen Bewährung«* bezeichnet werden – wir kommen darauf zurück. Zunächst jedoch noch eine Übersicht zu den Beziehungen zwischen Beratung und Wissenschaft, dabei lassen sich unterscheiden:

– *Wissenschaft über Beratung* meint die verschiedenen Vorgänge im Zusammenhang von Beratung als Thema wissenschaftlicher Bemühungen, was aber nicht unbedingt heißen muss, dass sie von anderen als an der Beratung Beteiligten realisiert werden muss, denn sie könnte auch Aufgabe einer neuen Form von Supervision werden.

– *Wissenschaft in der Beratung.* Damit ist die wissenschaftliche Vorgehensweise in Beratungsprozessen gemeint. Dazu kann eine wissenschaftlich fundierte Diagnostik zählen, aber auch Umfragen, die oft Bestandteil von Organisationsberatungen sind, also Datenerhebungen als Grundlage für Organisationsentwicklung, Umstrukturierungsprozesse und ähnliche beraterische Aufgabenstellungen. Wissenschaftliche Methoden der Biografieforschung, narrative Gesprächstechniken und ähnliche haben bereits Eingang in praktische Beratungen gefunden.

– *Beratung als Wissenschaft* bedeutet: Wissen schaffen und überprüfen durch Beratung. Dies schließt Konzepte einer »dialogischen oder partizipativen Forschung« und viele andere Konzepte aus dem Bereich der qualitativen Forschung ein wie auch die Überprüfung von wissenschaftlichem Wissen in der Beratungspraxis etwa dadurch, dass gefragt wird, inwiefern sich wissenschaftliche Ergebnisse in der »praktischen Anwendung« im Beratungskontext bewähren.

Wenn es gelänge, die bereits beschriebenen Prozesse der Wissensgenerierung systematisch und kritisch aufzuarbeiten, so dass das gewonnene Wissen weitergegeben werden könnte, ließen sich beispielsweise Typen oder Muster herausarbeiten, die wir als Symbolisierungspraktiken identifizieren und als Bewältigungspraktiken beschreiben können; und dies sowohl auf der Ebene der Klientenhandlungen in deren Alltag als auch auf der Ebene der Beratungshandlungen.

1.3 Wissenschaft und Wissensmanagement als Metasymbolisierungspraktiken

So formulierte Ziele und Aufgaben müssen auf verschiedenen Ebenen angegangen werden (vgl. Seel, 2012). Dabei hilft es, Wissenschaft als eine Symbolisierungspraktik mit einer besonderen Emphase für das diskursiv-begriffliche Symbolisieren im Sinne des »kritischen Diskurs« zu verstehen.

Wenn wir Wissenschaft als *Metasymbolisierungspraktik* dekonstruieren wollen, um das Verhältnis zur (Meta-)Symbolisierungspraktik Beratung zu diskutieren, können wir dabei wieder auf vielfältige bereits vorliegende Überlegungen und Arbeiten zurückgreifen, die zwar nicht direkt auf Wissenschaft als Symbolisierungspraktik zugeschnitten sind, sich aber dennoch nahezu nahtlos einfügen lassen. Bereits 1948 hat beispielsweise Weyl die Wissenschaft als »symbolische Gestaltung des Menschen« bezeichnet und geht dabei gleich zum Einstieg auf Demokrit zurück (Weyl, 1948). Später hat Galtung (1978b) in einer nach wie vor aktuellen Analyse die Zusammenhänge zwischen der Sozialstruktur, Struktur der Wissensproduktion und der Struktur des wissenschaftlichen Produkts aufgedeckt.

Wir sehen auf diesem Hintergrund *drei voneinander unterscheidbare Ebenen,*
auf denen derzeit in unserem Kulturkreis Diskurse über einen wissenschaftlichen Umgang mit Wissen ausgetragen werden; diese Diskurse werden weitestgehend getrennt voneinander geführt. Wenn wir sie als Symbolisierungspraktiken verstehen, müssen wir jedoch ihre indirekte, gegenseitige Beeinflussung
und Zusammenhänge thematisieren:

Wir gehen davon aus, dass Realität dialogisch/partizipativ konstruiert wird
(wie in Beratungen), dann muss dies auch für die Wissenschaft gelten, Wissenschaft kann dann nicht einfach über dialogische/partizipative Realitätskons-
truktionen forschen, ohne dieses Forschen selbst als dialogische/partizipative
Gestaltung, mithin als Symbolisierungspraktik zu verstehen, die der Wissensproduktion dient. Was aber bleibt dann noch als spezifisch wissenschaftliche
Herangehensweise, wenn auch in Beratungen Wissen produziert wird? Sind also
Beratung und Wissenschaft möglicherweise *Konkurrenten bei der Wissensproduktion?* Denn in Beratungen wird Wissen hervorgebracht/produziert, geprüft
und weitergegeben, wie es auch die Aufgabe von Wissenschaft ist. Wir kommen
darauf zurück, zunächst aber gilt es, Wissenschaft als Symbolisierungspraktik
etwas genauer zu betrachten.

Welches sind nun die Ebenen von Wissenschaft als Symbolisierungspraktik?

In den aktuellen, wissenschaftlichen Diskursen sind hierbei spezielle, wissenschaftliche Disziplinen wie die *Wissenschaftssoziologie* zu nennen, zu der
man auch einzelne, kritische Diskurse wie über den Zusammenhang zwischen
Wissenschaft und Angst (Devereux, 1984) zählen könnte, vielleicht auch Untersuchungen über konkrete Organisationsformen von Wissenschaft. Außerdem
gibt es die *Wissenschaftstheorie und Methodologie,* einschließlich deren Hintergründe und Grundlagen wie die Erkenntnistheorie und die Aufklärung, die den
Wissenschaften zum Siegeszug verholfen haben. Es gibt einen Zusammenhang
von »Methodologie und Ideologie« (Galtung, 1978a), »Erkenntnis und Interesse«
(Habermas, 1973) und neuerdings verschiedene »Modi der Wissensproduktion«
(Gibbons et al., 1994, Nowottny et al., 2001), die wiederum von einer Gruppe
Dortmunder Sozialwissenschaftler (Franz et al., 2003, Howaldt u. Schwarz, 2010)
verbunden wurden mit dem Thema Sozialwissenschaft und Beratung. Dabei wird
manchmal kein grundsätzlicher Unterschied gemacht zwischen den Naturwissenschaften und den Geistes- und Sozialwissenschaften, manchmal aber doch
und manchmal wird auch genau der Unterschied in den Mittelpunkt gestellt.

Deshalb sollten wir solche Diskurse unter der Perspektive auf Beratung nach
verschiedenen Themenbereichen ordnen:

– Theoretisch: *Wissenschaftstheorie/Erkenntnistheorie/Methodologie:* Hierbei
  geht es im Wesentlichen um Fragen wie: Wie gelangen wir zu gesicherten

Aussagen über Sachverhalte und Zusammenhänge, die wir unter anderem auch zur praktischen Verwendung empfehlen können? Es handelt sich um ein Teilgebiet der Philosophie, das weniger nach der Entstehung von Wissen fragt, sondern mehr nach der kritischen Überprüfung. Woher Wissenschaftler_innen ihre Hypothesen beziehen, wird kaum einmal thematisiert.

– Gesellschaftlich/sozial: *Wissenschaftssoziologie:* Dieses Teilgebiet der Soziologie befasst sich mit Fragen der Wissenschaft als gesellschaftliches Phänomen und diskutiert unter dieser Perspektive verschiedene Teilfragen wie die, welche Rolle Wissenschaft in der Gesellschaft spielt, wie Wissenschaft und Sozialstruktur zusammenhängen, wie Wissenschaft organisiert ist, welche Erwartungen und Fantasien mit Wissenschaft verbunden sind und ähnliche.

– Praktisch: In welchem *praktischen Kontext* und in welchen Konstellationen wird Wissen geschaffen, geprüft und verteilt? Hier ist das *Setting* von Wissenschaft und Beratung zu diskutieren und die Frage: Wie können wir Beratungswissen als wesentliche Ressource in der Gesellschaft für reflexive Diskurse bereitstellen, aufbereiten, weitergeben und nutzen? Das wären zentrale Themen eines *gesellschaftlichen Wissensmanagements.* Üblich ist, diesen Begriff auf Organisationen anzuwenden, insbesondere auf Arbeitsorganisationen, und ihn darauf zu beschränken, er erweist sich aber auch als hilfreich, wenn wir ihn auf die Produktion, Aufarbeitung und Verteilung reflexiven Wissens im gesellschaftlichen Kontext beziehen.

In sämtlichen drei Ebenen/Themenbereichen lassen sich deren Konzepte als Symbolisierungspraktiken verstehen, aber eben auch die Wissenschaft als Ganzes. Damit stellt sich die Frage, zwischen wem diese Metasymbolisierungspraktiken entstehen und realisiert werden; damit wird sich ein eigener Abschnitt unter dem Stichwort »Setting« befassen (Teil 4, Kapitel 2). Dabei erweist sich die vielfach getroffene Unterscheidung zwischen theoretischem Wissen und praktischem Handlungswissen (zu Letzterem gehört der Themenkreis der »Performanz«) insofern als schwierig, als es sich möglicherweise nicht um verschiedenes Wissen handelt, sondern um verschiedene kontextspezifische Realisierungen von Symbolisierungspraktiken.

Das Beratungswissen weist nun einige weitere *Besonderheiten* auf, die im Folgenden berücksichtigt werden müssen: Das Beratungswissen ist

– hoch kontextspezifisch;
– nicht bloß abstrakt begrifflich, also »wissenschaftlich« diskursiv explizit formuliert, sondern häufig intuitiv, implizit im praktischen Handeln auch basierend auf mehr oder weniger elaboriertem Alltagswissen oder wissenschaftlich nicht aufgearbeiteten Beratungserfahrungen.

Daraus folgt: Auszugehen ist zunächst von der grundsätzlichen Einmaligkeit der beteiligten Subjekte und damit auch von einer *lokalen Gültigkeit* des Beratungswissens. Und es ist auch nicht möglich, genau für jeden denkbaren Beratungsfall entsprechende wissenschaftliche Aussagen bereitzustellen, die dann mehr oder weniger schematisch »angewandt« werden.

Das bedeutet: Methodenwissen ist optimiert relativ zur Beratungs-Situation, zur Beraterperson und zur Lebenslage des jeweiligen Klientensubjekts. Als Schwierigkeit erweist sich an dieser Stelle wieder einmal, dass die Beratungssituation, also das »Setting«, nicht hochgradig standardisiert ist wie etwa die psychotherapeutische Situation. In der Regel kann also entsprechendes Beratungswissen als *Anregung* dienen, nicht aber als absolut verlässliches Zusammenhangswissen, das quasi-kausal genutzt werden kann. Aber es könnten *Typen im kontextspezifischen Vorgehen* herausgearbeitet werden, die als Anregung für die Generierung lokal gültigen Wissens im Beratungsprozess verstanden werden sollten.

1.3.1 Funktionen von Wissenschaft im Beratungskontext

Auf diesem Hintergrund lassen sich die folgenden Funktionen von Wissenschaft im Beratungskontext ausmachen, die eng miteinander zusammenhängen:
–   *Legitimierung:* Was wissenschaftlich begründet ist, gilt als seriös und verschafft sich damit einen Vorsprung in Konkurrenzen um Mittel, Zulassungen. Für die reflexive Beratung ist die Glaubwürdigkeit ihrer Aussagen wichtig, mit denen sie an die Öffentlichkeit geht.
–   *Qualitätssicherung:* Mit wissenschaftlichen Methoden lässt sich die Qualität von Beratung verbessern.
–   *Realisierung von Reflexivität:* Indem Erfahrungswissen aus konkreten, mikrosozialen Beratungen wissenschaftlich geprüft und verallgemeinert wird (beispielsweise epidemiologisches Wissen), kann es als Grundlage von makrosozialen Diskursen einschließlich Politikberatung dienen, beispielsweise, um Konfliktpotenziale zu entschärfen und positiv zu nutzen, Ausgrenzungen und Benachteiligungen zu überwinden, Gerechtigkeit zu verwirklichen und vieles mehr.

Die für diese Funktionen notwendige Organisation der Produktion und Aufarbeitung von Wissen und deren Prüfung kann nach dem SECI-Modell von Nonaka und Takeuchi (1995) konzipiert werden: Für den Bereich von Unternehmen entwickelten diese Autoren ein Middle-top-down-Modell des Wissensmanagements im Unternehmenskontext; dabei unterscheiden sie Wissenspraktiker (Mitarbeiter), Wissensingenieure (mittleres Management oder Vermittler) und Wissensverwalter (Führungskräfte).

Den *Wissenspraktikern* ist vor allem der Kontakt mit der Umwelt (Kunden) zu eigen. Zu diesen zählen Nonaka und Takeuchi die »Wissenswerker« und die »Wissensspezialisten«. In der Beratung sind dies die Berater_innen und ihre Klient_innen.

Wissenswerker sammeln implizites Wissen in Form von Fertigkeiten, die auf Erfahrungen beruhen, wie die von Facharbeitern in der Montage. Ihre Stärken liegen darin, dass sie mit Kopf und Händen arbeiten. Für die professionelle, reflexive Beratung ist zu klären, wer in ihrem Kontext diese Aufgaben wahrnimmt, es könnten beispielsweise Supervisor_innen, aber auch Wissenschaftler_innen sein – je nach Kontext und konkreter Aufgabenstellung.

Die *Wissensspezialisten* wiederum erzeugen, sammeln und erneuern (explizites) Wissen. Sie mobilisieren strukturiertes, explizites Wissen in Form von technischen, wissenschaftlichen oder anderen quantifizierbaren Daten. Das sind auch in der Beratung sicherlich Wissenschaftler_innen oder als solche Tätige.

Informationsmanager sollen nicht nur Wissen als Ressource mobilisieren, sondern auch an der Schaffung des Wissens mitwirken. Sie müssen vor allem mit explizitem Wissen umgehen und dafür sorgen, dass es an die richtigen Adressat_innen kommt. Solche Aufgaben können für die Beratung die Verbände deren Dachverband und die Hochschulen übernehmen. Diese am Wissensmanagement in verschiedenen Rollen Beteiligten kümmern sich in Prozessen der Wissensgenerierung und -verbreitung um die erwähnten, verschiedenen Formen der Wissensumwandlung.

Unter der Perspektive auf Beratung werden, neben anderen, genau solche Formen der Wissensumwandlung realisiert, die auch Bestandteil praktischer Beratungen sind, speziell die Externalisierung, also die Umwandlung von implizitem zu explizitem Wissen und die Kombination von explizitem zu explizitem Wissen. Insbesondere die Externalisierung ist eine ganz wesentliche Methode praktischer Beratung in verschiedenen Verfahren. Im Beratungskontext wird herausgearbeitet, was die Hintergründe für bestimmte Handlungsweisen der verschiedenen Protagonisten sind, welche Symbolisierungspraktiken ihnen zugrunde liegen. Diese Externalisierung bildet hier die Grundlage des Reflexionsprozesses als einer Auseinandersetzung des Subjekts mit sich selbst und seinen Beziehungen zu anderen.

Genauso geben Externalisierungen aber auch die Grundlage ab für eine wissenschaftliche Erfahrungsauswertung aus Beratungsprozessen sowohl im Hinblick auf das Wissen zur Gestaltung des Beratungsprozesses als auch im Hinblick auf das Wissen über die (Lebens-) Lagen der Klientel und der verfüg-

baren Lösungsressourcen. Und deshalb entsteht gerade hier der spezielle Auftrag wissenschaftlicher Bemühungen im Beratungskontext: Wissenschaft sollte
helfen, implizites Wissen kritisch zu prüfen, in Begriffe zu fassen und auf diese
Weise weiter vermittelbar zu machen, um es in öffentliche Diskurse einfüttern
zu können. Es handelt sich dann um Prozesse der Kombination von explizitem zu explizitem Wissen nach Nonaka und Takeuchi. Der wesentliche Unterschied zwischen Externalisierungen in praktischen Beratungen und solchen
der wissenschaftlichen Aufarbeitung ist in der *Reichweite* der Externalisierung
zu sehen: Während sich praktische Beratung damit begnügen kann, Wissen für
den je spezifischen Beratungskontext zu externalisieren, muss die wissenschaftliche Aufarbeitung das Wissen für andere Beratungen und gegebenenfalls für
den öffentlichen Diskurs bereitstellen.

Das allerdings stellt hohe Anforderungen, denn im Beratungsdiskurs findet die Externalisierung auf dem Hintergrund einer gemeinsamen Geschichte
des Austauschprozesses statt, der damit neben anderen auch die Qualität von
Sozialisationsprozessen erhält, also eine Weitergabe von implizitem zu implizitem Wissen beinhaltet. Das bedeutet, dass die Externalisierung sich darauf
beschränken kann, einige Aspekte des impliziten Wissens zu externalisieren, die
ausreichen, um praktisch erfolgreich zu sein, weil sie von den Beteiligten auf
dem Hintergrund des gemeinsamen Beratungsprozesses »richtig verstanden«
werden. Über diese gemeinsame Beratungsgeschichte, in der Wissen als Sozialisation und auch als Internalisierung vermittelt wird, verfügt aber das wissenschaftlich aufgearbeitete Wissen in der Regel nicht so ohne Weiteres.

Da dieser Prozess des Explizitmachens von implizitem Wissen auch Bestandteil der Beratungsmethoden vieler Beratungsverfahren ist, müssten sich hier
dennoch Verknüpfungspunkte ergeben. Anders ausgedrückt: *Kritische Reali-
tätsgestaltung oder auch Dekonstruktion ist sowohl Auftrag an die Wissenschaft
als auch an die praktische Beratung.* So können praktische Berater_innen eine
ganze Menge lernen über die Verwendung von wissenschaftlichen Methoden
insbesondere der qualitativen Sozialforschung zur Verbesserung ihrer praktischen Arbeit, und umgekehrt können Wissenschaftler_innen von den Prakti-
ker_innen über deren Umgang mit Dekonstruktionen im konkreten Beratungssetting profitieren; was hier nichts anderes heißt, als das implizite, also auch
Wissen in der ganzheitlich-ästhetischen Modalität in die diskursiv- begriffliche
Modalität von Symbolisierungspraktiken zu verwandeln.

Der Unterschied hat wesentlich mit der Frage der Verallgemeinerbarkeit solchen Wissens zu tun: Während es für eine am Einzelfall ausgerichtete Beratung
genügt, die Geltung auf eben diesen Fall zu beschränken, muss die wissenschaftliche Bearbeitung gerade auf die *Verallgemeinerbarkeit* besonderen Wert legen,

weil sie Wissen bereitstellen soll, das auch anderswo, also in anderen Beratungen mit anderen Settings, aber auch in politischen Diskursen als gesicherte Aussage über Ergebnisse vieler Beratungsprozesse gelten kann. Dafür muss eine wissenschaftliche Auswertung von Beratungserfahrungen einige Anstrengungen unternehmen, beispielsweise eine hinreichend große Anzahl einschlägiger Fälle erheben und statistisch auswerten. Diese Fälle müssen dafür aber zunächst qualitativ bearbeitet sein.

Schließlich ist die Internalisierung, also die Umwandlung von explizitem Wissen in implizites Wissen ein Prozess, der sowohl auf Seiten der Berater_innen als auch auf Seiten der Klient_innen stattfindet. Er hilft beiden, Gelerntes in ihre Praxis umzusetzen, ohne dass sie dafür immer wieder einen aufwendigen, kognitiven Verarbeitungsprozess starten müssen.

1.3.2 Wissenschaftslogische und methodologische Ebene: Wissenschaftstheorie

Was heißt praktisch verwendbares Wissen? Für welche Praxis? Angesprochen wurden bisher die beraterische Praxis und die gesellschaftliche Praxis durch öffentliche, auch politische Diskurse auf der Grundlage gesicherter, epidemiologischer Erkenntnisse. Und was heißt auf diesen beiden Ebenen wissenschaftslogisch »Erschließung von Möglichkeitsräumen«?

Auf der wissenschaftslogischen oder wissenschaftstheoretischen Ebene bis hin zur methodologischen Ebene geht es klassisch um die Frage der *Wahrheit* von Aussagen, also darum, wie man zu wahren Aussagen kommen kann bzw. um die Frage, wie der Wahrheitsgehalt einer Aussage oder einer Behauptung geprüft werden kann. In den meisten Fällen interessieren dabei kausale Zusammenhänge, weil man kausale Zusammenhänge unproblematisch in praktisches Handeln umsetzen kann. Dies geschieht auf der Grundlage des sogenannten praktischen Syllogismus (vgl. Teil 2, Kapitel 2.4: Wenn ich weiß, dass mein Zielzustand z mit Sicherheit zustande kommt (beispielsweise aufgrund der Wirkung von Naturgesetzen), wenn a der Fall ist, dann kann ich z erreichen, indem ich a herbeiführe – ich kann also Licht machen, indem ich den Schalter drücke oder ich kann Feuer machen, indem ich trockenes Holz so schnell aneinanderreibe, dass es immer heißer wird, woran ich dann etwas leicht Entzündliches halte. Wichtig dabei ist, dass sich das Holz oder der Schalter nicht entscheiden können, ob sie tatsächlich Licht machen oder heiß werden. Im Unterschied dazu kann sich jemand, den ich aufgrund der Geltung von sozialen Regeln dazu bringen will, etwas Bestimmtes zu tun, grundsätzlich immer entscheiden, ob er dieser Regel folgen will oder nicht.

Im derzeit immer noch weit verbreiteten, kritischen Rationalismus gilt eine
Behauptung über kausale Zusammenhänge so lange als wahr, bis ein Falsifika-
tionsversuch Erfolg hat. Für die Sozialwissenschaften ist mittlerweile wesentlich
geworden, dass sie weniger mit in diesem Sinne kausalen Beziehungen zu tun
haben, sondern mit statistischen Zusammenhängen, also mit mehr oder weniger
großen *Wahrscheinlichkeiten,* dass auf »a« »z« folgt. Solche Art Zusammenhänge
sind im Beratungskontext vor allem für das epidemiologische Wissen nützlich,
welches aus Beratungen in politische Diskurse eingebracht werden sollte. Als Beispiel dafür kann die bereits erwähnte Studie von Haubl und Voß (2008) gelten.

Aussagen dieser Art sind nämlich immer dann hilfreich, wenn einige wenige
die Bedingungen für viele bestimmen, denn dabei müssen sie nicht auf die
besondere, einmalige Qualität des Einzelfalls abheben, sondern auf den Durchschnitt von irgendwelchen Kennwerten größerer oder kleinerer Gruppierungen. Wenn aber wenige die Bedingungen für viele bestimmen können, haben
sie *Macht* über diese. Mit anderen Worten: Die praktische Umsetzung solcher
Erkenntnisse setzt Macht voraus (Seel, 2000).

Anders im Falle des Beratungswissens: Hier wird Wissen benötigt, das geeignet ist, zielführend mit dem *Einzelfall* zu arbeiten. Solches Wissen könnte auf
typische Zusammenhänge abstellen, in der vorgeschlagenen Terminologie auf
die Identifizierung und Analyse von Symbolisierungspraktiken. Damit kommen
grundsätzlich *qualitative Forschungsmethoden* in Frage, mit deren Hilfe *Typen*
herausgearbeitet werden, die wir als Symbolisierungspraktiken dekonstruieren
können und aus denen Praktiker_innen *Handlungsanleitungen* ableiten können. Sie emergieren zunächst aus der Zusammenarbeit zwischen Beratersubjekt und Klientensubjekt, die deshalb nicht ohne Weiteres auf andere Berater-
Klientensubjekt-Konstellationen übertragen werden können; sie müssen also
immer wieder unter den *Übertragbarkeitsvorbehalt* gestellt werden und können
zunächst nur als Vorschlag, der sich anderswo praktisch bewährt hat, in die
Interaktion zwischen Beratersubjekt und Klientensubjekt eingebracht werden,
niemals aber als universell gültiges Naturgesetz, unter das man einen Einzelfall
subsumiert. Es handelt sich in der Sprache der Logik um einen sogenannten
induktiven Schluss. Freilich kann sich dann aber auch herausstellen, dass sich
ähnliche Muster in mehr oder weniger verschiedenen Beratungskonstellatio-
nen finden lassen, so dass sie doch einen überindividuellen Geltungsbereich
aufweisen. Dann wiederum könnten sie bei Interesse als ein auf allgemeiner
Ebene zu behandelndes Problem mit möglichen Lösungsmöglichkeiten in die
öffentlichen Diskurse eingefüttert werden.

Für Beratung hat also der (Einzel-)Fall eine besondere Bedeutung, da grundsätzlich jeder Beratungsprozess ein solcher Fall ist. Es kann aber auch anderes

Wissen Inhalt der Beratung sein, speziell im Fall der transitiven Beratung 1, wo es explizit um die Weitergabe sachlichen Wissens geht. Also beinhaltet Beratung Lernen, Wissen schaffen und Wissen verbreiten auf der Basis von Fällen.

Welchen Kriterien muss dieses Wissen genügen?

Für Beratungszwecke sollte weniger das klassische Kriterium der Wahrheit im Vordergrund stehen als vielmehr das der *praktischen Bewährung* (Seel, 1981), also letztlich eine kritische Überprüfung der Frage, ob, und wie sich Veränderungsverfahren in der Praxis bewährt haben. Praktische Bewährung heißt dann, dass sich eine neue oder veränderte Symbolisierungspraktik so in die Kontexte anderer gültiger Praktiken einfügen lässt, dass das ursprüngliche Beratungsthema auf zufriedenstellende Weise bearbeitet wird.

In der Konsequenz heißt das, dass Beratung *positives Wissen* braucht, also ein Wissen, das eine Anregung zum Handeln in der Beratung beinhaltet, also eben am besten praktisch erprobtes Wissen, und nicht solches, das bloß noch nicht falsifiziert werden konnte,

Die Tauglichkeit solchen Wissens erweist sich dann am Kriterium der *Widerständigkeit* gegenüber entsprechend begründeten (Beratungs-)Handlungen; dieser Begriff der Widerständigkeit wurde unter anderen von Reichertz (2003, S. 105) entfaltet, der sich dabei auf Peirce beruft. Auch Holzkamp hat in seinen früheren, methodologischen Schriften (1968) diesen Begriff verwendet.

Gemäß der Konzeption von Symbolisierungspraktiken muss eine solche Bewährung sowohl in der diskursiv-begrifflichen Modalität als auch in der bildlich-ästhetischen Modalität geprüft werden. Und das nicht nur bezogen auf das zweckrational als Ziel formulierte *Ergebnis* des Beratungsprozesses für die Klientensubjekte, sondern auch bezogen auf den Beratungsprozess selbst. Dies stellt erhebliche Anforderungen an die Konzepte von *Beratungsqualität* und Beratungswissen.

Die praktische Erfahrung zeigt zwar, dass die Klient_innen de facto bei der Frage nach einer Beurteilung der Beratung die ästhetisch-bildliche Modalität bereits hinzuziehen, wenn sie beispielsweise angeben, dass das Beratungsergebnis nicht den Erwartungen und Vorstellungen entspricht, mit denen sie in die Beratung gekommen waren, dass sie aber die Beratung dennoch als gelungen bezeichnen, wenn eben die ästhetische Qualität stimmt. Und das nicht ohne Grund, denn wenn wir annehmen, dass die Beratungserfahrung zumindest zum Teil zu eigenen, verinnerlichten Reflexionspraktiken herangezogen wird, muss *die bildlich-ästhetische Modalität des Vorbilds* für sie eine große Bedeutung haben. Bei der formalisierten Bewertung von Beratungsqualität spielt allerdings die ästhetische Modalität bisher keine genügend berücksichtigte Rolle. Dabei kann durchaus auf bekannte Konzepte zurückgegriffen werden, beispielsweise

auf den Begriff der »guten Gestalt« aus der Gestaltpsychologie. Allerdings bleibt
das Problem, welche Kriterien von Wissenschaftlichkeit in diesem Zusammenhang Sinn machen und auf welche Weise solche Kriterien der Wissenschaftlichkeit realisiert werden können. Dazu gehört auch die Frage, ob die Ebene
der bildlich-ästhetischen Modalität dafür in die diskursiv-begriffliche Modalität gewissermaßen »übersetzt« werden muss. Das Problem dabei wäre, dass
mit einer solchen Übersetzung die fragliche Symbolisierungspraktik verändert
werden würde, was jedoch unvermeidlich ist und für eine Verwendung im beraterischen Kontext dennoch hilfreich sein kann.

In der Praxis sind nicht nur bewährte Vorgehensweisen von Interesse, sondern auch solche, die sich nicht bewähren, die an der *Widerständigkeit der
Praxis scheitern* und so zu einer Erkenntnis beisteuern können, dass sich eben
bestimmte Probleme nicht auf der Ebene der Subjekte lösen lassen. Solches
Wissen würde einen großen Druck auf strukturelle, politische Veränderungs-
prozesse ausüben, wenn es als (wissenschaftlich) abgesichert gelten kann. Wenn
dann noch gesichert werden könnte, dass solche Probleme auf der Subjekt-
ebene grundsätzlich nicht lösbar sind, würde sich dieser Druck natürlich noch
verstärken. Die öffentlichen und politischen Diskussionen darüber, ob solche
Erkenntnisse jeweils tatsächlich als gesichert gelten können, kann man sich
vorstellen, aber die Themen wären dann immerhin in der Diskussion und
könnten gemäß den Regelungen demokratischer, politischer Entscheidungs-
findung zu bearbeiten versucht werden. Genauso sollte die Generierung und
Prüfung neuer, origineller und kreativer Lösungen vorangetrieben und verbreitet werden.

Der soziale Konstruktionismus, dem diese Überlegungen grundsätzlich
nahestehen, hat allerdings ein Problem mit der Empirie (vgl. Zielke, 2007). Für
den Beratungszusammenhang gibt es jedoch eine Lösung im Konzept der praktischen Bewährung, das es weiter zu entwickeln gilt. Demnach sollen alle jene
Aussagen als erfahrungswissenschaftlich gültig betrachtet werden, die sich in
einer Praxis bewährt haben: Dementsprechend können Aussagen, die direkt eine
Behauptung über die praktische Tauglichkeit bestimmter Handlungen beinhalten, als abgesichert gelten, wenn sie im Beratungszusammenhang überprüft
wurden. Berater_innen vollziehen dies de facto bereits immer wieder, indem
sie bei einer nächsten Sitzung oder Zusammenkunft danach fragen, wie ein
Tun, das in der Beratung verabredet wurde, in der Realität »angekommen« ist.

Im Grunde ist klassische Empirie auch eine Form praktischer Bewährung, sie
findet idealiter im Experiment statt. So schrieb von Wright (1977), dass Kausali-
tät bedeute, Zusammenhänge unter dem Gesichtspunkt einer möglichen Handlung zu betrachten. Das Experiment ist eine solche (Probe-)Handlung. Es geht

also um Voraussagen im Hinblick auf einen gewünschten Handlungserfolg oder besser in der Terminologie von Wrights im Hinblick auf eine »Handlungsfolge«.

Im praktischen Beratungsbereich geht es um Best Practice. Die Frage ist, was ist möglich, was lässt sich machen und gleich danach: Wollen wir das? Damit sind wir im Zentrum der gegenwärtigen Problematiken, wo sich das Machbare mit dem Wünschbaren trifft.

Handlungswissen kann also durchaus begrenzte Gültigkeit aufweisen, in der Wissenschaftsforschung spricht man von lokalem Wissen. Das ist nicht zu verwechseln mit dem auch bei universal gültigen Gesetzen vorkommenden Spezialfall, was meint, dass eine konkrete Beobachtung eines Zusammenhangs als Spezialfall eines universal gültigen Gesetzes »erklärt« wird. Sondern es geht um Wissen, das nur für den jeweiligen Zusammenhang gilt. Ein klassisches Beispiel aus der psychosozialen Beratung ist das Wissen darüber, »was für mich gut ist« oder was in einer Partnerbeziehung gilt, dass ein bestimmtes Wort oder eine Redewendung, eine Geste oder was auch immer in dieser Beziehung eine bestimmte Bedeutung hat, die es in keiner anderen Paarbeziehung gibt.

Für die epidemiologische Wissensgewinnung ist freilich anderes Wissen notwendig, nämlich solches, das Aussagen über viele Fälle hinweg macht und das als Grundlage für politische Entscheidungen taugt, also klassisches szientistisches Wissen, das in diesem Zusammenhang durchaus seine Berechtigung hat. Wie kann man aber über eine größere Anzahl jeweils einmaliger Fälle hinweg verallgemeinernde Aussagen treffen, ohne dabei die jeweilige Einmaligkeit zu beschädigen? Schwemmer schreibt dazu (2005, S. 3.): »Die Verallgemeinerung des Handelns, so kann man es auch sagen, ist eine Form der organisierenden Perspektivierung und nicht eine klassifizierende Homogenisierung«.

1.3.3 Die wissenschaftssoziologische Seite

Ein institutionelles Zusammenwirken von Beratung und Wissenschaft wird nicht nur auf einer Sachebene entschieden, sondern vor allem auf einer sozialen Ebene. Auch diese wird dadurch zugänglich gemacht, dass wir Wissenschaft und Beratung als (Meta-) Symbolisierungspraktiken verstehen. Es geht dabei um Themen wie Interessen, um Verselbständigung von Institutionen zu Selbstläufern, die damit ihren ursprünglichen Sinn konterkarieren können.

Auch zu diesem Thema können wir uns auf Bourdieu beziehen (1998, S. 88): »Nun ist an dem Gedanken, daß die wissenschaftliche Tätigkeit eine soziale Tätigkeit und die wissenschaftliche Konstruktion der Realität auch eine soziale Konstruktion der Realität ist, nicht nur nichts umwerfend Neues, sondern er hat darüber hinaus einen Sinn überhaupt nur, wenn er spezifiziert wird. In der

Tat muß man an beides zugleich erinnern: daß das wissenschaftliche Feld eine soziale Welt wie die anderen ist, in der es wie anderswo um Macht, Kapital, Kräfteverhältnisse, Kämpfe um Erhalt oder Veränderung dieser Kräfteverhältnisse, Erhaltungs- oder Subversionsstrategien, Interessen usw. geht, und daß es eine Welt für sich ist.«

Das Verständnis von Wissenschaft als Symbolisierungspraktik legt also eine Befassung mit der kulturell-ästhetischen Modalität von Wissenschaft, also mit ihren Visionen, Ängsten und Hoffnungen nahe. Dazu fallen sicherlich zunächst Produktionen des ästhetischen Kulturbetriebs ein, vor allem natürlich Goethes »Faust« und »Die Physiker« von Dürrenmatt, dann aber auch zahlreiche Science-Fiction-Produkte (Romane, Filme etc.,), wobei auffällt, dass diese mit der Zeit von Jules Verne bis Ridley Scott immer pessimistischer wurden.

Bisher hat man sich um eine systematische Auseinandersetzung mit der emotional-ästhetischen Modalität von Wissenschaft relativ wenig gekümmert (herausstechende Ausnahme: Devereux, 1984); das mag daran liegen, dass die Wissenschaft geradezu definiert ist als formal-begrifflich arbeitend (und eben nicht bildlich-ästhetisch) und dass sie als Hort der Rationalität in Abgrenzung von Emotionalität firmiert. Doch wird man sich zunehmend bewusst, dass das so einfach nicht stimmen kann. So kommt beispielsweise Wissenschaft psychologisch betrachtet als sublime, kollektive Angstbewältigungsinstitution ins Blickfeld, in dieser Hinsicht durchaus vergleichbar mit religiösen Metasymbolisierungspraktiken. Demzufolge kann hinter dem Wissenschafts-Fortschrittsglauben die Hoffnung auf Überwindung der Angst vor der Abhängigkeit von der Natur durch zunehmende technologisch realisierte Herrschaft über die Natur vermutet werden (Seel, 1988). Auch die propagierte Objektivität im Sinne einer Freiheit jeglicher Einflüsse von Interessen wird schon einige Zeit in Zweifel gezogen (Habermas, 1973) und schließlich gibt es eine eigene Literaturgattung, die sich dem Thema biografisch oder literarisch oder wissenschaftlich nähert bis hin zum Mythos des Wissenschaftshelden à la Einstein. Auf diesem Hintergrund wird de facto ein Universalitätsanspruch erhoben: »Die reine Immanenz des Positivismus, ihr letztes Produkt, ist nichts anderes als ein gleichsam universales Tabu. Es darf überhaupt nichts mehr draußen sein, weil die bloße Vorstellung des Draußen die eigentliche Quelle der Angst ist« (Horkheimer u. Adorno, 1971, S. 18).

Auch Darstellungen der persönlichen Visionen und Fantasien finden sich sowohl in kulturellen Produktionen (geradezu prototypisch im »Faust«) wie auch in den ganz individuellen Lebensvisionen einzelner Forscher, klassisch vor allem der männlichen. Diese ursprünglichen Visionen erwiesen sich in jüngerer Zeit allerdings häufig als naiv und müssen zunehmend abgelöst werden von Hoffnung auf Bewältigung der in der Folge produzierten Schäden an Klima und Natur durch einen erneuten Wissenschafts- und Technologie-Schub.

Häufig wird auf die Bedeutung unterschiedlicher Intentionen und Interessen von praktischer Beratung und Forschung hingewiesen. Das lässt sich nicht leugnen, aber reicht die Unterschiedlichkeit von Intentionen aus, um beide für nicht kompatibel zu halten? Müssen Beratung/Supervision mit Wissenschaft identisch sein, um miteinander integriert zu werden, oder reicht möglicherweise auch nur partielle Vereinbarkeit aus, und wenn ja, unter welchen institutionellen Bedingungen? Inwieweit produzieren Institutionen und konkrete Organisationen wie die des Wissenschaftsbetriebs Intentionen, die nicht mit denen der Praxis vereinbar sind? Wäre eine Institution Wissenschaft denkbar, deren Intentionen mit denen der Praxis vereinbar sind? Eventuell sogar durch ein methodologisch vorgeschriebene Handlungsmuster des wissenschaftlichen Forschens?

Dazu die folgenden *Thesen zur Praxis der Abschottung* der Bereiche Wissenschaft und Praxis:

- Die Akteure des Wissenschaftssystems wollen sich aus der Praxis nicht die Fragestellungen und Zielstellungen vorschreiben lassen, die definieren sie selbst. Praxis und Praxisrelevanz dient allenfalls als Legitimierung, häufig als Feigenblatt: Was Praxis ist und braucht, definiert die Wissenschaft für sich selbst.
- Wissenschaft tendiert zum geschlossenen System und befasst sich gern mit *selbst generierten Problemstellungen,* also solchen, die es nicht gäbe, wenn es den Wissenschaftsbetrieb nicht gäbe. Konsequenz: Wer sich wirklich auf die Praxis einlässt, muss
  - sich verschiedenen Diskursen stellen, die sich an unterschiedlichen Werten orientieren,
  - damit rechnen, dass er/sie sich in den wissenschaftlichen Diskursen verdächtig macht. Er riskiert, von verschiedenen Seiten angegriffen/kritisiert zu werden;
  - mit Nachteilen bezüglich der eigenen Wissenschaftler_innenkarrierre rechnen, was deshalb vermieden wird.
- Vielfach ist es für die wissenschaftliche Karriere günstig, zu *differenzieren,* Unterschiede herauszustellen; Praxis verlangt dagegen oft, nach *Gemeinsamkeiten* zu suchen.
- Möglicherweise lässt sich auf der Grundlage der bisherigen Überlegungen auch die Hypothese generieren, dass Wissenschaftler_innen auf der Ebene persönlicher Visionen nicht auf die *Verbindung zur Macht* verzichten wollen, die das Festhalten am Kausalitätsprinzip der szientistischen Ausrichtung befördert.

Darüber hinaus wird umgekehrt der Verdacht geäußert, dass die Beratungspraxis nicht immer wirklich an einer kritischen, wissenschaftlichen Aufarbeitung interessiert ist, weil dies so manche »erfolgreiche« Konzepte in Frage stellen könnte. Vor allem aber hat die Praxis die durchaus berechtigte Befürchtung, dass die Wissenschaft ihr gewissermaßen die Deutungshoheit über ihren Bereich wegnehmen könnte.

Dieses Argument ist nicht von der Hand zu weisen, doch eröffnet es gleichzeitig auch den Blick auf das Verhältnis zwischen professioneller Beratungspraxis und ihrer Klientel mit einer ähnlichen, kritischen Frage: Besteht die Gefahr, dass die professionelle Beratungspraxis ihrer Klientel die Souveränität über ihr Leben beschneidet, ihnen tendenziell ihr Leben wegnimmt?

Andererseits haben Wissenschaftler_innen ein Interesse an einer Legitimierung ihrer Tätigkeit als sinnvolle Beiträge für die Verbesserung von Praxis. Allerdings ist dies seit der »Relevanz« -Diskussion in den 1960er und 1970er Jahren häufig zu einem bloßen Ritual verkommen, das sich ausschließlich daran orientiert, was Wissenschaft als Praxis intern selbst definiert – es hat häufig mit dem, was Praktiker_innen tatsächlich tun, relativ wenig zu tun, sondern definiert in der Regel einen relativ allgemeinen und abstrakten Praxisbegriff, der für die eigenen Zwecke taugt.

Was sind nun in der Folge die konkreten Hindernisse für Praktiker_innen, sich in wissenschaftliche Diskurse einzuschalten? Sie sind auf sehr verschiedenen Ebenen anzusiedeln:

- *Anforderungen an die Texte:* Die an veröffentlichbare Texte gestellten Anforderungen orientieren sich an Kriterien des wissenschaftlichen Diskurses mit einem eigenständigen Code und einer hochspezialisierten Sprache (ähnliche Probleme werden von Bosch u. Renn, 2003, aufgearbeitet) mit der Folge, dass Praktiker_innen einen hohen Aufwand betreiben müssen, um in solchen wissenschaftlichen Diskursen zu bestehen. Sie müssen sehr viel Zeit und Arbeit investieren, um sich da einzuarbeiten.
- Es ist einiger *theoretischer Aufwand* notwendig, um einen Bezug der hoch spezialisierten, wissenschaftlichen Fragestellungen zur eigenen Praxis herzustellen, und selbst wenn das gelingt, dann betrifft er nur einen sehr kleinen Ausschnitt der Praxis; dies ist in der systematischen Zerlegung von wissenschaftlichen Fragestellungen in immer kleinere Detailprobleme begründet. Die Hoffnung, dass sich dadurch irgendwann einmal auch komplexe Zusammenhänge bewältigen lassen, ist in weite Ferne gerückt.
- Daraus resultiert ein kaum zu bewältigendes *Ressourcen- und Zeitproblem.*
- Der damit verbundene oder zu erwartende *persönliche Ertrag* für Praktiker_innen ist vergleichsweise gering: Mit wissenschaftlichen Veröffentlichungen

kann kaum jemand in seinen professionellen Kontexten reüssieren, ganz anders als in der Wissenschaft, wo die Veröffentlichungen zu den ganz zentralen Kriterien der eigenen Leistung gehören und beispielsweise für Bewerbungen ausschlaggebend sind. Wenn Veröffentlichungen für Praktiker doch mal von Vorteil sind, dann »reichen« auch Erfahrungsberichte, denn sie liefern etwas, was kein Thema von Wissenschaftstheorien und Methodologien ist, nämlich Ideen, was man in einer schwierigen Situation probieren könnte; oft können sehr anspruchsvolle wissenschaftliche Veröffentlichungen sogar schädlich sein, weil sie bei einem Arbeitgeber die Sorge der »Abgehobenheit« oder die Sorge auslösen können, dass die Bewerber_in sofort die Stelle wechselt, wenn ein Angebot aus der Wissenschaft lockt.

– Der *(Legitimierungs-)Kontext,* in dem sich Praktiker_innen bewegen (müssen), ist in der Regel nicht (nur) die Wissenschaft, sondern der von Standesorganisationen oder durch Regelungen einer Profession wie beispielsweise durch das Psychotherapeutengesetz definiert, das den Interessenverbänden zugelassener, psychotherapeutischer Verfahren eine relativ starke Machtposition einräumt.

– Schließlich stellt auch die *Orientierung des wissenschaftlichen Mainstreams* in der Psychologie an *quantitativen Methoden* für die Praktiker_innen ein Hindernis dar, denn sie haben in der Regel eher am Einzelfall zu arbeiten und für den geben quantitative Aussagen bekanntlich relativ wenig her. Nur selten können sie quantitative Verfahren nutzen (wie in der Werbepsychologie oder wenn sie als Organisationsberater_innen kleinere, quantitative Erhebungen durchführen müssen). Eine Orientierung der Wissenschaft an *qualitativen* Verfahren käme ihnen eher entgegen. Eine solche, praxisnahe Arbeit hilft Wissenschaftler_innen aber wiederum wenig für ihre Karriere im Wissenschaftsbetrieb, weil sie sich eher gegen die Dominanz der quantitativ arbeitenden Mainstreams durchsetzen müssen und sich deshalb sehr grundlagentheoretisch orientieren müssen.

Wie können wir es umgekehrt für Wissenschaftler_innen interessant machen, sich ernsthaft mit Fragestellungen aus der Praxis so auseinanderzusetzen, dass dabei ein Ertrag für die Praktiker_innen herauskommt?

Dazu müssen eine ganze Reihe von Detailproblemen gelöst werden, beispielsweise solche wissenschaftstheoretischer, methodologischer und methodischer Art, aber Vorschläge dazu liegen durchaus vor (Kaiser u. Seel, 1981; Giesecke u. Rappe-Giesecke, 1997), zum Beispiel zum Wahrheitsproblem, zum Gegenstand der Forschung, der ja hier sicherlich nicht die Qualität von Naturgesetzen haben kann, zum Kriterium der empirischen Bewährung von verallgemeinernden, Komplexität reduzierenden Aussagen/Behauptungen (vorgeschlagen wurde hierzu die unmittelbare, praktische Bewährung als Kriterium) usw. Dazu müsste keineswegs auf die Einbettung in Traditionen verzichtet werden, so kann gerade zum letzten Problem an die Erkenntnistheorie Husserls angeknüpft werden, und zwar speziell an seinen Gedanken, dass sich Wissenschaft letztlich an der Lebenswelt bewähren und an ihr orientieren muss. Eine andere Tradition ist die des (Sozial-)Konstruktivismus, der ja bereits für die Psychologie nutzbar gemacht wird (vgl. Bruder, 1994).

Aber auch in anderen wissenschaftlichen Traditionen können Lösungsvorschläge erarbeitet werden. Das größte Problem dürfte dabei weniger die Entwicklung methodologischer Regeln sein als vielmehr der Umstand, dass jeder Disput dazu unweigerlich kontaminiert ist durch offen ausgesprochene oder meistens eher verdeckt wirkende Interessen von Institutionen und Organisationen an der Erhaltung bzw. dem Ausbau ihrer relativen gesellschaftlichen Position und durch die korrespondierenden, sublimen Ängste der betroffenen Individuen, deren Kontrollmechanismen bedroht werden könnten (vgl. dazu auch Devereux, 1984), denn die methodologische Konzeption von dialogischer, partizipativer, wissenschaftlicher Forschung nach dem Vorbild von Beratung als interaktives Geschehen zwischen souveränen Subjekten hätte massive Konsequenzen für die gesellschaftliche Stellung der Institution Wissenschaft (vgl. zu solchen Zusammenhängen zwischen der Struktur der Wissensproduktion in der Wissenschaftsinstitution, dem wissenschaftlichen Produkt und der gesellschaftlichen Struktur auch Galtung, 1978b).

Damit stellt sich aber die Frage der Kompetenz, sowohl auf der beratungspraktischen wie auch auf der beratungswissenschaftlichen Ebene:

Ob ein bestimmtes, beratungspraktisches Handeln erfolgreich ist, hängt nicht zuletzt von der Kompetenz des Beratersubjekts ab, und ob ein solches Handeln wissenschaftlich kommunizierbar gemacht werden kann, hängt nicht zuletzt von der Kompetenz des wissenschaftlichen Subjekts in Beratung ab oder von der wissenschaftlichen Kompetenz des praktisch tätigen Beratersubjekts. An dieser Stelle scheint die Problematik der *Kompetenztiefe* auf, wie sie im Stufenmodell nach Dreyfus und Dreyfus (1987) beschrieben sind:

Sie unterscheiden aufgrund von Erfahrungen aus der KI (Künstliche Intelligenz)-Forschung die folgenden Stufen der persönlichen Kompetenz:

- *Neuling*,
- *fortgeschrittener Anfänger* (Kennen von Regeln, Fehler bei der richtigen Anwendung),
- *Kompetenz* (Kennen von und richtiges Handeln nach Regeln),
- *Gewandtheit* (»proficiency«, flexible Anwendung, Modifikation und Kombination von Regeln),

- *Expertentum* (kein erkennbares Verfolgen von Regeln, aber »Erfolg« bei der Bewältigung von Aufgaben).

Dabei gilt, dass die jeweiligen Stufen nur erreicht werden können nach Durchlauf der vorherigen Stufen, ein direkter Sprung beispielsweise auf Stufe fünf ist demnach nicht möglich. Hierbei ist besonders interessant: Die höchste Stufe, die des Expertentums, muss nicht von allen erreicht werden, um beruflich zu bestehen. Sie ist grundsätzlich nicht lehrbar, wohl aber durch reflektierte Praxiserfahrungen erlernbar, oder besser: entwickelbar. Das ist darin begründet, dass eben keine Regeln erkennbar sind, denen dieses Handeln folgt, infolgedessen können sie durch Lehren auch nicht vermittelt werden.

Möglicherweise hat das mehr mit der bildlich-ästhetischen Modalität zu tun als mit der begrifflich-diskursiven Modalität, in deren Rahmen Regeln wissenschaftlich beschrieben und durch Lehren vermittelt werden können, und ist unter anderem in der Einmaligkeit (»Singularität«) jedes Falls begründet. In jedem Fall muss die ästhetische-bildliche Modalität bei der Qualitätsdiskussion von Beratung berücksichtigt werden. Dazu könnte auch auf klassische Konzepte zurückgegriffen werden wie das Kriterium der »guten Gestalt« aus der Gestaltpsychologie.

Welche konkreten, forschungspraktischen Möglichkeiten gibt es? Die Konsequenz wäre, »erfolgreiches« Beratungshandeln so zu kommunizieren, dass es nicht nur als Regelwissen vermittelt wird, sondern auch über bildlich-ästhetische Wege.

Auch dies wird bereits praktiziert, beispielsweise im Psychodrama, in Konzepten der Kollegialen Beratung, der Supervision mit verschiedenen Methoden; es sollte aber explizit aufgearbeitet und systematisch in ein Management von reflexivem Beratungswissen aufgenommen werden.

2 Institutionalisierung und Organisation von Beratungswissen: Die Implementierung einer geeigneten Infrastruktur

Ausgehend vom Konzept der reflexiven Beratung als Management von reflexiven Projekten für und mit verschiedenen Klientensubjekten sind geeignete Rahmenbedingungen für den praktischen Umgang mit dem relevanten Wissen zu realisieren. Dabei müssen die beiden Zielrichtungen von Reflexivität verwirklicht werden: Einmal die reflexive Unterstützung des je einzelnen Klientensubjekts und zum anderen die Reflexion auf gemeinschaftlicher bis hin zur gesellschaftlichen Ebene. Die bereits angedeuteten Übereinstimmungen von wissenschaftlichen und praktisch- beraterischen Anliegen geben Hoffnung, dass es grundsätzlich möglich sein müsste, die wissenschaftlichen und die praktisch-beraterischen Anliegen miteinander vereinbar zu gestalten. Um die skizzierten Wissenskonzepte im Zusammenhang von Beratung konkret umzusetzen und um eine geeignete Infrastruktur zu implementieren, müssen zwei Fragenkomplexe geklärt werden:

a) Wie muss die konkrete Organisation vor Ort gestaltet werden, die in der Regel als »Setting« thematisiert wird?

b) Wie kann dieses Setting in bestehende Kontexte eingebunden werden? Mit welchen Schwierigkeiten/Widerständen ist zu rechnen und wie können sie überwunden werden?

2.1 Im Zentrum: Das Setting der Beratung, der Wissenschaft und des Wissensmanagements

Mit »Setting« werden im Allgemeinen spezifische standardisierte Situationsarrangements und Beziehungsstrukturen zwischen (den Rollen von) bestimmten Beteiligten bezeichnet; dies entspricht weitgehend der standardisierten Struktur eines sozialen Raums in Begriffen der vorgeschlagenen Terminologie um die Symbolisierungspraktiken. »Setting« ist zwar ein verbreiteter Begriff in der Psychotherapie- und Beratungsliteratur, weniger üblich ist er jedoch im Zusammenhang mit Wissenschaft.

Für die Beratung stellt sich die Frage, wie das *Setting von Beratung als reflexiver Instanz* institutionalisiert und praktisch organisiert werden kann und muss. Auf dem Hintergrund der angestellten Überlegungen zu den Aufgaben von Wissenschaft im Zusammenhang reflexiver Beratung heißt das, dass wir klären müssen, wie die Settings von Wissenschaft und praktischer Beratung zielführend zusammenkommen.

Grundlage ist die Vision einer Reflexionskultur, welche die ganze Gesellschaft umfasst einschließlich ihrer korporierten und natürlichen Subjekte, die die diskursiv-begriffliche wie die bildlich-ästhetische Modalität nutzt und thematisiert, die natürlichen Grundlagen der menschlichen Existenz reflektiert und die verschiedenen Bereiche menschlicher Lebensgestaltung in der Gesellschaft wie Leben und Arbeiten, Partnerschaft, Familie einschließlich Kindern, Krankheit und Alter umfassen kann; sie schließt den umfassenden Gesundheitsbegriff der WHO ein und die Vision der Konkretisierung einer sich beratenden, reflexiven Gesellschaft.

2.1.1 Das Setting der Beratung

In der Psychoanalyse wird durch die Konzeption des Therapeutensubjekts als Non-Person den Übertragungen des Klientensubjekts auf dem Hintergrund seiner Geschichte möglichst großer Spielraum gegeben, damit auf diese Weise die Selbstsymbolisierungspraktiken der Klienten_innen und damit die Auseinandersetzung mit sich selbst nicht durch Interventionen der Therapeuten_innen verfälscht werden. Sie nutzt also den Effekt, dass im Falle, dass es keine äußeren Anlässe für spezifische Symbolisierungen gibt, solche äußeren Anlässe hervorgebracht werden, was man in der Psychoanalyse »Übertragung« nennt. Es ist dasselbe Prinzip, das durch Experimente zur Reizarmut bekannt geworden ist: Wir produzieren bei absoluter Dunkelheit und bei absoluter Stille eigene Bilder und Töne, Eigensymbolisierungen also. Und indem nun wiederum die Klient_innen wahrnehmen, was sie symbolisieren, produziert dieses Setting ein reflexives Wissen der Klient_innen über sich selbst. Dies ist, grob zusammengefasst, ein Setting der klassischen Psychoanalyse, es ist relativ präzise und wenn man so will, auch restriktiv umschrieben.

Das Beratungssetting kann dagegen nicht wie das der Psychoanalyse relativ konkret und genau beschrieben werden, weil es grundsätzlich sehr verschiedene Formen annehmen kann, denn die konkrete Situation der Beratung mit ihrer Konstellation der Beteiligten ist nicht durchgängig standardisiert. Es könnte sein, dass sich das ändert, wenn sich eine Reflexionskultur weiter etabliert hat. Zumindest derzeit muss sich Beratung jedoch in verschiedenen Kontexten unterschiedlich realisieren und organisieren, wobei aber immer das Herausgehen aus dem Alltagskontext und dessen Betrachtung von außen in einem geschützten (sozialen und physischen) Raum unter Hinzuziehung speziell ausgebildeter Berater_innen enthalten sein muss. Diese Vielfalt möglicher Settings nutzt die Eigenschaft von Symbolisierungen, dass sie auf andere Kontexte verweisen können und auf diese Weise auch in andere Kontexte aufgenommen werden können und sogar müssen, weil das Subjekt in je aktuellen Situationen Anforderungen aus anderen Interaktionen berücksichtigen muss. Es ist deshalb zu bezweifeln, ob eine weitergehende Standardisierung reflexiver Beratung überhaupt anzustreben ist, damit die flexible Anpassung der Beratung an die Situation der Klientensubjekte und deren Kontexte nicht eingeschränkt wird.

Unter diesem Gesichtspunkt erweist sich der eingangs als »Reflexive Beratung« umschriebene Beratungsbegriff als ein Oberbegriff, der auch Psychotherapie, Supervision und Coaching umfasst. Diese können dann als spezialisierte Formen reflexiver Beratung in speziellen Settings verstanden werden: Das Setting der Psychotherapie zeichnet sich demnach durch ihre Einbettung in das Gesundheitssystem mit entsprechenden Konsequenzen für die psychotherapeutische Praxis und einer spezialisierten, auf das Individuum zentrierten, psychologischen Ausrichtung aus. Das Setting der Supervision ist durch die Konzentration auf den Bereich der Arbeit charakterisiert, klassisch als reflexive Unterstützung der Arbeit im psychosozialen Bereich, was in der Konsequenz dann auch zur Beratung über Beratung (Metaberatung) geführt hat. Coaching wurde zunächst auf den Bereich der Wirtschaft und deren Führungskräfte bezogen, was allerdings durch aufkommende Begriffe wie »Familiencoaching« aufgeweicht wurde. Mitunter bieten auch Mitarbeiter_innen in Unternehmensgliederungen »Coaching« für Führungskräfte an sowie »Sozialberatung« für die Mitarbeiter_innen nach weitestgehend denselben methodischen Prinzipien.

In den vielfältigen Beratungskontexten, die nicht durch solche Spezialisierungen vorab schon konkreter vorgegeben sind, gilt es immer, ein konkretes Setting reflektiert zu organisieren, und zwar als Bestandteil von Beratung. Das wird bereits beim Case Management der Sozialen Arbeit systematisch realisiert, weil hier Fachleute verschiedener Professionen in den reflexiven Prozess eingebunden werden. Beratung besteht also zum großen Teil darin, eine (temporäre und möglicherweise sehr rudimentäre, oft aber auch relativ komplexe) Organisation zur Realisierung reflexiver Projekte zu etablieren. Bekannte Modelle dafür finden sich neben dem Case Management der Sozialen Arbeit im Bereich der Organisationsberatung, wo häufig ein eigenes (reflexives Beratungs-)Projekt organisiert wird, beispielsweise zur Entwicklung einer »Corporate Identity (CI)«. Dabei ist interessant, dass in beiden Beratungsfeldern dieselben allgemeinen Ablaufschemata des Beratungsprozesses zugrunde gelegt werden können (Seel, 2013b), die bemerkenswerte Ähnlichkeiten zum Projektmanagement aufweisen. Sämtlichen Beratungen gemeinsam ist auch das Ziel, per Kooperation zu gültigen Orientierungen, in der vorgeschlagenen Brückenterminologie zu gültigen Symbolisierungspraktiken zu gelangen, mit denen die Beteiligten ihre Praxis befriedigend bewältigen können. Und das gilt auch für die sich aus einer wissenschaftlichen Auswertung von Beratungserfahrungen speisenden öffentlichen und politischen Diskurse. Als Beispiel für die Verbindung diskursiv-begrifflicher technischer mit ästhetischer Symbolisierung kann die Architektur herhalten: Es gilt, einen ästhetisch und funktional befriedigenden, symbolischen Lebens- und Arbeitsraum zu gestalten mit Unterstützung durch beraterische Metasymbolisierungspraktiken. Es ist daher sinnvoll, Beratungen als reflexive Projekte zu charakterisieren.

Die Abläufe in Beratungsprojekten können deshalb im Detail einer kritischen Analyse nach ihrer »Prozessqualität« unterzogen werden, die in Qualitätsmanagementkonzepten als eine Qualitätsdimension behandelt wird (vgl. DIN ISO EN 9000). An den dabei zu thematisierenden Ablaufprozessen sollte sich die Organisation des Beratungsprozesses orientieren, womit wiederum die »Strukturqualität« klassischer Qualitätskonzepte angesprochen ist; insofern lassen sich die Regeln des Qualitätsmanagements ohne grundsätzliche Probleme sinnvoll auf Beratungsprozesse beziehen. Der Teufel steckt hier jedoch wie immer im Detail, beispielsweise, wie die ästhetische Modalität methodisch einbezogen werden kann.

Zur Qualitätsbeurteilung von Beratungsprozessen und ihrer Strukturen gehörten dann auch die Bewertung der Prozesse der wissenschaftlichen Erkenntnisgewinnung und ihrer Organisationsstruktur, womit wir wieder beim Setting der Wissenschaft wären.

Trotz der notwendigen Offenheit des Beratungssettings können einige Richtlinien benannt werden, an denen die entsprechende Prozess- und Strukturqualität des konkreten Beratungssettings orientiert sein muss, die allenthalben als wichtige Voraussetzungen gelingender Beratungsprozesse betrachtet werden.

Der wichtigste Grundsatz lautet, dass Beratung am *wohlverstandenen Interesse der Klientensubjekte* orientiert sein muss. Dies heißt aber nicht, dass Beratung sofort und unhinterfragt die Aufträge der Klient_innen annehmen muss, sondern es muss bereits die Zielsetzung von Beratung als unterstützte Reflexion konzipiert werden, die genau nach der Sinnhaftigkeit von spezifizierter Beratung fragt.

Zu den Grundsätzen gehört weiter der Grundsatz der *Freiwilligkeit* der Teilnahme. Dieser Grundsatz ist zum einen darin begründet, dass jede Zwangssituation und jede Herrschaftssituation die Kommunikation tendenziell verzerrt, sie folgt dann den Prinzipien des »instrumentellen« oder des »strategischen« Handelns nach Habermas (1988), einer Ausrichtung der Kommunikationen an (macht-)taktischen Überlegungen der Beteiligten. Damit wird eine Beratungskommunikation erschwert, die auf offene und ehrliche, wahrhaftige Kommunikation abstellt. Im Gegensatz dazu folgt eine Kommunikation nach den Regeln des »kommunikativen Handelns« (Habermas, 1988) ausschließlich dem ehrlichen Interesse an einer Verständigung mit Ergebnissen, die von allen Beteiligten aus eigenem Antrieb getragen werden, die wiederum Voraussetzung ist für die Gültigkeit von Verabredungen und die Etablierung entsprechender Symbolisierungspraktiken. Auf welche Weise Beratung unter solchen »Rahmenbedingungen« zielführend (nicht) durchgeführt werden kann, wird in dem mittlerweile als Klassiker zu bezeichnenden Sammelband von Kettner (1998) zum Thema »Beratung als Zwang« und immer wieder in Supervisionen oder kollegialen Beratungen diskutiert.

Ein anderer Grundsatz der Beratungskommunikation beinhaltet ein *kommunikatives Machtgleichgewicht*: Es muss durch geeignete Unterstützungsmaßnahmen der Beratung(-sorganisation) dafür möglichst Sorge getragen werden, dass in der Beratung Unterschiede der Beteiligten auf der Ebene der kommunikativen Fähigkeiten oder Potenziale (als einer Form von symbolischem Kapital) ausgeglichen werden, damit nicht eine Partei im Konfliktfall übervorteilt wird.

Das erfordert eine sehr sensible Vorgehensweise der Beratung und eine sehr sensible Gestaltung der Beratungsorganisation. So kann es unter Umständen Sinn machen, kommunikativ schwächeren Teilnehmer_innen oder Gruppierungen geeignete Personen zur Unterstützung zur Seite zu geben, die ihnen helfen, sich zu artikulieren. Dies wird zum Teil bei der Bürgerbeteiligung an Planungsprozessen, wie bei Stadterneuerungsprojekten, praktiziert, ebenso bei der Sozialen Arbeit mit Menschen mit Behinderungen, und es ist verbreitet auch unter den Stichworten »Einbezug der Betroffenen« oder »Betroffene zu Beteiligten machen«. Eine andere Möglichkeit besteht darin, einen systematischen Wechsel zwischen Einzelberatungen und der Moderation von Austauschprozessen zwischen Beteiligten zu organisieren, wie es vielfach im Rahmen von Partnerschafts- oder Familienberatungen, aber auch in Organisationsberatungen eingeplant und realisiert wird. Dabei müssen dann einige Regeln beachtet werden, wie die, dass von Berater_innen aus Einzelberatungen keine Informationen in die Austauschprozesse zwischen mehreren (allen) Beteiligten eingefüttert werden ohne ausdrückliche Erlaubnis der Klient_innen. Dies dient dem notwendigen Schutzraum, der eine zentrale Voraussetzung für gelingende Kommunikationsprozesse in Beratungen abgibt.

Eine große Bedeutung kommt der ästhetischen Ebene für das Beratungssetting und damit für die gesamte Beratung zu. Sie kann mit dem Stichwort *kommunikative Atmosphäre* bezeichnet werden (Böhme, 1995). Für die Beratung ist unter den Gesichtspunkten Raum und Zeit natürlich die Beratungssituation und ihre Einbettung in andere Zusammenhänge von besonderer Bedeutung. Auch dies firmiert unter dem Stichwort »Beratungssetting«. In der Beratung wird der spezielle symbolische Beratungsraum durch die Konstellation der Beteiligten und ihrer Beziehungen innerhalb, aber auch außerhalb der Beratungssituation aufgespannt, der zum Teil auch physisch als vereinbarte Gesprächs-Sitzungen oder sonstige Treffen realisiert werden muss. Das gilt sowohl für die Beraterseite als auch für die Klientenseite. Auf der Beraterseite beinhaltet dies die organisatorischen und institutionellen Einbettungen der konkreten Beraterpersonen in ihre symbolischen Räume, auf der Klientenseite die Klientensubjekte in ihren symbolischen Räumen.

Vor allem sollte Beratung grundsätzlich *ergebnisoffen* konzipiert sein, sie sollte so aufgestellt werden, dass klare Grenzen gezogen werden, wenn bestimmte Themen »nicht verhandelbar« sind, andere aber doch. Diese Thematik umfasst sowohl Vorgaben eines Auftraggebers beispielsweise bei Organisationsberatungen als auch ethische Grundsätze von Berater_innen und deren Profession. Die Kommunikation einer Beratung wird extrem belastet, wenn sie von Auftraggebern dazu benutzt wird, unliebsame Entscheidungen durchzusetzen, die tatsächlich nicht zur Disposition stehen; das in solchen Fällen früher oder später sicher aufkommende Misstrauen macht jede verständigungsorientierte Kommunikation nachhaltig unmöglich.

Konkret müssen die *realen Optionen* als Voraussetzungen für gelingende Beratungen sowohl grundsätzlich theoretisch als auch in jedem Einzelfall konkret praktisch sehr differenziert betrachtet werden. Dabei ist zu unterscheiden zwischen der Freiwilligkeit der Teilnahme an Beratungen und den Optionen in der Beratung, wobei hier wieder ein Unterschied gemacht werden sollte zwischen den Optionen im Beratungsprozess, also, wer welche Möglichkeiten hat, den Beratungsprozess (mit)zugestalten, und den Optionen im Beratungsergebnis.

Ausschlaggebend für die Chancen einer gelingenden Beratung sind dabei häufig die speziellen *Kombinationen der Optionen und Freiheitsgrade* auf den genannten Ebenen:

Die Freiwilligkeit der Teilnahme an Beratungen ist deshalb von besonderer Bedeutung, weil wir davon ausgehen können, dass jemand, der freiwillig eine Beratung aufsucht, aus einem eigenen Motiv oder Interesse an der Klärung »mitgebrachter« praktischer Probleme arbeitet, deshalb auch einsieht, dass dies nur zielführend sein kann, wenn er wahrhaftig kommuniziert und offen für Veränderungen ist, die unter Umständen auch Anforderungen an ihn stellen. Wer dagegen zur Teilnahme an Beratung gezwungen wird, wird seine Handlungen in der Beratung danach ausrichten, wie er diesem Zwang begegnen oder ihm entgehen kann. Er wird deshalb allenfalls eine Scheinbereitschaft zur Kooperation eingehen und sich taktisch überlegen, wie er seine mitgebrachten Ziele durchsetzen kann (»instrumentelles« oder »strategisches« Handeln nach Habermas), wie beispielsweise den Erlaubnis-Schein nach einer Schwangerschaftskonfliktberatung. Eine Auseinandersetzung mit den eigenen Zielen und Werten der Lebensgestaltung wird dann nicht in dieser Beratung stattfinden, sondern anderswo. Wenn aber dem Klientensubjekt die Möglichkeit gegeben wird, seine Ziele zu erreichen, kann es sein, dass es im Anschluss zu einer wahrhaftigen Beratung kommt.

Wenn Beratungen unter Teilnahme-Zwang darüber hinaus nicht ergebnisoffen sind, wenn also keine Optionen verfügbar sind, verschärft sich die Problematik, dann bekommt eine Beratung eine andere Zielrichtung. Das ist der Fall, wenn die Auftraggeber eigentlich eine Entscheidung delegieren wollen, wenn sie in einer schwierigen Situation Hilfen von einer Autorität suchen, was ja durchaus legitim sein kann (dafür hat man ja beispielsweise seine religiösen Autoritäten). In solchen Fällen allerdings haben Klient_innen per eigenem Beschluss einen Teil ihrer Handlungssouveränität als Subjekt faktisch aufgegeben; dann dient Beratung der Selbstlegitimierung. Unter solchen Voraussetzungen können Fragen der konkreten Realisierung der vorab getroffenen Entscheidungen durchaus noch beraterisch behandelt werden.

Möglich, und in der beraterischen Realität durchaus nicht selten, ist ein Zwang zur Teilnahme an Beratungen in Herrschaftsstrukturen, die aber dennoch ergebnisoffen sind, und sei es auch nur innerhalb mehr oder weniger eng umschriebener Grenzen. So etwas findet sich sogar recht häufig in Organisationsberatungen. Solche Beratungen sind durchaus realisierbar unter der Voraussetzung, dass klar und ehrlich kommuniziert wird, welche Optionen offen sind und welche nicht.

In der Konsequenz dieser Überlegungen muss das verallgemeinerte *Beratungssetting* also relativ *abstrakt formuliert* werden, aber sehr *konkret organisiert* werden. Weil ethische Grundsätze nicht verhandelbar sein können, muss der *ethischen Dimension der Beziehungsgestaltung* die größte Aufmerksamkeit gewidmet werden (vgl. Großmaß, 2013). In einer pluralen Gesellschaft muss es auch Spielräume für verschiedene Ethiken geben. Deshalb müssen weltanschaulich oder religiös gebundene Beratungen, die es im Interesse einer kulturellen Vielfalt durchaus auch geben sollte, zulässig sein. Zum Problem werden solche zum einen aber, wenn es für Klient_innen keine Alternative gibt; sie sollten also nur dann zulässig sein, wenn potenziellen Klient_innen mit vergleichbarem Aufwand ein Zugang zu Beratung mit anderen ethischen Grundsätzen bei gleicher Beratungsqualität angeboten werden kann. Hier überschneidet sich die Problematik der Ergebnisoffenheit mit der Problematik der fehlenden Freiwilligkeit und der Beratung unter Zwang. In solchen Fällen sind die Klient_innen praktisch gezwungen, ihre Äußerungen strategisch auf die ethischen Grundsätze des weltanschaulich gebundenen Beratungsangebots auszurichten. Und zum anderen können Beratungen auch dann nicht sinnvoll durchgeführt werden, wenn die Weltanschauung Beratungsbeteiligter ihnen eine Anerkennung und Toleranz anderer verbietet. In jedem Fall aber muss jede weltanschauliche Bindung des Beratungsangebots, gerade solche eher indirekter Art, klar kommuniziert werden, damit Klient_innen frei entscheiden können, ob sie sich in diesen Kontext begeben wollen oder nicht.

Als ein ganz besonderes Problem in diesem Zusammenhang stellt sich Beratung von Menschen dar, die in einer Kultur verhaftet sind, in der es das *Prinzip reflexiver Beratung* nicht gibt, die also Beratung als Unterstützung bei der Selbstreflexion nicht kennen.[4] Die Problematik verschärft sich noch, wenn solche Beratung im Kontext dieser anderen Kultur stattfindet oder stattfinden soll, besonders in Kulturen, die die eigenverantwortliche Selbstgestaltung des eigenen Lebens nicht kennen, in denen in Fragen von Handlungsunsicherheit ausschließlich Autoritäten, Traditionen oder Orakel befragt werden sollen. Menschen aus Kulturen, die ganz andere Regeln der Subjektselbstkonstruktion (wenn der Begriff hier überhaupt passt) realisieren, werden das Ansinnen von reflexiver Beratung nicht verstehen. Wenn sie aber in unseren Kulturkreis kommen und darin leben wollen, werden sie dies wohl lernen müssen, um in der reflexiven Gesellschaft bestehen zu können (was nicht heißt, dass sie sofort Beratungen aufsuchen müssen, sondern nur, dass sie wissen müssen, dass es sie gibt als Bestandteil der reflexiven Gesellschaft, in der sie leben wollen).

Dies macht deutlich, dass auch Beratung selbst auf einem ethischen Grund ruht und kulturell gebunden ist (vgl. Rechtien, 2014): Als Mindestanforderung an sämtliche Beratungen sollte ein ethischer Kodex gelten, der sie auf die Wahrung und Realisierung der Menschenrechte verpflichtet und dazu auch genauere Festlegungen trifft. Ganz zentral wäre dabei die Wertvorstellung eines Lebens in einer Gemeinschaft der Vielfalt von Lebensentwürfen und kulturellen Praktiken.

---

4   Besonders interessant ist unter solchen Gesichtspunkten ein Vergleich von Supervisionserfahrungen mit Menschen aus den alten und den neuen Bundesländern (vgl. Busse, 1998).

Ausgangspunkt sollte immer eine Anerkennung und Respektierung der *Souveränität* der Beteiligten über ihr Arbeiten und Leben sein, auch und gerade, wenn diese gewisse Einschränkungen in ihrer Lebenssouveränität aufweisen (etwa als Folge relativ weniger Verfügung über symbolisches Kapital). Dann ist es Aufgabe von Berater_innen, ihnen nicht nur Unterstützung bei der Kommunikation zu gewähren, sondern sie auch bei einer Hinführung zu mehr Souveränität zu unterstützen; dies ist ausschließlich in deren Interesse legitimierbar, insgesamt eine recht heikle Aufgabe, die in intensiven, reflexiven Diskursen bewältigt werden muss, die auch kritische Überprüfungen jederzeit ermöglichen sollten. Denn es ist durchaus damit zu rechnen, dass es Menschen gibt, die eine Orientierung an beispielsweise religiösen oder anderen Autoritäten vorziehen. Allerdings kann davon ausgegangen werden, dass solche Menschen eine reflexive Beratung ohnehin nicht in Anspruch nehmen werden. Höchst problematisch sind dann Menschen, die nicht bereit sind, andere in ihrem kulturellen Anderssein zu akzeptieren, aber das ist dann nicht mehr bloß auf der Ebene der Beratungsprofession zu klären, sondern auf gesellschaftlicher Ebene.

Die grundsätzliche Haltung der Profession Beratung zu solchen Fragen wäre als ein »Beratungsgrundgesetz« zu diskutieren, zu formulieren und zu kodifizieren. Es sollte auch Verfahrensweisen zur Klärung von Streitfragen beinhalten.

Bisher zu wenig reflektiert wurde das Beratungssetting auf Seite der Beratenden. Unausgesprochen wurde in der Regel der/die Beratende als Einzelperson konzipiert, die vielleicht auch mal Supervision, also eine Beratung über ihre Beratungspraxis, in Anspruch nehmen sollte. Begründet wird dies vor allem mit möglichen persönlichen Verstrickungen im Beratungsgeschehen, mit Qualitätsargumenten und mit der Psychohygiene der Beratenden. Die im systemischen Ansatz verbreitete Reflexion des »Beratersystems« öffnet hier jedoch den Blick, reduziert sich aber in der Praxis häufig noch auf die »persönlichen« Beziehungen oder die organisatorische Einbettung. Doch ist dies durchaus in Frage zu stellen und zu erweitern: Unter der Perspektive von Beratung als gesellschaftlicher Reflexionsinstanz ist die institutionelle und die konkret organisatorische Einbindung der Beratung als Profession systematisch anzugehen: Beratende müssen sich als Bestandteil dieser Instanz betrachten und das Beratungssetting sollte explizit die realisierten Einbettungen in die reflexive, gesellschaftliche Institution »Beratung« beinhalten. Abstrakt formulierte, ideale Standards sollten die folgenden Topoi beinhalten, die keinerlei Anspruch auf Vollständigkeit erheben können, weil die Diskussion darüber noch in den Anfängen steckt:

– *Zugang* zu qualifizierter Beratung;
– ein differenziertes und effizientes System des *Datenschutzes;*

- Möglichkeiten des *Beratervertretung* im Falle, dass jemand ausfällt;
- Möglichkeiten der *Beralteralternative* für Fälle, wo die Chemie zwischen Beratendem und Beratenem nicht stimmt oder wo unvereinbare ethische Grundpositionen festgestellt werden;
- Möglichkeiten der *Beraterergänzung:* Hinzuziehen von Beratung, die inhaltlich andere Schwerpunkte aufweist, insbesondere bei fachlich ausgerichteten Beratungen wie der Bildungs- und Berufsberatung, wenn sich – was in diesem Bereich durchaus zu erwarten ist und vorkommt, eine Partnerschaftsberatung als notwendig erweist;
- Möglichkeiten der *Weiterbildung* und der *Supervision* für Berater_innen;
- Möglichkeiten der *Beraterkritik* und der Beraterbewertung, der Bearbeitung von *Konflikten* zwischen Brater_in und Klient_in und zwischen Berater_innen;
- Zugang der Klient_innen zu den *Erfahrungen* ähnlich gelagerter Fälle;
- Möglichkeiten der *Reflexion von Beratung* und der Verfahren zur systematischen wissenschaftlichen Erfahrungsauswertung.

Die genannten Anforderungen an Beratung erfordern im Grunde eine ständige Überprüfung und Reflexion des jeweils aktuellen Beratungsprozesses und seiner Organisation mit besonderem Schwerpunkt auf die zugrunde liegenden Beziehungen zwischen den Beteiligten. Diese Reflexion muss vom Beratersubjekt gewissermaßen ständig mitlaufend geleistet werden, sie muss als reflexive Beratung über die Beratung verinnerlicht sein; deshalb muss sie auch durch reale reflexive Beratung unterstützt werden. Wir nennen sie im allgemeinen Beratungssupervision oder »Metaberatung« (Billmann-Mahecha, 1981). Auch wenn sie nicht ständig realisiert werden muss, gehört deshalb zum verallgemeinerten Setting praktischer Beratungen auch deren Supervision, in welcher konkreten Form auch immer.

2.1.2 Das Setting der wissenschaftlichen Erfahrungsauswertung

Zu bedenken ist: Der Prozess einer wissenschaftlichen Aufarbeitung und deren Verbreitung über Massenmedien ist ein sehr machtsensibler Prozess. Wer darauf Einfluss nehmen kann, verfügt über ein sehr hohes Machtpotenzial, über ein enormes symbolisches Kapital (weshalb Diktaturen, und nicht nur die, sich dieses Privileg immer gern sichern würden). Deshalb kommt es sehr darauf an, dass die Beratungsklient_innen eine reale Verfügung über ihre Daten haben, die ihre persönliche Situation abbilden. Daran muss eine Profession Beratung ein sehr großes Interesse haben, damit sie vertrauenswürdig bleibt, was sich nicht zuletzt auch aus Gründen der Freiwilligkeit und der Nicht-Verzerrung der Beratungskommunikation als notwendig ergibt. Die sich daraus ergebenden Anforderungen an das wissenschaftliche Setting sind erheblich und erfordern eine grundsätzliche Auseinandersetzung.

Was Einbettung des wissenschaftlichen Settings in seine Kontexte anbelangt, so hat Galtung (1978b) bereits einen Zusammenhang zwischen der »Struktur der Wissensproduktion«, der »Struktur des Wissensprodukts« und der gesellschaftlichen Struktur thematisiert. Seine Systematik erweist sich als hilfreicher Hintergrund für die Klärung des für Beratungsforschung passenden Wissenschaftssettings, denn dies ist weitgehend identisch mit Galtungs Begriff der Struktur der Wissensproduktion. Er unterschied vier Formen der Wissensproduktion und setzte sie in Beziehung zur politischen/gesellschaftlichen Struktur und ebenfalls zur Struktur des wissenschaftlichen Produkts; damit meinte er die Form bzw. die innere Logik des wissenschaftlichen Wissens. So unterschiedenes Wissen ist nur oder bevorzugt für solche sozialen Konstellationen verwendbar, die der Struktur der Wissensproduktion entsprechen. Beispiel: In einer hierarchischen Struktur der Wissensproduktion, wie wir sie an den Universitäten vorfinden, wo bekanntlich zwischen Studierenden, Verwaltungs- und technischen Angestellten, Mittelbau und den Professor_innen klar unterschieden wird, schafft man bevorzugt solches Wissen, das vor allem von den Mächtigen in einer gesellschaftlichen Hierarchie angewendet werden kann.[5]

Wie sieht das aber konkret aus? Eigentlich gibt es *das* Setting der Humanwissenschaften nicht, sondern eine Reihe recht verschiedener Settings, die unter anderem abhängig sind von der wissenschaftstheoretischen Position, die wiederum als Realisierung von zugrunde liegenden Visionen und Fantasien verstanden werden sollte; einige sind allerdings auch bloß dem Umstand geschuldet, dass ein eigentlich für erstrebenswert erachtetes Setting nicht realisierbar ist.

Geradezu paradigmatisch ist das Setting des klassischen Experiments, mit dessen Hilfe kausale Beziehungen zwischen einer unabhängigen und einer abhängigen Variable geprüft werden. Es stammt ursprünglich aus den Naturwissenschaften und wurde wegen seines Erfolgs auf die Humanwissenschaften übertragen, man nennt dies »Szientismus«. Es ermöglicht die Ausübung von Herrschaft zunächst über die Natur durch die Technik und dann in der Folge eben auch über beispielsweise psychologische Zusammenhänge – so die Hoff-

---

5   In Termini der Brückenterminologie handelt es sich um sozialräumliche, symbolische Konstellationen, in denen bestimmte Symbolisierungspraktiken entwickelt und realisiert werden. Dass diese sozialräumlichen Konstellationen sich in den Symbolisierungspraktiken abbilden, ist nur folgerichtig.

nung. Seine Ergebnisse sind Aussagen, die es einem Subjekt ermöglichen, durch die Manipulation der unabhängigen Variable mit Sicherheit solche Veränderungen auf Seiten der abhängigen Variable zu erzielen, die es sich wünscht. Es zielt damit auf naturgesetzliche Zusammenhänge, was bedeutet, dass es auf Seite der abhängigen Variable kein Subjekt gibt, das entscheiden kann, ob es diesem Zusammenhang folgen will oder nicht, sondern der Effekt erfolgt grundsätzlich zwangsläufig.[6] Relativ wenig Gedanken hat man darauf verschwendet, auf welcher Grundlage diese kausalen Zusammenhänge wirken sollten – auf Naturgesetzen? Allerdings hat man bald festgestellt, dass solche Zusammenhänge oft nicht erkennbar werden, wenn in psychologischen Experimenten die beteiligten Versuchspersonen darüber entscheiden, ob sie der Hypothese folgen wollen. Also musste man dafür sorgen, dass die Versuchspersonen die zu prüfende Hypothese nicht kennen, was in der Konsequenz bedeutete, dass man sie darüber im Unklaren glaubte lassen zu müssen oder ihnen eine andere Intention der Wissenschaftler vorgaukelte, das heißt, die Versuchspersonen mussten getäuscht werden. Auch wenn sie zur realen Intention etwas vermuteten, haben sich die Versuchspersonen weitgehend auf dieses Spiel zugunsten ihrer Beteiligung an einem wichtigen Experiment der Wissenschaft eingelassen. Für die Grundlagenforschung der Psychologie wurde dieser Zusammenhang unter dem Stichwort der »Sozialpsychologie des Experiments« (Mertens, 1975) diskutiert. In der psychologischen Grundlagenforschung beruht dieses »Setting« demnach auf einer implizit getroffenen Verabredung zwischen »Forscher und Versuchsperson«, dass die Versuchspersonen eine Rolle als »Naive« spielen, als ob sie real in den vorgegebenen Kontexten agieren würden. Im Ergebnis führt dies dazu, dass besonders solche sozialpsychologischen Experimente sehr eindrucksvolle Ergebnisse liefern, in denen Machtausübungen zum Thema gemacht werden. Dies ist ganz eindrücklich in dem berühmt gewordenen Gehorsams-Experiment von Milgram (1963) der Fall. Dabei wird diese quasi virtuelle Verabredung bestimmter Rollen zur Realität und kann dann aus dem Ruder laufen. In dem Film »Das Experiment« von Oliver Hirschbiegel aus dem Jahr 2001 wurde nach dem Roman »Das Experiment Black Box« von Mario Giordano dieser Zusammenhang eindrucksvoll in Szene gesetzt. Die Romanvorlage wiederum beruht auf dem »Stanford Prison Experiment« unter der Leitung von Philip G. Zimbardo (2005) das allerdings, anders als im Film, noch rechtzeitig abgebrochen werden konnte. Slater und Nohl (2013) haben diese Experimente in ihre lesenswerte Übersicht über die berühmten Experimente der Psychologie aufgenommen.

---

6   Eine entsprechende Vision hat Skinner mit seinem Werk »Futurum Zwei« (1972) formuliert.

Weil es selbst in Laborexperimenten nicht wirklich möglich ist, die unabhängige Variable so zu kontrollieren, dass jede Vermischung mit anderen Faktoren ausgeschlossen ist, vielleicht aber auch wegen der speziellen Art der erhofften Kausalbeziehungen in den Sozialwissenschaften, sind (leider?) nur statistische Zusammenhänge erkennbar.

Eine weitere Problematik diese Settings ist darin begründet, dass sich manches Experiment aus ethischen Gründen verbietet, wie solche Experimente, in denen die Auswirkungen von Schädigungen der Versuchsperson untersucht werden sollen oder wo solche Schädigungen im Bereich des Möglichen liegen; auf dem Hintergrund dieser Schwierigkeit resultiert die perverse Begeisterung von wissenschaftlich interessierten Ärzten, dass sie unter den Bedingungen im KZ solche Experimente durchführen konnten. Es wurde auch schon einmal von der APA (American Psychology Association) gefordert, dass im Falle psychischer Schädigungen von Versuchspersonen ihnen eine Psychotherapie anzubieten sei, als ob dadurch eventuelle Schädigungen rückgängig gemacht werden könnten.

Die Ergebnisse experimenteller wissenschaftlicher Forschungen sind dann in erster Linie für Subjekte interessant, die in der Lage sind, die unabhängigen Variablen für andere Subjekte vollständig zu kontrollieren und sie so zu manipulieren, und die darüber hinaus in der Lage sind, diese anderen über ihre Absichten zu täuschen. Statistische, kausale Zusammenhänge nützen darüber hinaus nur denen, denen es nicht auf den Einzelfall ankommt, sondern die auf die Mittelwerte von Kennwerten größerer Gruppierungen abzielen und für diese unabhängige Variable manipulieren. Mit anderen Worten, sie nützen nur denen, die über relativ große Macht verfügen.

Ein anderes in der Humanwissenschaft verbreitetes Setting beruht auf der statistischen Auswertung von quasi natürlichen Prozessen, wo die Realität selbst für eine Art Experiment sorgt. Allerdings hat dabei die/der Forscher_in nicht die Kontrolle über die unabhängige Variable; deshalb können nur korrelative Zusammenhänge festgestellt werden, keine Kausalbeziehungen, dennoch werden solche Zusammenhänge oft behandelt wie Kausalbeziehungen. Das heißt, dass hinter ihnen auch die schon erwähnten Fantasien von Machtbeziehungen aufzufinden sein könnten. Um an die dafür notwenigen Daten zu gelangen, haben Wissenschaftler_innen grundsätzlich die Möglichkeit, schon vorhandene, zu anderen Zwecken gesammelte Daten zu nutzen oder selbst welche zu erheben, beispielsweise durch Fragebögen. Die Problematik besteht darin, dass die bereits vorhandenen Daten selten mal genau für die zu untersuchenden Zusammenhänge passen, und darin, dass die befragten Subjekte bei der Beantwortung taktisch vorgehen können, was man dann als »Lügen« herauszufiltern versucht.

Sämtliche dieser Settings zeichnen sich dadurch aus, dass sie im Hinblick auf Reflexivität problematisch sind. Selbstverständlich – so wird argumentiert – dienen alle dazu, das Wissen des Menschen über sich selbst zu verbessern, dienen damit also der Reflexivität, was so auch stimmt. Es ist dies aber meistens eine recht abstrakte Reflexivität, die oft genug nicht denen zugutekommt, über die verhandelt wird, sondern anderen, eben denen, die über die Möglichkeiten verfügen, diese wissenschaftlichen Prozesse zu steuern und die die Macht haben, auch statistische Kausalbeziehungen für sich zu nutzen, weil sie die Bedingungen als unabhängige Variablen für viele ändern können. Welche Familie aus dem Prekariat kann schon aus den soziologischen Analysen von Beck oder Foucault praktische Konsequenzen für die Reflexion ihrer Lage und ihrer Möglichkeiten ziehen?

Daneben gibt es eine Reihe anderer, alternativer Settings, auch solche, in denen zusammen mit dem Forschungsvorhaben bewusst ein Veränderungsprozess initiiert wird, wie die sogenannte »Aktionsforschung«. Besonders interessant für den Beratungszusammenhang sind solche Settings innerhalb der sogenannten qualitativen Paradigmen, die gemeinsam haben, dass die Wissenschaftler_innen ihren Forschungsobjekten als Subjekten begegnen (Stichworte dazu: »dialogische Forschung«, »diskursive Forschung«, »partizipative Forschung« und ähnliche). Dabei wird versucht, aus dem Kommunikations- bzw. Interaktionsprozess wissenschaftlich haltbare, verallgemeinerbare Aussagen zu destillieren. Dazu, wie dies in den Details zu bewerkstelligen ist, gibt es jedoch verschiedene Vorstellungen, die auch kontrovers diskutiert werden, auch im Hinblick auf das Setting. Solche Verfahren werden insbesondere aus der szientistischen Wissenschaft dahingehend kritisiert, dass es ihnen an Objektivität mangele, denn die Ergebnisse sind natürlich von den beteiligten Personen abhängig und infolgedessen seien sie auch nicht übertragbar. Das Setting vieler solcher Verfahren beinhaltet darüber hinaus die Gefahr, dass die Forschungspartner sich benutzt fühlen für die letztlich auf die »scientific community« abzielenden Interessen der Wissenschaftler_innen – und dann werden jene wieder allein gelassen. Außerdem werden die Beteiligten verbreitet von Prozessen der Reflexivität auf den Ebenen, die über sie als individuelle Personen hinausgehen, faktisch abgeschnitten; es hängt von den Prozessen im Wissenschaftssystem ab, ob und inwieweit sie noch daran beteiligt sind und wem die Ergebnisse zugutekommen.

In unserer Kultur dominiert also eine auf die Ausübung von Macht ausgerichtete Wissensproduktion; sie resultiert aus der Dominanz der Naturwissenschaften als allgemeine Modellwissenschaften (dem »Szientismus«); sie wird letztlich getragen von einer Herrschaftsfantasie, der Vision der Herrschaft des (aufgeklärten) Menschen über die Natur (vgl. Seel, 1988). In der Folge des »Szientismus« wurde diese Vorstellung auf die Sozialwissenschaften übertragen; wie die Herrschaft des Menschen als Subjekt über die Natur als Objekt ermöglicht dieses Konzept infolgedessen die Herrschaft von Menschen als Subjekt über andere Menschen, die zum »Objekt« gemacht werden. Dies funktioniert auch in den Settings der »Gehirnwäsche«, die sich durch totale Beherrschung auszeichnen. Wesensmerkmal für die hierarchische Struktur der szientistischen Wissenschaft ist somit die implizierte Subjekt-Objekt-Beziehung: »Die Distanz des Subjekts zum Objekt, Voraussetzung der Abstraktion, gründet in der Distanz zur Sache, die der Herr durch den Beherrschten gewinnt« (Horkheimer u. Adorno in ihrer »Dialektik der Aufklärung«, 1971, S. 19).

In Galtungs Sinne wäre dagegen ein Wissen, das konsequent zwischen grundsätzlich gleichberechtigten Partnern erarbeitet wird, in seiner Struktur demokratisch oder egalitär.

Der fundamentale Zusammenhang von Wissenschaft und dem Phänomen »Macht und Herrschaft« muss auch und gerade im Beratungszusammenhang reflektiert werden (vgl. Seel, 2002, S. 8 f.). Das heißt nicht, dass solche Wissenschaft im Beratungszusammenhang grundsätzlich von Übel ist, denn in Fällen, wo Einfluss genommen werden muss auf die Veränderung der gesellschaftlichen Bedingungen für in Beratungen aufgedeckte, problematische Zusammenhänge, muss Macht zur Realisierung und Durchsetzung von Gesetzen eingesetzt werden. Und das ist auch in einer Demokratie der Fall, allerdings mit der nicht unerheblichen Spezifizierung, dass diese Ausübung von Macht durch die Betroffenen kontrolliert werden kann, was in der Regel durch Wahlen realisiert wird.

Aber wie kann dann gewährleistet werden, dass die Beratungsklient_innen (und natürlich auch die Berater_innen) als betroffene »Objekte« der Wissenschaft nicht vom reflexiven Wissen über sich und ihre eigene Situation entfremdet werden, dass ihnen also nicht durch eine mit Objektivitätsanspruch daherkommende Wissenschaft ihr Wissen über sich selbst weggenommen wird, indem diese Wissenschaft auf dem Hintergrund des Objektivitätsanspruchs beansprucht, besser über die Betroffenen Bescheid zu wissen als diese selbst, beispielsweise zu der Frage, mit welchen wie formulierten Problemen sie sich herumschlagen und welche Lösungsmöglichkeiten auf der allgemeinen politischen Ebene in ihrem Sinne wären? Und wie kann dennoch gesichertes Wissen generiert werden? Dies zeigt: In den Settings der Wissenschaft reflexiver Beratung müssen Wissenschaftstheorie/Methodologie und Wissenschaftssoziologie konkret zusammenkommen.

2.2 Wie kommen das Setting der Beratung und das der Wissenschaft zur Realisierung von Reflexivität zusammen?

Bei der Lösung dieses Problems hilft, dass die Aufgabe einer Beratungswissenschaft ähnlich wie die der Supervision gesehen werden kann, nämlich als systematische Reflexion des Beratungsgeschehens einschließlich der Wechselwirkungen zwischen Berater_in und Klient_in. Und sowohl die Supervision als auch die wissenschaftliche Erfahrungsauswertung dienen der Erkenntnisgewinnung über die Vorgänge in Beratungen, die hier als Symbolisierungen und Symbolisierungspraktiken konzipiert sind. Ziel ist in beiden Fällen, den Beteiligten zu helfen, ihre in der Beratung thematisierten Symbolisierungspraktiken unter der Perspektive auf ihre befriedigende Lebensgestaltung und Arbeitsgestaltung zu verbessern. Auch lässt sich das Vorgehen auf der konkret handlungspraktischen Ebene durchaus vergleichen, denn tatsächlich agiert beispielsweise die qualitative, dialogische, partizipative Sozialforschung (vgl. Bergold, Dege u. Thomas, 2011) grundsätzlich wie Beratung, nur mit anderer Schwerpunktsetzung: Hier dient Erkenntnisgewinnung als Grundlage für praktische Verbesserungen, dort dienen praktische Verbesserungen als Grundlage für Erkenntnisgewinnung.

Der Unterschied liegt auf der Ebene des Geltungsbereichs und der Wege, auf denen diese Hilfe wirksam werden soll: In der klassischen Supervision sollen unmittelbar, also in der direkten persönlichen Rückmeldung praktische Hilfen für die aktuelle Beratung und für die Verbesserung der Beratungskompetenz des Beratersubjekts gegeben werden. Das schließt ein, dass in Beratungen Wissen erarbeitet und aufbereitet werden muss, das sich dann praktisch bewähren muss, weil es ohne solches Wissen keine nachhaltige Veränderung von Symbolisierungspraktiken und damit keinen Beratungserfolg geben kann.

In der Wissenschaft soll dagegen allgemein verwertbares oder, wie es in der konstruktivistischen Wissenschaftstheorie der Erlanger Schule formuliert wurde, »allgemein benutzbares« Wissen geschaffen werden,
– das auch anderen Berater_innen bei der Verbesserung ihrer Beratungspraxis helfen kann, und um diese besser ausbilden zu können;
– das Erkenntnisse darüber beinhaltet, wie Beratungsklient_innen so geholfen werden kann, dass sie sich nicht mehr mit Themen auseinandersetzen müssen, derentwegen Beratungen immer wieder von Klientensubjekten in Anspruch genommen werden müssen, und dass viele sich besser mit gemeinsamen Themen befassen können.

Da die Wissenschaft bereits Konzepte für ein dialogisches und partizipatives Vorgehen entwickelt hat, müssten sich Verbindungen zwischen Supervision und Wissenschaft eigentlich gut herstellen lassen.

Im Grunde ist damit eine Anforderung an das institutionelle *Wissensmanagement* einer Profession »reflexive Beratung« formuliert, wobei der Wissenschaft die Aufgabe einer kritischen Wissensaufbereitung zugesprochen werden muss. Die Frage bleibt dann, mit welchen Funktionszuordnungen, also mit welcher Rollenaufteilung der (welcher?) Beteiligten dies zu realisieren ist. Dabei ist insbesondere die Frage der Verfügungsmacht über das Wissen zu diskutieren.

Die wichtigsten Aufgaben eines solchen, institutionellen Wissensmanagements lassen sich so zusammenfassen:

– Wissensträger zur *Bereitstellung* ihres Wissens *motivieren,* heißt hier konkret: Wie können wir einen Rahmen für Klient_innen, Praktiker_innen und Supervisor_innen schaffen, der es ihnen attraktiv macht, sich mit ihren Ressourcen an wissenschaftlichen Diskursen zu beteiligen?

– Die *Bereitstellung* des Wissen zu *organisieren,* heißt hier konkret: Auf welche Weise kann das Fallwissen erfasst und gesammelt werden?

– Für eine *kritische Aufarbeitung* des Wissens zu sorgen, heißt hier konkret: Auf welche Weise kann das Wissen einer kritischen Überprüfung insbesondere im Hinblick auf seine Reichweite unterzogen werden?

– Das Wissen zu *verbreiten* bzw. an die Adressaten zu verteilen, heißt hier konkret: Auf welche Weise wird das überprüfte Fallwissen zielgruppenspezifisch aufgearbeitet und den Adressat_innen zur Verfügung gestellt?

Alles zusammen erfordert *eine institutionelle und organisatorische Infrastruktur,* die unter der reflexiven, gesellschaftskritischen Perspektive von kommerziellen Verwertungsinteressen wie auch von anderen Interessen außer dem am selbstgestalteten Wohlergehen der Klient_innen frei sein sollte.

Zum Einstieg in entsprechende Diskurse könnten die anstehenden Prozesse schematisch verkürzt so skizziert werden:

Berater_in mit Klient_in erarbeiten zunächst noch lokal gültiges Wissen über die Problemsituation oder das Thema/den Auftrag des aktuellen Falls (»Diagnose«). Das muss ohnehin in jeder Beratung unternommen werden, nun aber mit der zusätzlichen Spezifikation, dass dabei wissenschaftliche Kriterien der Verallgemeinerbarkeit angelegt werden. Dies käme nicht nur der Bereitstellung verallgemeinerbaren und weitergebbaren Wissens zu Gute, sondern auch der Qualität der je aktuellen Beratung, denn wissenschaftliche Kriterien zu realisieren heißt nichts anders als die anstehenden Aussagen (also das Wissen) auf ihre Stichhaltigkeit zu prüfen.

Darauf aufbauend leiten beide gemeinsam praktische Konsequenzen zunächst für den Beratungsprozess ab, analysieren die verfügbaren Ressourcen und entwickeln Lösungsideen; diese werden einer praktischen Überprüfung ausgesetzt, deren praktische Bewährung von beiden nach nachvollziehbaren Regeln überprüft wird. (Auch dies muss ohnehin getan werden). Dieses Vorgehen kann durchaus mehrfach durchlaufen werden. Ergebnis ist ein spezifischer Fall, der zunächst noch in den Termini des verwendeten Verfahrens formuliert ist, wodurch sich durchaus Änderungen des skizzierten Vorgehens ergeben werden, weil die verschiedenen Verfahren unterschiedlich vorgehen.

Im nächsten Schritt wird der Fall in Termini von Symbolisierungspraktiken beschrieben; auf dieser Grundlage wird danach nach vergleichbaren Fällen gesucht, die zu Typen zusammengefasst werden. Für dieses Verfahren müssen noch eine Reihe von Detailproblemen sowohl methodischer als auch organisatorischer Art gelöst werden.

Allerdings muss dazu noch die Vergleichbarkeit der Falldarstellungen hergestellt werden. Die Frage ist, auf welcher Ebene dies geschehen sollte. Denkbar wäre:

Die Berater_innen und Supervisor_innen einer Region tragen ihre Fälle zusammen, zunächst in verfahrens- und fachspezifischen Gruppierungen, und versuchen, die Gemeinsamkeiten herauszuarbeiten. Das müsste in der Regie der Verbände geschehen, die den Austausch über fachspezifische Beratungen (beispielsweise Bildungs- und Berufsberatung, Schuldnerberatung, Suchtberatung, Familienberatung …) und verfahrensspezifische Beratungen koordinieren und reflektieren und die Ergebnisse dann auf Bundesebene reflektieren.

Mit der Unterstützung einer geeigneten, lokalen Institution mit Moderatorenfunktion wird dann versucht, Unterschiede, Gemeinsamkeiten, aber auch Unklarheiten und Fragen herauszuarbeiten. Diese Funktion könnten die Hochschulen übernehmen, die damit eine neue Supervisionsfunktion bekämen. Die Organisation von Wissensgenerierung und Wissensverbreitung sollte sich von der Bindung an klassische Organisationsformen lösen und Netzwerke nutzen (vgl. Ciesinger et al., 2005; Howaldt, 2005; 2007 oder im Zusammenhang der »Kompetenzentwicklung« Sydow, Duschek, Möllering u. Rometsch, 2003; Sydow u. Manning, 2006; Sydow u. Duschek, 2011, die sämtlich auch über praktische, nutzbare Erfahrungen berichten).

Deshalb könnte dies als ein Netzwerk von Supervisor_innen und regionalen Verbandsstrukturen angedacht werden, das von den Hochschulen moderiert wird. Diese erarbeiten dann verallgemeinerbare Fälle, tauschen sich mit den anderen, beteiligten Hochschulen aus und erarbeiten so das für die gesellschaftlichen Diskurse geeignete Wissen. Dazu sorgen sie auch für Rückmeldeschleifen über die Ergebnisse und den Fortgang des Prozesses an die Supervisor_innen und die Verbände, die diese an die Berater_innen und diese an ihre Klient_innen zurückgeben, die das im praktischen Beratungsvollzug dann wieder prüfen und gegebenenfalls korrigieren.

Über allem könnte ein gemeinsamer Verband (Dachverband) die verschiedenen Prozesse zusammenhalten, auf der Ebene der Profession reflexiver Beratung für Koordination sorgen und sich einsetzen für die in die Öffentlichkeit (auch in politische Diskurse) zu tragenden Erkenntnisse.

Dabei ist gefordert, dass sich Berater_innen, Supervisor_innen und die Wissenschaftler_innen sowie die beteiligten Organisationen als Dienstleister für die Beratungsklient_innen verstehen, und zwar im ursprünglichen Sinne des Wortes. Deshalb dürften Zweifel angebracht sein, ob reflexive Beratung als privatwirtschaftlich organisierte Dienstleistung eine angemessene Organisationsform sein kann. Es gibt jedoch genügend andere Modelle, von Vereinen und Stiftungen über Genossenschaften oder (staatsferne) Körperschaften des öffentlichen Rechts. Allein mit der Auswahl und Einrichtung einer passenden Organisationsform ist jedoch sicherlich nicht schon gewährleistet, dass eine angemessene, reflexive Beratungskultur etabliert wird, wie ein Blick auf andere Einrichtungen zeigt, die zunächst ähnlich angetreten waren und die dann doch ein viel zu starkes Eigeninteresse an Machterhalt und -ausdehnung wie auch an materiellen Ressourcen entwickelten.

In einer zweiten Stufe werden diese Typen (von Fällen) quantitativ ausgewertet, etwa, wie häufig sie oder ähnliche unter welchen Bedingungen vorkommen, welche Lösungsmöglichkeiten erarbeitet wurden und auf welche gesellschaftlichen Zusammenhänge sie verweisen. Diese Ergebnisse können dann in die jeweils passenden, gesellschaftlichen Diskurse eingefüttert werden. Dabei kommt es wesentlich darauf an, die spezielle Qualität der Typen wiederzugeben. Keinesfalls sollten die Daten auf irgendwelche Kennzahlen reduziert werden. Insbesondere die verbreitete Praxis, mit Durchschnitten von Kennzahlen zu argumentieren, lässt die Lebenswirklichkeit verschwinden. Bestes Beispiel ist das Durchschnittseinkommen, das in Deutschland relativ hoch erscheint, weil tatsächlich vergleichsweise wenige mit exorbitant hohen Einkünften mit vielen mit niedrigen Einkommen zu einem Mittelwert verrechnet werden, so dass es im Ergebnis so aussieht, als ginge es den Menschen in Deutschland gut und es bestünde kein Handlungsbedarf. Tatsächlich haben wir aber ein gravierendes Armutsproblem.

Wir können das so beschriebene Beratungssetting als einen Metaraum verstehen, der in der reflexiven Moderne institutionalisiert wird. Das bedeutet, dass dieser Metaraum zunehmend auch Bestandteil des Alltagsbewusstseins, damit von gesellschaftlich gültigen Symbolisierungspraktiken wird und erwartbar per soziale Regelungen festgezurrt wird, die zum Teil wohl auch auf der Gesetzes- und Verordnungsebene kodifiziert werden wird. Dabei werden weniger Regelungen der Beratung selbst Gegenstand sein, sondern wie bereits auch jetzt schon Regelungen zur Bereitstellung von Beratungsdienstleistungen.

Ergebnis einer Reflexionskultur mit einer professionellen Beratung in ihrem Zentrum ist idealiter ein von den Subjekten initiierter und getragener, begründeter, reflexiver Diskurs über die faktischen, symbolischen Grundlagen des Lebens in der Gesellschaft (formuliert als Symbolisierungspraktiken).

Das beginnt auf einer epidemiologischen Ebene praktischer »Alltags-Probleme«, ihren Bewältigungschancen und Lösungsmöglichkeiten (wie von Haubl u. Voß, 2011 bereits begonnen) und kann bis auf eine kulturkritische Ebene reichen.

Was damit gemeint ist, zeichnet sich bereits ab in den vorliegenden Leistungen einzelner Denker_innen, wofür Max Webers protestantische Ethik, Sigmund Freuds Unbehagen in der Kultur, die Arbeiten von Erich Fromm, Avraham Burgs Analyse der israelischen Befindlichkeiten, die Aufarbeitung des Zustandekommens des Nationalsozialismus und des Zweiten Weltkriegs von Ciompi und Endert und zahlreiche andere, die sogar die religiösen Qualitäten des Kapitalismus diskutieren (vgl. den Sammelband von Baecker, 2002); sie können als Vorbilder oder Beispiele dienen. Sie alle werden in einem weiterentwickelten, reflexiven Diskurs ihren Stellenwert erhalten und auch verändern, denn sie sind bereits Bestandteil einer solchen Kultur der Reflexivität. Das gilt darüber hinaus auch noch für andere Institutionen aus den Bereichen der ästhetischen Produktionen, von der Musik mit ihren zahlreichen Untergruppen über Tanztheater, Theater und und ... bis hin natürlich zur Architektur, die bekanntlich Ausgangspunkt der Reflexionen über die Postmoderne war. Der Professionalisierung von Beratung würde dies sicherlich einen beachtlichen Schub verleihen.

Die zu bewältigenden Schwierigkeiten sind wahrscheinlich weniger auf der Ebene der Sachlogik der Gewinnung von geprüftem und belastbarem Wissen (Methodologie) zu erwarten als auf der Ebene der Motivierung, der Finanzierung und der verschiedenen Interessen sowie Kulturen der Wissenschaft und der Praxis, wobei nicht kompatible Ansprüche, Interessen und Statusfragen eine relative größere Rolle spielen können, auch wenn sie sich hinter Sachargumentationen verbergen. Im Verhältnis zwischen (beraterisch tätigen) Universitäten und Unternehmen wurde dies bereits erkannt (Klatt, 2005; Kuszpa, 2005; Fatzer u. Schoefer, 2005). Allerdings handelte es sich in den meisten Fällen nicht um eine Kooperation von Hochschulen mit praktisch arbeitenden Berater_innen,

sondern die Hochschule als Institution der Wissenschaft wurde direkt selbst
beraterisch tätig.

Des Weiteren müsste die Finanzierung der reflexiven Beratung von der bisherigen Bindung an Ressorts mit verschiedenen Aufgabenfeldern wie Berufsberatung, Erziehungsberatung, Partnerschaftsberatung, Schwangerschaftskonfliktberatung, Drogenberatung, Supervision und anderen befreit werden. Die
Ressort-Organisation der politischen Administration erweist sich im Hinblick
auf Reflexivität als eher hinderlich, insbesondere, weil sie keine funktionierende,
systematische Querorganisation vorsieht, beispielsweise nach den Prinzipien
der Matrixorganisation. Ein entsprechender Umbau der politischen Administration im Interesse ihrer Professionalität, im Interesse ihrer »Kunden« wäre
ohnehin hoch an der Zeit.

Wie nun die Beteiligten zur Mitarbeit motiviert werden können, ergibt sich
aus der Skizze einer möglichen Win-win-Situation:

Die Klient_innen können zu Bereitstellung ihres praktischen Wissens
dadurch motiviert werden, dass sie damit zur Verbesserung ihrer Situation
beitragen; es könnte auch daran gedacht werden, ihnen dafür einen Nachlass
bei den Beratungskosten zu gewähren, soweit sie überhaupt dafür aufkommen
müssen.

Die praktischen Berater_innen könnten zur Bereitstellung ihres Wissens
dadurch motiviert werden, dass dies mit Weiterbildungen für sie verbunden
wird, was in der vorgeschlagenen Verbindung mit Supervision ohnehin der Fall
wäre. Voraussetzung dafür wäre eine sehr sorgfältige Realisierung des Rechte-
und des Datenschutzes. Allein die Klärung dieser Fragen dürfte einige Ressourcen in Anspruch nehmen.

Die beteiligten Verbände würden durch die kontinuierliche, reflexive Verbesserung ihres Wissensstands profitieren. Die Hochschulen können in Kooperation mit den Verbänden über die Supervisor_innen die Bereitstellung des
Wissens organisieren und wissenschaftlich aufarbeiten und sowohl für die Zielgruppe der Berater_innen (das Verfahrenswissen) als auch für die Akteure der
öffentlichen, reflexiven Diskurse zur Verfügung stellen.

Insgesamt ist damit zu rechnen, dass beim Aufbau konkreter, organisierter
Beziehungen zwischen den beteiligten Akteuren die unterschiedlichen Kulturen und die Frage relativer Machtpositionen eine nicht unerhebliche Rolle
spielen wird. Zur Überwindung der Komplexität solcher organisationaler Verbindungen können beraterische Erfahrungen mit *Merging-Prozessen* (Unterneh-
mensfusionen) herangezogen werden. Darüber hinaus ist die Kernfrage nach
der Finanzierung zu stellen. Obwohl sich vieles verbinden lässt mit den von
den jeweiligen Akteuren ohnehin zu bewältigenden Aufgaben, bleiben noch

erhebliche, zusätzliche Leistungen zu finanzieren, insbesondere die Erprobung und Institutionalisierung der erforderlichen Netzwerkorganisation. Diese Problematik wird dadurch verstärkt, dass sich die beteiligten Akteure über sehr verschiedene Wege finanzieren, die oft genug durch die jeweiligen Geldgeber weitestgehend festgelegt sind, beispielsweise wegen der einige Verbänden dominierenden, institutionellen Förderung durch öffentliche Mittel, die bisher noch keine geeigneten Haushaltspositionen vorsieht. In der Folge verfügen sie dann über keine Ressourcen für solche übergreifenden Aufgaben. Andere Verbände sind zu klein und verfügen deshalb über weniger Ressourcen. In jedem Fall aber ist eine Voraussetzung für die Akquise von Mitteln eine Konzeption, wie sie hier angedacht und entwickelt wird.

Literatur

Adorno, T. W. (1973). Ästhetische Theorie. Frankfurt a. M.: Suhrkamp.

Alkemeyer, T. (2009). Lernen und sein Körper. Habitusformungen und -umformungen in Bildungspraktiken. In Rieger-Ladich, M., Friebertshäuser, B., Wigger, L. (Hrsg.), Reflexive Erziehungswissenschaft. Forschungsperspektiven im Anschluss an Pierre Bourdieu. (2., durchgesehene u. erweiterte Aufl.). Wiesbaden: VS.

Alkemeyer, T., Schmidt, R. (2003). Habitus und Selbst. Zur Irritation der körperlichen Hexis in der populären Kultur. In Alkemeyer, T., Boschert, B., Schmidt, R., Gebauer, G. (Hrsg.), Aufs Spiel gesetzte Körper. Aufführungen des Sozialen in Sport und populärer Kultur (S. 77–102). Konstanz: UVK.

Baecker, D. (Hrsg.) (2002). Kapitalismus als Religion. Berlin: Kulturverlag Kadmos.

Bandura, A. (1977). Self-Efficacy: Toward a Unifying Theory of Behavioral Change. Psychological Review, 84 (2), 191–215.

Bandura, A., Walters, R. H. (1963). Social Learning and Personality Developement. New York: Harper.

Barabas, F. (2004). Gesetzliche Grundlagen der Beratung. In Nestmann, F., Engel, F., Sickendiek, U. (Hrsg.), Das Handbuch der Beratung. Bd. 2: Ansätze, Methoden und Felder (S. 1203–1212). Tübingen: dgvt.

Battisti, M., Eiselen, T. (2008). Insights Through Performative Approaches [99 paragraphs]. Forum Qualitative Sozialforschung/Forum Qualitative Social Research, 9 (2), Art. 44, Zugriff am 12.06.2012 unter http://nbn-resolving.de/urn:nbn:de:0114-fqs0802444

Bauman, Z. (2007). Leben in der flüchtigen Moderne. Frankfurt a. M.: Suhrkamp.

Beck, U. (1986). Risikogesellschaft. Auf dem Weg in eine andere Moderne. Frankfurt a. M.: Suhrkamp.

Beck, U. (1988). Gegengifte: Die organisierte Unverantwortlichkeit. Frankfurt a. M.: Suhrkamp.

Beck, U. (1996). Wissen oder Nicht-Wissen? Zwei Perspektiven »reflexiver Modernisierung«. In Beck, U., Giddens, A., Lash, S., Reflexive Modernisierung: Eine Kontroverse (S. 289–315). Frankfurt a. M.: Suhrkamp.

Beck, U., Giddens, A., Lash, S. (1996). Reflexive Modernisierung. Eine Kontroverse. Frankfurt a. M.: Suhrkamp.

Behringer, L. (1998). Lebensführung als Identitätsarbeit. Der Mensch im Chaos des modernen Alltags. Frankfurt a. M. u. New York: Campus.

Behringer, L. (2010). Alltag, alltägliche Lebensführung. Forum Gemeindepsychologie 2,. Zugriff am 03.04.2011 unter http://www.gemeindepsychologie.de/fg-2-2010_09.html

Bentner, A., Krenzin, M. (2002). Erfolgsfaktor Intuition. Systemisches Coaching von Führungskräften. Göttingen: Vandenhoeck & Ruprecht.

Bergold, J., Dege, M., Thomas, S. (2011). Editorial zum Themenheft »Partizipative Forschung«. Journal für Psychologie, 19 (2), Zugriff am 04.03.2013 unter http://www.journal-fuer-psychologie.de/index.php/jfp/article/view/7/64

Beuys, J. (1985). Reden über das eigene Land: Deutschland (3), München: FIU Verlag. In Ausschnitten (S. 33–52) ebenfalls online verfügbar: Zugriff am 13.06.2014 unter http://www.menschenkunde.com/pdf/texte/geschichte_politik/beuys_deutschland.pdf

Bianchi, P. (Hrsg.) (1998). Lebenskunstwerke (LKW). Kunstforum international 142.

Bianchi, P. (Hrsg.) (1999). Lebenskunst als Real Life. Kunstforum international 143.

Bierhoff, H.-W., Herner, M. J. (2009). Narzissmus – die Wiederkehr. Bern: Huber.

Billmann-Mahecha, E. (1981). Metaberatung. In Kaiser, H.-J. u. Seel, H.-J. (1981), Sozialwissenschaft als Dialog. Die methodischen Prinzipien der Beratungsforschung (S. 156–162). Weinheim: Beltz.

Boal, A. (1979). Theater der Unterdrückten. Übungen und Spiele für Schauspieler und Nicht-Schauspieler. Frankfurt a. M.: Suhrkamp.

Böhme, G. (1995). Atmosphäre. Essays zur neuen Ästhetik. Frankfurt a. M.: Suhrkamp.

Böhme, G. (2003). Leibsein als Aufgabe. Leibphilosophie in pragmatischer Hinsicht. Zug: Die Graue Edition.

Bohnsack, R. (2008). Rekonstruktive Sozialforschung. Einführung in qualitative Methoden. Opladen u. Farmington Hills: Barbara Budrich (UTB).

Bohnsack, R. (2009). Qualitative Bild- und Videointerpretation. Opladen u. Farmington Hills: Barbara Budrich (UTB).

Bosch, A., Renn, J. (2003). Wissenskontexte und Wissenstransfer: Übersetzen zwischen Praxisfeldern in der »Wissensgesellschaft«. In Franz, H.-W., Howaldt, J., Jacobsen, H., Kopp, R. (Hrsg.), Forschen – lernen – beraten. Der Wandel von Wissensproduktion und -transfer in den Sozialwissenschaften (S. 53–70). Berlin: edition sigma.

Bourdieu, P. (1970). Zur Soziologie der symbolischen Formen. Frankfurt a. M.: Suhrkamp.

Bourdieu, P. (1987). Die feinen Unterschiede. Kritik der gesellschaftlichen Urteilskraft. Frankfurt a. M.: Suhrkamp.

Bourdieu, P. (1998). Praktische Vernunft. Zur Theorie des Handelns. Frankfurt a. M.: Suhrkamp.

Bourdieu, P. (2002). Ein soziologischer Selbstversuch. Frankfurt a. M.: Suhrkamp.

Bourdieu, P. (2005). Was heißt Sprechen? Zur Ökonomie des sprachlichen Tauschs (2. Aufl.). Wien: Braumüller.

Bourdieu, P., Wacquant, L. J. D. (2002). Reflexive Anthropologie. Frankfurt a. M.: Suhrkamp.

Brodbeck, K.-H. (2009). Die Herrschaft des Geldes: Geschichte und Systematik. Darmstadt: Wissenschaftliche Buchgesellschaft.

Bruder, K.-J. (1994). Die diskursive Konstruktion des Psychischen. In Hoefert, H.-W., Klotter, C. (Hrsg.), Neue Wege der Psychologie. Eine Wissenschaft in der Veränderung (S. 191–206). Heidelberg: Asanger.

Bruder, K.-J. (1995). Neue Psychologie? Dekonstruktion psychologischer Subjektvorstellungen in der Krise der Moderne. Journal für Psychologie, Doppelheft (4/1995 und 1/1996), 27–38. Zugriff am 05.10.2010 unter http://www.ssoar.info/ssoar/View/?resid=2440&lang=de

Bruner, J. (1997). Sinn, Kultur und Ich-Identität. Heidelberg: Auer (Orig. 1986).

Burg, A. (2009). Hitler besiegen. Warum Israel sich endlich vom Holocaust lösen muss. Frankfurt a. M.: Campus.

Busse, S. (1998). Supervision im Osten – eine eigene Kultur? In Busse, S., Fellermann, J. (Hrsg.), Gemeinsam in der Differenz – Supervision im Osten. Münster: Votum.

Cassirer, E. (1923–1925). Philosophie der symbolischen Formen. Bd. 1: Die Sprache (1923); Bd. 2: Das mythische Denken (1925); Bd. 3: Phänomenologie der Erkenntnis (1929). Aktuelle Aufl. 2010. Hamburg: Meiner.

Cassirer, E. (1923). »Der Begriff der symbolischen Form im Aufbau der Geisteswissenschaften« In Cassirer, E., Wesen und Wirkung des Symbolbegriffs (S. 171–200). Hamburg: Meiner.

Chomsky, N. (1957/2002). Syntactic Structures (2. Aufl.). Berlin u. New York: Mouton De Gruyter.

Ciesinger, K.-G., Howaldt, J., Klatt, R., Kopp, R. (Hrsg.) (2005). Modernes Wissensmanagement in Netzwerken. Perspektiven, Trends und Szenarien. Wiesbaden: DUV Fachverlag.

Ciompi, L., Endert, E. (2011). Gefühle machen Geschichte. Die Wirkung kollektiver Emotionen von Hitler bis Obama. Göttingen: Vandenhoeck & Ruprecht.

de Botton, A. (2004). Statusangst. Frankfurt a. M.: S. Fischer.

Derrida, J. (2003). Die Schrift und die Differenz (2. Aufl. der ursprüngl. Veröffentlichung von 1972). Frankfurt a. M.: Suhrkamp.

Deutsche Gesellschaft für Verhaltenstherapie (dgvt) (2012). Zweite Frankfurter Erklärung zur Beratung. In Nestmann, F., Engel, F., Sickendiek, U. (Hrsg.), Das Handbuch der Beratung. Bd. 3: Neue Beratungswelten (S. 1831–1839). Tübingen: dgvt. Ebenfalls online verfügbar, Zugriff am 20.04.2014 unter http://www.forum-beratung-dgvt.de/

Devereux, G. (1984). Angst und Methode in den Verhaltenswissenschaften. Frankfurt a. M.: Suhrkamp.

Donald, M. (1991). Origins of the Modern Mind: Three Stages in the Evolution of Culture and Cognition. Cambridge, Mass.: Harvard University Press.

Donald, M. (2001). A Mind So Rare: The Evolution of Human Consciousness. New York: W.W. Norton and Company.

Donald, M. (2008). Triumph des Bewusstseins. Die Evolution des menschlichen Geistes. Stuttgart: Klett-Cotta.

Draeger, F. (2012). Lebenswandel hat mehr Einfluss auf Infarktrisiko als gedacht. DIE ZEIT vom 26. Januar 2012. Zugriff am 04.02.2014 unter http://www.zeit.de/wissen/gesundheit/2012–01/herzinfarkt-risiko-kalkulation

Dreyfus, H. L., Dreyfus, S. E. (1987). Künstliche Intelligenz. Von den Grenzen der Denkmaschine und dem Wert der Intuition. Reinbek bei Hamburg: Rowohlt.

Ehrenberg, A., Lenzen, M., Klaus, M. (2008). Das erschöpfte Selbst. Frankfurt a. M.: Suhrkamp.

El-Mafaalani, A., Wirtz, S. (2011). Wie viel Psychologie steckt im Habitusbegriff? Pierre Bourdieu und die »verstehende Psychologie«. Journal für Psychologie, 19 (1). Zugriff am 14.07.2013 unter http://www.journal-fuer-psychologie.de/index.php/jfp/article/view/22/94

Elias, N. (1997). Über den Prozeß der Zivilisation. Frankfurt a. M.: Suhrkamp.

Engel, F., Nestmann, F., Sickendiek, U. (2004).»Beratung« – Ein Selbstverständnis in Bewegung. In Nestmann, F., Engel, F., Sickendiek, U. (Hrsg.), Das Handbuch der Beratung. Bd. 1: Disziplinen und Zugänge (S. 33–43). Tübingen: dgvt.

Erpenbeck, J., Heyse, V. (2007). Die Kompetenzbiographie. Wege der Kompetenzentwicklung (2., überarb. Aufl.). Münster u. a.: Waxmann.

Fatzer, G., Schoefer, S. (2005). Wissensentwicklung in Beratungsnetzwerken. In Ciesinger, K.-G., Howaldt, J., Klatt, R., Kopp, R. (Hrsg.), Modernes Wissensmanagement in Netzwerken. Perspektiven, Trends und Szenarien (S. 219–248). Wiesbaden: DUV Fachverlag.

Fellmann, F. (2009). Philosophie der Lebenskunst zur Einführung. Hamburg: Junius.

Fischer, E. P. (2006). Das Schöne und das Biest. Ästhetische Dimensionen in der Wissenschaft. Berlin: Maas.

Foucault, M. (1986a). Der Gebrauch der Lüste. Frankfurt a. M.: Suhrkamp.

Foucault, M. (1986b). Die Sorge um sich. Frankfurt a. M.: Suhrkamp.

Foucault, M. (1993). Technologien des Selbst. In Martin, L. H., Gutman, H., Hutton, P. M. (Hrsg.), Technologien des Selbst (S. 24–62). Frankfurt a. M.: S. Fischer.

Foucault, M. (1991). Die Ordnung des Diskurses. Frankfurt a. M.: Fischer.

Foucault, M. (1992). Was ist Kritik? Berlin: Merve.

Foucault, M. (2008). Ästhetik der Existenz. Schriften zur Lebenskunst. (Neuaufl., hrsg. von D. Defert, F. Ewald, unter Mitarbeit von J. Lagrange, ausgewählt und mit einem Nachwort versehen von M. Saar). Frankfurt a. M.: Suhrkamp.

Franz, H.-W., Howaldt, J., Jacobsen, H., Kopp, R. (Hrsg.) (2003). Forschen – lernen – beraten. Der Wandel von Wissensproduktion und -transfer in den Sozialwissenschaften (Konferenzschrift). Berlin: edition sigma.

French, J. P. R. Jr., Raven, B. (1960). The Bases of Social Power. In Cartwright, D., Zander, A. (Eds.), Group Dynamics (pp. 607–623). New York: Harper and Row.

Frevert, U., Scheer, M., Schmidt, A., Eitler, P., Hitzer, B., Verheyen, N. Gammerl, B., Bailey, C., Pernau, M. (2011). Gefühlswissen. Eine lexikalische Spurensuche in der Moderne. Frankfurt a. M. u. New York: Campus.

Fritsch, J. (2011). Supervision 2008: Schlaglichter auf Veränderungen in der Profession. In Haubl, R., Voß, G. G. (2008) (Hrsg.), Psychosoziale Kosten turbulenter Veränderungen (S. 68–76). Kassel: University Press.

Fröhlich, V., Stenger, U. (2003). Das Unsichtbare sichtbar machen. Bildungsprozesse und Subjektgenese durch Bilder und Geschichten. Weinheim u. München: Juventa.

Fromm, E. (2010). Haben oder Sein. Die seelischen Grundlagen einer neuen Gesellschaft (37. Aufl.). München: dtv (Orig. 1976).

Fuchs-Heinritz, W., König, A. (2005). Pierre Bourdieu. Konstanz: UVK Verlagsgesellschaft.

Galtung, J. (1978a). Methodologie und Ideologie. Aufsätze zur Methodologie. Frankfurt a. M.: Suhrkamp.

Galtung, J. (1978b). Sozialstruktur und Wissenschaftsstruktur. In Galtung, J., Methodologie und Ideologie. Aufsätze zur Methodologie (S. 13–51). Frankfurt a. M.: Suhrkamp.

Gates, B. (1995) Der Weg nach vorn – Die Zukunft der Informationsgesellschaft. Hamburg: Hoffmann und Campe.

Gergen, K. J. (1996). Das übersättigte Selbst. Identitätsprobleme im heutigen Leben. Heidelberg: Carl-Auer-Systeme.

Gergen, K. J. (2002). Konstruierte Wirklichkeiten. Eine Hinführung zum sozialen Konstruktionismus. Stuttgart: Kohlhammer.

Gibbons, M. E., Limoges, C., Nowotny, H., Schwartzmann, S., Scott, P., Trow, M. (1994, 2. Aufl. 2000). The New Production of Knowledge. The Dynamics of Science and Research in Contemporary Societies. London: Sage Publications.

Giddens, A. (1984). Die Konstitution der Gesellschaft. Grundzüge einer Theorie der Strukturierung. Frankfurt a. M.: Suhrkamp.

Giddens, A. (1996). Leben in einer posttraditionalen Gesellschaft. In Beck, U., Giddens, A., Lash, S. (Hrsg.), Reflexive Modernisierung. Eine Kontroverse (S. 113–194). Frankfurt a. M.: Suhrkamp.

Giesecke, M., Rappe-Giesecke, K. (1997). Supervision als Medium kommunikativer Sozialforschung. Die Integration von Selbsterfahrung und distanzierter Beobachtung in der Beratung und Wissenschaft. Frankfurt a. M.: Suhrkamp.

Gloeckler, U. (2008). Symbole im Beratungsprozess. Überarbeitung von »Das Einbringen von Symbolen in den Beratungsprozess als methodische Bereicherung«. Sozialmagazin – Die Zeitschrift für Soziale Arbeit, 7–8, 75–78. Zugriff am 03.04.2010 unter http://www.counseling-studium.de/beratungswerkstatt/beratungswerkstatt.htm

Glöckler, U. (2011). Soziale Arbeit der Ermöglichung. ›Agency‹-Perspektiven und Ressourcen des Gelingens. Wiesbaden: VS

Goffman, E. (2008). Wir alle spielen Theater. Die Selbstdarstellung im Alltag. Dt. Übersetzung des 1959 in Englisch erschienenen Originaltitels. München: Piper.

Graeber, D. (2011). Schulden. Die ersten 5000 Jahre. Stuttgart: Klett-Cotta.

Groeben, N., Scheele, B. (1977). Argumente für eine Psychologie des reflexiven Subjekts. Darmstadt: Steinkopff.

Gross, P. (1994). Die Multioptionsgesellschaft. Frankfurt a. M.: Suhrkamp.

Großmaß, R. (2004). Psychotherapie und Beratung. In Nestmann, F., Engel, F., Sickendiek, U. (Hrsg.), Das Handbuch der Beratung. Bd. 1: Disziplinen und Zugänge (S. 89–102). Tübingen: dgvt.

Großmaß, R. (2013). Beratung und Ethik. In Nestmann, F., Engel, F., Sickendiek, U. (Hrsg.), Das Handbuch der Beratung. Bd. 3: Neue Beratungswelten (S. 1711–1721). Tübingen: dgvt.

Grundmann, M., Beer, R. (Hrsg.) (2004). Subjekttheorien interdisziplinär. Diskussionsbeiträge aus Sozialwissenschaften, Philosophie und Neurowissenschaften. Münster: LIT.

Habermas, J. (1973). Erkenntnis und Interesse. Frankfurt a. M.: Suhrkamp.

Habermas, J. (1985). Die Neue Unübersichtlichkeit. Frankfurt a. M.: Suhrkamp.

Habermas, J. (1988). Theorie des kommunikativen Handelns. 2 Bde. Frankfurt a. M.: Suhrkamp.

Harnischfeger, M., Schulz, G. (o. J.). Dirigieren und Führen. Zugriff am 05.11.2012 unter http://www.dirigierenundfuehren.com/

Haubl, R., Voß, G. G. (2008). Psychosoziale Kosten turbulenter Veränderungen. Kassel: University Press.

Heckhausen, H. (1989). Motivation und Handeln (2., völlig überarb. u. erg. Aufl.). Berlin: Springer.

Hegel, G. W. F. (1807/2014). Phänomenologie des Geistes. Bamberg u. Würzburg: Joseph Anton Goebhardt. epub-Ausgabe Zugriff am 10.08.2014 unter http://www.zeno.org/Philosophie/M/Hegel,+Georg+Wilhelm+Friedrich/Ph%C3%A4nomenologie+des+Geistes

Heinrich-Böll-Stiftung (2014). Zugriff am 26.05.2014 unter http://www.wissensgesellschaft.org

Holzkamp, K. (1968). Wissenschaft als Handlung. Berlin: de Gruyter.

Holzkamp, K. (1995). Alltägliche Lebensführung als subjektwissenschaftliches Grundkonzept. Das Argument 37, 817–846.

Horkheimer, M., Adorno, T. W. (1971). Dialektik der Aufklärung. Frankfurt a. M.: Fischer Taschenbuch.

Howaldt, J. (2005). Neue Formen sozialwissenschaftlicher Wissensproduktion in der Wissensgesellschaft. Forschung und Beratung in betrieblichen und regionalen Innovationsprozessen. Münster: LIT.

Howaldt, J. (2007). Von der Organisationsberatung zum Lernen in Netzwerken. Arbeit, Zeitschrift für Arbeitsforschung, Arbeitsgestaltung und Arbeitspolitik, 3, 205–217.

Howaldt, J., Schwarz, M. (2010). »Soziale Innovation« im Fokus. Skizze eines gesellschaftstheoretisch inspirierten Forschungskonzepts. Bielefeld: transcript.

Hülst, D. (1999). Symbol und soziologische Symboltheorie. Untersuchungen zum Symbolbegriff in Geschichte, Sprachphilosophie, Psychologie und Soziologie. Opladen: Leske und Budrich.

Hüther, G. (2004). Die Macht der inneren Bilder. Wie Visionen das Gehirn, den Menschen und die Welt verändern. Göttingen: Vandenhoeck & Ruprecht.

Hutton, P. H. (1993). Foucault, Freud und die Technologien des Selbst. In Martin, L. H., Huck Gutman, H., Hutton, P. H. (Hrsg.), Technologien des Selbst (S. 144–167). Frankfurt a. M.: S. Fischer.

Imber-Black, E., Roberts, J., Whiting, R. A. (Hrsg.) (1993). Rituale in Familien und Familientherapie. Heidelberg: Carl Auer.

Jäger, J., Kuckhermann, R. (Hrsg.) (2004). Ästhetische Praxis in der Sozialen Arbeit. Wahrnehmung, Gestaltung und Kommunikation. Weinheim: Beltz Juventa.

Jünger, R. (2008). Bildung für alle? Die schulischen Logiken von ressourcenprivilegierten und -nichtprivilegierten Kindern als Ursache der bestehenden Bildungsungleichheit. Wiesbaden: VS.

Jüttemann, G. (Hrsg.) (1991). Individuelle und soziale Regeln des Handelns. Beiträge zur Weiterentwicklung geisteswissenschaftlicher Ansätze in der Psychologie. Heidelberg: Asanger.

Kaiser, H. J. (2014). Reflexivität der Beratung und Reflexivität der Ratsuchenden – Zur Bedeutung einer Handlungspsychologie für die Praxis von Sozialpädagogik und Sozialarbeit. Journal für Psychologie, 22 (2), erscheint im Herbst 2014 unter http://www.journal-fuer-psychologie.de/index.php/jfp

Kaiser, H. J., Seel, H.-J. (1981). Sozialwissenschaft als Dialog. Die methodischen Prinzipien der Beratungsforschung. Weinheim: Beltz.

Kaiser, H. J., Werbik, H. (2012). Handlungspsychologie. Eine Einführung. Göttingen: Vandenhoeck & Ruprecht (UTB).

Keller, R. (2004). Diskursforschung. Eine Einführung für SozialwissenschaftlerInnen. Wiesbaden: VS.

Kermani, N. (1999). Gott ist schön: Das ästhetische Erleben des Koran. München: C. H. Beck.

Kettner, M. (Hrsg.) (1998). Beratung als Zwang. Schwangerschaftsabbruch, genetische Aufklärung und die Grenzen kommunikativer Vernunft. Frankfurt a. M. u. New York: Campus.

Keupp, H. (1993) Grundzüge einer reflexiven Sozialpsychologie. Postmoderne Perspektiven. In

Keupp, H. (Hrsg.), Zugänge zum Subjekt. Perspektiven einer reflexiven Sozialpsychologie (S. 226–274). Frankfurt a. M.: Suhrkamp.

Keupp, H. (1995). Subjektentwürfe heute: Wie kommen wir ohne das »Baugerüst der Moderne« zurecht? Journal für Psychologie, Doppelheft (4/1995, 1/1996) 5–16. Zugriff am 02.02.2014 unter http://nbn-resolving.de/urn:nbn:de:0168-ssoar-24328

Keupp, H. (2012). Verwirklichungschancen und Identitätskapital als Bedingungen und Folgen der Handlungsfähigkeit: Eine salutogenetische Perspektive. In Knecht, A., Schubert, F.-C. (Hrsg.), Ressourcen im Sozialstaat und in der Sozialen Arbeit. Zuteilung, Förderung und Aktivierung (S. 42–60). Stuttgart: Kohlhammer.

Keupp, H. (2013). Fit für was? Beratung als Aktivierungsschema fürs Hamsterrad. In Nestmann, F., Engel, F., Sickendiek, U. (Hrsg.), Das Handbuch der Beratung. Bd. 3: Neue Beratungswelten (S. 1723–1740). Tübingen: dgvt.

Keupp, H., Hohl, J. (Hrsg.) (2006). Subjektdiskurse im gesellschaftlichen Wandel. Zur Theorie des Subjekts in der Spätmoderne. Bielefeld: Transcript.

Keysers, C. (2013). Unser empathisches Gehirn – Warum wir verstehen, was andere fühlen. München: Bertelsmann.

Kimmerle, H. (2004). Derrida zur Einführung (6., erg. Aufl.). Hamburg: Junius.

King, V. (2009). Ungleiche Karrieren. Bildungsaufstieg und Adoleszenzverläufe bei jungen Männern und Frauen aus Migrationsfamilien. In King, V., Koller, H.-C. (Hrsg.), Adoleszenz, Migration, Bildung (2. Aufl.). Wiesbaden: VS.

Klatt, R. (2005). Die schwierige Kommunikation zwischen Wissenschaft und Praxis. Das Beispiel wissensintensiver Netzwerke kleiner Unternehmen. In Ciesinger, G.-G., Howaldt, Klatt, J. R., Kopp, R. (Hrsg.), Modernes Wissensmanagement in Netzwerken. Perspektiven, Trends und Szenarien (S. 191–204). Wiesbaden: DUV Fachverlag.

Kleemann, F., Eismann, C. Beyreuther, T. (2012). Unternehmen im Web 2.0. Zur strategischen Integration von Konsumentenleistungen durch Social Media. Frankfurt a. M.: Campus.

Knecht, A., Schubert, F.-C. (Hrsg.) (2012). Ressourcen im Sozialstaat und in der Sozialen Arbeit. Zuteilung, Förderung und Aktivierung. Stuttgart: Kohlhammer.

Koller, H.-C. (Hrsg.) (2009) Adoleszenz – Migration – Bildung. Bildungsprozesse Jugendlicher und junger Erwachsener mit Migrationshintergrund (2. Aufl.). Wiesbaden: VS.

Kotre, J. (2001). Lebenslauf und Lebenskunst. Über den Umgang mit der eigenen Biographie. München u. Wien: Hanser.

Krappmann, L. (2010) Soziologische Dimensionen der Identität. Strukturelle Bedingungen für die Teilnahme an Interaktionsprozessen (11. Aufl.). Stuttgart: Klett-Cotta.

Kraus, W. (2006). Alltägliche Identitätsarbeit und Kollektivbezug. Das wiederentdeckte Wir in einer individualisierten Gesellschaft. In Keupp, H., Hohl, J. (Hrsg.), Subjektdiskurse im gesellschaftlichen Wandel. Zur Theorie des Subjekts in der Spätmoderne (S. 143–164). Bielefeld: Transcript.

Krohn, W. (Hrsg.) (2006). Ästhetik in der Wissenschaft – Interdisziplinärer Diskurs über das Gestalten und Darstellen von Wissen. Hamburg: Mehner.

Kudera, W., Voß, G. G. (Hrsg.) (2000). Lebensführung und Gesellschaft. Beiträge zu Konzept und Empirie alltäglicher Lebensführung (2. Aufl.). Opladen: Leske und Budrich.

Kuszpa, M. (2005). Schnittstellen zwischen Wissenschaft und Wirtschaft am Beispiel einer Unternehmensgründung an der Hochschule. In Ciesinger, K.-G., Howaldt, J., Klatt, R., Kopp, R. (Hrsg.), Modernes Wissensmanagement in Netzwerken. Perspektiven, Trends und Szenarien (S. 205–218). Wiesbaden: DUV Fachverlag.

Lacan, J. (1973–1980). Schriften. Ausgew. und hrsg. von Norbert Haas. 3 Bde. a) Olten/Freiburg i. Br.: Walter; b) (1975) Taschenbuchausgabe bei Suhrkamp (nur Bd. 1); c) (1991) Weinheim/Berlin: Quadriga (alle drei Ausgaben sind seitenidentisch).

Lakoff, G., Johnson, M. (2000). Leben in Metaphern (2. Aufl.). Heidelberg: Carl Auer.

Langer, S. K. (1984). Philosophie auf neuem Wege. Das Symbol im Denken, im Ritus und in der Kunst. Frankfurt a. M.: Fischer Taschenbuch.

Lash, S. (1996). Reflexivität und ihre Doppelungen: Struktur, Ästhetik und Gemeinschaft. In Beck, U., Giddens, A., Lash, S., Reflexive Modernisierung. Eine Kontroverse (S. 195–286). Frankfurt a. M.: Suhrkamp

Leif, T. (2006). Beraten und verkauft. McKinsey & Co. – der große Bluff der Unternehmensberater. Gütersloh: C. Bertelsmann.

Leiprecht, R. (2004) Kultur – was ist das eigentlich? Arbeitspapiere IBKM No.7, ISSN 1438-7794, Universität Oldenburg. Zugriff am 12.06.2015 unter http://www.staff.uni-oldenburg.de/rudolf.leiprecht/download/Kulturtextveroeffentl..pdf

Levi-Strauss, C. (1968). Das wilde Denken. Frankfurt a. M.: Suhrkamp.

Lorenzen, P. (1980). Versuch einer wissenschaftlichen Grundlegung des Demokratischen Sozialismus. In Meyer, T. (Hrsg.), Demokratischer Sozialismus – Geistige Grundlagen und Wege in die Zukunft (S. 29–41). München: Dietz.

Lorenzen, P., Schwemmer, O. (1975). Konstruktive Logik, Ethik und Wissenschaftstheorie. (2., verbesserte Aufl.). Mannheim: Bibilographisches Institut.

Maaz, H.-J. (2012). Die narzisstische Gesellschaft. Ein Psychogramm. München: C. H. Beck.

Mannheim K. (1978). Das Problem der Generationen. Neuabdruck des 1928 erschienenen Artikels in Kohli, M. (Hrsg.), Soziologie des Lebenslaufs. München: Luchterhand.

Martin, L H., Gutman, H. Hutton, P. H. (Hrsg.) (1993). Technologien des Selbst. Frankfurt a. M.: S. Fischer.

Mattes, P., Musfeld,T. (Hrsg.) (2005). Psychologische Konstruktionen. Diskurse, Narrationen, Performanz. Göttingen: Vandenhoeck & Ruprecht.

McClelland, D. C., Atkinson, J. W., Clark, R. A., Lowell E. L. (1953). The achievement motive. New York: Appleton-Century-Crofts.

McLeod, J. (2004). Counselling – eine Einführung in Beratung. Tübingen: dgvt.

Mertens, W. (1975). Sozialpsychologie des Experiments: Das Experiment als Soziale Interaktion. Hamburg u. Frankfurt a. M.: Hoffmann und Campe.

Milgram, S. (1963). Behavioral Study of Obedience. Journal of Abnormal and Social Psychology, 67, 371–378. Deutsch: Das Milgram-Experiment. Zur Gehorsamsbereitschaft gegenüber Autorität (14. Aufl. 1997). Reinbek: Rowohlt.

Miller, G. A. (1969). Psychology as a Means of Promoting Human Welfare. American Psychologist, 24, 1063–1075. Zugriff am 08.01.2014 unter http://psycnet.apa.org/index.cfm?fa=search.displayRecord&uid=1970-10231-001

Miller, G. A. (1970). Assessment of Psychotechnology. American Psychologist 25, 991–1001.

Miller, N. E. (1951). Learnable drives and rewards. In Stevens, S. (Ed.), Handbook of experimental psychology (435–472). New York: Wiley.

Mohe, M. (2007). Metaberatung: Eine neue Form der Wissensproduktion? Arbeit, Zeitschrift für Arbeitsforschung, Arbeitsgestaltung und Arbeitspolitik, 3, 191–204.

Moldaschl, M., Holtgrewe, U. (2003). Wissenschaft als Arbeit. Zur reflexiven Verknüpfung von Arbeits- und Wissenschaftsforschung. In Franz, H.-W., Howaldt, J., Jacobsen, H., Kopp, R. (Hrsg.), Forschen, Lernen, Beraten. Der Wandel von Wissensproduktion und -transfer in den Sozialwissenschaften (S. 205–236). Berlin: Edition sigma.

Möller, H., Hausinger, B. (Hrsg.) (2009). Quo vadis, Beratungswissenschaft? Wiesbaden: VS.

Mutzek, W., Schlee, J., Wahl, D. (Hrsg) (2002). Psychologie der Veränderung. Subjektive Theorien als Zentrum nachhaltiger Modifikationsprozesse. Weinheim u. Basel: Beltz.

Nestmann, F. (1997). Big Sister is inviting you – Counseling und Counseling Psychology. In Nestmann, F. (Hrsg.), Beratung. Bausteine für eine interdisziplinäre Wissenschaft und Praxis (S. 161–178). Tübingen: dgvt.

Nestmann, F. (2004). Ressourcenorientierte Beratung. In Nestmann, F., Engel, F., Sickendiek, U. (Hrsg.), Das Handbuch der Beratung. Bd. 2: Ansätze, Methoden und Felder (S. 725–735). Tübingen: dgvt.

Nestmann, F. (2011). Anforderungen an eine nachhaltige Beratung in Bildung und Beruf – Ein Plädoyer für die Wiedervereinigung von »Counseling« und »Guidance« In Hammerer, M., Kanelotti, E., Merker, I. (Hrsg.), Zukunftsfeld Bildungs- und Berufsberatung. Neue Entwicklungen aus Wissenschaft und Praxis (S. 59–79). Bielefeld: Bertelsmann.

Nestmann, F., Engel, F. Sickendiek, U. (Hrsg.) (2004). Das Handbuch der Beratung. Bd. 1: Disziplinen und Zugänge. Tübingen: dgvt.

Nestmann, F., Engel, F. Sickendiek, U. (Hrsg.) (2004). Das Handbuch der Beratung. Bd. 2: Ansätze, Methoden und Felder. Tübingen: dgvt.

Nestmann, F., Engel, F. Sickendiek, U. (Hrsg.) (2013) Das Handbuch der Beratung. Bd. 3: Neue Beratungswelten. Tübingen: dgvt.

Nestmann, F., Sickendiek, U., Engel, F. (2004). Statt einer »Einführung«: Offene Fragen »guter Beratung«. In Nestmann, F., Engel, F. Sickendiek, U. (Hrsg.), Das Handbuch der Beratung. Bd. 2: Ansätze, Methoden und Felder (S. 599–608). Tübingen: dgvt.

Nonaka, I., Takeuchi, H. (1995). The Knowledge Creating Company. How Japanese Companies Create the Dynamics of Innovation. Oxford: Oxford University Press. Deutsch: Die Organisation des Wissens. Wie japanische Unternehmen eine brachliegende Ressource nutzbar machen (1997). Frankfurt a. M.: Campus.

Nowotny, H. (1999). Es ist so. Es könnte auch anders sein. Frankfurt a. M.: Suhrkamp.

Nowotny, H., Scott, P., Gibbons, M. E. (2001). Re-Thinking Science. Knowledge and the Public in an Age of Uncertainty. Cambridge: Blackwell Publishers; Polity Press.

Otto, J. H., Euler, H. A., Mandl, H. (Hrsg.) (2000). Emotionspsychologie. Ein Handbuch. Weinheim: Beltz.

Peirce, C. S. (1983). Phänomen und Logik der Zeichen. Frankfurt a. M.: Suhrkamp.

Polanyi, M. (1966). The Tacit Dimension. Garden City, N. Y.: Doubleday.

Pongratz, H.-J., Voß, G. G. (2001). Erwerbstätige als »Arbeitskraftunternehmer« – Unternehmer ihrer eigenen Arbeitskraft? In SOWI – Sozialwissenschaftliche Informationen, 30 (4), 42–52.

Przyborski, A., Wohlrab-Sahr, M. (2008) Qualitative Sozialforschung. Ein Arbeitsbuch. München: Oldenbourg.

Raichle, M. E. (2010). »The brain's dark energy«. Scientific American 302 (3), 28–33. Vgl. auch DIE ZEIT: Zugriff am 27.6.2014 unter http://www.zeit.de/2010/01/N-Gehirn-im-Leerlauf. Und Deutschlandfunk: Wissenschaft im Brennpunkt. Zugriff am 27.06.2014 unter http://www.dradio.de/dlf/sendungen/wib/1180862/

Raphael, L. (2004). Habitus und sozialer Sinn. Der Ansatz der Praxistheorie Pierre Bourdieus. In Jaeger, F., Straub, J. (Hrsg.), Handbuch der Kulturwissenschaften. Bd. 2. Paradigmen und Disziplinen (S. 266–276). Stuttgart: Metzler.

Rechtien, W. (2004). Beratung. Theorien, Modelle und Methoden (2. überarb. Aufl.). München u. Wien: Profil.

Rechtien, W. (2007). Angewandte Gruppendynamik. Ein Lehrbuch für Studierende und Praktiker (4., überarb. Aufl.). Weinheim: Beltz.

Rechtien, W. (2014). Kulturelle Diversität und Realitätsdeutungen: Zur Reichweite von Beratungskonzeptionen. OSC – Zeitschrift für Organisationsentwicklung, Supervision und Coaching.

Reckwitz, A. (2008). Subjekt. Bielefeld: Transcript.

Reichertz, J. (2003). Die Abduktion in der qualitativen Sozialforschung. Opladen: Leske und Budrich.

Rieger-Ladich, M. (2005). Weder Determinismus, noch Fatalismus. Pierre Bourdieus Habitustheorie im Lichte neuerer Arbeiten. Zeitschrift für Soziologie der Erziehung und Sozialisation, 25, 281–296.

Riemann, G. (2002a). Erkenntnisbildung und Erkenntnisprobleme in professionellen Fallbespre-
chungen am Beispiel der Sozialarbeit. Zeitschrift für qualitative Bildungs-, Beratungs- und
Sozialforschung, 2, 241–260.

Riemann, G. (2002b). Biografien verstehen und missverstehen – Die Komponente der Kritik in
sozialwissenschaftlichen Fallanalysen des professionellen Handelns. In Kraul, M., Marotzki, W.,
Schweppe, C. (Hrsg.), Biografie und Profession (S. 165–196). Bad Heilbrunn: Julius Klinkhardt.

Riemann, G. (2005). Zur Bedeutung von Forschungswerkstätten in der Tradition von Anselm
Strauss. Mittagsvorlesung, 1. Berliner Methodentreffen Qualitative Forschung, 24.– 25. Juni
2005. Zugriff am 26.05.2007 unter http://www.berlinermethodentreffen.de/material/2005/
riemann.pdf]

Rogers, C. R. (2009). Eine Theorie der Psychotherapie, der Persönlichkeit und der zwischenmensch-
lichen Beziehungen. Mit einem Vorwort von Jürgen Kriz. München: Reinhardt (Orig. 1959).

Sarrazin, T. (2010). Deutschland schafft sich ab. Wie wir unser Land aufs Spiel setzen. Stuttgart:
DVA.

Schetsche, M. (2000). Wissenssoziologie sozialer Probleme. Wiesbaden: Westdeutscher Verlag.

Schlippe, A. von, Kriz, W. C. (Hrsg.) (2004). Personzentrierung und Systemtheorie. Perspektiven
für psychotherapeutisches Handeln. Göttingen: Vandenhoeck & Ruprecht.

Schluchter, W. (1988). Religion und Lebensführung (2 Bde.). Frankfurt a. M.: Suhrkamp.

Schmid, W. (1992). Auf der Suche nach einer neuen Lebenskunst. Die Frage nach dem Grund und
die Neubegründung der Ethik bei Foucault. Frankfurt a. M.: Suhrkamp.

Schmid, W. (1998). Philosophie der Lebenskunst. Eine Grundlegung. Frankfurt a. M.: Suhrkamp.

Schmidt, R. (2004). Habitus und Performanz. Empirisch motivierte Fragen an Bourdieus Konzept
der Körperlichkeit des Habitus. In Engler, S., Kais, B. (Hrsg.), Das kulturelle Kapital und die
Macht der Klassenstrukturen. Sozialstrukturelle Verschiebungen und Wandlungsprozesse des
Habitus (S. 55–70). Weinheim: Juventa.

Schmitt, R. (2014). Eine Übersicht über Methoden sozialwissenschaftlicher Metaphernana-
lysen. In Junge, M. (Hrsg.), Methoden der Metaphernforschung und -analyse (S. 13–30).
Wiesbaden: Springer VS. Zugriff am 16.06.2014 unter http://link.springer.com/chap-
ter/10.1007/978-3-658-02094-1_2

Schubert, F.-C., Knecht, A. (2012). Ressourcen – Einführung in Merkmale, Theorien und Konzeptionen. In Knecht, A., Schubert, F.-C. (Hrsg.), Ressourcen im Sozialstaat und in der Sozialen
Arbeit. Zuteilung, Förderung und Aktivierung (S. 15–41). Stuttgart: Kohlhammer.

Schulze, G. (1992). Die Erlebnisgesellschaft. Kultursoziologie der Gegenwart. Frankfurt a. M.:
Campus.

Schütz, A. (1974). Der sinnhafte Aufbau der sozialen Welt. Neuabdruck des 1932 zuerst erschienenen Buchs. Frankfurt a. M.: Suhrkamp.

Schütz, A. (1981). Theorie der Lebensformen. Hrsg. und eingeleitet von Ilja Srubar. Frankfurt a. M.:
Suhrkamp.

Schützeichel, R., Brüsemeister, T. (Hrsg.) (2004). Die beratene Gesellschaft. Zur gesellschaftlichen
Bedeutung von Beratung. Wiesbaden: VS.

Schwemmer, O. (2002). Handlung und Repräsentation. Journal für Psychologie, 10 (4), 325–250.
Zugriff am 14.06.2014 unter http://nbn-resolving.de/urn:nbn:de:0168-ssoar-28064

Schwemmer, O. (2005). Kulturphilosophie. Eine medientheoretische Grundlegung. München:
Wilhelm Fink.

Seel, H.-J. (1981). Wissenschaft und soziale Praxis. Zur Grundlegung eines Dialogs über die nor-
mativen Implikationen sozialwissenschaftlicher Forschung. Weinheim: Beltz.

Seel, H.-J. (1988). Technik und soziale Handlungsorganisation. Anmerkungen eines Psychologen.
In Bungard, W., Lenk, H. (Hrsg.), Technikbewertung. Philosophische und psychologische Perspektiven (S. 234–260). Frankfurt a. M.: Suhrkamp.

Seel, H.-J. (1993). Psychologie der Megamaschine. Zu den Strukturkräften in der menschlichen Naturbeziehung. In Seel, H.-J., Sichler, R., Fischerlehner, B. (Hrsg.), Mensch – Natur. Zur Psychologie einer problematischen Beziehung (S. 88–110). Opladen: Westdeutscher Verlag.

Seel, H.-J. (1998). Perspektiven einer Psychologie der Beratung. In Seel, H.-J., Zurhorst, G. (Hrsg.), Beratung – wissenschaftlich und professionell eigenständig? Journal für Psychologie, 6 (3), 39–53. Zugriff am 16.06.2014 unter http://nbn-resolving.de/urn:nbn:de:0168-ssoar-28850

Seel, H.-J. (2000). The Future Prospects for (Qualitative) Psychology. Forum: Qualitative Social Research, 1 (2). Zugriff am 10.04.2013 unter http://www.qualitative-research.net/index.php/fqs/article/view/1093

Seel, H.-J. (2002). Fragen nach den Antworten eines Jahrhunderts der Psychologie. Journal für Psychologie, 10 (1), 3–17. Zugriff am 10.04.2013 unter http://nbn-resolving.de/urn:nbn:de:0168-ssoar-28032

Seel, H.-J. (2009). Professionalisierung von Beratung – Fragen und Thesen. In Seel, H.-J. (Hrsg.), Professionalisierung von Beratung. Journal für Psychologie, 17. Zugriff am 10.04.2013 unter http://www.journal-fuer-psychologie.de/index.php/jfp/article/view/148/103

Seel, H.-J. (2012). Wie kommen Beratungsprofession und Wissenschaft zusammen? Perspektiven für eine sinnvolle Kooperation von Beratung und Wissenschaft. Paper zu einem Vortrag, gehalten auf der IAEVG International Conference in Mannheim: Career Guidance for Social Justice, Prosperity and Sustainable Employment – Challenges for the 21st Century. Zugriff am 03.02.2013 unter http://www.iaevg-conference-2012-mannheim.com/fileadmin/redaktion/abstracts/Seel__Hans-Juergen_02.pdf

Seel, H.-J. (2013a). Aufgaben und Probleme der Professionalisierung von Beratung. In Nestmann, F., Engel, F., Sickendiek, U. (Hrsg.), Das Handbuch der Beratung. Bd. 3. Neue Beratungswelten (S. 1645–1662). Tübingen: dgvt.

Seel, H.-J. (2013b). Organisationsberatung und Beratung von Organisationen. In Nestmann, F., Engel, F., Sickendiek, U. (Hrsg.), Das Handbuch der Beratung. Bd. 3. Neue Beratungswelten (S. 1539–1551) Tübingen: dgvt-verlag.

Seel, H.-J., Sichler, R. (2003). »Wo träumt die Kollektivität?« Der Friedensforscher Johan Galtung im Gespräch mit Hans-Jürgen Seel und Ralph Sichler. Journal für Psychologie, 11 (4), 420–431.

Sennett, R. (2006). Der flexible Mensch. Die Kultur des neuen Kapitalismus. Berlin: Berliner Taschenbuch.

Sichler, R. (2006). Autonomie in der Arbeitswelt. Göttingen. Vandenhoeck & Ruprecht.

Sickendiek, U., Engel, F., Nestmann, F. (2002). Beratung. Eine Einführung in sozialpädagogische und psychosoziale Beratungsansätze (2. überarb. Aufl.). Weinheim u. München: Juventa.

Simmel, G. (2003). Philosophie des Geldes (1. Erscheinungsjahr 1900). Frankfurt a. M.: Suhrkamp.

Singer, W. (2003). Über Bewusstsein und unsere Grenzen: ein neurobiologischer Erklärungsversuch. In M. Grundmann, R. Beer (Hrsg.), Subjekttheorien interdisziplinär. Diskussionsbeiträge aus Sozialwissenschaften, Philosophie und Neurowissenschaften (S. 99–120). Münster: LIT.

Skinner, B. F. (1972). Futurum Zwei. Reinbek: Rowohlt.

Slater, L., Nohl, A. (2013). Von Menschen und Ratten: Die berühmten Experimente der Psychologie. Weinheim: Beltz.

Slunecko, T. (2004). Man muss heute Kybernetiker werden, um Humanist bleiben zu können. In Schlippe, A. von, Kriz, W. C. (Hrsg.), Personzentrierung und Systemtheorie. Perspektiven für psychotherapeutisches Handeln (S. 53–191). Göttingen: Vandenhoeck & Ruprecht.

Sohn-Rethel, A. (1990). Das Geld, die bare Münze des Apriori. Berlin: Wagenbach.

Straub, J., Kochinka, A., Werbik, H. (Hrsg.) (2000). Psychologie in der Praxis. Anwendungs- und Berufsfelder einer modernen Wissenschaft. München: dtv.

Sydow, J., Duschek, S., Möllering, G., Rometsch, M. (2003). Kompetenzentwicklung in Netzwerken. Eine typologische Studie. Wiesbaden: Westdeutscher Verlag.

Sydow, J., Duschek, S. (2011). Management interorganisationaler Beziehungen: Netzwerke – Cluster – Allianzen. Stuttgart: Kohlhammer.

Sydow, J., Manning, S. (2006) Netzwerke beraten – Über Netzwerkberatung und Beratungsnetzwerke. Wiesbaden: Westdeutscher Verlag.

Tiefel, S. (2004). Beratung und Reflexion. Eine qualitative Studie zu professionellem Beratungshandeln in der Moderne. Wiesbaden: VS.

Vester, M., Oertzen, P. von, Geiling, H., Hermann, T., Müller, D. (2001). Soziale Milieus im gesellschaftlichen Strukturwandel. Frankfurt a. M.: Suhrkamp.

Virtbauer, G. D. (2009). Intersubjektivität in Mahāyāna-Buddhismus und relationaler Psychoanalyse. Journal für Psychologie, 17 (3). Zugriff am 04.10.2012 unter http://www.journal-fuer-psychologie.de/index.php/jfp/article/view/166

Voigt, M. (2011). Soziolinguistische Studie zur Beziehungsarbeit und Identitätskonstruktion in Mädchenfreundschaften. Zugriff am 04.11.2012 unter http://www.mediensprache.net/de/networx/networx-61.aspx

Voß, G. G. (2011). Strukturwandel der Arbeit. In Haubl, R., Voß, G. G. (Hrsg.), Riskante Arbeitswelt im Spiegel der Supervision. Eine Studie zu den psychosozialen Auswirkungen spätmoderner Erwerbsarbeit (S. 46–50). Göttingen: Vandenhoeck & Ruprecht.

Voß, G. G., Pongratz, H. J. (1998). Der Arbeitskraftunternehmer. Eine neue Grundform der Ware Arbeitskraft? Kölner Zeitschrift für Soziologie und Sozialpsychologie, 50 (1), 31–158.

Voß, G. G., Rieder, K. (2005). Der arbeitende Kunde. Wenn Konsumenten zu unbezahlten Mitarbeitern werden. Frankfurt a. M.: Campus.

Voß, G. G. (2007). Gesellschaftlicher Wandel und Beratung. Vortrag, gehalten auf dem Kongress der Deutschen Gesellschaft für Beratung, Zugriff am 04.05.2010 unter http://www.dachverband-beratung.de/Dokumente/Voss_Gesellschaftlichler_Wandel_und_Beratung.pdf

Watzlawick, P. (2002). Die Möglichkeit des Andersseins (5., erg. Aufl.). Bern: Huber.

Watzlawick, P., Beavin, J. H., Jackson, D. D. (1969). Menschliche Kommunikation. Formen, Störungen, Paradoxien. Bern: Huber.

Weber, M. (1934). Die protestantische Ethik und der Geist des Kapitalismus. Tübingen: J. C. B. Mohr.

Weber, M. (2002, zuerst 1920). Wirtschaft und Gesellschaft: Grundriss der verstehenden Soziologie. Tübingen: J. C. B. Mohr.

Weissman, S. (2002). Personzentrierte Organisationsberatung und Wirtschaftsethik. Gesprächspsychotherapie und personzentrierte Beratung, 53 (2), 122.

Weissman, S. (2009). Professionalisierung durch theoretische Begründung: Sind die anthropologischen Grundlagen psychologischer Beratungstheorien noch zeitgemäß? Journal für Psychologie, 17 (1). Zugriff am 15.03.2013 unter http://www.journal-fuer-psychologie.de/index.php/jfp/article/view/149/150

Weißbach, B., Weißbach H.-J. (2014) Kompetenzbilanzierung als bewusstseins- und identitätsbildender Prozess. Journal für Psychologie, 22 (2), erscheint im Herbst 2014 unter http://www.journal-fuer-psychologie.de/index.php/jfp

Welsch, W. (2003). Ästhetisches Denken (6., erw. Aufl.). Stuttgart: Reclam.

Weyl, H. (1948). Wissenschaft als symbolische Konstruktion des Menschen. Zuerst erschienen in Eranos Jahrbuch XV 1948, S. 375 ff., nochmaliger Abdruck in Holz, H. H., Schickel, J. (Hrsg.) (1969), Vom Geist der Naturwissenschaft (S. 83–104). Zürich: Rhein.

White, M. (2003). Narrative Therapy and Externalizing the Problem. In Gergen, M., Gergen, K. J., Social Construction. A Reader. Los Angeles u. London: Sage Publications.

Wilholt, T. (2003). Zahl und Wirklichkeit. Eine philosophische Untersuchung über die Anwendbarkeit der Mathematik. Paderborn: Mentis.

Winter, R., Niederer, E. (Hrsg.) (2008). Ethnographie, Kino und Interpretation – die performative Wende der Sozialwissenschaften. Der Norman K. Denzin-Reader. Bielefeld: transcript.

Wright, G. H. von (1974). Erklären und Verstehen. Frankfurt a. M.: Fischer.

Wright, G. H. von (1977). Handlung, Norm und Intention. Untersuchungen zur deontischen Logik. Berlin u. New York: De Gruyter.

Young, J. E., Klosko, J. S., Weishaar, M. E. (2005). Schematherapie. Ein praxisorientiertes Handbuch. Paderborn: Junfermann.

Zander, M. (2010). Im Schutze der Unbewusstheit. Ansätze zu einer psychologischen Fundierung des Habitusbegriffs im Werk Pierre Bourdieus. Journal für Psychologie, 18 (1). Zugriff am 25.10.2010 unter http://www.journal-fuer-psychologie.de/jfp-1-2010-04.html

Zielke, B. (2006). Das dialogische Selbst: interkulturelle Kommunikation ›in‹ der Person? Journal für Psychologie, 14, 1, 50–75. Zugriff am 22.02.2010 unter http://nbn-resolving.de/urn:nbn:de:0168-ssoar-17077

Zielke, B. (2007). Sozialer Konstruktionismus. Göttingen: Vandenhoeck & Ruprecht.

Zima, P. V. (2007). Theorie des Subjekts. Subjektivität und Identität zwischen Moderne und Postmoderne (2. durchges. Aufl.). Tübingen u. Basel: A. Francke (UTB).

Zimbardo, P. G. (2005). Das Stanford Gefängnis Experiment. Eine Simulationsstudie über die Sozialpsychologie der Haft (3. Aufl.). Santiago: Goch. Zugriff am 28.06.2014 auch unter http://www.prisonexp.org/deutsch/

Interdisziplinäre Beratungsforschung

Die Reihe wird herausgegeben von
Stefan Busse, Rolf Haubl, Heidi Möller,
Christiane Schiersmann.

Die Titel sind auch als eBooks erhältlich

Band 9: Heidi Möller /
Ronja Müller-Kalkstein (Hg.)
Gender und Beratung
Auf dem Weg zu mehr Geschlechter-
gerechtigkeit in Organisationen
2014. 208 Seiten, mit 8 Abb. und 3 Tab.,
kartoniert. ISBN 978-3-525-40366-2

Band 8: Rainer Zech
**Organisation, Individuum,
Beratung**
Systemtheoretische Reflexionen
Mit Beiträgen von Claudia Dehn, Katia Tödt und
Falko von Ameln.
2013. 283 Seiten, mit 8 Abb., kartoniert
ISBN 978-3-525-40360-0

Band 7: Stefan Busse /
Brigitte Hausinger (Hg.)
**Supervisions- und
Coachingprozesse erforschen**
Theoretische und methodische Zugänge
2013. 238 Seiten, mit 21 Abb. und 1 Tab.,
kartoniert
ISBN 978-3-525-40357-0

Band 6: Anja Pannewitz
Das Geschlecht der Führung
Supervisorische Interaktion zwischen
Tradition und Transformation
2012. 385 Seiten, mit 10 Abb. und 16 Tab.,
kartoniert
ISBN 978-3-525-40355-6

Band 5: Christiane Schiersmann /
Heinz-Ulrich Thiel (Hg.)
**Beratung als Förderung von
Selbstorganisationsprozessen**
Empirische Studien zur Beratung von
Personen und Organisationen auf der Basis
der Synergetik
2012. 341 Seiten, mit 26 Abb. und 10 Tab.,
kartoniert. ISBN 978-3-525-40353-2

Band 4: Michael Scherf
**Strukturen der Organisations-
beratungsinteraktion**
Objektiv hermeneutische Untersuchung
zur Professionalisierungsbedürftigkeit der
Organisationsberatung
2010. 405 Seiten, kartoniert
ISBN 978-3-525-40329-7

Band 3: Stefan Busse /
Susanne Ehmer (Hg.)
Wissen wir, was wir tun?
Beraterisches Handeln in Supervision und
Coaching
2010. 237 Seiten, mit 6 Abb. und 5 Tab.,
kartoniert. ISBN 978-3-525-40234-4

Band 2: Heidi Möller
**Beratung in einer ratlosen
Arbeitswelt**
2010. 204 Seiten, kartoniert
ISBN 978-3-525-40326-6

Band 1: Rolf Haubl /
Brigitte Hausinger (Hg.)
**Supervisionsforschung: Einblicke
und Ausblicke**
2009. 251 Seiten, kartoniert
ISBN 978-3-525-40325-9

www.v-r.de

Beratung professionell

Adrian Jitschin / Alexander Brechtel /
Katharina Dötzer (Hg.)
**Perspektiven der
Bildungsberatung**
2014. Ca. 176 Seiten, mit 7 Abb. und einer Tab.,
kartoniert
ISBN 978-3-525-40364-8
eBook: ISBN 978-3-647-40364-9

Professionelle Bildungsberatung
wird immer wichtiger: Profitieren
Sie vom geballten Hintergrund-
und Methodenwissen erfahrener
Bildungsberater.

Heike Schnoor (Hg.)
**Psychosoziale Beratung im
Spannungsfeld von Gesellschaft,
Institution, Profession und
Individuum**
2013. 290 Seiten, mit 4 Abb. und 1 Tab.,
kartoniert
ISBN 978-3-525-46267-6
eBook: ISBN 978-3-647-46267-7

Beratung garantiert für Klienten
nicht per se eine effektive Problemlösung – auch wenn sie professionell
und methodisch sauber vonstatten-
geht. Zu viele Faktoren nehmen Einfluss, die beachtet werden sollten.

Heike Schnoor (Hg.)
Psychodynamische Beratung
2011. 275 Seiten, mit 2 Abb. und 1 Tab.,
kartoniert
ISBN 978-3-525-40170-5
eBook: ISBN 978-3-647-40170-6

Stefan Kühne /
Gerhard Hintenberger (Hg.)
Handbuch Online-Beratung
Psychosoziale Beratung im Internet
2. Auflage 2009. 265 Seiten, mit 2 Abb.
und 9 Tab., kartoniert
ISBN 978-3-525-40154-5
eBook: ISBN 978-3-647-40154-6

»Dieses Handbuch ist sicherlich die
beste Veröffentlichung zum Thema,
die es aktuell auf dem Markt gibt.
Sehr empfehlenswert!«
www.online-tutoring-journal.de
(Gabriela Pflüger)

Joachim Wenzel
**Wandel der Beratung
durch Neue Medien**
2013. 271 Seiten, mit 16 Tabellen, gebunden
ISBN 978-3-8471-0169-7
eBook: ISBN 978-3-8470-0169-0

Beratung geschieht immer häufiger mit Hilfe von Medien, sei es
alternativ oder parallel zur Face-
to-Face-Beratung. Diese qualitative
Studie befasst sich mit diesen Entwicklungen in unterschiedlichen
Beratungseinrichtungen.

Andreas Bürgi / Herbert Eberhart
**Beratung als strukturierter
und kreativer Prozess**
Ein Lehrbuch für die ressourcenorientierte
Praxis
2006. 274 Seiten, mit 5 Abb., kartoniert
ISBN 978-3-525-46247-8

www.v-r.de